고구려 국가제사 연구

고구려
국가제사 연구

강진원 지음

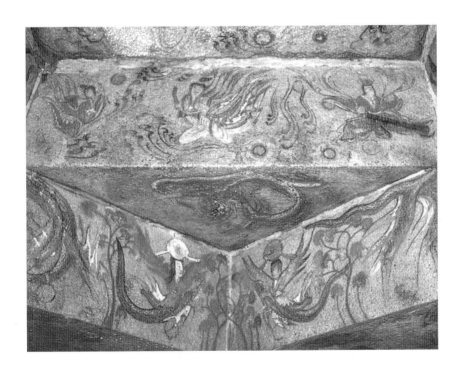

서경문화사

우주와 공룡을 좋아하는 아이였다. 어릴 때 그쪽에 무관심하기가 더 힘들 수도 있 겠지만, 또래와 비교하여도 정도가 유독 심하였다. 지금 생각해 보면, 시간이 흘러 오늘에 이른 그 변화의 모습을 재미있어하였던 것 같다. 하늘을 바라보고서 '빅뱅'부 터 우주의 종말까지, 땅을 바라보고서는 '선캄브리아기'부터 인류 멸망 이후의 세계 를 상상하였으니 말이다. 역사에 빠질 수밖에 없는, 바꿔 말하면 돈 안 되는 공부를 할 수밖에 없는 자질을 타고난 것인지도 모르겠다.

역사라는 옛날이야기에 눈길이 머물게 된 것은 10살 무렵이었다. 여름방학 때 아 버지가 계몽사에서 나온 『그림 한국사』 세트를 사주셨기 때문이다. 덕분에 1989년 여름은 독서의 시간이었다. 처음 읽었을 때는 어느 나라가 먼저 세워졌는지도 헷갈 렸지만, 자꾸 읽다 보니 선후 관계를 알 수 있었다. 지적 허영 때문인지, 아니면 탐구 심 때문인지, 아니면 둘 다인지 모르겠지만 그렇게 역사와의 거리가 점점 좁혀졌다.

청소년이 되자 진로를 생각하였고, 교수가 되고 싶었다. 명예욕이나 출세욕 같은 거창한 어른들의 이유보다는, 드라마에서 비추는 교수의 모습이 편하게 보였기 때 문이다. 참으로 현실과 동떨어진 생각인데 그땐 그러했다. 그렇다면 전공을 선택해 야 할 터인데, 역사를 가장 좋아하니 사학과 교수가 되고자 하였다. 대입 때 모두 역 사 계열 학과에 지원할 정도로 결기가 대단하였다. 대책 없는 시절이었다.

'Y2K'와 '밀레니엄'이라는, 요즘 새내기에게 낯선 단어가 횡행하던 시기에 새내기 가 되었다. 희망하던 대학에 가서 한숨 놓았을 뿐 아니라, 좋은 가르침을 받아 행복 하였다. 고(故) 이장희 선생님께 사람 되게 살아가는 길에 대해 어렴풋이 알 수 있었 고, 김동순 선생님을 통하여 유럽 우월주의적 시각을 벗어났다. 하원수 선생님으로 부터 학자의 삶을 엿보았다. 김영하 선생님의 강의도 인상적이었다. 노태돈·이종욱 등 학계 중진의 설을 친절히 소개한 뒤 당신의 견해를 덧붙였기 때문에 생각할 여지가 많았다. 이러한 경험을 통하여 역사학과 역사의 결이 다르다는 점을 알아갔다.

어린 시절부터 유럽사를 참 좋아했고, 특히 비잔티움이나 오스트리아를 비롯한 동유럽사에 관심이 많았다. 대학생 때도 그 흐름은 이어졌다. 그래서 대학 졸업 후 유학하여 그런 쪽으로 학위를 받고 싶었다. 누구나 그럴듯한 계획이 있듯이, 나 또한 다르지 않았다. 하지만 변수가 생겼다. 3학년 때 아버지 사업이 부도를 맞았다. 2층 단독 주택에서 다가구 월세로 쫓기듯 이사해야 하였고, 당장 등록금도 내기 어려웠다. 그러나 아주 다행스럽게 남은 2년간 장학생이 되어 학업을 마칠 수 있었다.

현실 감각이 부족한 탓인지 이러한 상황 속에서 전업 연구자로서의 준비를 서둘렀다. 물론 여기에는 월세를 전세라 하시며 대학원 진학을 말리지 않으셨던 부모님의 무모한 사랑도 함께하였다. 다만 집안이 풍비박산 난 건 알기에, 유럽사 대신 유학이 필수적이지 않은 한국사를 전공하리라 다짐하였다. 고대사에 눈길을 둔 건 이때였다. 지금 생각하면 이유가 발칙하였다. 사료가 적어서 부족한 부분을 따라잡기 수월할 것 같았다. 최대의 오판이다.

시간이 흘러 대학원에 갈 시기가 다가왔고, 고민 끝에 정든 대학로를 떠나 관악으로 배움터를 옮겼다. 당시로는 드문 사례였지만 나름의 이유는 있었다. 국립대라 등록금이 저렴하였고, 고구려사를 전공하고픈 마음이 컸기 때문이다. 고구려가 다양한 종족으로 이루어졌고 여러 세력과 관계를 맺었던 점에서 비잔티움이나 오스트리아와 비슷하게 다가와 친근하였는데, 마침 그곳에 고구려사의 권위자인 노태돈 선생님이 계셨다.

대학원 생활이 쉽지만은 않았다. 경제적 어려움이야 뭘 해서든 버텼지만, 연구자로서 자질이 있는지 스스로 의심스러울 때가 많았다. 선생님은 물론이요, 주변의 기량도 엄청났기 때문이다. 그때마다 선·후배 및 동기와의 인간적 유대가 큰 힘이 되었다. 무엇보다 노태돈 선생님을 실제로 뵙게 되면서 그저 그런 연구자가 되어서는 안 된다는 점을 깨달았다. 교수는 천운이 따라야 하지만, 좋은 연구자는 노력의 결실이니 후자에 힘을 쏟자는 생각을 굳힌 것도 이 무렵이다.

애초 고구려사를 깊이 공부하고 싶어 대학원에 왔기에, 학위 논문 주제도 그 범주를 넘지 않았다. 다만 막상 글을 쓰려니 뭘 다루어야 할지 막막하였다. 그때 불현듯

대학 시절 『삼국사기』 제사지(祭祀志)를 재미있게 읽었던 기억이 났다. 그래서 제사 관련 기록을 찾아보니 고구려의 시조묘(始祖廟) 제사 기사가 한동안 보이지 않다가 다시 나타났으며, 그사이 종묘에 변화가 생겼다는 사실을 알 수 있었다. 여기서 비롯된 글이 고구려 시조묘 제사를 다룬 석사 학위 논문이다. 이후 조금 더 범위를 확장하여 제천대회 동맹(東盟)과 종묘·사직 제사, 그리고 묘제(墓祭) 등을 검토한 뒤 고구려 국가제사로 박사 학위 논문을 작성하였다. 채워진 공간보다 벌어진 틈새가 많은 글이지만, 그래도 고구려 국가제사를 전 시기에 걸쳐 살펴본 데 의의를 두었다.

그 뒤 이곳저곳 강의를 다니다 광교산 아래에 머물게 되었고, 또 오래지 않아 무심천 가로 자리를 옮기는 행운이 뒤따랐다. 엄청나게 긴 시간이 흐르지 않은 것 같았는데, 박사 학위를 받은 지 어느덧 6년이 넘게 흘렀고, 이제는 만 나이로도 불혹이었다. 새로운 소재를 찾아 매진하는 것은 연구자로서의 본분이겠으나, 처음 공부에 뜻을 품고 내어놓은 글을 이렇게 두어서는 안 되겠다는 생각이 들었다. 역사교육과 학우들이 학술 서적에 목말라한다는 사실을 알아 더욱 그러하였다.

그래서 기존의 박사 학위 논문을 수정·보완하여 이 책을 내게 되었다. 학위를 받은 이후 고구려 국가제사에 대하여 새롭게 제기된 견해를 수용하고, 이 주제를 처음 접한다 하여도 쉬이 이해할 수 있도록 신경을 쓰고자 하였다. 추후 고구려 국가제사 연구의 디딤돌이 되었으면 하는 바람이다.

책장을 덮으니 이래저래 인연이 닿았던 분들이 떠오른다. 왜 연예인이 시상식에서 그렇게나 길게 소감을 말하는 것인지 알 것 같다. 나무는 소중하니 글은 간결히 써서 종이를 아껴야 좋다지만, 포기할 수 없다. 장황하게 고마움을 표하고자 한다.

우선 스승의 은혜를 잊을 수 없다. 어릴 때 심장이 안 좋아 자주 아팠는데 한밤중에도 성심껏 돌봐주신 이경지 원장님, 한글도 모르고 입학한 아이를 인내와 사랑으로 이끌어주신 이현용 선생님, 아이들 눈높이에서 가르치시던 김영원 선생님, 끔찍이도 아껴주셨던 김봉옥 선생님, 어떤 경우에도 편애하지 않으셨던 김동호 선생님, 강단 있는 삶을 살아가신 김동겸 선생님, 정치와 현실의 눈을 뜨이게 한 고 이광식 선생님, 세상을 따뜻하게 바라볼 수 있게 도와주신 정환길 선생님, 제자들과 거리낌 없이 소통하시던 임용호 선생님, 오토바이를 모는 상남자였지만 마음은 수정 같았던

고 김봉회 선생님, 이외에 초·중·고를 거쳐 뵈었던 은사님들로 인하여 스승은 마음의 어버이라는 노랫말에 고개를 끄덕일 수밖에 없었고, 교육자의 꿈을 꾸게 되었다.

어렸을 때 친구 어머님께서 '선생님 복이 많다'고 하셨는데, 어른이 되어서도 다르지 않았다. 가장 큰 영향을 끼친 분이라면 지도 교수 노태돈 선생님이다. 현상을 직시하는 안목은 그렇다 쳐도, 제자들을 차별하지 않으셨고 쓰고 싶은 글 못지않게 써야 할 글도 염두에 두셨다. 그 점은 끝까지 본받고자 한다. 김영하 선생님의 고마움도 기억한다. 당시 한국사를 전공할 생각이 없어 별다른 교류는 없었지만, 당신의 견해뿐 아니라 타인의 생각도 면밀하게 전해주시던 강의 방식은 현재도 본보기로 삼고 있다.

덧붙여 대학 졸업반 때 어려운 형편으로 일을 하느라 학업을 따라가기 힘들었는데, 사정을 봐주셨던 신해순·김경호·김종복 선생님은 물론이요, 박사 학위 논문 심사 시 노태돈 선생님의 정년으로 급작스레 지도 교수를 맡아주셨던 송기호 선생님의 노고를 잊지 않을 수 없다. 늘 웃음으로 맞아주시던 정용욱 선생님, 타고난 입담과 열강이 인상적이던 서의식 선생님도 뵙고프다. 여러모로 부족한 박사 학위 논문을 심사하셨던 서영대·노명호·남동신 선생님께는 더 좋은 글로 보답할 길밖에 없다.

박사 학위를 받고 속세(?)로 나가면서 뵙게 된 분들 또한 마찬가지다. 고구려사 연구의 든든한 기둥이신 공석구 선생님, 공부하는 사람이란 어때야 하는지를 몸소 보여주시고 인간미 있으신 김수태 선생님, 자상하게 맞아주시는 임기환 선생님, 말학(末學)에게 먼저 손을 건네셨던 이수훈 선생님, 따뜻한 글귀가 정감 어린 김현숙 선생님, 부족한 부분이 많음에도 좋게 봐주시던 문동석 선생님, 격려를 아끼지 않으시는 김영관 선생님, 호쾌한 미소의 서영교 선생님, 후학을 배려하시는 윤용구·조범환·강종원·정호섭 선생님 등 한국고대사를 공부하는 과정에서 마주한 여러 선학으로부터 고마움을 입었다. 직접 문안드리지 못하여도 삶의 나침반으로 삼겠다.

대학원을 매개로 연이 닿은 분들께도 감사드리고 싶다. 문예(文藝)를 몸소 보여주시는 전호태 선생님, 한국사 너머의 세상을 일깨워주신 권오영 선생님, 환한 미소의 김영심 선생님, 다양한 성과로 영감을 주시는 전덕재·김창석 선생님, 연구 방법론에서 큰 의지가 된 나희라 선생님, 자상하게 여러 부분을 보듬어주시는 여호규 선생님, 문자자료 이해의 시각을 넓혀 주신 윤선태 선생님, 소탈한 격려가 인상적인 김재홍 선생님, 과정생 때 좋은 말씀 주셨던 이병호 선생님, 석사 학위 논문 작성 시 적극적으로 도와주셨던 박성현·홍승우 선생님. 이외에 권위적으로 계시지 않았음에도 인간적·학문적 권위를 느낄 수 있었던 강봉룡·강종훈·송호정·이한상·오영찬·강은영 선생님. 모두 연구자이자 교육자의 길을 나아감에 큰 울림을 주셨다.

관악에서 동고동락하던 이들도 빼놓을 수 없다. 질정 한 바가지에 배려 한 숟가락을 얹는 기경량 선생님, 도발적 문제 제기의 달인 이재환 선생님, 꾸준함의 미학을 알게 한 김수진 선생님, 만나면 즐거운 홍기승 선생님, 근엄·진지한 최상기 선생님, 자유로운 김지희 선생님, 화기(和氣)의 전도사 박주선·박지현 선생님, 그밖에 커피 마시고 탄산 흡입하며 신나게 떠들던 후배들. 형·동생 운운하는 게 더 익숙하지만, 분명 '선생'이라 할 자격이 충분하다.

관악을 벗어나 맞닥뜨린 학계에서 마주하였던 인연도 소중하기는 매한가지다. 이런저런 도움을 주는 이정빈 선생님, 알고 보면 다정한 안정준 선생님, 예나 지금이나 시선이 날카로운 위가야 선생님, 마음 씀씀이가 넓은 이준성 선생님, 다정다감한 이승호 선생님, 대구에 갈 때마다 환대하신 이상훈 선생님. 그밖에 '젊은역사학자모임'의 일원으로 여러 인식을 공유하였던 권순홍·김헌주·백길남·신가영·이성호·임동민·장미애·최경선 선생님, 역사 대중화를 매개로 뭉쳤던 김재원·김태현·오경석·윤서인·정대훈·최슬기·현수진 선생님께도 이 자리를 빌려 감사함을 전한다.

광교산과 무심천에서 뵈었던 분들께도 심심한 사의를 표한다. 소속이 달랐음에도 세심히 마음 써주신 김기봉·박지훈 선생님 덕에 수원에서 무사히 지낼 수 있었다. 또 바름과 곧음의 가치를 일깨워주시는 남지대 선생님, 역사교육과의 버팀목 허원 선생님, 교육자로서 늘 귀감이 되시는 최상훈 선생님, 친절하고 상냥하신 김지형 선생님, 물심양면 도와주시는 영원한 '사수' 조준배 선생님. 당신들이 계셨기에 난생처음인 타지 생활도 무난히 넘기고 있다.

끝으로 가족, 그리고 가족 같은 이들을 빼놓을 수 없다. 어릴 때부터 진로를 강요하지 않으셨고 팔순이 가까웠음에도 늘 재기를 다짐하시며 젊은 사고를 지닌 아버지의 배려와 기상. 나도 아이에게 그러한 모습이면 좋겠다. 세상살이가 힘든 와중에도 소소한 기부는 챙기며 자존감을 가지고 살아가는 어머니의 굳센 마음, 조금이라도 따라가려 한다. 친손자처럼 아껴주시고 늘 함께였던 외할머니, 멀리 계셨지만 손수 지은 한복으로 마음을 표현하시던 친할머니, 그리고 집안에 보탬이 되고자 허드렛일 하시다 당신 몸에 병이 퍼지는 줄도 몰랐던 외삼촌, 아니 그냥 삼촌. 돌아가신 세 분을 생각하면 늘 가슴이 아프다.

또 급작스러운 병증으로 재능을 못 펼치고, 집안이 어려워진 뒤 일하랴 공부하랴, 청춘을 고생으로 채운 동생 효진. 그래도 씩씩하게 하루하루 헤쳐 나가 자랑스럽고 대견하다. 그리고 미안하다. 세찬 풍파, 매제와 지혜롭게 대처하기를 기도한다. 피가 섞이지 않았어도 친동생 같은 오랜 벗 원근, 나의 선택을 항상 응원하는 영민도 남이 아닌 존재다.

만난 지 어언 13년째, 결혼한 지 벌써(?) 6년째인 배우자 소연, 봄소식과 함께 찾아온 딸내미 선유에게도 감사와 사랑을 전한다. 살다 보면 각박해지는 경우가 많지만, 그럴 때마다 온유하고 순수한 소연을 보며 마음을 다잡는다. 매일 새로운 우주를 보여주는 선유 또한 타인과 공존하며 살아가기를, 소연과 함께 그렇게 키울 수 있기를 희망한다. 결혼을 흔쾌히 허락하신 장인·장모님께도 송구스러울 따름이다.

어떤 이가 이르길, 기초 학문을 살리려면 원대한 계책을 실현하기에 앞서 교수가 제자에게 좋은 스승이 되어야 한다고 하였다. 맞는 말이다. 스스로 어떤 사람이었는지 되묻는다. 다음에 책을 낼 때는 지금보다 덜 부끄럽다면 좋겠다. 기나긴 서문을 허락하신 서경문화사 김선경 사장님께 진심으로 감사드리며 글을 줄인다.

신축년 가을
두텁바위 아래서 경강(京江)을 품으며
강진원(姜辰垣)

9

| 목차 |

서론

1. 문제 제기와 연구 목적

전통 사회에서 종교의 역할은 사회 전반에 미쳤으며,[1] 공동체의 사회적 관계를 통합하는 필수불가결한 요소였다.[2] 그 가운데 의례는 사회적 유대와 균형을 유지하는 데 중요한 역할을 하였고,[3] 해당 사회의 사고관념과 실상을 보여주기도 한다.[4] 정치와 종교가 미분화된 시기에 그 비중은 더하였다. 잉카에서 국고의 ⅓을 종교적 의식에 사용한 것[5]이나, 아프리카의 누어족(Nuer族)

---

1 黃善明, 1982, 『宗敎學槪論』, 종로서적, p.63.

2 W. Richard Comstock, 1971, *The Study of religion and primitive religions*, Harper & Row; 윤원철 옮김, 2007, 『종교의 탐구 -방법론의 문제와 원시종교-』, 제이앤씨, p.220.

3 Alfred Reginald Radcliffe-Brown, 1965, *Structure and Function in Primitive Society*, Cohen & West; 김용환 옮김, 1985, 『원시사회의 구조와 기능』, 종로서적, p.27, pp.162~164.

4 Anthony F. C. Wallace, 1966, *Religion : an anthropological view*, Random House, p.102, p.106.

5 Ted C. Lewellen, 1992, *Political Anthropology : An Introduction(Second*

혹은 탈렌시족(Tallensi族)처럼 조직적인 권위 구조라든가 정치적 강제력이 미비한 사회에서 의례가 사회적 질서와 구조를 유지케 한 것[6]은 그 점을 뒷받침한다.

중국의 의례 가운데 가장 큰 비중을 점한 것은 길례(吉禮)였는데, 이는 하늘과 땅, 혹은 조상이나 신격 등에 지내는 제사인 경우가 많았다.[7] 제사가 의례에서 차지하는 비중이 컸음을 알 수 있다. 한국도 마찬가지로 고려나 조선은 물론이요, 고대도 다르지 않았다. 『삼국사기』에 나온 의례 중 그나마 언급이 이루어진 것은 제사였기에, 당시의 무게감을 짐작할 수 있기 때문이다. 의례는 사회의 모습을 보여주므로, 거기서 큰 지분을 지닌 제사의 이해는 당시의 흐름을 읽어 내는 방편이 된다. 한국고대사 연구에서 제사가 꾸준히 관심을 받은 데는 그러한 배경이 자리한다.

한국 고대 제사 이해의 중추를 이룬 것은 국가제사(國家祭祀)이다. 국가제사란 무엇일까. 이에 관하여 서영대는 국가가 공인하는 신에 대해 국가가 주체가 되어 국가적 목적을 위해 치러지는 제사로 파악하였다.[8] 나희라는 제사 전반에 걸친 여러 가지 사안에 국가가 일정한 규정을 정하여 관여하는 의례를 말한다고 여겼다.[9] 조우연은 국가 차원에서 정치적 목적을 위해 치러진 제사

Edition), Bergin & Garvey Publishers, Inc.; 한경구 · 임봉길 옮김, 1998, 『정치인류학』, 一潮閣, p.61.

6 John Beattie, 1968, *Other Culture : Aims Methods and Achievements in Social Anthropology*, The Free Press; 崔在錫 옮김, 1978, 『社會人類學』, 一志社, p.185.

7 Howard J. Wechsler, 1985, *Offerings of Jade and Silk : Ritual and Symbol in the Legitimation of the T'ang Dynasty*, Yale University Press; 임대희 옮김, 2005, 『비단같고 주옥같은 정치 -의례와 상징으로 본 唐代 정치사-』, 고즈윈, pp.132~133.

8 徐永大, 2003, 「高句麗의 國家祭祀 -東盟을 중심으로-」 『韓國史研究』 120, p.1.

9 나희라, 2003, 『신라의 국가제사』, 지식산업사, p.15 주3).

로 보기도 하였다.[10] 일리 있는 견해지만 기존 정의만으로는 부족한 감도 없지 않다. 그 면에서 국가제사의 위상에 주목할 필요가 있다. 국가제사가 활발히 연구된 이유는 현재 전하는 의례 기록 다수가 국가제사와 관련된 데 기인한다. 이는 국가 권력이 해당 제의에 많은 주의를 기울인 결과, 다른 의례보다 풍부한 기록이 남겨진 탓으로 여겨진다. 그렇다면 국가제사란 '국가 권력의 주도 아래 국가적인 관심 속에 치러지며, 해당 공동체 내의 제례 가운데 손꼽힐 수 있는 위상과 비중을 가진 제사', 다시 말해 왕권의 의지가 투영되어 그 격이 높아진 제사라 하겠다.

이전까지의 한국 고대 국가제사 연구는 신라를 중심으로 이루어져 왔다. 『삼국사기』 신라본기에 시조묘(始祖廟)나 신궁(神宮) 및 종묘 관련 기록이 남아 있을 뿐 아니라, 제사지(祭祀志)에는 당시 치러진 다양한 제사를 전하기 때문이다. 반면 고구려는 『삼국사기』 찬자가 그 제사의례(祀禮)를 불명하다고 하였듯이,[11] 구체적인 양상이 기록으로 남지 못하였다. 그 결과 관련 성과가 다소 미진하였다. 물론 일정 정도의 연구는 축적되었으나, 짜임새 있게 논의가 전개되지 못한 감이 있다. 이 문제가 해결되기 위해서는 비중이 큰 국가제사를 중심으로 총체적인 검토를 해야 한다. 국가제사는 국가 권력과 밀접한 관계가 있다. 나아가 풍요 기원과 수확 감사, 재이 방지와 국토·사회 보전 및 국가의 번영과 군주의 안녕 등을 목적으로 이루어졌으므로,[12] 공동체의 여러 모습을 반영하기도 한다.

고구려의 국가제사 기록은 여러 사서에 흩어져 있다. 따라서 원활한 접근

---

10 趙宇然, 2010, 「4~5世紀 高句麗 國家祭祀와 佛敎信仰 硏究」, 인하대학교 박사학위논문, pp.10~11.

11 『三國史記』 卷 第32, 雜志 第1, 祭祀, "高句麗百濟 祀禮不明 但考古記及中國史書所載者 以記云爾"

12 中村英重, 1999, 『古代祭祀論』, 吉川弘文館, p.57.

을 위하여 다음의 사항에 주목하고자 한다.

먼저 시간적 추이의 파악이다. 고구려는 오랜 기간 존속하며 변천하였다. 국가제사도 마찬가지일 것이다. 어떠한 의례가 이어지는 경우 큰 틀에서는 같게 보일지라도, 자세히 살펴보면 시기별로 의미와 역할, 혹은 양상에 변화가 일어날 때가 상당하다. 이는 특정 집단의 지위 변동이나 기존 사회적 관계의 수정 등이 의례에 반영된 까닭이다.[13] 종래는 이러한 측면에 주의가 덜 기울여졌다.

다음으로는 정치적 방면에의 관심이다. 고대 오리엔트 사회의 종교에서 왕권이 핵심적인 위치를 점하였던 것에서도 알 수 있듯이, 고대 국가의 의례는 해당 사회의 정치구조와 깊은 관련이 있으며, 그것이 무너지면 의례는 물론 신앙적 기반이 실질적으로 사라지기도 하였다.[14] 또 의례는 정치와 결합하여 정치적 역할을 이행할 때가 적지 않았다. 최고 지배자는 그 지위와 권력의 불변함이 초월적 존재의 보호에 기인하였음을 강조하였으며, 의례를 통하여 왕권의 신성화를 도모하였기 때문이다.[15] 그러므로 어떠한 국가제사가 성립한 바탕에는 사상적인 토대 외에 정치적인 배경이 있을 수도 있고, 특정 시기의 양상에는 당대의 정치적 의미나 역할이 존재할 가능성이 작지 않다. 기왕의

---

13 W. Richard Comstock, 2007, 앞의 책, p.88.

14 Alfred Reginald Radcliffe-Brown, 1985, 앞의 책, p.162; W. Richard Comstock, 2007, 위의 책, p.220, p.233.

15 韓相福・李文雄・金光億, 1994, 『文化人類學槪論』, 서울대학교출판부, p.256; Ted C. Lewellen, 1998, 앞의 책, pp.98~100.
아프리카 로디지아, 즉 짐바브웨 지역에 소재하였던 벰바국(Bemba國)의 경우 정치적 권위에는 대체로 초자연적인 힘이 결부되었는데, 이 힘은 제의를 통하여 부여되었다(Audrey I. Richards, 1940, "The Political System of the Bemba tribe : North-Eastern Rhodesia", *African political systems*, Published for the International African Institute by the Oxford University Press, p.96).

논의를 보면 국가제사가 왕권의 정당화에 이바지하였다는 점에 대해서 큰 이견이 없음에도 불구하고, 면밀하고 구체적으로 논의가 이루어지지 못한 감이 있다.

　따라서 이 글에서는 고구려 국가제사의 시기적 변화상과 아울러 그것이 초래된 배경에 대하여 검토하고, 당시의 역할이나 의미도 살펴보며 큰 틀에서의 추이를 밝혀 보고자 한다. 당시 사회에서 의례가 차지하는 비중은 상당하였다. 그러므로 국가제사에 관한 총체적인 접근은 정치사 방면에서 중점적으로 이루어진 고구려사 연구의 시야를 넓히는 데도 일정한 도움을 줄 것이다.

2. 기존 연구 성과 검토

　『삼국사기』와 『삼국지』 등 국내·외 문헌에서 나타나는 고구려의 국가제사는 제천대회(祭天大會), 시조묘 제사, 종묘·사직 제사, 부여신묘(夫餘神廟)·등고신묘(登高神廟) 제사, 주몽사(朱蒙祠, 朱蒙廟) 제사, 태후묘(太后廟) 제사 등이다. 이외에 최근에 주목받기 시작한 분묘제사(墳墓祭祀), 즉 묘제(墓祭) 역시 그 범주에 넣을 수 있다. 각각의 제사마다 일정한 논의가 이루어져 왔으므로, 현재까지의 연구 성과를 정리할 필요가 있다. 특히 한국학계의 동향을 중점적으로 언급하고자 하는데, 일본학계의 경우 초창기에 중요한 논의들이 이루어졌으나 최근 연구가 저조하고, 중국학계의 경우 양적인 측면에서 괄목할 만하나 관련 기록을 피상적으로 나열하는 수준에 그치고 있기 때문이다.[16] 따라서 국외의 성과는 주목되거나 독특하다고 여겨지는 사례에 국한하여 다뤄보겠다.

---

16 이승호, 2017, 「2007년 이후 중국의 고구려 종교·사상사 연구 동향」 『高句麗渤海硏究』 57, p.45 참조.

1) 제천대회

고구려 국가제사 가운데 가장 활발한 논의가 오간 것은 동맹(東盟)이라고도 일컬어진 제천대회이다. 아마도 『위략』이나 『삼국지』 등 다양한 문헌을 통하여 관련 기록을 엿볼 수 있었기 때문일 것이다.

해당 의례에 본격적으로 다가가기 시작한 것은 일본 연구자들이었다. 미시나 쇼에이는 고대 곡령신앙(穀靈信仰)과의 관련성에 주목하여, 그것이 수확제이며 제사 대상 또한 곡신(穀神, Ceres)으로서의 성격이 짙다고 하였다.[17] 이어 이노우에 히데오는 『삼국지』의 사료적 가치가 『후한서』보다 높다고 판단한 뒤, 시간에 따른 제천대회의 변화상을 모색하였다.[18] 이들 연구는 제천대회의 기본적인 성격을 규명하였으며, 오늘날까지도 많은 영향을 끼치고 있다. 다만 농경의례라는 측면에 관심을 기울인 결과, 국가 권력과 관련된 사안에 대해서는 소홀히 다룬 감이 없지 않다.

그 면에서 제천대회의 정치·사회적 의미와 역할에 주목한 한국 연구자들의 성과가 눈길을 끈다. 최광식은 제천대회를 잡곡 수확의례로 파악하고, 공회(公會)로 이루어졌기에 단순한 민속의례로 보기 어려움을 지적하였다.[19] 노태돈은 중앙 집권화 이전 제천대회의 역할에 관심을 두어, 왕이 이를 주제(主祭)하였고 조상 제사로서의 성격도 있었으며, 지배집단 오부(五部)를 결속시킴과 아울러, 왕실의 신성함과 오부의 우월성을 내세우는 정치적 기능도 담당하였다고 보았다.[20] 윤성용 또한 정치적 측면에 주목하며, 제가회의(諸加會議)의

---

17 三品彰英, 1973, 『古代祭政と穀靈信仰』, 平凡社, pp.158~203.

18 井上秀雄, 1978, 『古代朝鮮史序說 -王者と宗敎-』, 寧樂社, pp.92~104.

19 최광식, 1994, 『고대한국의 국가와 제사』, 한길사, pp.151~153.

20 노태돈, 1999, 『고구려사 연구』, 사계절, pp.159~164, p.450; 盧泰敦, 1991, 「高句麗의 歷史와 思想」 『韓國思想史大系』 2, 韓國精神文化研究院, pp.17~20.

결정사항은 제천대회를 통하여 구속력이 강화되었다고 여겼다.[21] 이러한 연구는 제천대회를 국가제사로 고찰할 수 있는 토대를 마련하였다.

이와 함께 제천대회를 종합적으로 다룬 성과도 등장하기 시작하였다. 대표적인 것이 서영대의 연구이다. 여기서는 관련 기록의 대조와 아울러 의례의 실상과 명칭, 기능과 참가 범위 및 존속 기간 등을 검토하였다. 그 결과 제천대회는 주몽의 탄생을 재연한 의례이기에 시조에 대한 제사가 제천의례로 행해진 것이라 규정하였다.[22] 제천대회에 얽힌 여러 문제를 논의하였기에, 오늘날까지도 참조되는 바가 적지 않다.

그런데 이상의 성과를 포함하여 그간의 제천대회 연구는 몇 가지 사안에 논의가 집중되었다. 따라서 이하에서는 그에 대하여 살펴보고자 한다.

우선 해당 의례를 구성하는 제의의 수와 아울러 수신(隧神) 관련 제의의 실체에 대해서이다. 이 경우 제천대회에서는 하나의 의례, 즉 수신 관련 제의만 치러졌으며,[23] 수신은 시조의 모친을 가리킨다고 보아 그 과정을 왕실 시조 전승의 재연으로 여기는 견해가 대부분이다.[24]

---

21 윤성용, 2005, 「고구려 建國神話와 祭儀」 『韓國古代史硏究』 39, pp.23~27.

22 徐永大, 2003, 앞의 논문, pp.3~28.

23 최광식, 1994, 앞의 책, pp.152~153; 三品彰英, 1973, 앞의 책, pp.163~169; 井上秀雄, 1978, 앞의 책, pp.95~97; 徐永大, 2003, 위의 논문, pp.16~20; 윤성용, 2005, 앞의 논문, p.23; 김영준, 2006, 「평양천도 이후 고구려의 정기적 국가의례」, 인하대학교 석사학위논문, pp.6~7.

24 徐永大, 1991, 「韓國古代 神觀念의 社會的 意味」, 서울대학교 박사학위논문, pp.190~191; 朴昊遠, 1997, 「韓國 共同體 信仰의 歷史的 硏究 -洞祭의 形成 및 傳承과 관련하여-」, 한국정신문화연구원 박사학위논문, p.26; 김기흥, 2002, 『고구려 건국사』, 창작과비평사, p.95, pp.129~130; 김화경, 2002, 『일본의 신화』, 문학과지성사, pp.243~245; 나희라, 2003, 앞의 책, p.83, p.228; 김재용·이종주, 2004, 『왜 우리 신화인가 -동북아 신화의 뿌리, 「천궁대전」과 우리 신화-』, 동아시아, pp.257~258; 三品彰英, 1973, 위의 책, p.169, p.174; 大林

그러나 이와는 다른 입장도 존재한다. 김두진은 수신 관련 제의를 복속집
단 지배층의 조상 제사로 보아 제천의례와 실체가 다르다고 하였다.[25] 조우연
또한 이 논의를 수용하여 수신을 왕실 조상신이 아닌 공동의 지모신(地母神,
earth mother)으로 여겼다.[26] 이재성은 오부 지배 성원 전체가 참여한 것이 제
천의례이고, 계루부 성원들만 참가한 것이 수신 관련 제의라 주장하기도 하였
다.[27] 이상의 논의는 세부적인 부분에 차이는 있으나, 제천대회가 복수의 의례
로 이루어졌다고 본 점은 공통된다. 그러한 입장은 이정빈·이준성·이춘우
에게까지 이어지고 있다.[28] 한편 제의 과정에서 부여 동명 설화가 재연되었을

太良, 1984,『東アジアの王權神話 -日本·朝鮮·琉球-』, 弘文堂, pp.208~209;
田中通彦, 1982,「高句麗의 信仰과 祭祀 -특히 東北아시아의 豚聖獸視를 중심
으로-」『亞細亞學報』16, p.110; 盧泰敦, 1991, 앞의 논문, p.19; 金和經, 1998,
「高句麗 建國神話의 研究」『震檀學報』86, p.35; 권오영, 1999,「한국 고대의 새
(鳥) 관념과 제의」『역사와 현실』32, p.103; 張志勳, 1999,「韓國 古代의 地母
神 信仰」『史學研究』58·59, pp.83~84; 金基興, 2001,「高句麗 建國神話의 검
토」『韓國史研究』113, pp.18~19; 徐永大, 2003, 위의 논문, pp.13~15; 전덕재,
2003,「신라초기 농경의례와 공납의 수취」『강좌 한국고대사2 : 고대국가의 구
조와 사회(1)』, 가락국사적개발연구원, p.362 주57); 최원오, 2003,「한국 신화
에 나타난 여신의 위계 轉換과 윤리의 문제」『比較民俗學』24, p.288; 나희라,
2004b,「고대 한국의 이데올로기와 그 변화」『韓國思想史學』23, p.182; 오세
정, 2004b,「신화 소통에 관한 제의적 기호작용 연구」『기호학연구』16, p.316;
윤성용, 2005, 위의 논문, p.24; 김영준, 2006, 위의 논문, pp.14~18; 조영광,
2006,「河伯女신화를 통해서 본 고구려 국가형성기의 상황」『北方史論叢』12,
p.284; 채미하, 2006,「高句麗의 國母信仰」『北方史論叢』12, pp.350~351; 金
昌錫, 2007,「신라 始祖廟의 성립과 그 祭祀의 성격」『역사문화연구』26, p.215.

25　金杜珍, 1999,『韓國古代의 建國神話와 祭儀』, 一潮閣, pp.103~104.

26　조우연, 2019,『天帝之子 : 고구려의 왕권전승과 국가제사』, 민속원, pp.374~
　　376.

27　李在成, 2008,「고구려 초기 桂婁部의 神堂과 宗廟」『전통문화논총』6, pp.160
　　~166.

28　이정빈, 2006a,「고구려 東盟의 정치의례적 성격과 기능」『韓國古代史研究』41,

가능성도 제기되었으며,[29] 오부의 하나인 소노부(消奴部)가 단군과 관련되었다는 전제 아래 수신을 웅녀로 보거나,[30] 웅녀와 시조의 모친(河伯女)이 배합된 의례로 여기기도 하였다.[31]

다음으로 제천대회 안에 별도의 행사가 포함되었는지에 대해서이다. 대개는 제천의례가 곧 국중대회(國中大會)이며, 그 이름이 동맹이라는 데 동의한다.[32] 하지만 달리 보는 경우도 존재한다. 류현희는 국중대회가 수렵대회·제천행사·제가회의 등으로 구성되었다고 여겼고,[33] 강경구는 제천 외에 부여 시조 동명을 모시는 제조(祭祖)와 수신을 모시는 제지(祭地) 행사 및 종묘·영성(靈星)·사직·시조묘 제사도 함께 행해졌다고 주장하였다.[34] 이정빈은 수신 관련 제의를 제천과 별개로 본 뒤, 공회 또한 제천과 구별되는 별도의

pp.173~174; 이준성, 2013, 「고구려 국중대회(國中大會) 동맹(東盟)의 구성과 축제성」『역사와 현실』 87, p.324; 이춘우, 2015, 「고구려 東盟祭·隧神祭와 神廟」『韓國古代史研究』 79, pp.176~177, p.182.

29 여호규, 2014, 『고구려 초기 정치사 연구』, 신서원, pp.64~66; 朴承範, 2002, 「高句麗의 始祖廟儀禮」『東洋古典研究』 15, p.124; 장병진, 2016, 「고구려 출자의식의 변화와 「集安高句麗碑」의 건국설화」『人文科學』 106, p.217, p.223.

30 최일례, 2010, 「고구려인의 관념에 보이는 단군신화의 투영 맥락 -비류부의 정치적 위상을 중심으로」『韓國思想과 文化』 55, pp.203~205.

31 이병도 역주, 1996b, 『삼국사기(하)』, 을유문화사, p.173 주38).

32 최광식, 1994, 앞의 책, p.151; 李鍾泰, 1996, 「三國時代의 「始祖」認識과 그 變遷」, 국민대학교 박사학위논문, p.150; 三品彰英, 1973, 앞의 책, pp.162~163; 朴承範, 2001, 「고구려의 국가제사」『史學志』 34, p.98; 徐永大, 2003, 앞의 논문, p.3; 朴承範, 2004, 「祭儀를 通해서 본 高句麗의 正體性」『高句麗研究』 18, p.445; 윤성용, 2005, 앞의 논문, p.25; 李在成, 2008, 앞의 논문, p.161, 최광식, 2007a, 「고구려의 신화와 국가 제사」『고구려의 문화와 사상』, 동북아역사재단, p.35.

33 류현희, 2000, 「高句麗 '國中大會'의 구조와 기능」『白山學報』 55, pp.113~140.

34 강경구, 2004, 「高句麗 東盟祭 序說」『白山學報』 68, pp.32~53.

정치의례로 파악하였다.[35] 이준성은 여기에 더하여 재판이나 음주·가무 등의 행사도 함께한 축제형 의례의 전형으로 간주하였다.[36]

동맹이란 용어의 의미에 대한 접근도 이루어졌다. 종래는 고구려 시조 동명이나 주몽,[37] 혹은 부여 시조 동명[38]을 음차(音借)한 것으로 보는 견해가 많았다. 하지만 조우연은 부여의 '영고(迎鼓)'와 동예의 '무천(舞天)'이 한문식 표현이라는 점을 들어, 나라 동쪽에서 치른 맹회(盟會)를 뜻한다고 추정하였다.[39] 또 이춘우는 '동(東)'에 '으뜸(首)', '맹(盟)'에 '희생례'라는 뜻이 있다 하여 '나라에서 으뜸가는 희생제'로 이해하였다.[40]

제천대회에서 제사한 천(天)의 성격에 관한 문제도 관심을 끌었다. 지금까지는 대개 왕실과 직접 연결된 존재, 즉 조상신으로 파악하였다. 다만 달리 보는 시각도 존재한다. 박승범은 애초 천에는 인격신적 측면과 자연신적 측면이 혼재되어 있었으나, 훗날 자연신적 측면만 남게 되었다고 하였다.[41] 반대로 조우연과 이춘우는 천이 원래 비인격적 자연신이었으나, 4~5세기 이후 왕실 시

---

35 이정빈, 2006a, 앞의 논문, pp.175~177.

36 이준성, 2013, 앞의 논문, pp.308~327.

37 최광식, 1994, 앞의 책, p.152; 김기흥, 2002, 앞의 책, p.91; 김열규, 2003, 『동북아시아 샤머니즘과 신화론』, 아카넷, p.11; 류현희, 2000, 앞의 논문, p.120; 장재웅, 2006, 「중국어 역사음운론을 통한 고구려신화에 반영된 언어자료 분석 -東明·朱蒙 동음설 및 東盟·東明 동음설을 중심으로-」『中國言語硏究』23, p.508; 서영대, 2007, 「토착 신앙과 풍속 문화」『고구려의 문화와 사상』, 동북아역사재단, p.50.

38 여호규, 2014, 앞의 책, p.64; 강경구, 2004, 앞의 논문, p.35; 朴承範, 2004, 앞의 논문, p.446.

39 조우연, 2019, 앞의 책, pp.372~373.

40 이춘우, 2015, 앞의 논문, p.178.

41 朴承範, 2001, 앞의 논문, pp.98~99; 朴承範, 2004, 앞의 논문, p.454.

조와 결합하여 인격신으로서의 면모도 갖추게 되었다고 파악하였다.[42] 제천행사와 왕실 조상신에 대한 제사가 분리되어 4세기 말 교사(郊祀) 혹은 교제(郊祭)가 행해졌다는 설[43]도 같은 범주에 속한다.

그밖에 한 해의 시작을 알리는 기원의례(紀元儀禮)로 제천대회를 바라보는 견해도 제기되었다. 김일권·김영준·이정빈의 성과가 대표적이다.[44] 여기서는 중국의 신년의례인 원회(元會)와의 관련성에 주목하였다. 단 흉노에서 중국 신년 조회(朝會)의 영향을 받은 의례는 정월에 행해졌으므로,[45] 고구려에도 중국식 기원의례가 도입되었다면 정월에 이루어지는 것이 상식적이고,[46] 또 거란이나 몽골 등의 북방종족은 풀이 돋는 시기를 새해의 시작으로 간주하였기에,[47] 조금 더 살펴보아야 할 문제가 아닐까 한다.

마지막으로 제천대회의 변천상에 대해서도 약간의 논의가 이루어졌다. 서영대가 평양 천도 이후 성격과 기능에 많은 변화가 왔을 것으로 추정한 이후,[48] 김영준은 제천대회의 필요성이 낮아짐에 따라 그 위상과 의미가 퇴

---

42 조우연, 2019, 앞의 책, pp.367~368, pp.376~381; 이춘우, 2015, 앞의 논문, pp.178~179, p.184.

43 전덕재, 2003, 앞의 논문, pp.369~370 주74).

44 金一權, 2002, 「한국 고대인의 천문우주관」『강좌 한국고대사8 : 고대인의 정신세계』, 가락국사적개발연구원, pp.46~52; 김영준, 2006, 앞의 논문, pp.12~13; 이정빈, 2006a, 앞의 논문, pp.185~195.

45 김수태, 2010, 「한국 고대의 축제와 사면」『韓國古代史硏究』59, pp.282~283.

46 제천행사에서 분리된 제가회의는 연초를 비롯하여 사시에 개최되었으므로(여호규, 2000, 「고구려 초기 정치체제의 성격과 성립기반」『韓國古代史硏究』17, p.149), 굳이 원회의 영향을 상정하자면 연초의 제가회의가 더 적합할 것이다. 물론 본디 고구려에서는 새해의 시작이 9·10월이었다가 정월로 바뀌었을 가능성도 염두에 두어야 한다.

47 박원길, 2001, 『유라시아 초원제국의 샤마니즘』, 민속원, pp.33~34.

48 徐永大, 2003, 앞의 논문, p.28.

색한 대신 신묘(神廟)가 부상하였다고 보았으며,[49] 이춘우 또한 유사한 견해[50]를 제기하였다. 의미가 약해져 여러 행사의 가감이 있었다고 본 이준성 역시 같은 맥락에 있다.[51] 여호규는 규모가 축소되어 국중대회로서의 위상을 상실하였다고 주장하였으며,[52] 쑨하오는 사라졌다고 보았다.[53] 그밖에 조우연은 『삼국사기』 온달전 기사[54]에 주목하여 제천의례가 수렵행사의 일부로 축소되었다고 여겼는데,[55] 제천대회는 말기까지 모습을 나타내므로, 폐지되었다거나 다른 행사에 종속되었다고 보기에는 무리가 있다.

제천대회는 관련 기록이 상대적으로 풍부한 편이라 상당한 성과가 축적되었다. 그러나 입장이 정리되지 못한 채 논의가 여러 방면으로 확산하였고, 『삼국지』의 기술이 반영하는 시기에 관심이 몰린 경향이 있다.

2) 시조묘 제사

시조묘 제사는 관련 기록이 『삼국사기』에 여러 차례 남아 있을 뿐 아니라, 일정 기간을 제외하면 전 시기에 걸쳐 나타난다. 따라서 그 무게감은 상당하다.

제천대회와 마찬가지로 시조묘 제사 또한 일본 연구자들에 의해 본격적으로 다루어지기 시작되었다. 미시나 쇼에이는 관련 기록의 원전이 국내 전승

---

49 김영준, 2006, 앞의 논문, pp.22~24.

50 이춘우, 2015, 앞의 논문, p.196.

51 이준성, 2013, 앞의 논문, pp.326~327.

52 여호규, 2013b, 「고구려 도성의 의례공간과 왕권의 위상」『韓國古代史硏究』71, p.87.

53 孫顥, 2007, 「高句麗的祭祀」『東北史地』2007-4, p.40.

54 『三國史記』卷 第45, 列傳 第5, 溫達, "高句麗常以春三月三日 會獵樂浪之丘 以所獲猪鹿 祭天及山川神"

55 조우연, 2019, 앞의 책, pp.383~385.

사료임을 밝혔고,[56] 이노우에 히데오에 의하여 기본적인 문제들이 검토되었다. 그는 동명왕묘(東明王廟)와 시조묘를 동일시한 뒤 대부분의 시조묘 제사가 즉위의례로 치러졌으며, 2·4월 제사는 예축제(預祝祭), 9월 제사는 수확제(收穫祭)로서의 성격을 지녔고, 그에 수반하는 순문(巡問)·진급(賑給)·여수(慮囚) 등을 의례의 한 부분으로 파악하였다.[57] 이러한 입장은 오늘날까지도 시조묘 제사 이해의 기본적인 틀이라 할 수 있기에 의의가 적지 않다. 다만 동명왕묘 건립을 후대의 가공으로 보는 등 『삼국사기』 초기기록을 전면 불신하였고, 곡령신앙에 근거한 농경의례라는 측면에만 주목하여 해당 의례가 왕권이 결부된 국가제사라는 점을 도외시하는 한계도 있다.

이후의 시조묘 제사 연구 또한 제천대회와 마찬가지로 몇 가지 사항에 논의가 집중되었다. 먼저 시조묘와 동명왕묘의 일치 여부이다. 양자를 같다고 여기는 것이 일반적이지만,[58] 동명왕묘에는 부여 시조 동명을 모셨다고 보아

---

56 三品彰英, 1953, 「三國史記高句麗本紀の原典批判」 『大谷大學研究年報』 6, p.28.

57 井上秀雄, 1978, 앞의 책, pp.106~111.

58 최광식, 1994, 앞의 책, pp.179~180; 李志暎, 1995, 『韓國神話의 神格 由來에 관한 研究』, 太學社, p.242; 김기흥, 2002, 앞의 책, pp.161~162; 朴承範, 2002, 「三國의 國家祭儀 研究」, 단국대학교 박사학위논문, p.30; 서대석, 2002, 『한국신화의 연구』, 집문당, p.168; 정호섭, 2011, 『고구려 고분의 조영과 제의』, 서경문화사, p.252; 최일례, 2015, 「고구려 시조묘 제사의 정치성 연구」, 전남대학교 박사학위논문, pp.26~30; 조우연, 2019, 앞의 책, pp.421~422; 盧明鎬, 1981, 「百濟의 東明神話와 東明廟 -東明神話의 再生成 現象과 관련하여-」 『歷史學研究』 10, p.45; 朴賢淑, 1999, 「三國時代 祖上神 觀念의 形成과 그 特徵」 『史學研究』 58·59, p.112; 이귀숙, 2007, 「高句麗 初期의 王統變化와 朱蒙始祖認識의 成立」 『歷史教育論集』 39, p.163; 梁志龍, 2008, 「고구려 건국 초기 왕도에 대한 연구 -졸본과 흘승골성을 중심으로-」 『졸본시기 고구려역사 연구 -2008 한·중 고구려역사 연구 학술회의-」; 鄭媛朱, 2013, 「安藏王의 始祖廟 親祀와 政局運營」 『白山學報』 96, pp.185~186.

시조묘와 구별하기도 한다.[59] 강경구는 시조묘의 주신을 태조왕의 부친 고추가 재사(再思)에 비정하였고,[60] 이도학은 동명왕묘와 시조묘를 별개로 보면서도 모두 부여 시조 동명을 제사하였다고 하였다.[61]

왕이 몸소 지낸 친사(親祀)의 기본 성격 또한 주된 검토 대상이었다. 재위 초의 친사를 즉위의례로 보기도 하나,[62] 특별한 정치적 목적 등이 있을 때 한시적으로 행해졌다고 여기기도 하였다.[63] 시기에 따라 성격에 변화가 있었을 가능성도 염두에 두어야 한다.

시조묘의 외양은 시조왕릉 주변의 사당으로 보는 견해가 많았다.[64] 다만 그 이유에 대한 설명이 부족하여 아쉬움이 남는다. 소재지의 경우, 랴오닝성 환런(桓仁)의 고력묘자촌(高力墓子村) 고분군 인근으로 보기도 하고,[65] 미창구장군묘(米倉溝將軍墓)도 주목하였다.[66]

---

59 강경구, 2001, 『고구려의 건국과 시조 숭배』, 학연문화사, pp.348~353; 朴承範, 2002, 앞의 논문, pp.112~113; 장병진, 2016, 앞의 논문, pp.222~223.

60 강경구, 2001, 위의 책, pp.367~372.

61 李道學, 2005, 「高句麗와 百濟의 出系 認識 檢討」 『高句麗硏究』 20, pp.186~190.

62 최광식, 1994, 앞의 책, p.181; 井上秀雄, 1978, 앞의 책, p.110; 전덕재, 2003, 앞의 논문, p.362 주57); 서영대, 2007, 앞의 논문, p.39.

63 최일례, 2015, 앞의 박사학위논문, pp.2~5, pp.11~12, pp.55~56; 朴賢淑, 1999, 앞의 논문, pp.112~113; 閔喆熙, 2002, 「高句麗 陽原王・平原王代의 政局變化」 『史學志』 35, pp.79~80; 朴承範, 2002, 앞의 논문, pp.115~124; 鄭媛朱, 2013, 앞의 논문, p.185.

64 최광식, 1994, 앞의 책, p.181; 최일례, 2015, 위의 박사학위논문, pp.30~34; 耿鐵華, 2004, 『高句麗考古硏究』, 吉林文史出版社, p.147; 朴承範, 2002, 위의 논문, p.114; 서영대, 2007, 앞의 논문, p.60; 최광식, 2007a, 앞의 논문, p.39.

65 최일례, 2015, 위의 박사학위논문, pp.43~48; 양시은, 2014, 「고구려 도성 연구의 현황과 과제」 『高句麗渤海硏究』 50, p.47.

66 김기흥, 2002, 앞의 책, pp. 69~70.

한편 5세기 전후 한동안 시조묘 제사 기록이 나타나지 않은 배경에 대한 언급도 이루어졌다. 정치체제가 안정되어 굳이 시조묘 제사를 할 필요가 사라졌다거나,[67] 불교 의례,[68] 혹은 중국으로부터의 책봉의례가 즉위의례로 대체되었던 데 원인이 있다고 보기도 하였다.[69] 그러나 신라의 신궁 제사나 고대 일본의 다이조사이(大嘗祭)에서도 나타나듯, 체제 정비와 무관하게 종래의 거국적인 제사는 그대로 이어졌다. 또 고구려에서 성대한 불교 의례 기록을 전하지 않을 뿐 아니라, 책봉의례가 즉위의례로 기능하였다고 하기는 무리가 있기에 따르기 어렵지 않을까 한다.

이처럼 시조묘 제사 연구는 일정 정도 진전되었다. 그러나 제사 자체가 지닌 비중에 반해 본격적인 성과는 드문 편이다. 이는 지금까지의 국가제사 연구가 제천대회를 중심으로 이루어졌기 때문일 것이다. 특히 왕권과의 관련성에 주목하거나, 시기적 추이에 따른 변화상을 파악하고자 한 접근이 부족하였다.

3) 종묘 · 사직 제사

고구려의 종묘와 사직에 관한 기록은 매우 단편적이다. 따라서 몇몇 사항에 관한 검토가 주를 이루었다. 다만 이를 총체적으로 다룬 성과가 아예 없는 것은 아니다.

종묘의 경우, 강경구는 종묘와 사직이 중국 전한 초기, 즉 소노부 집권기부

---

67 임기환, 2004, 『고구려 정치사 연구』, 한나래, pp.267~268; 曹泳光, 2008, 「長壽王代를 전후한 시기 고구려의 政局과 體制 변화 -장수왕의 集權策과 그 영향 분석을 중심으로-」 『軍史』 69, p.25.

68 최일례, 2015, 앞의 박사학위논문, pp.160~163.

69 朴賢淑, 1999, 앞의 논문, pp.112~113.

터 존재하였으며, 그 제사는 일상적이고 연례적이었으리라 추정하였다.[70] 또 조우연은 애초 왕실 조상 제사가 시조 주몽을 모시는 시조묘와 태조왕을 모시는 종묘의 2묘(廟) 체제로 운영되었는데, 태조왕 시기 이후 종법 질서 확립과 함께 체제가 갖추어졌으며, 4~5세기 이후 종묘 제사의 중심이 태조왕에서 주몽으로 바뀌었음과 아울러 묘제(廟制)가 종묘 중심으로 통합되었다고 보았다.[71] 주목할 만한 성과지만 고구려 초기의 예제(禮制) 이해 수준을 지나치게 높게 본 감이 있을 뿐 아니라, 시조묘도 왕릉의 일종이라는 점에서 묘제 자체로 시야를 넓힐 필요가 있다.

사직의 경우, 서영대는 비류나부(沸流那部), 즉 소노부 등의 사직은 3세기 중엽 조위의 침공 이후 재건되지 못하였고, 4세기 말 건립된 국사(國社)는 유교적 예제에 입각한 건축물이라 하였다.[72] 국사를 그렇게 보는 설은 이전에도 있었고,[73] 대략적인 추세를 생각하면 타당하다. 단 비류나부 출신 국상(國相) 음우(陰友)의 사례에서도 드러나듯,[74] 3세기 중·후반에도 이들은 세력을 잃지 않고 있었다. 따라서 조위와의 전쟁 이후 각각의 지배집단이 세운 사직의 위상이 이전보다 약해졌을지 모르겠으나 사라졌다고 보기에는 재고의 여지가 있다.

조우연은 공동의 지모신이라 할 수신 신앙이 사직 제사의 원류인데, 사직은 원래 여러 세력 집단이 각각 세울 수 있었으나, 이후 수신 관련 제의로 흡

---

70 강경구, 2001, 앞의 책, pp.375~388.

71 조우연, 2019, 앞의 책, pp.418~432.

72 서영대, 2005, 「고구려의 社稷과 靈星에 대하여」 『고구려의 사상과 문화』, 고구려연구재단, pp.16~45.

73 辛鍾遠, 1984, 「三國史記 祭祀志 研究 -新羅 祀典의 沿革·內容·意義를 중심으로-」 『史學研究』 38, p.9.

74 『三國史記』 卷 第17, 高句麗本紀 第5, 中川王 7年 4月, "國相明臨於漱卒 以沸流沛者陰友爲國相"

수되었다고 보았다. 또 사주(社主)는 목제일 가능성이 크고, 사직의 초기 외양은 부경(桴京)과 비슷하리라고 추정하였다.[75]

다음으로 개별 사안에 대한 견해를 정리해 보면, 먼저 『삼국지』 동이전 고구려조에 나오는 궁실(宮室) 근처의 대옥(大屋)과 거기서 제사한 귀신을 거론할 수 있다. 이를 각기 종묘와 조상신으로 보는 것이 대개이다.[76] 이재성은 제사 대상이 여러 신령과 정령이었으며, 국동대혈(國東大穴)을 종묘라 하였으나,[77] 『삼국지』에 따르면 비류나부의 종묘가 왕실의 대옥과 짝을 이루기 때문에, 궁실 근처의 대옥은 종묘로 이해하는 편이 합리적이다.[78] 이와 관련하여 일찍부터 무덤과 사당이 분리되었음을 밝힌 견해[79]도 제기되었다.

다음으로 비류나부, 즉 소노부의 종묘·사직 건립이 의미하는 바이다. 이를 부(部)가 단위정치체로서의 면모를 지니고 있었던 흔적으로 이해하기도 하였고,[80] 이전 왕가에 대한 예우 차원에서 예외적으로 허락된 일이라 보기도

---

75 조우연, 2019, 앞의 책, pp.395~412.
사주를 석제로 보는 견해(方起東, 1982, 「集安東臺子高句麗建築遺址的性質和年代」 『東北考古與歷史』 1982-1; 嚴長錄 옮김, 1994, 「集安 東臺子 고구려 건축유지의 성격과 연대」 『中國境內 高句麗遺蹟 硏究』, 예하, pp.442~444)도 있다.

76 최광식, 1994, 앞의 책, pp.175~176; 강경구, 2001, 앞의 책, p.377; 조우연, 2019, 앞의 책, p.425; 盧明鎬, 1981, 앞의 논문, p.73; 盧明鎬, 2004, 「高麗太祖 王建 銅像의 流轉과 문화적 배경」 『韓國史論』 50, p.188 주69); 서영대, 2005, 앞의 논문, p.29; 金昌錫, 2007, 앞의 논문, pp.202~203; 전덕재, 2010, 「新羅 上代 王宮의 變化와 宗廟」 『新羅文化』 36, pp.8~9.

77 李在成, 2008, 앞의 논문, pp.169~186.

78 서영대, 2006, 「桂婁란 말의 뜻 -高句麗의 祭祀 記事에 대한 分析을 통하여'를 읽고」 『제92회 한국고대사학회 정기발표회 토론문』, p.2 참조.

79 盧明鎬, 2004, 앞의 논문, pp.191~193.

80 노태돈, 1999, 앞의 책, p.114; 서영대, 2005, 앞의 논문, pp.29~30; 李在成, 2008, 앞의 논문, pp.163~164; 田村專之助, 1944, 「魏志東夷傳にみえたる宗

하였다.[81]

　종래 가장 관심을 끈 것은 4세기 말 고국양왕의 '입국사(立國社)·수종묘(修宗廟)' 조치이다. 수종묘의 경우 종묘를 수리하였다는 뜻으로 받아들이기도 하지만,[82] 종묘 개편,[83] 혹은 새로운 종묘의 설립[84]으로 이해하기도 한다.

　수종묘 조치의 내용 추정은 다채롭게 이루어졌다. 이때 주몽을 비롯하여 초기에 재위하였던 추모왕계(鄒牟王系) 신주가 종묘에 합사(合祀)되었으리라 보기도 하고,[85] 전통적인 종묘에 유교적 수식을 가미하여 체계화시켰다거나,[86] 왕실의 종묘가 국가 전체의 종묘가 되도록 건축물의 규모나 제례법(祭禮法)을 높여 정비한 것으로 여기기도 한다.[87] 또 계루부의 종묘 제사가 폐지되었다거나,[88]

　廟·社稷·靈星について」『東洋社會紀要』 4, pp.129~134.

81　최광식, 1994, 앞의 책, p.149; 洪承基, 1974, 「1~3世紀의 「民」의 存在形態에 대한 一考察 -所謂「下戶」의 實體와 관련하여-」『歷史學報』 63, p.47.

82　이병도 역주, 1996a, 『삼국사기(상)』, 을유문화사, p.417; 鄭求福·盧重國·申東河·金泰植·權悳永, 1997a, 『譯註 三國史記2 : 번역편』, 韓國學中央研究院, p.341.

83　姜辰垣, 2007, 「高句麗 始祖廟 祭祀 研究 -親祀制의 成立과 變遷을 중심으로-」, 서울대학교 석사학위논문, pp.55~56.

84　조우연, 2019, 앞의 책, p.429.

85　노태돈, 1999, 앞의 책, p.93; 趙仁成, 1991, 「4, 5세기 高句麗 王室의 世系認識 변화」『韓國古代史研究』 4, pp.72~73.

86　盧重國, 1979, 「高句麗律令에 관한 一試論」『東方學志』 21; 延世大學校 國學研究院 편, 1987, 『高句麗史研究』 1, 延世大學校出版部, p.272, p.274; 이춘우, 2015, 앞의 논문, pp.187~188.

87　강경구, 2001, 앞의 책, p.387; 盧明鎬, 1981, 앞의 논문, p.74; 趙法鍾, 1995, 「廣開土王陵碑文에 나타난 守墓制研究 -守墓人의 編制와 性格을 중심으로-」『韓國古代史研究』 8, pp.198~199.

88　朴承範, 2001, 앞의 논문, p.100.

칠묘제(七廟制)가 운영되었다고 짐작하기도 하고,[89] 종묘가 중시되면서 유리명왕과 대무신왕이 불천지주(不遷之主)가 되어 영구히 모셔졌을 것으로도 본다.[90] 일견 타당성이 있으나, 다른 주제를 다루며 언급된 경우가 적지 않아 한계도 있다.

입국사의 경우 국사 건립을 의미한다고밖에 볼 수 없기에, 그것이 가리키는 바에 대한 접근이 행해졌다. 왕실 사직이 국가를 대표하는 제장으로 전환되었다거나,[91] 다원적이었던 사직 제사체계가 국왕을 중심으로 일원화되었다고 보기도 하고,[92] 계루부의 사직이 폐지되고 국가 차원의 사직이 새로 건립되었다고 여기기도 한다.[93] 사직의 일원화가 이루어졌다는 것으로, 여기에 큰 이견은 없다. 서영대는 한 걸음 더 나아가 해당 조치가 유교적 예제에 입각한 국토 지배권이 확립되었음을,[94] 조우연은 이때부터 사직이 국가와 영토의 상징으로 여겨졌음을 주장하였는데,[95] 타당하다고 여겨진다. '국(國)'자를 넣은 것 또한 이 제사 건축이 한 국가를 대표하는 사직이었기 때문으로, 그 무렵 비류나부 등의 사직이 완전히 사라졌음을 보여주는 것이 아닐까 한다.

한편 국사의 실체를 사직이 아니라고 보는 설도 있다. 김두진은 시조의 모친을 제사하는 신묘로,[96] 이춘우는 시조 신앙 관련 구조물로 추정하였다.[97] 하

---

89 辛鍾遠, 1984, 앞의 논문, pp.8~9.

90 조우연, 2019, 앞의 책, pp.431~432.

91 盧明鎬, 1981, 앞의 논문, p.74.

92 강경구, 2001 앞의 책, p.387; 盧重國, 1987, 앞의 논문, p.272; 趙仁成, 1991, 앞의 논문, p.72; 趙法鍾, 1995, 앞의 논문, pp.198~199.

93 朴承範, 2001, 앞의 논문, p.100.

94 서영대, 2005, 앞의 논문, pp.40~41; 서영대, 2007, 앞의 논문, p.57.

95 조우연, 2019, 앞의 책, p.413.

96 金杜珍, 1999, 앞의 책, p.110.

97 이춘우, 2015, 앞의 논문, p.187.

지만 국사는 종묘와 함께 언급되었고 '사(社)'자가 들어간 이상 사직으로 이해하는 편이 합당하다. 이를 지방신의 사(社)로 보기도 하지만,[98] 그렇다면 왜 '국'자가 들어가는지 해명하기 어렵다. 능원제(陵園制)와 관련되었다고 여기기도 하나,[99] 뚜렷한 근거가 없다. 이외에 고구려 고분 벽화에 그려진 수목을 사직과 관련짓기도 한다.[100]

끝으로 사직의 소재지에 관한 논의도 오갔다. 국사 건립 이전의 사직에 대해서는 산성자산성(山城子山城), 즉 환도성(丸都城) 궁전지(宮殿址)에서 발견된 팔각 평면 형태의 2·3호 건축 유구에 주목한 견해[101]가 있다. 단 해당 유적이 평양 천도 이후의 산물일 수도 있거니와,[102] 불교 건축이나[103] 기타 제의적 건축 공간[104]일 확률도 배제할 수 없다. 국사에 관해서는 팡치동(方起東)이 동대자(東臺子) 유적을 거론하였다.[105] 그러나 유교 문화에 대한 이해가 진전된 시점에 세워진 국사가 비례(非禮)에 해당하는 지붕을 가진 구조였다고 보기는 쉽지 않다.[106] 또 후대에 조성되었을 가능성이 클 뿐 아니라,[107] 난방 장치까지

---

98 井上秀雄, 1978, 앞의 책, p.114.

99 東潮, 2006, 「高句麗王陵と巨大積石塚 -國內城時代の陵園制-」『朝鮮學報』119·200, p.33.

100 전호태, 2000, 『고구려 고분벽화 연구』, 사계절, p.48.

101 서영대, 2005, 앞의 논문, pp.33~34; 서영대, 2007, 앞의 논문, pp.56~57.

102 여호규, 2012, 「고구려 國內城 지역의 건물유적과 都城의 공간구조」『韓國古代史研究』66, pp.78~79.

103 조우연, 2019, 앞의 책, pp.411~412.

104 기경량, 2018, 「환도성·국내성의 성격과 집안 지역 왕도 공간의 구성」『사학연구』129, pp.251~252.

105 方起東, 1994, 앞의 논문, pp.442~447.

106 서영대, 2005, 앞의 논문, pp.23~25, p.43.

107 강현숙, 2010, 「中國 吉林省 集安 東台子遺蹟 再考」『韓國考古學報』75, p.194;

마련되었기에,[108] 재고의 여지가 있다.

전통 시대 종묘와 사직이 가지는 비중은 재언할 필요가 없다. 그러나 기록의 한계로 구체적인 논의가 이루어지지 못한 편이다. 문자자료나 고고학적 성과를 활용하여 기본적인 문제부터 짚고 넘어가야 할 필요가 있다.

4) 묘제

묘제는 능묘(陵墓)에서 항구적으로 지내는 제사를 의미한다.[109] 한국 고대의 경우 묘제에 관한 기록이 존재하는데, 단편적인 기술이라 그간 관심을 둔 연구자는 드물었다. 다만 2012년 중국 지린성 지안(集安) 마선하(麻線河) 부근에서 발견된 지안 고구려비(集安高句麗碑)에 왕릉을 지키는 사람들, 즉 수묘연호(守墓烟戶)의 제사 행위가 나와 있어 묘제 시행이 확인된 결과,[110] 본격적인 검토가 이루어지기 시작하였다.

먼저 묘제의 주기로, 「지안 고구려비문」(이하 「지안비문」이라 함)의 "사시제사(四時祭祀)"라는 문구가 주목되었다. 이를 춘하추동 사계(四季)라 이해하기도 하고,[111] 관용적 표현일 뿐 다양한 제사를 거행했을 것으로 보기도 한다.[112] 조

여호규, 2012, 앞의 논문, p.76.

108 송기호, 2005, 『한국 고대의 온돌 -북옥저, 고구려, 발해』, 서울대학교출판부, pp.38~39.

109 來村多加史, 2001, 『唐代皇帝陵の研究』, 學生社, p.440.

110 강진원, 2013b, 「고구려 陵園制의 쇠퇴와 그 배경」 『한국문화』 63, pp.208~209.

111 孫仁杰, 2013a, 「集安高句麗碑文識讀」 『東北史地』 2013-3, p.52; 孫仁杰, 2013b, 「집안 고구려비의 판독과 문자 비교」 『韓國古代史研究』 70, p.227.

112 孔錫龜, 2013, 「『集安高句麗碑』의 발견과 내용에 대한 考察」 『高句麗渤海研究』 45, pp.44~45; 여호규, 2013a, 「신발견 〈集安高句麗碑〉의 구성과 내용 고찰」 『韓國古代史研究』 70, pp.89~90.

우연은 국가제사로서의 묘제가 5세기 전후 사라졌기에 '사시제사' 운운은 유교적 관용구이며, 이전의 묘제는 시조묘 제사가 거행된 2·4·9월에 행해졌다고 여겼다.[113]

다음은 제의 공간이다. 조우연은 동대자 유적이나 장군총 근방의 건축지 등에서 묘제가 이루어졌고, 태왕릉 출토 청동방울(銅鈴)도 묘제에 쓰였으리라 추정하였다.[114]

한편 「지안비문」 Ⅲ-9~12 "以▨河流"를 통하여 묘제의 양상에 접근한 성과도 축적되었다. 제사 장소를 하류(河流), 즉 마선하로 보는 설이 여러 연구자에 의해 제기되었으나,[115] 하류의 물을 제사에 이용했다는 뜻으로 이해하기도 하였다.[116]

묘제의 추이 또한 관심을 모았다. 공석구는 본래 수묘인의 능역(陵役)에는 묘제가 포함되었으나, 5세기 이후 수위와 청소 등의 경감된 역이 부과되었다고 파악하였다.[117] 여호규는 「지안비문」의 판독을 통하여 수묘제 문란으로 제사 시설이 망실(神亡)되었기에 종묘(世室)를 세웠고(作興), 결국 왕릉에서 거행

113 趙宇然, 2013b, 「集安 高句麗碑에 나타난 왕릉제사와 조상인식」『韓國古代史研究』70, pp.159~161.

114 조우연, 2019, 앞의 책, pp.420~421.

115 李道學, 2013, 「高句麗 守墓發令碑에 대한 接近」『韓國思想史學』43, p.105; 耿鐵華, 2013a, 「集安高句麗碑考釋」『通化師範學院學報』2013-3, p.3; 耿鐵華, 2013b, 「중국 지안에서 출토된 고구려비의 진위(眞僞) 문제」『韓國古代史研究』70, p.265; 耿鐵華·董峰, 2013, 「新發現的集安高句麗碑初步研究」『社會科學戰線』2013-5, p.7; 孫仁杰, 2013b, 앞의 논문, p.222; 魏存成, 2013, 「關于新出集安高句麗碑的幾點思考」『東北史地』2013-3, p.38.

116 여호규, 2013a, 앞의 논문, pp.90~91; 徐建新, 2013, 「中國新出"集安高句麗碑"試析」『東北史地』2013-3, pp.27~28.

117 孔錫龜, 2013, 앞의 논문, pp.45~47.

하던 조상 제사가 종묘로 옮겨져 치러졌다고 보았다.[118] 조우연은 고국양왕 시기 이후 왕이 친사하는 거국적인 정치의례로서의 조상 제사는 종묘 혹은 시조묘에서 행해졌고, 특정 선왕의 능묘는 사제(私祭)의 대상이 되었다고 추정하였다.[119] 이상의 논의는 고국양왕 시기를 기점으로 묘제의 위상이 하락하였으리라 보는 데 공통점이 있다. 그와 달리 김창석은 묘제가 유지되었으되, 종래 수묘인이 제사를 담당하던 것에서 국가가 주관하는 방식으로 변화했다고 주장하였다.[120]

묘제는 중요한 제사임에도 불구하고 최근에야 논의가 시작되었다. 제장이 무덤 부근이란 점을 고려하면, 고고학적 성과의 활용과 아울러 수묘제 및 왕릉 연구와도 연계하여 실상을 살펴야 할 것이다.

5) 기타 제사

그 밖의 국가제사로는 부여신묘·등고신묘, 주몽사 혹은 주몽묘(朱蒙廟), 태후묘에서 치러진 의례를 거론할 수 있다.

먼저 시조와 그 모친을 모신 부여신묘·등고신묘의 경우 이를 중점적으로 다룬 연구자는 강경구이다. 그에 따르면 『삼국사기』의 유화신묘(柳花神廟)가 부여신묘인데, 평양 천도와 함께 남하하여 대성산(大城山)에 자리하게 되었고, 등고신묘는 정릉사(定陵寺) 구역 안에 병존하였으며, 시일이 지남에 따라 전국적으로 등고신묘가 건립된 결과가 주몽사라고 주장하였다.[121] 주몽사와 등고

---

118 여호규, 2013a, 앞의 논문, pp.91~92.

119 趙宇然, 2013b, 앞의 논문, pp.160~161.

120 김창석, 2015, 「고구려 守墓法의 제정 경위와 布告 방식 -신발견 集安高句麗碑의 분석-」 『東方學志』 169, p.86.

121 강경구, 2001, 앞의 책, pp.306~325.

신묘가 같다는 근거가 없고, 신묘 소재지에 관한 추론도 지나친 감이 있다.

　개별 사항에 관한 논의는 소재지 문제에 집중되었다. 도읍,[122] 도읍으로부터 멀리 떨어진 곳,[123] 도읍과 원거리에 병존했다고 본 입장[124]으로 나뉜다. 『삼국사기』에서 시조와 그 모친을 모신 곳으로 시조묘와 유화신묘가 나오므로, 이들과 부여신묘·등고신묘의 관계를 어떻게 이해해야 할지가 해명되어야 한다. 그와 관련하여 이춘우는 이들 신묘가 시조와 그 모친이 신격화된 이후 형성된 것으로서 장지에 기인하여 명명되었으며, 시조묘·주몽사·주몽묘·유화신묘 등과는 별개 구조물이라고 하였다.[125] 추후 검토가 필요한 사안이다.

　한편 구체적인 지점을 지목한 견해도 제기되었는데, 장지훈은 국동대혈 부근에 부여신묘가 존재하였다고 여겼고,[126] 최광식은 산성자산성 내 팔각건물지 2기를 부여신묘와 등고신묘로 파악하였다.[127] 그런데 국동대혈은 제천대회의 제장이기에 신묘가 있었다고 보기는 어렵고, 팔각건물지는 불교 건축 유구일 수도 있기에,[128] 신중히 접근해야 할 문제이다.

　그밖에 채미하는 빠르면 4세기 후반, 늦으면 7세기 무렵,[129] 이춘우는 4세

---

122 盧重國, 1987, 앞의 논문, p.273; 朴承範, 2004, 앞의 논문, p.453; 채미하, 2006, 앞의 논문, p.359 주66); 서영대, 2007, 앞의 논문, p.61; 여호규, 2013b, 앞의 논문, p.83.

123 盧明鎬, 1981, 앞의 논문, p.61; 梁志龍, 2008, 앞의 논문, p.62.

124 朴承範, 2001, 앞의 논문, pp.102~106.

125 이춘우, 2015, 앞의 논문, pp.190~192.

126 張志勳, 1999, 앞의 논문, pp.82~83.

127 최광식, 2007a, 앞의 논문, p.38; 최광식, 2007b, 「한·중·일 고대의 제사제도 비교연구 -팔각건물지를 중심으로-」 『先史와 古代』 27, p.262.

128 주103) 참조.

129 채미하, 2006, 앞의 논문, pp.358~359.

기 말~5세기 초 제장이 형성되었으리라 추정하였고,[130] 최일례는 부여신이라는 칭호가 부여 왕실의 고구려 내투(494) 이후 부여인과의 통합을 염두에 둔 결과로 이해하였다.[131]

다음으로 요동성과 같은 대성(大城)에 두어졌다는 주몽사나 주몽묘의 경우, 지방에까지 주몽 신앙이 퍼져 있음을,[132] 즉 주몽을 중심으로 한 지역민의 고구려화를 나타낸다고 보았다.[133] 고구려 동류의식의 상징으로 시조 제사 권한을 각지에 부여한 것이라는 조우연의 이해[134]도 그 연장선에 있다. 이외에 김두진은 미녀를 부신(婦神)으로 삼고자 했던 원인을 천지신(天地神) 합사의 전통으로 보았고,[135] 방용철은 주몽에게 무신(武神)으로서의 면모가 강화되었다고 하였다.[136] 그런데 주몽사·주몽묘는 지방에 설치된 사당이라는 점에서 중국 전한의 군국묘(郡國廟)와 상통하는 바가 있어, 그에 대한 검토가 필요하다.

끝으로 태조왕이 부여에 가서 제사한 태후묘의 경우, 주로 주신과 소재지의 실체를 두고 논의가 오갔다. 전자, 즉 모셔진 대상은 유화신묘와 같다고 여겨 시조의 모친이라 하거나,[137] 태조왕의 모친 부여태후(扶餘太后)로 보았

---

130 이춘우, 2015, 앞의 논문, p.198.

131 최일례, 2010, 앞의 논문, pp.208~209.

132 盧明鎬, 1981, 앞의 논문, p.64; 盧明鎬, 1989, 「百濟 建國神話의 原形과 成立背景」『百濟研究』20, p.58.

133 노태돈, 1999, 앞의 책, pp.365~366, p.450.

134 조우연, 2019, 앞의 책, pp.433~434.

135 金杜珍, 1999, 앞의 책, pp.184~185 주32).

136 방용철, 2013, 「7세기 고구려 불교정책의 한계와 國祖神」『韓國古代史研究』72, pp.217~218.

137 金烈圭, 1991, 『韓國神話와 巫俗研究』, 一潮閣, p.48; 최광식, 1994, 앞의 책, p.178; 金杜珍, 1999, 앞의 책, pp.108~109; 강경구, 2001, 앞의 책, pp.310~

다.[138] 후자, 즉 부여의 실체에 대해서는 타국으로서의 부여,[139] 졸본(부여),[140] 연나부(椽那部) 내에 마련된 부여왕 종제(從弟) 세력의 거주지,[141] 혹은 대무신왕 시기 복속된 부여의 일부 지역[142] 등으로 견해가 나뉜다.

이들 제사는 관련 기록이 매우 단편적이라 상세히 살피기에는 한계가 있다. 따라서 주요 국가제사를 다루면서 연계하여 다가가는 편이 좋을 것이다.

3. 연구 방법 및 저서 구성

이 글은 고구려 국가제사가 시기적으로 어떠한 변천 과정을 겪었으며 그 배경은 무엇인지 살펴본 뒤, 시기적인 구분을 시도하고 특정 시기 각 제사에

312; 김화경, 2005, 『한국 신화의 원류』, 지식산업사, pp.70~72; 井上秀雄, 1978, 앞의 책, p.109; 辛鍾遠, 1984, 앞의 논문, p.6; 趙法鍾, 1995, 앞의 논문, pp.193~194; 朴承範, 2001, 앞의 논문, p.101; 朴承範, 2004, 앞의 논문, p.451; 채미하, 2006, 앞의 논문, pp.342~347; 채미하, 2016, 「한국 고대 신모(神母)와 국가제의(國家祭儀) -유화와 선도산 성모를 중심으로-」 『東北亞歷史論叢』 52, 동북아역사재단, pp.18~19.

138 李鍾泰, 1996, 앞의 박사학위논문, p.75; 김미경, 2007, 「高句麗 前期의 對外關係 研究」, 연세대학교 박사학위논문, p.74; 趙宇然, 2010, 앞의 박사학위논문, p.96; 김영준, 2006, 앞의 논문, p.22 주57); 이귀숙, 2007, 앞의 논문, p.152 주82).

139 김화경, 2005, 앞의 책, pp.70~72; 김미경, 2007, 위의 박사학위논문, p.74; 朴承範, 2001, 앞의 논문, p.101; 채미하, 2016, 앞의 논문, p.18.

140 강경구, 2001, 앞의 책, pp.313~314; 金賢淑, 1994, 「高句麗의 解氏王과 高氏王」 『大丘史學』 47, pp.32~33; 김영준, 2006, 앞의 논문, p.22 주57).

141 이귀숙, 2007, 앞의 논문, pp.154~155.

142 李鍾泰, 1990, 「高句麗 太祖王系의 登場과 朱蒙國祖意識의 成立」 『北岳史論』 2, p.89.

서 드러나는 면모를 이해해 보고자 한다. 그리고 이를 통하여 당시의 실상에 접근하겠다.

국가제사는 국가 권력과 무관하지 않으므로, 그 추이를 알아보기 위해서는 정치사적인 흐름을 시야에 넣을 필요가 있다. 일반적으로 고구려에서는 애초 왕권이 제한적이었던 반면 부(部)라 일컫는 지배집단이 일정한 자율성을 가지고 있었으나, 중앙 집권화의 진전으로 왕권이 강화되고 주요 지배층이 귀족으로 거듭났으며, 그 뒤 정국 동요로 왕권이 위축되고 귀족의 영향력이 커졌다고 보고 있다.[143] 이를 참조하며 국가제사와의 연관성을 살펴보겠다.

본격적인 검토에 앞서 필요한 일은 주요 논의 대상을 선정하는 것인데, 제천대회와 시조묘 제사 및 묘제·종묘제(宗廟祭)를 중점적으로 다루고자 한다. 이들 제사는 관련 기록이 상대적으로 자주 나오는 편이라 장기간에 걸친 추이를 알 수 있거나, 금석문 및 고고학적 성과를 통하여 당시의 실상을 엿볼 수 있기 때문이다.

주변의 사례를 보면 이러한 제사는 중요 국가제사였다. 제천의례나 종묘제의 경우 중국은 물론이요, 고려에서도 대사(大祀)에 해당하였으며, 고대 일본의 제사체계를 정리한 신기령(神祇令)에서 유일한 대사인 센소다이조사이(踐祚大嘗祭) 또한 재래의 제천의례가 즉위의례로 행해진 것이었다.[144] 시조묘 제사는 『삼국사기』 제사지에서 신라의 국가제사 가운데 가장 먼저 언급되었으며, 최고 제사로 여겨졌다.[145] 백제의 시조묘인 동명묘(東明廟) 또한 마찬가지 위상을 지녔다.[146]

---

143 노태돈, 1999, 앞의 책; 임기환, 2004, 앞의 책; 여호규, 2014, 앞의 책 참조.

144 다이조사이의 대략적인 사항은 井上光貞, 1984, 『日本古代の王權と祭祀』, 東京大學出版會, pp.191~193 참조.

145 나희라, 2003, 앞의 책, p.92.

146 강진원, 2015, 「백제 한성도읍기 동명묘(東明廟)의 실체와 제사」 『서울학연구』

한편 묘제의 경우 『당률소의』 명례율(名例律)에 나오듯 당에서는 종묘·궁궐과 함께 산릉(山陵), 즉 제릉(帝陵)의 훼손을 모반으로 간주할 만큼 중시하였으며, 그곳에서의 의례는 국가제사의 하나였다.[147] 『고려사』 예지(禮志)에 따르면 고려에서도 선대 왕릉(諸陵)은 대사의 대상이었다. 고구려 또한 「지안비문」에 왕릉에서 주기적인 제사가 이루어졌음을 전하므로 사정은 크게 다르지 않았을 것이다.

요컨대 제천의례와 종묘제, 그리고 묘제는 동아시아 전통 사회에서 중요한 비중을 지닌 국가제사였으며, 고구려에서도 상당한 위상을 점하였으리라 추정된다. 따라서 그 실상에 다가간다면 국가제사의 대강을 파악할 수 있으리라 생각된다.

다음으로 자료적인 측면에서 가장 중시해야 할 것은 문헌 사료이다. 종래는 특정 사서에 관심이 집중된 결과, 소외된 기록이 존재하였다. 이 글에서는 그러한 점에 유의하고자 한다. 아울러 금석문이나 고고학적 성과 또한 적극적으로 활용하겠다. 금석문의 경우 최근 발견된 지안 고구려비에 묘제나 종묘에 관한 언급이 있을 뿐 아니라, 광개토왕비 등 기존 문자자료에서도 눈여겨볼 점이 없지 않다. 고고학적 성과의 경우 동대자 유적이나 산성자산성 등에 관심을 두었던 데서 벗어나, 도성 및 능원(陵園) 관련 유적·유물 등으로 시야를 넓혀보고자 한다.

한편 다른 국가의 사례 또한 참고하겠다. 한국 고대 삼국은 보편적인 변화

---

61 참조.

147 『新唐書』卷11, 志 第1, 禮樂1, "唐初 即用隋禮 至太宗時 中書令房玄齡 祕書監 魏徵 與禮官學士等因隋之禮 增以天子上陵朝廟養老大射講武讀時 令納皇后皇 太子入學太常行陵合朔陳兵太社等 爲吉禮六十一篇 賓禮四篇 軍禮二十篇 嘉禮 四十二篇 凶禮十一篇 是爲貞觀禮"; 같은 책, 卷14, 志 第4, 禮樂4, "皇帝謁陵 行 宮距陵十里 設坐於齋室 設小次於陵所道西南 大次於寢西南 侍臣次於大次西南 陪位者次又於西南 皆東向 文官於北 武官於南 朝集使又於其南 皆相地之宜"

의 궤적을 밟아갔으므로, 백제나 신라의 제사 관련 기록 및 연구 성과를 살펴 고구려의 경우를 유추할 수 있다. 또 고구려는 지리적으로 인접한 중국 왕조 와 활발히 교류하였고, 그 영향을 적지 않게 받았다. 따라서 중국의 국가제사 연구 성과 역시 염두에 두어야 한다. 고대 일본과 북방종족의 경우 또한 가벼 이 넘길 수 없는데, 이들 군주가 천신의 후예라 하며 의례를 주관한 점 등에서 고구려와 흡사한 면이 있기 때문이다. 그밖에 다른 대륙에 존재하는 초기 공 동체 사회의 상황도 살펴보고자 하는데, 외래 문물의 영향이 상대적으로 적은 시기 고구려의 모습을 가늠하는 데 참조되는 부분이 있는 탓이다. 특히 아프 리카의 경우 중앙권력과 정부조직을 갖춘 원시 국가(primitive state)도 존재 하였고,[148] 중국과 비견될 정도로 조상 숭배의 비중이 컸으므로,[149] 시사되는 바가 상당하다.

끝으로 이 글의 구성은 다음과 같다.

I부에서는 제천대회를 살펴보겠다. 우선 제천과 국중대회 동맹의 관계, 제 천과 공회의 관계, 동맹의 의미, 제사 대상 등에 대한 생각을 정리할 것이다. 수신 관련 제의가 나타내는 바도 알아보아야 하는데, 시조 전승을 재연한 것

---

[148] 남아프리카의 줄루국(Zulu國), 보츠와나의 은과토국(Ngwato國), 동북 로디지 아의 뱀바국, 우간다의 앙콜국(Ankole國), 북부 나이지리아의 케데국(Kede國) 등을 거론할 수 있는데, 이들 국가에는 상당한 수준의 왕권이 성립하여 있었으 며, 인구도 25~50만(줄루국) 내지 14만(뱀바국)에 달하는 등 규모 면에서도 일 정한 수준에 도달한 상태였다(Meyer Fortes and E. E. Evans-Pritchard eds., 1940, *African political systems*, Published for the International African Institute by the Oxford University Press, pp.5~7).

[149] Meyer Fortes, 1965, "Some reflections on ancestor worship in Africa" in Fortes, M. and G. Dieterlen eds., *African Systems of Thought : Studies presented and discussed at the Third International African Seminar in Salisbury, December 1960*, Oxford University Press; 田中眞砂子 編譯, 1980, 『祖先崇拜の論理』, ぺりカん社, p.133.

이라면 왕실 시조 신화의 성립 여부와도 관련된 문제이다. 이상의 과정을 통하여 제천대회에 관한 입장이 어느 정도 정리된 뒤 그 성립 시기를 고려해 볼 것이다. 그리고 당시 회합이 지녔던 역할도 검토하겠다.

다음으로 중앙 집권화가 진전된 이후의 상황에 대해 살펴볼 터인데, 시기적으로 이전과 다른 정치지형에 서 있다는 점에 착안할 것이다. 이때 중국식 제천의례인 교사가 실시되었을 가능성도 논의해 보고자 한다. 한편『구당서』등 대략 7세기의 상황을 전하는 사료에서는 제천대회 시 여러 신격이 합사되는 모습을 보이기도 하는데, 그 의미도 알아보겠다.

Ⅱ부에서는 시조묘 제사를 살펴보겠다. 먼저 그간 뚜렷하게 밝혀지지 못한 시조묘의 구조나 주신 및 소재지 문제부터 짚어보고자 한다. 다음으로는 제사의 성립과 친사 시행의 배경에 대해 생각해 볼 것이다.

이후 시조묘 친사의 성격과 역할을 검토하여, 당시 왕권의 위상과 사회적 상황을 알아보고자 한다. 친사 전후에 나오는 기사를 분석하여 그것이 통상적인 의례였는지, 아니면 특례(特禮)의 성격을 가졌는지 살펴보겠다. 이때 당시의 정치적 상황도 염두에 두고 접근할 것이다. 아울러 제사 시기에 대해서도 검토하겠다. 시조묘 친사는 2·4·9월에 행해졌다. 9월과 4월은 각기 주몽이 태어나고 죽은 달이기도 하거니와, 처음에는 9월에, 나중에는 4월에 의례가 이루어졌다. 그 의미를 밝힌다면 실상에 한층 더 다가갈 수 있다.

한편 5세기에는 시조묘 제사 기록이 보이지 않는데, 실제로 완전히 중단되지는 않았을 것이다. 다만 전반적인 추세로 보았을 때 모종의 변화가 일어난 결과일 가능성이 크다. 그 이유를 이해해 보고자 한다.

Ⅲ부에서는 묘제와 종묘제를 함께 살펴볼 것이다. 양자는 상호 연관되는 측면이 있으므로 한데 묶는 편이 낫다고 여겨지기 때문이다. 묘제의 경우, 「지안비문」을 통하여 연원이나 양상을 검토하겠다. 이어 묘제가 이루어진 공간의 문제에 접근하겠다. 묘제는 무덤에서 이루어졌기에 왕릉급 고분을 중점적으로 검토하고, 평상시 담당자에 대해서도 알아보고자 한다.

종묘제의 경우, 우선 종묘의 등장 시기를 가늠할 터인데, 무덤과 사당의 분화 및 사당의 독립이란 변천 과정에 주의를 기울이겠다. 중국이나 백제의 고고학적 정황을 참조하여 소재지나 구조의 문제도 다뤄볼 생각이다. 그리고 왕실 종묘의 제사 대상이나 신주의 형태에 관한 나름의 입장도 정리하고자 한다. 나아가 중국 문물의 수용 정도나 고유성에 대해서도 언급할 것이다.

　무덤과 종묘는 조상 제사의 양대 중심지인데, 주변의 사례를 보면 이들 사이에는 시기별로 비중의 차이가 있었다. 이는 고구려도 크게 다르지 않았으리라 여겨진다. 문자자료나 물질자료는 물론이요, 영혼관 등 의식세계에 관한 성과까지 염두에 두어 실상에 다가가고자 한다. 그 결과 어떤 제사가 상대적으로 부상한 시기가 존재한다면, 그 원인도 밝혀 보겠다.

I

제천대회(祭天大會)

1. 동맹(東盟)의 성립과 기능

1) 시조 전승 재연과 천(天) 관념

제천의례는 인류 보편의 종교 행위였다.[1] 중국에서 제천의례는 가장 성대하고 중요한 국가제사였으며, 천명(天命)을 받아 지상을 통치하는 군주의 권력이 불변함을 공언하는 수단이었다.[2] 북방종족 또한 다르지 않으니, 중국 측사서에 그들의 제천의례에 관한 사실이 전해지고 있는 원인은 찬자가 이를 중대한 종교 행위로 여겼기 때문일 것이다. 이는 고대 한국도 마찬가지다. 각공동체에서 제천의례가 지니는 위상이 높았기에 견문으로 채록되기 쉬웠던 결과, 중국 측 사서에 기재되기에 이르렀다고 생각된다.

---

1 박미라, 2010, 「삼국・고려시대의 제천의례와 문제」『仙道文化』 8, p.8.

2 小島毅, 2004, 『東アジアの儒教と禮』, 山川出版社, pp.19~20, p.29; 佐川英治, 2012, 「漢代の郊祀と都城の空間」『アジア遊學 151 : 東アジアの王權と宗敎』, 勉誠出版, p.45.

고구려에서 최고의 신으로 여겨진 대상은 천신으로 자연의 운행, 전쟁의 승패, 자손의 점지 등 여러 중대사에 관여하였다.[3] 조상이 천상에서 이상적인 삶을 누리면서 이승의 후손과 연을 끊지 않는다고 믿었던 사회에서는 그들이 집단의 통일과 안녕에 관계된다고 여겨, 한층 공들여 제천의례를 행하였다.[4] 뒤에서 다루겠으나 주몽이 천제(天帝)의 아들로 여겨지고 왕족이 천손(天孫)으로 인식되었듯, 고구려 왕실은 천신과 직접적인 혈연관계로 얽혀 있었다. 그러므로 제천의례의 의의는 매우 컸을 것이다.

고구려의 제천의례는 제천대회 동맹(東盟)이다. 제천대회가 언제 시작되었는지를 명확히 알려주는 기록은 없다. 다만 이른 시절의 사정을 전하는 문헌으로는 『삼국지』 동이전과 『한원』에 인용된 『위략』 일문 및 『후한서』 동이전[5]을 들 수 있다. 그 가운데 대상 시기가 가장 빠른 것은 『후한서』이다. 하지만 이 사서는 상당히 후대인 5세기에 만들어졌기도 하거니와, 일부 구절의 앞뒤가 바뀌었을 뿐 기본적인 내용이 『삼국지』와 같거나 그 기술을 요약한 부분이 많으며, 때때로 개악하기도 하였다.[6] 전거로 삼기에는 문제가 있다. 따라서 사료적 가치가 있는 것은 『삼국지』와 『위략』이다. 전자는 서진 태강(太康) 연

---

3 서영대, 2007, 「토착 신앙과 풍속 문화」 『고구려의 문화와 사상』, 동북아역사재단, pp.48~49.

4 John Beattie, 1968, *Other Culture : Aims Methods and Achievements in Social Anthropology*, The Free Press; 崔在錫 옮김, 1978, 『社會人類學』, 一志社, pp.291~292; Eric J. Sharpe(尹元徹 옮김), 1984, 「종교학 용어 해설」 『宗教學 -方法論의 諸問題와 原始宗教-』, 展望社, p.258.

5 『後漢書』 卷85, 列傳 第75, 東夷, 高句驪, "以十月祭天大會 名曰東盟 其國東有大穴 號襚神 亦以十月 迎而祭之 其公會衣服 皆錦繡金銀以自飾 大加主簿皆著幘 如冠幘而無後 其小加著折風 形如弁"

6 井上秀雄, 1978, 『古代朝鮮史序說 -王者と宗教-』, 寧樂社, pp.92~93; 徐永大, 2003, 「高句麗의 國家祭祀 -東盟을 중심으로-」 『韓國史研究』 120, p.8.

간(280~289)에,[7] 후자는 위진교체기(魏晉交替期)인 250~260년대에 편찬되었다.[8] 관련 기록은 다음과 같다.

A-1. ① 10월에 제천하는데 국중대회(國中大會)로 이름을 '동맹(東盟)'이라 한다. ② 그 공회(公會)에서는 모두 비단에 수놓은 옷을 입고 금은으로 스스로 꾸미며, 대가(大加)와 주부(主簿)는 머리에 책(幘)을 쓰는데, (중국의) 책과 비슷하나 늘어뜨린 부분이 없다. 그 소가(小加)는 절풍(折風)을 쓰며 형태가 고깔과 같다. ③ 그 국도(國都)의 동쪽에 큰 굴이 있어 이름을 '수혈(隧穴)'이라 한다. 10월 국중대회에서 수신(隧神)을 맞이하여 국도의 동쪽 [물]가로 돌아와 제사하며, 나무로 만든 수신(木隧)을 신좌(神座)에 둔다.[9]

A-2. ① 『위략』에서 말한다. "(중략) 10월에 모여서 제사하는데, 제천의 이름을 '동맹'이라 한다. ② 전쟁(軍事)이 있으면 또 각기 제천하는데 소를 죽여 발굽을 보고 길흉을 점친다. ③ 대가와 주부는 책을 쓰는데, 책에는 (중국과 달리) 뒷부분이 없다. 소가는 절풍을 쓰며 형태가 고깔과 같다. ④ 수혈신(隧穴神)은 국도의 동쪽 물가에서 제사한다."[10]

---

7 世界書局編輯部, 1984, 『二十五史述要』, 世界書局, p.70.

8 尹龍九, 1998, 「3세기 이전 中國史書에 나타난 韓國古代史像」 『韓國古代史研究』 14, p.137 주81).

9 『三國志』 卷30, 魏書30, 烏丸鮮卑東夷, 高句麗, "以十月祭天 國中大會 名曰東盟 其公會 衣服皆錦繡 金銀以自飾 大加主簿頭著幘 如幘而無餘 其小加著折風 形如弁 其國東有大穴 名隧穴 十月國中大會 迎隧神 還于國東上祭之 置木隧于神坐" 이때의 '국(國)'은 국도(國都), 즉 도읍으로 이해된다(徐永大, 2003, 앞의 논문, p.10).

10 『翰苑』 卷30, 蕃夷部, 高麗, "魏略曰 …… 以十月會祭 祭天名曰東盟 有軍事亦各祭天 煞牛觀蹄 以占吉凶 大加主[簿]著幘 幘而後 小加著折風 隧穴神 於國東水上祭之"

이상을 보면 A-1-①과 A-2-①, A-1-②와 A-2-③, A-1-③과 A-2-④는 같은 내용을 전하고 있으며 기술 순서까지 일치한다. 그러므로 A-2, 즉 『삼국지』의 기록이 A-1, 즉 『위략』에 토대하였음[11]을 확인할 수 있다. 물론 A-2-②는 A-1에 없는 부분이지만, 이는 A-2-①을 말하면서 나온 부가적인 설명으로 여겨진다. A-2-① · ③ · ④는 A-1에 반영되었으나 A-2-②만 그렇지 못했던 이유는 거기에 있다. 그런데 A-1에는 "국중대회(國中大會)"란 호칭(A-1-①)이나 참석 시의 차림새(A-1-②), 그리고 목제 수신(木隧)의 신좌(神座) 안치(A-1-③) 등 A-2에 없는 내용을 전한다. A-1이 A-2 외에 다른 자료를 참고하였음을 알 수 있는데,[12] 제천대회에 대해 가장 상세한 사실을 보여준다. 따라서 A-1을 기본적인 검토 자료로 삼아야 할 것이다. 단 A-2는 가장 먼저 제천대회를 언급하였을 뿐 아니라, 이해를 도울 수 있을 만한 부분도 존재하기 때문에 이 또한 중시하겠다.

제천대회 동맹에 대해서는 그간 다양한 논의가 이루어졌는데, 특히 관심을 받아온 문제가 몇 가지 있다. 이는 동맹의 실상을 엿볼 수 있는 부분이라 짚고 넘어가야 한다. 먼저 제천과 국중대회 동맹의 관계이다. A-1-①에서는 "10월에 제천하는데 국중대회로 이름을 '동맹'이라 한다(以十月祭天國中大會名曰東盟)"고 전한다. 그에 따라 일반적으로는 제천의례가 곧 국중대회이며 그 이름을 동맹이라 한다고 이해한다.[13] 하지만 국중대회가 제천 외에 다채로운 행사

---

11 全海宗, 1980, 『東夷傳의 文獻的 研究』, 一潮閣, pp.83~84.

12 徐永大, 2003, 앞의 논문, p.5.

13 최광식, 1994, 『고대한국의 국가와 제사』, 한길사, p.151; 井上秀雄, 1978, 앞의 책, p.97; 朴承範, 2001, 「고구려의 국가제사」 『史學志』 34, p.98; 徐永大, 2003, 위의 논문, p.3; 朴承範, 2004, 「祭儀를 通해서 본 高句麗의 正體性」 『高句麗研究』 18, p.445; 윤성용, 2005, 「高句麗 建國神話와 祭儀」 『韓國古代史研究』 39, p.25.

를 포함한다고 여겨 동맹은 그 전반을 아우르는 호칭으로 보기도 한다.[14]

그런데 『후한서』 및 B-1·3과 같은 후대의 기록에서 '제천'과 '국중대회'를 결합하여 "제천대회(祭天大會)"라 하였고, A-2-①에서 "10월에 모여서 제사 하는데, 제천의 이름을 '동맹'이라 한다(以十月會祭祭天名曰東盟)"고 한 데서 나타나듯 제천의례의 이름을 동맹이라 하였으므로, '제천=국중대회=동맹'임을 알 수 있다. 부여의 제천의례 영고(迎鼓)가 거국적 행사인 국중대회로 표현된 점[15]에서도 이를 뒷받침할 수 있다. A-1-①은 "제천의례가 거국적인 대회(大會)로 이루어졌으며, 그 이름을 '동맹'이라 하였다"고 생각하는 편이 자연스럽다.

다음은 제천과 공회(公會)의 관계이다. 이 또한 대개는 제천대회로 이해하였다. 그러나 『후한서』에서 A-1-②와 A-1-③의 순서가 바뀌어 기록된 것이나, A-1-②와 같은 내용을 전하는 A-2-③과 A-2-① 사이에 A-2-②가 있다는 점을 들어, A-1-②의 공회는 제천과 구별되는 정치 집회라고도 한다.[16] 그런데 『후한서』의 기술은 찬자가 제천대회에 이어 나오는 제가평의(諸加評議)의 처결 기록[17]을 공회에서의 차림새에 관한 기록과 연동된다고 파악하여 양자를 결합한 결과로 여겨진다. 즉 직접 연관시킬 수 없는 별개 기사를 일련의

---

14 류현희, 2000, 「高句麗 '國中大會'의 구조와 기능」 『白山學報』 55, pp.116~126; 이준성, 2013, 「고구려 국중대회(國中大會) 동맹(東盟)의 구성과 축제성」 『역사와 현실』 87, pp.309~310.

15 文昌魯, 2003, 「夫餘의 王과 祭天儀禮」 『北岳史論』 10, p.39.

16 이정빈, 2006a, 「고구려 東盟의 정치의례적 성격과 기능」 『韓國古代史研究』 41, pp.175~177.

17 『三國志』 卷30, 魏書30, 烏丸鮮卑東夷, 高句麗, "無牢獄 有罪諸家評議 更殺之 沒入妻子爲奴婢"; 『翰苑』 卷30, 蕃夷部, 高麗, "魏略曰 …… 無牢獄 有罪則會諸加評議 便殺之 沒妻子爲奴婢"; 『後漢書』 卷85, 列傳 第75, 東夷, 高句驪, "無牢獄 有罪諸加評議 便殺之 沒入妻子爲奴婢"

기술로 오해한 것이다. 그러므로 실제 모습은 A-1 · 2에 근거하는 편이 좋겠다. 또 앞서 언급하였듯이 A-2-②는 A-2-①에 대한 보조적인 서술이다. 사실 A-1-① · ②를 보면 "국중대회로 이름을 '동맹'이라 한다. 그 공회에서는(國中大會名曰東盟其公會)"이라 하여 '그 공회(其公會)', 즉 공회가 곧 국중대회 동맹임을 말하고 있다. 따라서 공회는 제천과 구별되는 존재가 아니라, 제천대회 그것으로 이해된다.

다음은 동맹이란 말의 의미이다. 이를 '동명(東盟)'의 음차(音借)라 볼 수도 있다.[18] 그런데 고구려의 시조에 대하여 「광개토왕비문」(이하 「왕비문」이라 함)에서는 "추모(鄒牟)", 『위서』 고구려전에서는 "주몽(朱蒙)"이라 하였음에 비해, 동명은 『논형』이나 『삼국지』 등에서 부여 시조의 이름으로 나온다. 고구려 시조 주몽과 부여 시조 동명은 애초 구별되는 존재였으며, 주몽이 동명으로 칭해지게 된 것은 후대에 그에게 '동명성왕(東明聖王)'이란 왕호가 부여되면서부터이다.[19] 그러므로 A-1이나 A-2 단계에서 시조를 동명이라 부르지는 않았을 것이다. A-1이 수록된 문헌, 즉 『삼국지』 동이전에 언급된 부여의 영고나 동예의 무천(舞天) 같은 의례의 이름은 훈차(訓借)일 가능성이 크다.[20] 그렇다면 동맹 또한 "동쪽에서 맹(盟)하였다"는 것으로, '국도(도읍) 동쪽에서 이루어진

---

18 최광식, 1994, 앞의 책, p.152; 김기홍, 2002, 『고구려 건국사』, 창작과비평사, p.91; 류현희, 2000, 앞의 논문, p.120; 朴承範, 2004, 앞의 논문, p.446; 서영대, 2007, 앞의 논문, p.50.

19 그 시기에 대해서는 5세기 이후(노태돈, 1999, 『고구려사 연구』, 사계절, p.65), 장수왕 시기(조경철, 2006, 「동아시아 불교식 왕호 비교 -4~8세기를 중심으로-」 『韓國古代史研究』 43, pp.8~9), 5~6세기(강경구, 2001, 『고구려의 건국과 시조 숭배』, 학연문화사, pp.334~336), 영양왕 11년(600) 『신집』 편찬 시(임기환, 2002, 「고구려 王號의 변천과 성격」 『韓國古代史研究』 28, p.28) 등 견해가 나뉜다.

20 조우연, 2019, 『天帝之子 : 고구려의 왕권전승과 국가제사』, 민속원, pp.372~373.

회합'을 뜻한다고 생각된다.

그렇다면 이 제의에서는 누가 모셔졌던 것일까. 제천대회라는 점을 생각하면 그 대상은 천(天)이다. 그러나 정작 A-1·2에서 비중 있게 다뤄지고 있는 것은 수신(隧神) 혹은 수혈신(襚穴神)으로 일컬어지는 존재다. 그래서 A-1-③ 및 A-2-④를 제천의례로 파악하기도 하지만,[21] 그와 구별되는 별개의 제의로 보기도 한다.[22] A-1-①·A-2-①은 왕실이 조상신인 천신에게 제사하는 것으로, A-1-③·A-2-④는 복속집단 지배층의 조상 제사로 보는 설이 대표적이다.[23] 그런데 이 논의가 성립하려면 복속집단이 하나이거나, 혹은 여러 집단이 단일한 시조를 모시는 혈족이어야 한다. 그렇지 않다면 서로 다른 집단의 지배자들이 함께 모여 수신을 제사했다는 것이 되므로 받아들이기 쉽지 않다.[24]

한편 A-2는 『한원』 번이부 고려조의 주문(注文)인데, 그 본문이라 할 정문(正文)에서 "동맹의 사당에서 천제를 대접하였고, 수혈의 제사에서 신령을 영접하였다(饗帝列東盟之祠 延神宗襚穴之醮)"고 한 데 주목하기도 한다.[25] 즉 '동맹의 사당'과 '수혈의 제사'에서 각기 천제와 신령을 제사하였다고 볼 수도 있기 때문이다. 다만 해당 문헌은 A-1·2의 대상 시기보다 훨씬 후대인 7세기 전반의 산물일뿐더러, 문장 전반이 운율과 대구를 염두에 두고 있으므로 실상을 제대로 전한다고 보기에 무리가 있다. 『후한서』의 관련 부분에서는 제천대회의 이름이 동맹이고 국동대혈을 수신(襚神)이라 하여, 얼핏 보면 양자가 별

---

21 서론 주23) 참조.

22 李在成, 2008,「고구려 초기 桂婁部의 神堂과 宗廟」『전통문화논총』 6, p.166; 이춘우, 2015,「고구려 東盟祭·隧神祭와 神廟」『韓國古代史研究』 79, pp.176~177.

23 金杜珍, 1999,『韓國古代의 建國神話와 祭儀』, 一潮閣, pp.103~104.

24 徐永大, 2003, 앞의 논문, pp.9~10.

25 조우연, 2019, 앞의 책, pp.374~376; 이정빈, 2006a, 앞의 논문, pp.173~174.

개로 존재한 것 같은 인상을 준다. 이 기록이 후대의 제천대회 기술에 큰 영향을 끼쳤다는 점[26]을 고려하면, 『한원』의 문장은 그 영향을 받으리라 추정된다. 그런데 이미 언급하였듯이 『후한서』는 사료적 가치가 떨어지므로, 거기에 기인한 논의를 따르기는 어렵지 않을까 한다.

이 문제는 A-1을 살펴보면 어느 정도 실마리가 보인다. A-1-①에서는 제천의례가 행해졌음을 명기하고 있는데, A-1-③을 차치하면 별도의 제장이나 의례 절차가 언급되어있지 않다. A-1은 '제천대회의 이름 → 그 공회에서의 차림새 → 수신 관련 제의'를 소개하는 순서로 기술되어 있다. 흐름을 따라가면 국중대회로 이루어지는 제천의례를 수신이 나오는 그것으로 보는 편이 자연스럽다. 만일 양자가 별개라면 무게 중심은 어디까지나 먼저 기술된 전자에 있을 터인데, 서술은 후자에 대해서만 이루어지고 있어 이상한 모양새가 된다. 그 면에서 A-2가 주목된다. A-2-④는 A-2-①에서 말한 제천의례 과정을 설명하는 부분인 탓이다. A-1과 A-2를 조합해 볼 때 수신 관련 제의가 제천의례와 구별된다고 확언하기 힘들다. 따라서 동맹에서 이루어지는 제천의례의 내용을 담은 부분이 바로 A-1-③·A-2-④라 생각된다. 제천의례를 다루는 항목 안에 해당 부분이 위치하는 것은 다름 아닌 제천의례였기 때문이다.[27]

국중대회 동맹에서 이루어진 제천의례는 수신 관련 제의이다. 수신은 목상(木像) 형태로(A-1-③), 수신(水神) 혹은 곡신(穀神)의 성격을 지닌 지모신적 존재였다.[28] 그 정확한 표기에 대해서는 여러 설이 있다. A-1의 "수신(隧神)"이

---

26 徐永大, 2003, 앞의 논문, p.8.

27 A-1은 A-2를 조금 더 보완하고자 A-1-③ 사이에 "10월 국중대회에서(十月國中大會)"라는 문구를 넣었으나, 결과적으로 혼선을 증폭시킨 것이 아닌가 한다.

28 金烈圭, 1991, 『韓國神話와 巫俗研究』, 一潮閣, p.48; 노태돈, 1999, 앞의 책, p.159; 서대석, 2002, 『한국신화의 연구』, 집문당, p.172; 三品彰英, 1973, 『古

더 정확하다고 보기도 하고.[29] A-2의 "수혈신(隧穴神)"이 그렇다고 여기기도 한다.[30] 그런데 고구려 유민 이타인(李他仁)과 고질(高質)의 묘지명에 "수혈(隧穴)"이란 표현이 있으므로,[31] 동굴 '수(隧)'자를 쓴 A-1의 수신은 신주를 모신 장소 대혈(大穴)에서 유래한 표현이고, A-2의 수혈신은 신주의 성격을 나타낸 것으로 생각된다.[32] 이렇게 본다면 C-1·2의 "신수(神隧)" 또한 '수신(隧神)이 머무는 굴(隧)'로 이해되므로 더욱 그러하다. 다만 어떻게 보든 신을 맞이하여 도읍 동쪽에서 제사가 이루어졌다는 점에는 차이가 없다.

A-1-③의 수혈(隧穴)은 고구려 유적이 밀집한 지안분지(集安盆地) 중심부로부터 14km 정도 떨어진[33] 통천동(通天洞)이다.[34] 〈지도 1〉에서 알 수 있는 것

代祭政と穀靈信仰』, 平凡社, pp.166~167; 金哲埈, 1971, 「東明王篇에 보이는 神母의 性格에 대하여」『惠庵柳洪烈博士 華甲紀念論叢』, 探求堂, p.6; 金和經, 1998, 「高句麗 建國神話의 硏究」『震檀學報』86, pp.35~36; 권오영, 1999, 「한국 고대의 새(鳥) 관념과 제의」『역사와 현실』32, pp.100~101; 張志勳, 1999, 「韓國 古代의 地母神 信仰」『史學硏究』58·59, pp.82~84; 徐永大, 2003, 앞의 논문, pp.12~15; 조영광, 2006, 「河伯女신화를 통해서 본 고구려 국가형성기의 상황」『北方史論叢』12, pp.282~284; 채미하, 2006, 「高句麗의 國母信仰」『北方史論叢』12, pp.350~351; 梁志龍, 2001, 「高句麗隧神考」『北方文物』2001-4, pp.85~86.

29 徐永大, 2003, 위의 논문, pp.11~12.

30 三品彰英, 1973, 앞의 책, pp.165~166; 권오영, 1999, 앞의 논문, pp.100~101.

31 「李他仁 墓誌銘」, "既而姜維構禍 復擾成都 隧穴挺妖 俄翻穢境"; 「高質 墓誌銘」, "公資靈隧穴 漸潤蓬津 英姿磊落而挺生 偉幹蕭森而鬱起"

32 여호규, 2013b, 「고구려 도성의 의례공간과 왕권의 위상」『韓國古代史硏究』71, pp.64~65.

33 기경량, 2018, 「환도성·국내성의 성격과 집안 지역 왕도 공간의 구성」『사학연구』129, p.274.

34 林至德·耿鐵華·傅佳欣·張雪巖·孫仁杰, 1984, 『集安縣文物志』, 吉林省文物志編委會, p.52.

〈지도 1〉 수혈 통천동의 위치(출처 : 기경량, 2018, 「환도성·국내성의 성격과 집안 지역 왕도
공간의 구성」『사학연구』129, p.275)

처럼 이곳은 국내도읍기 고구려의 왕성(王城)[35]인 국내성(集安縣城址)이나 환도
성(山城子山城)으로부터 매우 먼 지점이다. 중국의 제천의례는 교외(郊外)에서
행해졌는데, 그 일대를 일상적인 세속에서 벗어난 신성한 지역으로 인식하였
기 때문이다.[36] 이는 고구려도 마찬가지 아닐까 한다. 당시 도성의 범위를 정
확히 알 수는 없으나, 동쪽 경계는 임강총이나 태왕릉·장군총이 위치한 우산
하(禹山下) 고분군 일대로 볼 수 있을 것이다.[37] 거기서도 한참을 더 간 통천동

---

35 왕성은 왕궁을 비롯한 주요 국가 시설이 밀집된 중심지를 보호하기 위하여 본
　격적인 방어 시설이 갖추어진 경우를 의미한다(기경량, 2017a, 「한국 고대사에
　서 왕도(王都)와 도성(都城)의 개념 -고구려의 용례를 중심으로-」『역사와 현실』
　104, p.174).

36 박미라, 2000, 「중국 祭天儀禮에 있어서 時間 -空間의 象徵的 構造 연구」『道教
　文化研究』14, pp.174~176.

37 우산하 고분군과 통천동 사이에 하해방(下解放) 고분군이 있으나, 규모가 작을
　뿐 아니라 5세기 전반 이후 조성되었다(동북아역사재단 편, 2008~2011, 『중국
　소재 고구려 유적·유물Ⅱ -集安 通溝盆地篇-』, 진인진, pp.29~30).

은 세속과 유리된 공간이며, 그러하였기에 수신이 모셔지기에 이르렀다고 여겨진다.[38]

A-1-③ 및 A-2-④에 의하면 이 제의는 수혈에서 모시고 나온 목제 수신, 즉 목수를 압록강 가에서 제사하는 행사이다.[39] 신화와 의례는 서로 결합하여 있으며, 양자는 불가분의 관계를 이룬다.[40] 다만 선후 관계를 따지자면 신화가 의례화하는 경우가 더 많다.[41] 따라서 해당 제의는 어떠한 전승을 말하고 있다고 보아야 한다. 이 의례를 왕이 주관하였다는 점[42]을 고려하면, 왕실 시조 전승을 설명하였을 가능성이 크다. 실제 제의 과정을 보아도 그러하다. A-1-③에 따르면 수신은 수혈에 있다가 밖으로 모셔지는데, 그리되면 햇볕과 마주하게 된다. 이는 유폐된 주몽의 모친이 일광(日光)에 감응하여 그를 낳은

---

38 북위를 세운 탁발선비 세력의 성소 알선동(嘎仙洞) 역시 그러한 맥락에서 이해해 볼 수 있다. 이 동굴은 다싱안링(大興安嶺) 북단 분기점인 동쪽 기슭에 있는데, 넌장(嫩江)의 서안 지류인 간허(甘河)가 시작되는 곳에 우뚝 솟은 높이 100m의 화강암 직벽 남서쪽이다(박원길, 2001, 『유라시아 초원제국의 샤마니즘』, 민속원, p.97). 지세를 볼 때 평시 거처는 아닌 것 같으므로, 탁발선비의 초기 중심지 외곽에 자리한 제장이었을 가능성도 제기된다.

39 목수의 실체에 대해서는 나무로 이삭(穀穗)을 나타내거나 나무에 그것을 결부시킨 형태로 보기도 하고(三品彰英, 1973, 앞의 책, p.165), 장승과 같은 모습이었으리라 여기기도 한다(徐永大, 2003, 앞의 논문, pp.11~12).

40 黃善明, 1982, 『宗教學槪論』, 종로서적, p.91; 이경재, 2002, 『신화해석학』, 다산글방, p.82; 大林太良, 1984, 『東アジアの王權神話 -日本·朝鮮·琉球-』, 弘文堂, p.70; Anthony F. C. Wallace, 1966, *Religion : an anthropological view*, Random House, p.102; W. Richard Comstock, 1971, *The Study of religion and primitive religions*, Harper & Row; 윤원철 옮김, 2007, 『종교의 탐구 -방법론의 문제와 원시종교-』, 제이앤씨, p.76; 徐永大, 2003, 앞의 논문, p.13; 이창익, 2003, 「신화와 의례의 해석학적 차이에 대한 물음」 『신화와 역사』, 서울대학교출판부, p.141.

41 大林太良(兒玉仁夫·權泰孝 옮김), 1996, 『신화학입문』, 새문社, pp.147~148.

42 노태돈, 1999, 앞의 책, p.161; 徐永大, 2003, 앞의 논문, p.21.

이야기와 비슷하다.

애초 중국에서는 어두운 구멍이나 동굴, 움푹 팬 계곡 등을 생명력의 근원이나 생식 기능의 상징으로 숭배하였다.[43] 또 만주 및 몽골 지역에서도 대개 동굴을 신성시하였다. 대표적인 사례가 돌궐 카간(可汗)이 조상의 발상지에 자리한 동굴에서 귀인(貴人)들을 인솔하여 지내던 족조제(族祖祭), 즉 선굴제(先窟祭)이다.[44] 본디 동굴은 모태의 상징으로,[45] 한국 민속에서도 암석굴(巖石窟)을 신앙하며 기자(祈子)와 풍요를 비는 풍속이 있었다.[46] 고구려인 또한 동굴이 가지는 생명력에 기대어 잉태를 예비하고자 수신을 그곳에 두었던 것이 아닐까 한다. 그리고 이러한 준비단계를 거친 수신은 이후 강변으로 모셔져 와 햇볕을 마주하며 결국 한 생명을 낳게 되었다고 여겨진다. 이는 현전하는 주몽의 탄생 모티프와 유사하다.

물론 초창기부터 현재 전하는 신화와 비슷한 형태의 시조 전승이 마련되었다고 보기에는[47] 섣부른 감이 있다. 제의 과정에서 부여 시조 동명의 설화가

---

43 李成九, 2012, 「中國의 聖所와 女性原理」 『東洋史學研究』 119, p.17.

44 박원길, 2001, 앞의 책, p.98, pp.170~171.
　　관련 기록은 다음과 같다(『周書』 卷50, 列傳 第42, 異域下, 突厥, "狼遂逃于高昌國之北山 山有洞穴 穴內有平壤茂草 周回數百里 四面俱山 狼匿其中 遂生十男 十男長大 外託妻孕 其後各有一姓 阿史那卽一也 …… 可汗恆處於都斤山 牙帳東開 蓋敬日之所出也 每歲率諸貴人 祭其先窟").

45 김열규, 2003, 『동북아시아 샤머니즘과 신화론』, 아카넷, pp.26~27.

46 田中通彦, 1982, 「高句麗의 信仰과 祭祀 -특히 東北아시아의 豚聖獸視를 중심으로-」 『亞細亞學報』 16, p.107.

47 이른 시기에 시조 전승이 오늘날과 유사한 형태로 확립되었다고 볼 때도 대무신왕 시기(金基興, 2001, 「高句麗 建國神話의 검토」 『韓國史研究』 113, pp.17~25; 윤성용, 2005, 앞의 논문, p.14; 이귀숙, 2007, 「高句麗 初期의 王統變化와 朱蒙 始祖認識의 成立」 『歷史敎育論集』 39, pp.159~167)와 태조왕 시기(李志暎, 1995, 『韓國神話의 神格 由來에 관한 研究』, 太學社, p.31, p.155; 李

재연되었다는 입장이 제기된 것[48]은 그 때문이다. 하지만 II부에서 다루듯, 이 시기에는 주몽을 주신으로 하는 시조묘 제사가 거국적으로 행해지고 있었다. 그러므로 왕실 시조에 대한 탄생담이 없었다고 여기기는 힘들다. 이에 주목되는 것이 바로 『위서』 고구려전의 건국 신화이다.[49] 해당 기술은 장수왕 23년 (435) 평양을 방문한 북위 사신 이오(李敖)의 견문에 따른 부분이 상당하다.[50] 하지만 고구려전에 실린 기록 전체가 그렇지는 않다. 추후 다시 언급하겠으나, 이오가 보고 들은 바는 그의 평양 입성 사실("敖至其所居平壤城 訪其方事")에 뒤이어 "운(云)"이라는 표현과 함께 나타나는데, 건국 신화는 그보다 훨씬 앞에 나오기 때문이다. 따라서 『위서』의 관련 기술은 이오의 전언과 구별되어야 한다.

「왕비문」이나 『삼국사기』를 보면 고구려 건국 신화는 주몽에서 끝나는 게 아니라, 다음 왕들의 치세에 국가 체제가 확립되는 것으로 마무리된다.[51] 따라서 『위서』의 건국 신화 또한 주몽 이후 초기 왕들에 대한 언급까지 포함된다

鍾泰, 1990, 「高句麗 太祖王系의 登場과 朱蒙國祖意識의 成立」 『北岳史論』 2, pp.90~99; 채미하, 2006, 앞의 논문, pp.345~346)로 견해가 갈린다.

48 여호규, 2014, 『고구려 초기 정치사 연구』, 신서원, pp.64~66; 장병진, 2016, 「고구려 출자 의식의 변화와 「集安高句麗碑」의 건국설화」 『人文科學』 106, p.217, p.223.

49 『魏書』 卷100, 列傳 第88, 高句麗, "高句麗者 出於夫餘 自言先祖朱蒙 朱蒙母河伯女 爲夫餘王閉於室中 爲日所照 引身避之 日影又逐 旣而有孕 生一卵 大如五升 夫餘王棄之與犬 犬不食 棄之與豕 豕又不食 棄之於路 牛馬避之 後棄之野 衆鳥以毛茹之 夫餘王割剖之 不能破 遂還其母 其母以物裹之 置於暖處 有一男破殼而出 及其長也 字之曰朱蒙 其俗言朱蒙者 善射也 …… 朱蒙死 閭達代立 閭達死 子如栗代立 如栗死 子莫來代立 乃征夫餘 夫餘大敗 遂統屬焉"

50 武田幸男, 1989, 『高句麗史と東アジア -「廣開土王碑」硏究序說-』, 岩波書店, p.340.

51 노태돈, 1999, 앞의 책, pp.45~46.

하겠다. 그런데『위서』고구려전의 초기 왕계(王系)가 「여달(閭達)-여율(如栗)
-막래(莫來)」로 이어짐에 비해, 5세기 초 「왕비문」에 전하는 그것은 「추모왕
(鄒牟王)-유류왕(儒留王)-대주류왕(大周留王)」이다.[52] 양자 사이에 차이가 있다.
이 가운데 후자는 4세기 후반 무렵 성립되었다고 여겨지는데, 이후 그 계보는
큰 변동 없이 후대까지 갔으니, 그것이 바로『삼국사기』의 동명성왕·유리명
왕·대무신왕이다.[53] 그러므로『위서』고구려전의 건국 신화가 5세기 초 이후
에 성립되었을 가능성은 작으며,「왕비문」건립 이전에 형성된 전승에 기초하
였다고 생각된다.[54]

『위서』의 고구려 건국 신화는 부여를 복속시키는 것으로 대미가 장식된다.
이러한 전승은 부여가 약해진 뒤라야 만들어질 수 있다. 부여가 쇠퇴하여 고
구려에 압도되기 시작한 것은 대략 4세기 전반이다. 그러므로 해당 전승은 그
뒤에 생성된 것이라 하겠다. 고국원왕 12년(342) 전연 모용황(慕容皝)의 침입
으로 환도성이 함락될 때 남녀 5만 명이 끌려갔으며,[55] 광개토왕 시기 요동

---

52 「廣開土王碑文」, "惟昔始祖鄒牟王之創基也 出自北夫餘 天帝之子 母河伯女郞 剖
卵降世 …… 於沸流谷 忽本西城山上而建都焉 不樂世位 因遣黃龍來下迎王 王於
忽本東罡 履龍首昇天 顧命世子儒留王 以道興治 大朱留王 紹承基業 遝至十七世
孫 罡上廣開土境平安好太王 二九登祚 號爲永樂大王"

53 노태돈, 1999, 앞의 책, pp.91~94.
『삼국사기』에서는 유리명왕의 이칭(異稱)을 "유류(儒流)", 대무신왕의 그것을
"대해주류(大解朱留)"라 전하는데, 이는 「왕비문」의 "유류(儒留)" 및 "대주류(大
周留)"와 음이 통한다.

54 5세기 전반 이후 북위 사신이 고구려를 방문하였을 때, 지배층 사이에서 전해지
던 이전(異傳)을 접하였을 가능성도 있다. 그러나 새로운 왕계 성립으로부터 반
세기 이상 지난 뒤에도 그러한 전승이 활발히 유통되어 북위 측에까지 들어갔으
리라고 보기는 어렵다.

55 『資治通鑑』卷97, 晉紀19, 顯宗成皇帝下, 咸康 8年 11月, "皝從之 發釗父乙弗利
墓 載其尸 收其府庫累世之寶 虜男女五萬餘口 燒其宮室 毁丸都城而還"

을 영유하기 전까지 적지 않은 고구려인이 중국에 흘러 들어갔을 것이다. 이들 중 다수는 북조(北朝) 경내에서 살아갔을 터인데, 북위에서 고구려 건국 신화를 알고자 할 때, 가장 손쉽게 접할 수 있는 것은 그들의 전언이 아니었을까 한다. 그러므로 이는 북위 거주 고구려인이 지녔던 전승에 토대하였을 가능성이 크다.[56]

이상과 같이 4세기 전반에서 멀지 않은 시기 고구려에서는 『위서』 고구려전에서 전하는 건국 전승이 존재하였다. 그렇다면 매우 소박한 형태의 시조 탄생담은 그 이전에 이미 마련되었다 하겠다. 왕이 주관하는 제천대회에서의 제의 과정이 당시 성립하지도 않은 설화에 기초했다고 보기는 어려우므로, 2~3세기 무렵 조촐하게나마 기본 골격이 갖춰졌으리라 짐작된다.

신라의 경우 파사이사금~아달라이사금 시기 혁거세 신화의 원형이 성립하였다.[57] 또 부여에서는 1세기에 부계를 천과 연결하는 시조 전승이 존재하였고, 선비족 수장 단석괴(檀石槐)나 북위 시조 탁발역미(拓拔力微)의 탄생 전승에서 보이듯, 아직 국가 체제를 갖추었다고 보기 힘든 상황임에도 천과의 혈연관계를 드러내는 사례는 적지 않다.[58] 따라서 천부지모(天父地母) 사이에서

---

56 강진원, 2017c, 「「集安高句麗碑文」 건국신화의 성립과 변천」 『史林』 61, pp.13~14.

57 金昌錫, 2007, 「신라 始祖廟의 성립과 그 祭祀의 성격」 『역사문화연구』 26, pp.210~211.

58 『論衡』 卷2, 吉驗, "北夷 櫜離國 王侍婢有娠 王欲殺之 婢對曰 有氣大如鷄子 從天而下 我故有娠 後産子 捐於猪溷中 猪以口氣噓之 不死 復徙置馬欄中 欲使馬藉殺之 馬復以口氣噓之 不死 王疑以爲天子 令其母收取 奴畜之 名東明 令牧牛馬 東明善射 王恐奪其國也 欲殺之 東明走,南至掩淲水 以弓擊水 魚鼈浮爲橋 東明得渡 魚鼈解散 追兵不得渡 因都王夫餘 故北夷有夫餘國焉 東明之母初姙時 見氣從天下 及生 棄之 猪馬以氣呴之而生之 長大 王欲殺之 以弓擊水 魚鼈爲橋 天命不當死 故有猪馬之救也 當都王夫餘 故有魚鼈爲橋之助也"; 『三國志』 卷30, 魏書30, 烏丸鮮卑東夷, 鮮卑, "魏書曰 …… 投鹿侯從匈奴軍三年 其妻在家 有子 投鹿侯歸

일광에 감응하여 시조가 탄생했다는 큰 줄기는 이미 마련되어 있었다고 여겨진다. 요컨대 A-1-③이나 A-2-④는 시조의 모친이 햇빛을 받아 주몽을 낳게 되는 전승을 재연한 것이다.[59] 제의의 이행은 신성성에 대한 인식을 강제하여, 그 감정을 확고히 한다.[60] 고구려왕은 시조 전승 재연을 통해 왕권의 위엄을 각인시키고, 이를 거부할 수 없는 수준으로 끌어올리고자 하였을 것이다.

이에 대해 왕실의 시조가 아니라 고구려 지배층 공동이 숭배하는 신격을 제사하였다고 보기도 한다. 수신은 특정 조상신이 아니라 모든 집단에서 공유된 지모계(地母系) 여신이라는 것이다.[61] 하지만 왕실을 제외한 지배집단 전체에 A-1-③에 토대한 전승을 숭배할 만한 바탕이 있었는지 확신하기 어렵다. 『삼국사기』나 금석문 등에 귀족 가문의 족조(族祖) 전승이 전해지나,[62] 동굴 속의 수신과 결부된 예는 없다. 물론 어떤 지배집단의 장(長), 혹은 그에 버금가는 위상을 가진 집안이라면 왕실과 마찬가지로 천부지모 형태의 전승을

怪欲殺之 妻言 嘗晝行聞雷震 仰天視而電入其口 因吞之 遂姙身 十月而產 此子
必有奇異 且長之 投鹿侯固不信 妻乃語家 令收養焉 號檀石槐";『魏書』卷1, 序紀
第1, "初聖武帝嘗率數萬騎田於山澤 欻見輜軿自天而下 既至 見美婦人 侍衞甚盛
帝異而問之 對曰 我天女也 受命相偶 遂同寢宿 旦請還曰 明年周時 復會此處 言
終而別 去如風雨 及期 帝至先所田處 果復相見 天女以所生男授帝曰 此君之子也
善養視之 子孫相承 當世為帝王 語訖而去 子即始祖也 故時人諺曰 詰汾皇帝無婦
家 力微皇帝無舅家 帝崩"

59 주몽의 모친이 유화로 칭해진 것은 고려 시대의 산물이라는 지적(조영광, 2006, 앞의 논문, p.273)이 있기도 하거니와, 현재 전하는 고구려 당대의 기록에서 시조 모친을 유화로 명명한 사례가 없다. 따라서 시조의 모친이라 표현해 둔다.

60 오세정, 2004a, 「상징과 신화 -신화 형성화와 의미화의 상징적 논리-」『시학과 언어학』 7, pp.38~39.

61 조우연, 2019, 앞의 책, pp.375~376; 이준성, 2013, 앞의 논문, p.324; 이춘우, 2015, 앞의 논문, p.180.

62 徐永大, 1995, 「高句麗 貴族家門의 族祖傳承」『韓國古代史研究』 8 참조.

지녔을 확률이 높다. 하지만 거기에 동굴에서의 유폐나 일광감응과 같은 요소가 있었는지는 알 수 없다. 신라 왕실 삼성(三姓) 시조의 탄생담에서도 드러나듯, 같은 국가 체제 안에 속한 지배집단이라도 모티프가 다르기 때문이다. 따라서 이들이 모시던 신격이 A-1-③에서 나오는 바에 기초하였다고 보기는 어렵다. 반면 A-1-③에서 나타나는 제의 과정은 고구려 왕실 시조 신화 속 출생 모티프와 상통하며, 현재까지 확인된 바 고구려에서 그들 외에 이러한 전승을 이야기하는 집단은 존재치 않는다.

아울러 7세기의 상황을 전하는 C-1·2에서 수신 관련 언급이 나오는 점도 간과할 수 없다. 보장왕 5년(646) 동명왕모(東明王母), 즉 시조 모친의 소상(塑像)이 3일간 피눈물을 흘렸다 한다.[63] 당 태종이 고구려를 재차 침공하고자 하였던 점을 고려하면, 이는 그가 국가의 안위를 걱정하는 신격으로 자리매김하였음을 알 수 있다. 이 무렵 시조의 모친이 아닌 다른 지모신을 성대히 제사하였다고 여기기는 곤란하다. 따라서 C-1·2의 수신은 시조의 모친으로 보는 편이 타당하다. 그런데 C-1·2와 A-1·2 모두 대혈에 모시는 등 숭배 양상이 비슷하므로, 후자의 수신 또한 애매한 신격이라 하기는 무리가 있다.

이상에서 지적한 바를 모두 차치한다 하여도, 제천대회가 국중대회로 행해졌다는 점을 생각하면 과연 제사 대상을 막연한 존재로 볼 수 있을지 의문이다. 『삼국지』 동이전에서는 여러 공동체의 제사의례를 전하는데, 그것을 국중대회라 칭한 예는 부여와 고구려밖에 없다. 이는 해당 국가의 제의체계가 왕권을 중심으로 통합되었음을 보여준다.[64] 고구려의 제천의례는 국중대회이자 공회로서 지배층이 참여하였고, A-1-② 및 A-2-③에서 드러나듯 그 안에서도 대가(大加)·주부(主簿)와 소가(小加) 사이에 구분이 나타나는 등 계서적(階序的) 측면이 드러났다. 그 정도의 집회가 이루어지기 위해서는 일정 정도

---

63 『三國史記』卷 第21, 高句麗本紀 第9, 寶臧王 5年 5月, "東明王母塑像 泣血三日"
64 여호규, 2014, 앞의 책, p.287.

의 권력이 존재해야 하는데, 이러한 상황에서 특정할 수 없는 모호한 대상을 제사했다고 여기기는 어렵다.

또 앞서 언급하였듯이 시조묘 친사가 성대히 행해지는 등 시조에 대한 존숭 의식이 확고히 자리매김해 나가고 있었으므로, A-1-③이나 A-2-④ 역시 왕실 시조의 탄생담을 재연하는 것으로 보는 편이 타당하다. 국가 체제가 확립하였다고 보기 힘든 흉노의 가장 큰 제천행사인 농성대제(龍城大祭)가 선우(單于)를 배출한 연제(攣鞮) 집단의 족조를 대상으로 한 족조제로서 치러졌다는 점[65]을 생각하면 더욱 그러하다. 물론 다시 다루겠으나 이때의 주몽은 현 왕실의 직접적인 시조라기보다는 혈통의 시원에 자리한 관념적 시조신으로서의 색채가 강하였다. 왕실은 전설적 시조에 대한 전승을 재연하여 그 신성성을 현재의 국왕에게 현재화하면서, 여타 지배세력에 대한 왕권의 정당성과 우월성을 확인하였을 것이다.

한편 A-1-③ 및 A-2-④에서는 수(혈)신을 중점적으로 언급하였다. 종래 이를 수신제(隧神祭)라 하였던 이유도 기록상 가장 눈에 띄는 신격이 수신이었기 때문이다. 단 앞서 살펴보았듯이, 이는 시조의 탄생을 재연하는 의례였다. 따라서 왜 이렇게 수신이 중점적으로 다루어진 것인지 의문이 제기될 수 있다. 천부(天父)와 지모(地母)의 결합이 풍요와 다산을 상징한다는 점[66]이나 왕권의례에서 모신(母神)의 자신(子神) 출산이 생산성과 풍요성을 드러낸다는 점[67]을 생각하면, 해당 제의는 기본적으로 수확제로 보는 편[68]이 타당하다. 물

---

65 박원길, 2001, 앞의 책, p.29.

66 張志勳, 1999, 앞의 논문, pp.103~104.

67 나희라, 2003, 『신라의 국가제사』, 지식산업사, p.91 주71).

68 노태돈, 1999, 앞의 책, p.160; 三品彰英, 1973, 앞의 책, pp.162~164; 井上秀雄, 1978, 앞의 책, p.95; 琴章泰, 1992,「祭天儀禮의 歷史的 考察」『大東文化研究』25, p.164; 전덕재, 2003,「신라초기 농경의례와 공납의 수취」『강좌 한국고대사2 : 고대국가의 구조와 사회(1)』, 가락국사적개발연구원, p.340; 최광식,

론 지안 지역의 음력 10월이 입동이고,[69] 경작물의 완전 성숙기가 9월이란 점[70]을 들어 수확제로 보기 힘들다고 할 수도 있다. 그러나 기후가 매우 한랭한 풍산 등지에서도 10월에 곡령에 대한 제사가 이루어졌고,[71] 이달은 지안 지역의 추수가 완전히 끝나는 시기이기에,[72] 해당 제의가 한 해의 수확을 완결한다는 의미의 2차 수확의례로서 이루어졌을 가능성이 크다.[73]

수확제에서는 작물의 생장과 풍양(豊穰)을 초래한 모신을 숭배한다. 고구려에서는 시조의 모친, 즉 수신이 이에 해당한다.[74] 그런데 이 경우 모신과 함께 자신도 숭배 대상이 될 때가 많으니, 그것이 바로 각지에서 유례를 찾아볼 수 있는 모자신(母子神) 신앙으로, 고구려에서는 시조와 그 모친의 관계가 그에 상응한다.[75] 모자신 신앙에서 남신(男神)은 부차적인 존재로서 태양신 혹은 그 아들로 나타나는데,[76] 고구려 건국 신화에서 부신(父神)이 두드러지지 않은 이

2003, 「고대국가의 왕권과 제의」 『강좌 한국고대사3 : 고대국가의 구조와 사회(2)』, 가락국사적개발연구원, p.152.

69 이정빈, 2006a, 앞의 논문, p.186 주52).

70 徐永大, 2003, 앞의 논문, p.24.

71 南根祐, 1989, 「穀靈의 祭場과 「씨」의 繼承儀禮」 『韓國民俗學』 22, pp.2~3, p.5, p.14.

72 김영준, 2006, 「평양천도 이후 고구려의 정기적 국가의례」, 인하대학교 석사학위논문, p.11.

73 물론 기본 성격이 수확제라는 것이지 그 외에 다른 기능도 있었으리라 여겨진다. 국가제사였기에 왕권의 정당화에도 이바지되고, 기층민에게는 더욱 다채로운 기원의 무대였으리라 짐작된다.

74 徐大錫, 1988, 『韓國巫歌의 研究』, 文學思想, pp.91~93; 金烈圭, 1991, 앞의 책, p.48; 三品彰英, 1973, 앞의 책, pp.190~203; 金哲埈, 1971, 앞의 논문, p.6.

75 三品彰英, 1973, 앞의 책, pp.168~170; 松前健, 1998b, 『日本神話と海外』, おうふう, pp.292~296.

76 松前健, 1998b, 위의 책, p.292.

유는 그 때문일 확률이 높다. 신성한 여인이 신성한 아이를 낳는다는 것은 창조적 생산과 풍요에 대한 관념의 소산으로, 생명력을 회생·증강케 한다고 여겨졌다.[77] 빛없는 어둠 속에 유폐되었다가 일광을 받아 아이를 출산한다는 점 자체가 땅속에 매장되었다가 소생하는 곡령의 신비를 말하기도 한다.[78] 수확 및 풍요와 관련된 제의에서 모신의 위상은 강고하였다. 수신이 눈길을 끈 데는 그러한 배경이 있었을 것이다.

이러한 측면과 더불어 시조가 탄생하기까지의 과정에서 주된 역할을 하는 존재가 그 모친이었다는 점도 주목된다. 『위서』 고구려전의 건국 신화를 보면 부친이 되는 일영(日影) 혹은 일광(日光)은 특정 장면 외에 뚜렷하게 드러날 때가 적다. 이는 A-1·2단계, 즉 3세기 당시의 전승에서도 크게 다르지 않았을 것이다. 그 형상을 따로 조각하였다는 흔적도 찾을 수 없으므로, 별도의 구조물을 만들지도 않았다고 추정된다. 시조의 탄생담을 재연하는 의례라 하여도, 이방인이 보기에는 수신이 유독 두드러지게 다가왔고, 그것이 기록으로 남겨진 결과가 A-1-③ 및 A-2-④라고 여겨진다.

단 그러함에도 이 제의가 궁극적으로 보여주고자 한 바는 시조의 탄생이었다. 모자신 신앙에서 모신이 중시된 이유는 자신을 낳기 때문으로, 본질적인 초점은 후자에 맞춰져 있다. 대표적인 사례가 천주교의 성모(聖母, the Virgin Mary) 신앙이다.[79] 성모에 대한 강고한 믿음은 예수의 탄생에서 그의 역할이 지대하였기 때문이며, 결국 그 신앙의 중심에는 그리스도가 존재한다. 고구려도 마찬가지라고 생각된다. 제의가 최고조에 달하는 지점은 수신이 햇빛에 감응하는 장면으로,[80] 그것이 의도하는 바가 천부지모의 결합으로 탄생한 시조

---

77 나희라, 2005, 「신라의 건국신화의 의례」『韓國古代史研究』39, pp.64~65.

78 張志勳, 1999, 앞의 논문, pp.83~84.

79 松前健, 1998b, 앞의 책, p.293.

80 노태돈, 1999, 앞의 책, p.160.

주몽을 높이는 데 있기 때문이다. 모신을 통하여 농경신인 자신의 탄생을 기리는 수확제가 곧 일자(日子) 탄생 제의라는 점[81]을 생각하면 더욱 그러하다. A-1-③과 A-2-④는 시조의 탄생을 재연한 의례로 그 모친이 부각되어도 궁극적인 주인공은 시조였다. 고구려에서 시조 모친에 대한 숭배가 남달랐지만, 마지막까지 주몽이 시조로서 영순위 제사 대상이었던 것을 통해서도 이를 엿볼 수 있다. 단군 신화의 주연이 환웅이나 웅녀가 아니라 단군인 것 또한 같은 맥락에서 이해할 수 있다.[82]

이상을 보건대 제천대회에서는 시조의 탄생 과정을 구체화하였다. 그렇다면 시조제(始祖祭)라 할 수 있는데 왜 제천의례로 여겨졌던 것일까. 중국의 경우 상(商)에서 상제(上帝)는 왕실 조상신으로서의 측면이 강하여 왕은 혈연관계로 맞닿아 있었으나, 서주 시기 이후 천신과 조상신이 분화됨과 아울러 혈연적 고리 또한 사라져 갔다.[83] 이와 달리 고대 한국을 비롯한 북방종족의 신화에서 시조는 천신의 직계 후손으로 천과의 관련성이 직접적이었다.[84] 예컨대 흉노의 군주는 최고 신격인 텐그리(Tenggeri, 撐犁)의 아들이라 칭하였고,

---

81 三品彰英, 1973, 앞의 책, pp.186~187.

82 그런 의미에서 종래 이를 '수신제'라 한 것에 대해서는 재고의 여지가 있다. 실제 제의가 수신만을 제사했다고 보기도 어렵기 때문이다. '시조 탄생 제의'나 '수신 출산 제의' 정도로 표현하는 편이 더 적절하지 않을까 한다.

83 琴章泰, 1982, 『韓國儒教의 再照明』, 展望社, p.194; Michael Loewe, 1982, *Chinese Idea of Life and Death; Faith, Myth and Reason in the Han Period(B.C.202~A.D.220)*, George Allen & Unwin Ltd.; 이성규 옮김, 1987, 『古代 中國人의 生死觀』, 지식산업사, pp.34~35; 徐永大, 1991, 「韓國古代 神觀念의 社會的 意味」, 서울대학교 박사학위논문, pp.147~148; 금장태·이용주, 2000, 「고대 유교의 예론과 국가 제사」『東亞文化』 38, pp.96~97 주27); 宣釘奎, 2006, 「中國人의 靈魂觀」『中國學論叢』 20, pp.31~32.

84 徐永大, 2003, 앞의 논문, p.19.

선비 및 고차 · 거란의 지배자 또한 자신들의 혈통적 근원을 하늘에서 찾았다.[85] 백제에서도 시조 동명이 천 혹은 일(日)과 혈연적인 관계를 맺고 있는 데서 잘 드러나듯,[86] 천신은 조상신이었다.[87]

고구려 역시 마찬가지로 왕은 혈연 계보로 천과 연결되었다.[88] 시조가 천의 직계 후손이었기에 시조신의 연장선에서 천신을 파악하였으며, 천신과 시조를 동일선에서 이해할 수 있었다. 시조에 대한 제사가 곧 제천이었으며, 천신의 범주 안에 시조가 자리하였다.[89] 주몽의 탄생을 이야기하는 제의가 곧 제천인 까닭에는 그러한 배경이 있었다. 중국의 경우 원칙적으로는 자연신으로서의 천신과 인격신으로서의 조상신이 구분되었으나, 절대적인 분리는 어려

85 『史記』卷94上, 列傳 第64上, 匈奴, "單于姓攣鞮氏 其國稱之曰撑犁孤塗單于 匈奴謂天爲撑犁 謂子爲孤塗 單于者 廣大之貌也 言其象天單于然也"; 『魏書』卷103, 列傳 第91, 高車, "俗云 匈奴單于生二女 姿容甚美 國人皆以爲神 單于曰 吾有此女 安可配人 將以與天 乃於國北無人之地 築高臺 置二女其上曰 請天自迎之 經三年 其母欲迎之 單于曰 不可 未徹之間耳 復一年 乃有一老狼晝夜守臺嘷呼 因穿臺下爲空穴 經時不去 其小女曰 吾父處我於此 欲以與天 而今狼來 或是神物 天使之然 將下就之 其姊大驚曰 此是畜生 無乃辱父母也 妹不從 下爲狼妻而產子 後遂滋繁成國 故其人好引聲長歌 又似狼嘷"; 『遼史』卷37, 志 第7, 地理1, 上京道, 永州 · 永昌軍, "相傳有神人乘白馬 自馬盂山浮土河而東 有天女駕青牛車由平地松林泛潢河而下 至木葉山 二水合流, 相遇爲配偶 生八子 其後族屬漸盛 分爲八部 每行軍及春秋時祭 必用白馬青牛 示不忘本云"

86 『續日本紀』卷40, 延曆 8年 12月 附載, "天高知日之子姬尊 其百濟遠祖都慕王者 河伯之女感日精而所生 皇太后卽其後也 因以奉諡焉"; 같은 책, 같은 권, 延曆 9年 7月 辛巳, "夫百濟太祖都慕大王者 日神降靈 奄扶餘而開國 天帝授籙 惣諸韓而稱王"

87 강진원, 2016a, 「백제 天地合祭의 추이와 특징」 『서울과 역사』 92, p.31.

88 노태돈, 1999, 앞의 책, pp.362~363.

89 徐永大, 2003, 앞의 논문, pp.19~20; 서영대, 2007, 앞의 논문, p.50.

웠다.[90] 신격이 고도로 분화되었던 중국에서도 이러하였으니 고구려에서 천신과 조상신이 뚜렷이 나누어지지 않은 것은 어찌 보면 자연스러운 현상일 것이다. 신라의 시조에 대한 제사가 제천의례적 성격을 지녔으며,[91] 고대 일본에서 왕실 조상이 천신이었기에 그 제사가 제천의 의미를 지닌 것 또한 조상신과 천신이 확연히 구분되지 않았기 때문이다.[92] 백제 또한 중국식 제천의례인 교사(郊祀) 방식을 수용하되, 천신을 조상신으로 여기는 재래의 천 관념 아래 운영하였다.[93] 인격신과 자연신을 구별하는 요인은 해당 신격이 인간의 조상이 되는지의 여부이다.[94] 그런 면에서 보자면 고대 한국과 일본에서는 인격신과 자연신을 구별하여 천신을 천도(天道)의 상징으로 보는 관념이 미비하였다.

이상과 같이 제천대회는 국도 동쪽에서 국중대회로 진행됨에 따라 동맹으로 불리었으며, 이때 시조의 탄생 전승이 재연되었다. 따라서 당시 시조 신화의 큰 줄기는 마련되었음을 알 수 있다. 시조에 대한 제사가 제천으로 여겨진 것은 조상신을 천신으로 보는 관념이 있었기 때문이다. 중앙 집권화가 진전되지 않은 사회에서는 정통성을 부여하는 신화를 주기적으로 재연함으로써 지역 사회 전체를 신성한 유대관계로 통합시킴과 아울러, 조상신이 가진 신비한 힘을 현실 사회에 불어넣었다.[95] 신화는 정치적·사회적 질서의 존재 이유와

---

90 琴章泰, 1972, 「古代中國의 信仰과 祭祀 -그 構造의 宗教史學的 考察-」 『宗教研究』 1, p.92.

91 나희라, 2003, 앞의 책, pp.227~228.

92 나희라, 2004a, 「7~8세기 唐, 新羅, 日本의 國家祭祀體系 비교」 『韓國古代史研究』 33, p.311.

93 강진원, 2016a, 앞의 논문, p.31, pp.33~34; 강진원, 2017d, 「백제 웅진·사비 도읍기 天地祭祀의 전개와 특징」 『사학연구』 127, pp.118~120, pp.123~126.

94 諸戸素純, 1972, 『祖先崇拝의 宗教學的 研究』, 山喜房佛書林, p.374.

95 Ted C. Lewellen, 1992, *Political Anthropology : An Introduction(Second*

더불어 특정 인물이나 집단이 가진 배타적 권위의 정당성을 설명한다.[96] 왕은 제천대회에서 시조 전승을 재연하며 여타 지배집단에 대한 우위를 강조하였다. 이 제의는 기본적으로 수확제로서의 성격이 있었으나, 거기서 시조의 탄생이 그려졌으므로 왕권의례로서 자리매김하였다. 그렇다면 A-1 · 2에서 전하는 제천대회는 대략 언제부터 시작되었을까. 그 문제는 이어서 살펴보겠다.

2) 성립 시기와 회합의 역할

일반적으로 의례 진행 과정에서는 참가자들 사이의 정치적 · 경제적 · 사회적 관계가 작용하였고, 이를 통하여 서로가 맺은 관계의 성격이 확인되었다.[97] 그러므로 의례를 통하여 그것이 이루어지던 환경을 가늠할 수 있다. 제천대회 동맹은 국중대회라는 표현에 걸맞듯 거국적인 규모로 이루어졌고, 시조의 탄생담이 재연되었다. 이는 일정 정도의 왕권이 수립되어야 가능한 일이다. 설령 후자는 동의하지 않는다 하여도, A-1-②와 A-2-③에서 보이듯 대 · 소가와 주부를 비롯한 지배층 대개가 참여하는 행사가 이루어지려면, 일정 정도의 왕권이 전제되어야 한다.[98] 신라의 시조묘 제사는 상당한 강제력을 가진 공납

Edition), Bergin & Garvey Publishers, Inc.; 한경구 · 임봉길 옮김, 1998, 『정치인류학』, 一潮閣, p.100.

96 黃善明, 1982, 앞의 책, p.63.

97 韓相福 · 李文雄 · 金光億, 1994, 『文化人類學槪論』, 서울대학교출판부, p.281.

98 아프리카 대개의 정치 집단에서 행해지던 '대부족회의(大部族會議, big tribal council)'는 사회 성원 대부분이 참가하였는데, 이는 수장을 향한 충성심을 배양하는 기회로도 기능하였다(Audrey I. Richards, 1940, "The Political System of the Bemba tribe : North-Eastern Rhodesia", *African political systems*, Published for the International African Institute by the Oxford University Press, pp.110~111).

제적 수취구조 속에 운영되었다.[99] 또 탁발선비에서는 제천행사 시 불참한 백부대인(白部大人)이 처형되었고,[100] 유연의 8월 가시온-노르 제천 때도 결정에 반한 세력을 무력으로 보복하였다.[101] 고구려도 마찬가지로 제천대회에 불참할 경우, 왕의 권위에 반하는 것으로 여겨져 응징이 이루어졌으리라 추정된다.[102]

다만 이때는 여타 지배집단 또한 자신의 목소리를 낼 수 있었다고 여겨진다. 강력한 집권력이 수립했다고 보기 힘든 사회에서 그러한 면모를 엿볼 수 있다. 춘추 시대 회맹 시 맹주(盟主)가 패자(敗者)에게 너무 많은 것을 요구하면 반발이 뒤따랐다.[103] 흉노의 5월 농성대제에서는 이성제후(異姓諸侯)와 속부(屬部)의 지도자 모두가 참여하여 중요 대사를 합의·처리함과 동시에, 선우의 선출 및 계승이 공식적으로 인정되기도 하였다. 또 유연의 가시온-노르 제천에서는 과세를 포함한 국정이 의논되었는데, 관작 수여 및 승급에는 참여 귀족의 동의가 필요하였다.[104] 흉노와 유연의 지배층은 이러한 과정을 통하여 자신들의 존립 기반을 재확인하고 군주권을 적절히 견제하였다. 그밖에 아프리카 동남부 로디지아의 벰바국은 집권화가 상당히 진전되었음에도,[105] 회합은 세습 지배층인 바카비로(bakabilo)가 최고 수장의 권력을 제약하는 장이었

---

99 전덕재, 2003, 앞의 논문, pp.370~374.

100 『魏書』卷1, 序紀 第1, 神元帝 39年 4月, "祭天 諸部君長皆來助祭 唯白部大人 觀望不至 於是徵而戮之 遠近肅然 莫不震懾"

101 박원길, 2001, 앞의 책, p.146.

102 노태돈, 1999, 앞의 책, p.162.

103 金裕鳳, 2010, 「춘추시기 회맹의 역사적인 역할」『中國學論叢』31, p.425.

104 박원길, 2001, 앞의 책, pp.25~27, pp.144~145.

105 Meyer Fortes and E. E. Evans-Pritchard eds., 1940, *African political systems*, Published for the International African Institute by the Oxford University Press, p.14.

고,[106] 남아프리카의 줄루국에서도 국왕은 회합에서 이루어진 결정에 따라야
하였다.[107] 고구려왕 또한 지나치게 무리한 요구를 할 순 없었을 것이며, 여타
지배집단 역시 제천의례에 참여하여 지지기반을 인정받으며 왕권의 주도 아
래 적정 수준의 기득권을 추구하려 하였다고 생각된다.

　이와 관련하여 왕실 인물의 승격 및 관리 임명과 하교 등의 정치 행위가 이
루어진 시기가 주목된다. 앞서 언급하였듯이 A-1 · 2, 즉 『삼국지』와 『위략』은
3세기 중 · 후반에 편찬되었다. 따라서 『삼국사기』 고구려본기를 중심으로 그
무렵까지의 해당 사항을 정리하면 〈표 1〉과 같다.

〈표 1〉 4세기 이전 정치 행위

왕	연	월	내용	비고
동명성왕	19	4	왕자 유리 태자 책봉	같은 달 유리 도래
유리명왕	2	7	다물후(多勿侯) 송양의 딸과 혼인	
	3	10	화희 · 치희를 계실(繼室)로 삼음, 양곡(凉谷)에 이궁(離宮) 축조	같은 달, 왕비 송씨 사망
	22	10	국내 천도, 위나암성 축조	
	23	2	왕자 해명 태자 책봉, 대사(大赦)	
	33	1	왕자 무휼 태자 책봉, 군국지사(軍國之事) 위임	
대무신왕	3	3	동명왕묘(東明王廟) 건립	
	8	2	을두지 우보 임명, 군국지사 위임	
	10	1	을두지 좌보 임명, 송옥구 우보 임명	
	15	12	왕자 해우 태자 책봉	11월, 왕자 호동 자결

---

106 Audrey I. Richards, op. cit., p.109.

107 Max Gluckman, 1940, "The Kingdom of the Zulu of South Africa", *African political systems*, Published for the International African Institute by the Oxford University Press, p.33, p.42.

왕	연	월	내용	비고
모본왕	1	10	왕자 익 왕태자 책봉	
태조왕	16	8	갈사왕손(曷思王孫) 도두 우태 임명	같은 달, 도두 내항
	22	10	주나(朱那) 왕자 을음 고추가 임명	같은 달, 주나 병합
	69	11	왕제 수성에게 군국사(軍國事) 위임	10월, 태후묘(太后廟) 제사
	71	10	패자 목도루 좌보, 고복장 우보 임명	
	94	12	왕제 수성에게 양위	
차대왕	2	2	관나 패자 미유 좌보 임명	
		7	환나 우태 어지류 좌보 임명, 대주부 가작(加爵)	같은 달, 좌보 목도루 퇴임
		10	비류나 양신 중외대부 임명, 우태 가작	
신대왕	2	1	국내 대사, 추안 사면과 양국군(讓國君) 책봉, 명림답부 국상 임명 및 패자 가작	
	12	3	왕자 남무 왕태자 책봉	1월, 군신(群臣)의 태자 책립 건의
고국천왕	2	2	우씨 왕후 책봉	9월, 시조묘 친사
	13	4	인재 천거 하령, 을파소 국상 임명	같은 달, 좌가려 반란 진압
		10	동부 안류 대사자 임명	
	16	10	진대법 실시	같은 달, 빈민 조우
산상왕	1	9	발기를 왕례(王禮)로 매장	
	7	8	고우루 국상 임명	같은 달, 국상 을파소 사망
	13	10	환도 이도(移都)	
	17	1	교체 왕태자 책봉	
동천왕	2	2	대사	같은 달, 시조묘 친사
		3	우씨 왕태후 책봉	
	4	7	우태 명림어수 국상 임명	같은 달, 국상 고우루 사망
	17	1	왕자 연불 왕태자 책봉, 국내 사면	
	20	10	밀우·유옥구·유유 논공행상	
	21	2	평양성 축조, 종묘·사직 이전	
중천왕	1	10	연씨 왕후 책봉	9월, 즉위
	3	2	국상 명림어수에게 내외병마사 위임	
	7	4	비류 패자 음우 국상 임명	같은 달, 국상 명림어수 사망

왕	연	월	내용	비고
	8	미상	왕자 약로 왕태자 책봉, 국내 사면	
	9	11	연나 명림홀도 부마도위 임명	
서천왕	2	1	서부 대사자 우수의 딸 왕후 책봉	
		9	상루 국상 임명	7월, 국상 음우 사망
	11	10	달가 안국군 책봉, 내외병마사 위임	같은 달, 숙신 정벌
봉상왕	2	8	북부 소형 고노자 대형 가작	같은 달, 고노자 활약
	3	9	남부 대사자 창조리 국상 임명	같은 달, 국상 상루 사망
	5	8	북부 대형 고노자 신성태수 임명	같은 달, 모용외 도굴 시도

이에 따르면 전임자의 죽음이나 퇴임으로 인해 불가피한 경우를 제외하고, 가장 많은 정치 행위가 이루어진 달은 제천대회가 행해진 10월이다. 동명성왕·대무신왕·신대왕·봉상왕을 제외한 군주 대부분은 10월에 모종의 결단을 내렸다. 당시에도 상설회의는 존재하였다.[108] 그러함에도 이처럼 10월에 중요한 결정이 행해진 것을 보면, 제천대회 시의 회합을 통하여 중대 사안이 처리되었음을 말한다고 여겨진다. 왕권은 거국적인 회합에서 시조의 권위를 매개로 정치적 조치를 함으로써 지배집단을 향하여 정당성을 내보였고, 지배집단 또한 동석하여 중요 현안에 대한 왕의 독단에 일정 정도의 제약을 가하거나, 자신들의 의사가 완전히 배제되지 않도록 하였을 것이다.

덧붙여 공납 물품에 대한 분배 행위 또한 이루어졌으리라 추정된다. 본디 의례에는 경제적 교환 행위가 뒤따르는 경우가 많았다.[109] 중국에서는 선진시대(先秦時代)부터 원회(元會) 등에서 군주가 지방이나 국외의 종족 집단으로

---

108 李廷斌, 2006b, 「3세기 高句麗 諸加會義와 國政運營」 『震檀學報』 102, pp.18~19.

109 黃善明, 1982, 앞의 책, pp.63~65.

부터 받은 물품을 지배층에 재분배하는 전통이 존재하였다.[110] 고대 일본 역시 니나메사이(新嘗祭)나 다이조사이(大嘗祭)를 통하여 거두어진 수확물을 다시 나누는 반폐(班幣)가 행해졌다.[111] 고구려의 경우 『삼국사기』 고구려본기에 복속지나 주변국에서 서물(瑞物) 혹은 공물(供物)을 보낸 일이 있다. 이를 정리한 것이 〈표 2〉이다.

〈표 2〉 복속지 · 주변국의 물품 증여

왕	연	월	주체	물품	특징	구분
대무신왕	3	10	부여 사신	붉은 까마귀	머리 하나에 몸 둘	주변국
민중왕	4	9	동해인 고주리	고래 눈	밤에 빛이 남	복속지
태조왕	25	10	부여 사신	뿔 셋 달린 사슴, 꼬리가 긴 토끼		주변국
	53	1	부여 사신	호랑이	길이 1장 2척, 털이 밝은 색이고 꼬리 부재	주변국
	55	10	동해곡수	붉은 표범	꼬리 길이 9척	복속지
	69	10	숙신 사신	자주색 여우 가죽옷, 흰 매, 흰 말		주변국
동천왕	19	3	동해인	미녀	후궁으로 삼음	복속지
서천왕	19	4	해곡태수	고래 눈	밤에 빛이 남	복속지

이 경우 초기기록이 혼재하고 있는 까닭에 기년이나 사실을 그대로 믿기는 어렵다. 다만 복속지나 주변국으로부터의 물품 납입을 반영한다는 점까지는

---

110 渡邊信一郎, 1996, 『天空の玉座 -中國古代帝國の朝政と儀禮-』, 柏書房; 임대희 · 문정희 옮김, 2002, 『天空의 玉座 -중국 고대제국의 조정과 의례』, 신서원, pp.217~218; 岡村秀典, 2005, 『中國古代王權と祭祀』, 學生社, pp.35~36.

111 井上光貞, 1984, 『日本古代の王權と祭祀』, 東京大學出版會, pp.37~46; 岡田精司, 1993, 『古代王權の祭祀と神話』, 塙書房, pp.147~160; 八木充, 1982, 「日本の卽位儀禮」 『東アジアにおける日本古代史講座9 : 東アジアにおける儀禮と國家』, 學生社, pp.51~52.

인정하여도 좋지 않을까 한다. 특히 10월에 사례가 많다는 것은 제천대회에 서도 그러한 일이 벌어졌을 가능성을 높여준다. 〈표 2〉에서는 주로 기이한 동물이 자주 보이지만, 이는 그것이 가진 특수성 때문일 것이다. 실제로는 일반적인 공납 물품이 더 많았다고 여겨진다. 그런데 앞서 중국이나 일본에서 의례를 통하여 경제적 교환 행위가 일어난 것을 보면, 고구려에서도 보통은 여타 지배집단에 적정한 배분이 이루어졌다고 생각된다. 이는 왕권의 경제권 장악이란 측면 외에 그들의 기득권을 인정한다는 의미도 지녔을 것이다.

이상을 보건대 제천대회는 거국적인 행사를 치를 정도의 왕권 수립을 전제로 한다. 하지만 각 지배집단 또한 이때 이루어진 정치적 결정에 참여하고 공납 물품을 분배받는 등 상당한 세력을 보전하였다. 당시 해당 의례는 고구려인을 통합하는 기능을 하였다.[112] 이는 왕권이 일정한 강제력을 행사할 수 있었음과 동시에 그것이 제한적이기도 하였던 시기에 제천대회가 시작되었음을 보여준다.[113]

그런데 이미 3세기에 들어서면 왕권은 강화 일로에 접어들고 있었다. 그 일례가 방위명(方位名) 부(部), 즉 방위부(方位部)이다. 이는 국가 권력이 도읍과 그 주변을 방위별로 구획한 행정 구역으로 연나부·비류나부와 같은 고유명부와는 성격이 달랐다. 방위명 부를 칭한 인물은 고국천왕 13년(191) 동부(東部) 안류(晏留) 이래 계속 확인되는 반면,[114] 고유명 부를 칭한 인물은 중천왕 9

---

112 노태돈, 1999, 앞의 책, p.163; 전덕재, 2003, 앞의 논문, p.363 주57).

113 아프리카 원시 국가(primitive state)의 경우 정부조직이 갖춰지고 왕권이 상당히 진전된 상황이었음에도, 여타 지배층의 견제로 인해 권한 행사에 한계가 따랐다(Meyer Fortes and E. E. Evans-Pritchard eds., op. cit., pp.11~12). 줄루·은과토·앙콜·케데와 같은 국가의 군주는 징수한 재화나 공납 물품을 지배층에 나누어 주었는데(Ibid., p.34, pp.76~77, p.132, p.176), 그 배경에는 중앙 집권 체제가 확고히 수립되지 못한 탓도 있지 않을까 한다.

114 『三國史記』卷 第16, 高句麗本紀 第4, 故國川王 13年 4月, “遂下令曰 …… 今汝

년(256) 연나부 명림홀도(明臨笏覩)를 끝으로 기록에서 사라졌으며,[115] 3세기 말 도읍에 거주하는 지배층 대부분이 방위명 부로 편제되기에 이르렀다.[116] 고유명 부와 방위명 부가 함께 나오는 시기는 각 지배집단이 일정한 자율성을 누리는 부체제가 동요하던 때이고, 후자만 나타나는 시기는 그것의 해체기이다.[117] 이미 3세기 전반이면 왕권이 전반적으로 강화되는 가운데 계루부와 특정 부를 중심으로 중앙 정치가 운영되기 시작하였다.[118]

나아가 3세기 중엽에는 조위와의 전쟁에서 공을 세운 밀우·유옥구·유유에 대한 논공행상에서 드러나듯,[119] 국가에 대한 공훈을 배경으로 왕권과 밀착한 새로운 세력이 중앙 귀족으로 형성되었고, 제가회의 구성원의 성격도 점차 그렇게 변모하고 있었다.[120] 또 서천왕 19년(288)의 해곡태수(海谷太守)나 봉상왕 5년(296)의 신성태수(新城太守), 그리고 같은 시기의 압록재(鴨淥宰)를

四部 各擧賢良在下者 於是 四部共擧東部晏留"

115 『三國史記』 卷 第17, 高句麗本紀 第5, 中川王 9年 11月, "以椽那明臨笏覩 尙公主爲駙馬都尉"

116 노태돈, 1999, 앞의 책, pp.167~168; 임기환, 2004, 『고구려 정치사 연구』, 한나래, pp.103~106; 여호규, 2014, 앞의 책, p.385; 김희선, 1999, 「高句麗 方位部의 成立과 機能」 『典農史論』 5, pp.90~92.
  대표적인 사례가 서천왕 2년(271) 왕의 장인이 된 서부(西部) 우수(于漱)의 사례인데, 본디 우씨(于氏) 집단은 연나부 소속이다. 이를 통하여 고유명 부 출신 인물이 방위명 부로 소속을 변모해 나갔음을 알 수 있다.

117 여호규, 2014, 위의 책, pp.43~44.

118 여호규, 1995, 「3세기 고구려의 사회변동과 통치체제의 변화」 『역사와 현실』 15, pp.150~151.

119 『三國史記』 卷 第17. 高句麗本紀 第5, 東川王 20年, "王復國論功 以密友紐由爲第一 賜密友巨谷靑木谷 賜屋句鴨淥杜訥河原 以爲食邑 追贈紐由爲九使者 又以其子多優爲大使者"

120 여호규, 2014, 앞의 책, pp.384~385.

통하여 알 수 있는 것처럼 3세기 후반에는 지방관명(地方官名)이 속속 등장하였는데, 이는 중앙 집권화가 진전되었음을 말한다.[121] 병력 동원 규모 역시 2세기 말까지는 대략 5천~1만 명 이내였으나, 3세기 중엽 2만 명으로 늘어났으니, 집권력 증대에 따라 대민지배력이 향상된 결과이다.[122]

요컨대 3세기 이후 기존의 부체제는 이완된 데 비하여 왕권은 강화되고 있었다. 이러한 시점에서 굳이 지배집단의 기득권도 보장하는 제천대회를 새롭게 만들지는 않았을 것이다. 따라서 성립 시기는 그보다 올라갈 가능성이 크다. 부체제는 대략 1세기 태조왕 시기에 확립된 이래, 2세기 말까지는 모든 부가 고르게 중앙 정치에 참여하며 안정적으로 운영되었다고 여겨진다.[123] 제천대회에서 왕권의 지고함이 각인되었던 반면 지배집단의 권한도 일정 부분 보장되었다는 점을 고려하면, 해당 의례는 부체제가 비교적 원활히 돌아가던 시기에 시작되었을 것이다. 종래 태조왕 이후에 주목한 것[124]도 그 때문일 것이다. 단 시간적 폭이 크므로, 조금 더 시간대를 좁힐 필요가 있다.

그 면에서 주목되는 것은 2세기 후반 신대왕 시기이다. 이때는 국상(國相)이란 관직이 신설되어 각 부의 행정 실무를 국가 차원에서 총괄하게 되었고,[125] Ⅱ부에서 다루겠으나 시조묘 친사를 통하여 주몽이 고구려의 국가적 시조로 공인되었다. 제천대회는 일정 정도의 왕권이 수립되어야 가능하고, 거기서 시조의 신화가 재연되었다는 점을 고려하면, 신대왕 시기 이후 어느 시점에 대대적으로 거행되기에 이른 것이 아닐까 한다.

---

121 노태돈, 1999, 앞의 책, p.165.

122 여호규, 2014, 앞의 책, p.327, pp.537~538.

123 여호규, 1995, 앞의 논문, pp.149~150.

124 徐永大, 2003, 앞의 논문, p.27.

125 여호규, 2014, 앞의 책, p.311.

물론 그 이전에도 왕실의 시조 전승을 재연하는 의례는 행해졌을 것이다. 하나의 정치체로 통일을 이루지 못하였던 오환(烏丸)의 경우 각 세력 집단별로 시조나 영웅을 제사하는 조상제(祖上祭)가 존재하였다.[126] 그러므로 고구려 왕권이 제천대회를 주관하는 것과 별개로 여타 지배집단도 자체적으로 수확제를 행하며 자신들의 조상을 기렸으리라 보인다.[127] 국중대회로 자리하기 이전 계루부 왕실의 의례 또한 그러한 족조제였을 것이다. 유리명왕의 제사용 돼지(郊豕)에 관한 전승[128]은 그 흔적을 보여주는 사례로 여겨진다.[129]

---

126 『三國志』卷30, 魏書30, 烏丸鮮卑東夷, 烏丸, "魏書曰 烏丸者 東胡也 …… 敬鬼神 祠天地日月星辰山川 及先大人有健名者 亦同祠以牛羊 祠畢皆燒之"
이때의 대인(大人)은 제부대인(諸部大人)이기에 특정 집단의 족조가 아니다(박원길, 2001, 앞의 책, p.74).

127 노태돈, 1999, 앞의 책, p.160; 徐永大, 2003, 앞의 논문, p.26.
이와 관련하여 A-2-②의 "전쟁이 있으면 또 각기 제천하는데(有軍事亦各祭天)"라는 문구에서의 '각기(各)'가 나부세력, 즉 지배집단 각각을 의미한다고 보기도 한다(조우연, 2019, 앞의 책, p.370). 다만 이 기술은 고구려의 제천의례를 언급하는 부분이지 각 지배집단에 관한 기술이 아닐뿐더러, 그 배경 시기인 3세기에 왕권이 강화되고 부체제가 이완되고 있었음은 이미 살펴보았다. 이러한 상황에서 세력 집단별로 전쟁을 앞두고 제천을 행할 수 있었을지 의문이다. 중앙의 병력 동원 규모가 확장 일로를 걷고 있었다는 점을 생각하면 더욱 그러하다. 따라서 해당 문구는 '전쟁이 있으면 그것이 일어날 때마다 각기 제천하였다'는 의미로 이해하는 편이 좋지 않을까 한다.

128 『三國史記』卷 第13, 高句麗本紀 第1, 瑠璃明王 19年 8月, "郊豕逸 王使託利斯卑追之 至長屋澤中得之 以刀斷其脚筋 王聞之怒曰 祭天之牲 豈可傷也 遂投二人坑中殺之"; 같은 책, 같은 권, 같은 왕 21年 3月, "郊豕逸 王命掌牲薛支 逐之 至國內尉那巖得之 拘於國內人家 養之 返見王曰 ……"

129 관련 기록에서 "교시(郊豕)"라 하였으므로 '교사'의 존재를 상정할 수 있다. 이때의 교사를 중국적 제천의례로 볼 수도 있겠다. 그런데 다시 언급할 것이나 고구려에서 중국식 교사가 실시된 적은 없다. 그 점을 부인한다 하여도 초창기

이상과 같이 주몽에 대한 의식이 강화되고 국상 신설 등을 통해 왕권 또한 일정 정도 제고된 신대왕 시기 이후 제천의례가 국중대회로서 거행되었다. 여기에는 중앙 집권화가 궤도에 오르지 못한 상황에서 의례를 통하여 왕권의 정당성을 보장받고 통합을 도모하고자 하는 의도가 있었다. 여타 지배집단을 완전히 무시할 수 없었기에 회합이 이루어졌으며, 그들 또한 자신들의 목소리를 낼 장으로서 회합을 중시하였다.

여하튼 2세기 후반부터는 제천대회가 성대히 이루어졌으며, A-1·2에서 보이듯 3세기 중·후반까지도 계속 거행된 결과 이방인의 눈에는 대표적인 국가제사로 다가왔다. 물론 그즈음 집권력이 강화되었으므로 지배집단의 기득권을 보장해주는 부분은 이전보다 형식적으로 행해지고, 시조의 신성성을 각인시키는 부분은 강화되었을 것이다. 다시 말해 그것이 애초 시행되었을 당시의 원형을 그대로 유지하였다고 보기는 어렵다. 이 시기 대가는 독자적인 관원을 두었으나, 이들은 왕의 관원에 비하면 차별 대우를 받았다.[130] 부체제가 소멸한 것은 아니지만 왕권 강화 속에서 그 틀이 약해지고 있었다. 그러므로 각 지배집단의 자체적인 수확제는 갈수록 존재감이 희미해졌을 것이다. 나아가 왕권이 일정 궤도에 올랐거나, 제도 정비 등으로 지배층을 효과적으로 통제할 수 있는 시기가 도래한다면, 제천대회의 양상도 변모하였을 확률이 있다. 그에 대해서는 다음 장에서 살펴보겠다.

에 그러한 의례가 시행되었다고 생각하기는 어렵다. 따라서 이는 국가제사로 성립하기 이전의 제천의례가 훗날 윤색 과정을 거쳐 교사라 표현되기에 이른 것 같다.

130 『三國志』 卷30, 魏書30, 烏丸鮮卑東夷, 高句麗, "諸大加亦自置使者皂衣先人 名皆達於王 如卿大夫之家臣 會同坐起 不得與王家使者皂衣先人同列"

2. 동맹의 변화와 고유 관념 유지

1) 집권력 강화와 회합 비중 감소

해체 일로를 걷던 부체제는 4세기 이후 결국 소멸하고, 왕을 중심으로 한 중앙 집권 체제가 수립된다.[131] 제천대회를 전하는 문헌 가운데 대상 시기가 대략 4~6세기인 경우를 추려 보면 다음과 같다.

> B-1. ① 10월에 제천대회하는데 이름을 '동명(東明)'이라 한다. ② 그 공회에서는 모두 비단에 수놓은 옷을 입고 금은으로 스스로 꾸미며, 대가와 주부가 머리에 쓰는 것은 (중국의) 책과 비슷하나 뒷부분이 없다. 그 소가는 절풍을 쓰며 형태가 고깔과 같다.[132]

> B-2. ① 항상 10월에 제천하는데 국중대회이다. ② 그 공회에서는 모두 비단에 수놓은 옷을 입고 금은으로 꾸민다.[133]

> B-3. ① 10월에 제천대회한다. ② 그 공회에서는 모두 비단에 수놓은 옷을 입고 금은으로 스스로 꾸미며, 대가와 주부가 머리에 쓰는 것은 (중국의) 책과 비슷하나 뒷부분이 없다. 그 소가는 절풍을 쓰며 형태가 고깔과 같다.[134]

---

131 노태돈, 1999, 앞의 책, p.489; 여호규, 2014, 앞의 책, pp.557~560.

132 『梁書』卷54, 列傳 第48, 諸夷, 高句驪, "以十月祭天大會 名曰東明 其公會 衣服皆錦繡 金銀以自飾 大加主簿頭所著 似幘而無後 其小加著折風 形如弁"

133 『魏書』卷100, 列傳 第88, 高句麗, "常以十月祭天 國中大會 其公會 衣服皆錦繡 金銀以爲飾"

134 『南史』卷79, 列傳 第69, 夷貊下, 高句麗, "以十月祭天大會 其公會 衣服皆錦繡 金銀以自飾 大加主簿頭所著 似幘而無後 其小加著折風 形如弁"

B-4. ① 항상 10월에 제천한다. ② 그 공회에서는 모두 비단에 수놓은 옷을 입고 금은으로 꾸민다.[135]

이를 보면 B-3은 B-1의, 그리고 B-4는 B-2의 영향을 받은 기술임을 알 수 있다. 그러므로 눈여겨볼 것은 B-1과 B-2이다. 그 가운데 B-1의 경우 A-1이나 『후한서』의 관련 기록과 다르지 않으므로, 그것을 옮겨 적은 것이다. 물론 의례의 이름을 동맹이 아니라 "동명(東明)"이라 하여 주목되지만, 앞서 보았듯이 동맹은 음차가 아니므로 동명은 동맹을 잘못 기재하였다고 이해된다.[136] 남조계(南朝系) 사서의 고구려 관련 기록에서 내부 사정을 전하는 경우는 드문데, 이는 해당 왕조들이 고구려와 깊이 있는 만남을 계속해서 가지지 못한 결과일 것이다. 비록 교류가 이루어졌으나, 빈번히 왕래하지 않은 상황에서 새로운 정보를 얻기에는 한계가 있었다고 여겨진다.[137] B-1은 그러한 측면을 보여준다.

반면 B-2는 달리 생각할 여지가 있다. 해당 기록은 북위 사신 이오가 장수왕 23년(435) 평양을 방문하였을 때의 견문을 전하는 부분 안에 포함되어 있다.[138] 여기서는 고구려의 영역·의식주 및 생활 풍습과 물산·관등이 언급되

---

135 『北史』卷94, 列傳 第82, 高句麗, "常以十月祭天 其公會衣服 皆錦繡金銀以爲飾"

136 『집운』에 따르면 '명(明)'과 '맹(盟)'은 같은 음이므로, 동맹과 동명의 고대 음이 같다(서영대, 2007, 앞의 논문, p.50). 『양서』 찬자가 동맹을 동명으로 잘못 적은 원인도 거기에 있지 않을까 한다.

137 이와 관련하여 『양서』 고구려전의 사회상 서술이 『삼국지』 동이전에 의거하였으며, 이는 양을 비롯하여 동진 및 남조 측이 지닌 같은 시기 고구려에 대한 정보가 매우 부실하였음을 보여준다는 지적(林起煥, 1998, 「4~6세기 中國史書에 나타난 韓國古代史像」 『韓國古代史研究』 14, pp.168~169)이 참조된다.

138 『위서』 고구려전에서 "이오가 그들이 사는 평양성에 이르러 여러 곳을 방문한 뒤 말하였다(敖至其所居平壤城 訪其方事云)" 이후 "그 뒤 공물과 사신이 자

었는데, B-2도 그 와중에 나온다. 따라서 5세기 전반의 실상을 말해주는 기록이다. 이전 시기의 문헌에 기술된 대·소가의 구분이라거나 제가평의 및 뇌옥(牢獄) 부재와 같은 현상이 B-2, 즉 『위서』 고구려전에 실리지 않는 것 또한 이오의 방문 당시 고구려에서는 중앙 집권 체제의 진전에 따라 그러한 양상이 사라졌기 때문일 것이다.

그렇다면 B-2는 해당 시기 제천대회의 모습을 알려주는 셈이다. 이 가운데 B-2-①·②는 A-1-①·②에 대응한다. 반면 A-1-③, 즉 시조 탄생 제의를 B-2에서 찾을 수 없다. 그에 따라 늦어도 이오가 고구려에 간 5세기 전반에 이 의례가 사라졌다고 여길 수도 있겠다. 하지만 그렇게 보기는 곤란하다. B-2-①은 제천의례가 이루어졌음을 말하고 있는데, 앞서 살펴보았듯이 이것이 바로 시조 탄생 제의이기 때문이다. 해당 의례는 후대의 상황을 담은 C-1·2에도 나오므로, 계속 존재하였다고 보아야 한다.

그런데 B-2-①에서는 제천대회를 기술하면서도 '동맹'이라는 이름을 전하지 않고 있다. 이는 C-1·2에서도 마찬가지다. A-1·2 이후의 상황을 전하는 문헌에서 동맹이란 표현이 사라진 셈이다. 해당 기록은 이전 기사를 옮겨 적은 것이 아니다. 그러므로 이는 단순한 누락이라기보다는 동맹이라는 표현을 쓰지 않게 되었다거나, 혹은 무게감이 약해진 상태였음을 말한다. B-2-①에서 보이듯 여전히 제천의례는 국중대회로 이루어지고 있었다. 그러함에도 동맹이라 하지 않은 것은 어떻게 이해해야 할까. 동맹이라는 이름에 회합이라는 요소가 함께하였으므로, 그러한 측면이 상당 부분 희석된 결과로 볼 수 있다.

당시 고구려는 중앙 집권 체제가 구축되었고 관등 또한 일원적으로 서열화한 상태였으며, 장수왕이 대신강족(大臣強族)을 숙청할 정도로 왕권은 비대

주 왕래하여 해마다 황금 200근·백은 400근을 보냈다(後貢使相尋 歲致黃金 二百斤白銀四百斤)" 이전 부분을 말한다.

해졌다.[139] 이런 상황에서는 왕은 정치적 회합을 통하여 정당성을 인정받거나 충성을 요구할 필요도 없었을 것이고, 지배세력 또한 신료로서 일하며 기득권을 보장받았으리라 추정된다. 아직은 부체제기였던 A-1 단계에 이미 제가회의와 제천대회 때의 정기적 회의는 별도로 분리되었다고 여겨진다.[140] 그러므로 5세기에는 여러 지배세력이 회합하여 일을 처결할 일도 드물었으며, 대부분의 사안은 조정에서 처리되었을 것이다. 제천의례는 전통에 따라 거국적으로 행하였으나, 그것이 지니는 정치적 비중은 이전보다 줄어들었다고 볼 수 있다. 동맹이라는 명칭이 보이지 않는 것은 그와 연관되지 않았을까 한다. 단 그렇다고 해도 B-2-②에서 공회에서의 차림새를 언급하고 있듯이, 지배층 일반이 크게 모이는 국가제사로서의 성격은 그대로 유지되었다고 보인다. 즉 A-1·2 단계의 제천대회가 여러 정치 세력이 관계된 현실적 측면에서 많은 역할을 하였다면, B-2 단계에서는 주몽의 탄생을 기리고 고구려 국가의 신성성을 드러내는 데 초점이 맞추어졌을 것이다.

그 면에서 대략 이 무렵, 즉 4세기 이후 태자 책봉이나 하교와 같은 정치 행위가 이루어진 시기를 살펴볼 필요가 있다. 『삼국사기』 고구려본기를 중심으로 관련 기사를 정리하면 〈표 3〉과 같다.

이에 따르면 제천대회가 열렸던 10월에 이루어진 정치적 결정이 없다. 4세기 이전으로 올려 보면 마지막 사례가 서천왕 11년(280) 10월 달가(達賈)에 대한 논공행상인데, 그마저도 같은 달 숙신(肅愼)이 침공한 데 따른 대응의 결과이니 논외로 해야 한다. 『삼국사기』 고구려본기를 보면 광개토왕 이후 독자전승 기사가 급감하므로,[141] 사료 부족을 원인이라 할 수도 있겠다. 그러나 전

---

139 『魏書』 卷100, 列傳 第88, 高句麗, "又云 今璉有罪 國自魚肉 大臣强族 戮殺無已"

140 여호규, 2014, 앞의 책, p.283.

141 姜鍾薰, 2002, 「新羅時代의 史書 편찬 -진흥왕대의 「國史」 편찬을 중심으로-」 『강좌 한국고대사5 : 문자생활과 역사서의 편찬』, 가락국사적개발연구원,

⟨표 3⟩ 4세기 이후 정치 행위

왕	연	월	내용	비고
미천왕	15	1	왕자 사유 태자 책봉	
고국원왕	2	2	진급(賑給)	같은 달, 시조묘 친사
	4	8	평양성 증축	
	12	2	환도성 수리, 국내성 증축	
		8	환도성 이거	
	13	7	평양동황성 이거	실재성 의문[142]
	25	1	왕자 구부 왕태자 책봉	
소수림왕	2	6	태학 설립	
	3	미상	율령 반포	
	5	2	초문사·이불란사 창건	
고국양왕	3	1	왕자 담덕 태자 책봉	
	8	3	불법 숭신(崇信) 하교, 국사(國社) 건립, 종묘 개편	
광개토왕	16	2	궁궐 증수	
	18	4	왕자 거련 태자 책봉	
장수왕	15	미상	평양 천도	
문자명왕	7	1	왕자 흥안 태자 책봉	
안장왕	3	5	진휼	4월, 시조묘 친사
안원왕	3	1	왕자 평성 태자 책봉	
양원왕	8	미상	장안성 축조	
	13	4	왕자 양성 태자 책봉	
평원왕	2	3	경로의 죄수 사면	2월, 시조묘 친사
	7	1	왕자 원 태자 책봉	
	13	8	궁궐 증수	누리와 가뭄으로 중단
	25	2	부역 감면, 농사와 양잠 권장	
	28	미상	장안성 이도	
영양왕	11	1	신집 편찬	
영류왕	25	1	동부대인 연개소문에게 장성 감독 명령	
보장왕	2	1	부친 대양 추봉(追封)	
		3	연개소문 건의로 도교 진흥	

반적으로 기사가 줄어든 시기에도 10월이 아닌 달에 행한 중요한 정치적 결정은 나타난다. 따라서 제천대회 즈음에 그것이 이루어진 사례가 적었음을 말한다고 보는 편이 타당하다. 고구려의 제가회의가 상설회의로 변한 시기는 늦어도 3세기 중엽으로 여겨진다. 방위명 부 출신 인물의 등장과 기존 고유명 부 세력의 중앙 귀족화에 따라 제가회의가 귀족의 회의체로 변모한 것이다.[143] 이즈음 제천대회에서 회합이 가진 무게감이 줄어들고, 조정의 상설회의를 통하여 여러 결정이 이루어졌다고 생각된다. 대략 이 무렵, 즉 3세기 중엽을 넘어가면서 10월의 정치 행위 기사가 사라지는 것은 그 점을 보여준다. 단 정치적 기능은 약해졌다 하여도, 그 틀은 형식적으로나마 조금 더 존속하였으리라 짐작된다.

요컨대 중앙 집권 체제가 들어선 시기에도 제천대회는 행해졌다. 하지만 집권력 강화에 따라 회합적 측면이 약해진 결과, 시조의 신성함과 지고함을 확인하는 순연한 의례로서의 역할이 중점적이었을 것이다. 변화가 일어난 시점으로는 고국원왕 시기(331~371)가 주목된다. 왕 12년(342) 모용황과의 전투에서 무려 5만 명이 넘는 병력을 동원함[144]과 아울러 성 중심의 방어체계를 정비하였던 점[145]을 보면 집권력이 일정 궤도에 올랐다고 여겨지기 때문이다.

pp.121~124; 임기환, 2006, 「고구려본기 전거 자료의 계통과 성격」『韓國古代史研究』42, p.47.

142 강진원, 2018, 「고구려 국내도읍기 王城의 추이와 집권력 강화 -내적 변화의 외적 동기와 관련하여-」『한국문화』82, p.211; 기경량, 2020, 「고국원왕대 '平壤東黃城'의 위치와 移居 기록의 성격」『韓國學研究』57, pp.339~343.

143 여호규, 2014, 앞의 책, pp.297~298.

144 『資治通鑑』卷97, 晉紀19, 顯宗成皇帝下, 咸康 8年 11月, "皝自將勁兵四萬出南道 以慕容翰慕容霸爲前鋒 別遣長史王寓等將兵萬五千出北道以伐高句麗 高句麗王釗果遣弟武帥精兵五萬拒北道 自帥羸兵以備南道"

145 여호규, 2014, 앞의 책, p.544.

고국원왕은 치욕적인 패배를 당하였음에도 이후 30년 가까이 큰 동요 없이 통치를 지속하였다. 이는 왕 개인의 자질에 앞서, 튼튼한 기반이 조성된 탓으로 보아야 할 것이다. 혹은 소수림왕 시기(371~384)의 체제 정비 과정에서 변화가 일어났을 수도 있는데, 일단 여기서는 양쪽 모두 가능성이 충분하다는 점을 언급해 두겠다. 이 무렵 각 세력이 자체적으로 지내던 수확제 또한 완전히 종말을 고하게 되었던 것이 아닌가 한다.

그런데 당시 고구려는 중국과 활발히 교류하였고, 문물의 수용도 이루어졌다. 제천의례의 제사 대상인 천에 대한 인식 또한 그 영향을 받았을 수도 있겠다. 이 문제는 이어서 검토하고자 한다.

2) 천 관념 유지와 교사(郊祀) 미비

종래 고구려에서 천신은 조상신이었다. 고구려왕이 천과 혈연적으로 연결되는 존재였고, 시조에 대한 제의가 곧 제천의례로 여겨진 데는 그러한 관념이 자리하였다. 4~5세기 이후에도 이러한 기조는 유지되었던 것일까.

이 무렵 왕실의 조상신과 천신이 분리된 결과, 제천의례에서는 자연신으로서의 천(신)을 제사하였다고 여기기도 한다.[146] 하지만 현전 사료를 볼 때 그렇게 생각할 수 있을지 의문이다. 5세기 초 건립된 「왕비문」에서 주몽은 천제지자(天帝之子)로 태어나 종국에는 천으로 돌아가고(昇天) 있다.[147] 천과의 관련성을 강력하게 나타낸 것이다. 그뿐 아니라 C-1·2에서 보이듯, 일광감정을 통한 시조 탄생 제의도 말기까지 계속되었다. 여전히 주몽은 혈연이라는 직접적인 연결고리로 천과 연계되었고, 고구려왕은 그 직계 비속이었다. 인격신적 관념의 특징인 조상신으로서의 면모에는 변함이 없다.

---

146 朴承範, 2001, 앞의 논문, pp.98~99; 朴承範, 2004, 앞의 논문, p.454.
147 주52) 참조.

「왕비문」의 "천제(天帝)"란 표현은 그러한 인식을 잘 드러낸다. 비문에서는 '황천(皇天)'·'호천(昊天)' 등 천 관련 용어를 여러 가지로 혼용하고 있으나, 비문 첫머리에 나오는 것은 천제이다. 흔히 주몽을 천제의 아들로 칭하는 것에서도 나타나듯, 이는 해당 금석문에서 천을 대표하는 표현이다. 천제는 곧 상제를 가리킨다.[148] 그런데 중국에서 상제는 상대적으로 혈연적이고 인격신적 면모를 가진 천 관련 용어였다.[149] 물론 서주 시기 이래 자연신적 측면이 갈수록 강화되었으나, 상제는 다른 용어보다 인격신적 측면이 두드러진 표현이었다. 그렇기에 천과 혈연적으로 연결되어 있다고 믿었던 고구려 왕실에서는 그들의 관념에 가장 근접한 천 관련 용어인 상제, 즉 천제를 선택하여 비문 앞머리를 장식하였다고 여겨진다.

이러한 면은 「지안비문」의 "필연적으로 천도(天道)가 내려져 스스로 원왕을 계승한 시조 추모왕이 창기하셨다(創基必授天道 自承元王 始祖鄒牟王之創基也)"는 문구에서 언급된 '원왕(元王)'에서도 엿볼 수 있다.[150] Ⅲ부에서 자세히 살펴보겠으나, 이 비문은 「왕비문」보다 조금 더 이른 광개토왕 시기의 산물로, 원왕은 본디 동주(東周)의 원왕이나 전한 고조 유방(劉邦)의 동생인 초원왕(楚元王) 유교(劉交),[151] 혹은 대왕을 뜻한다.[152] 하지만 고구려 건국을 전하는 과정에서 나오는 해당 표현이 이러한 뜻으로 쓰였을 가능성은 작다.[153] 그러므로

---

148 羅竹風 主編, 1989, 『漢語大辭典』 3, 漢語大辭典出版社, p.504; 諸橋轍次, 1984, 『修訂版 大漢和辭典』 2, 大修館書店, p.1426.

149 박미라, 1997, 「中國 郊祀儀禮에 나타난 天神의 性格과 構造 研究」 『宗教學研究』 16, p.79.

150 「集安高句麗碑文」, "必授天道 自承元王 始祖鄒牟王之創基也"

151 諸橋轍次, 1984, 『修訂版 大漢和辭典』 1, 大修館書店, p.993.

152 羅竹風 主編, 1989, 『漢語大辭典』 2, 漢語大辭典出版社, p.208.

153 「지안비문」의 Ⅰ·Ⅱ행이 그에 해당하니, 「건국 원천 → 시조 출자 → 건국 과

왕실에서는 다른 의미로 받아들였으리라 생각된다.

　종래 그에 대해서는 주몽(추모왕),[154] 연노부(비류나부)의 조상이나 시조의 모친, 해모수로 보기도 하였다.[155] 그런데 주몽이라면 위에서 언급한 관련 문구의 해석이 어색해진다. '스스로 추모왕을 계승한 시조 추모왕이 창기하셨다'고 되기 때문이다. 따르기 어렵다. 다른 경우도 마찬가지다. 원왕은 고구려 건국의 기원을 언급할 때 나오는 존재다. 연노부와 같은 특정 부 세력의 조상을 모셨다고 보기 어렵다. 물론 과거 연노부가 군주를 배출했다고 하나,[156] 계루부 왕실이 들어선 지 한참 지난 시점에서 그러하였을 것 같지 않다. 시조 모친도 고구려에서 존숭하는 대상이기는 하나 어떠한 건국 신화에서도 그를 '왕'으로 여긴 바가 없고, 해모수의 경우 고구려 당대에 시조의 부친을 해모수라 하였다는 흔적이 없기에 문제가 있다.

　한편 부여 시조 동명을 원왕으로 보기도 하는데,[157] 이는 A-1·2 단계, 즉 3세기 후반까지도 건국 신화가 형성되지 않았다는 것을 전제로 한다. 하지만 앞서 살펴본 것처럼 이 무렵 이미 조촐한 형태의 관련 전승이 자리하였고, 그것이 왕권의 주도 아래 제천대회에서 재연되었다. 그 점을 차치한다 하여도 『위서』 고구려전의 건국 신화에서 보이듯, 늦어도 4세기 전반 이후에는 주몽을 시조로 한 정형화된 전승의 모습이 나타나기에 수긍하기 어렵다.[158]

　　정 → 왕위 계승」 순으로 이어지는 서술은 큰 틀에서 볼 때 「왕비문」의 그것과 상통한다(강진원, 2017c, 앞의 논문, pp.50~51).

154 張福有, 2013a, 「集安麻線高句麗碑探綜」『社會科學戰線』 2013-5, p.17.

155 趙宇然, 2013b, 「集安 高句麗碑에 나타난 왕릉제사와 조상인식」『韓國古代史研究』 70, pp.168~169.

156 『三國志』卷30, 魏書30, 烏丸鮮卑東夷, 高句麗, "本有五族 有涓奴部絶奴部順奴部灌奴部桂婁部 本涓奴部爲王 稍微弱 今桂婁部代之"

157 장병진, 2016, 앞의 논문, pp.228~231.

158 강진원, 2017c, 앞의 논문, pp.52~56.

그렇다면 어떻게 이해해야 할까. 원왕은 건국의 원천을 이야기하고 있는 부분에서 나오는데, 「지안비문」에서 원왕과 짝을 이루며 언급된 '천도(天道)'는 전한의 유학자 동중서(董仲舒)가 강조하는 개념이다. 원왕과 천도가 함께 나타나므로, 원왕 또한 동중서의 사상과 관련되었을 가능성이 있다. 그는 원(元)을 만물의 본원으로, 천(天)을 만물의 조상으로 보아 천과 원을 동일시하였으며, 세상을 관장하는 존재로 이들을 상정하였다.[159] '원(元)=천(天)'인 셈이다. 그렇다면 원왕(元王)은 천왕(天王)으로 이해할 수 있다. 역시나 당시 왕실에서 천을 인격신적 존재로 인지하였기 때문에, '왕(王)'자를 써서 그러한 측면을 드러낸 것이 아닐까 한다.[160] 큰 틀에서 보자면 「왕비문」에서 왕가의 뿌리를 언급할 때 나타나는 천제와 상통하는 바가 있다. 물론 원왕이 시조의 직계 존속인 천제와 완전히 같지는 않다. 다만 동중서로 대표되는 한대(漢代) 유학 사상을 빌려 건국 신화를 수식하였음에도, 지고적 존재의 명명은 재래의 천 관념에 부합되는 방향으로 하였다는 것을 통하여 천신을 조상신으로 여기는 흐름을 한 번 더 확인할 수 있다.

그러한 양상은 이후에도 이어졌다고 추정된다. 「신포시 절골터 금동판 명문」에서 선왕(先王)들을 일컬어 "천손(天孫)"이라 하였고,[161] 보장왕 3년(645) 왜에서 고구려왕을 "고려신자(高麗神子)"라 언급하였기 때문이다.[162] 고구려왕은 혈연 계보로 천과 연결되어 천제의 후손으로 믿어졌으며, 그렇기에 신적인

---

159 여호규, 2013a, 「신발견 〈集安高句麗碑〉의 구성과 내용 고찰」 『韓國古代史研究』 70, p.87.

160 '천왕'이라 하지 않은 이유는 『춘추번로』와 같은 문헌에서 해당 표현이 부정적인 의미로 쓰였기 때문이다(여호규, 2013a, 위의 논문, p.88 주90)).

161 「新浦市 절골터 金銅版 銘文」, "願王神昇兜率 査勤彌勒 天孫俱會 四生蒙慶"

162 『日本書紀』 卷25, 孝德天皇 大化元年 7月 丙子, "天皇所遣之使 與高麗神子奉遣之使 旣往短而将来長."

존재로 자리매김하였다.[163]

그렇다면 과연 기존의 천 관념에서 조상신적 측면이 희석되어 자연신으로 여겨졌는지 의문이다. 이때도 천신을 조상신으로 간주한 재래의 인식은 여전했다고 보는 편이 타당하다. 물론 고구려의 천하관이 중국의 그것으로부터 영향을 받았던 것처럼 약간의 수식이 더해지긴 하였을 터이다.[164] 다만 천하관의 기저에 전통적인 주몽 신화가 자리하였으므로,[165] 천신에 대한 의식 또한 큰 변화는 없었다고 생각된다.

---

163 불교적인 천 관념은 자연신적 측면이 약하다. 그렇기에 전자의 경우처럼 고구려 재래의 천 관념과 어우러져 나타날 수 있었다고 추정된다.
조상은 죽은 뒤 죽음의 세계에서 새롭게 태어나는데, 이곳은 신화적인 시조의 세계였으며 생명의 본원이었고, 그들은 이곳에 살면서 신이한 능력을 지니게 된다(諸戶素純, 1972, 앞의 책, pp.151~152). 아프리카 탈렌시족의 경우 죽으면 조상신(ancestor spirit)이 되어 신비한 힘을 발휘한다고 여겨진 것(Meyer Fortes, 1949, *The web of kinship among the Tallensi : the second part of an analysis of the social structure of a Trans-Volta tribe*, Published for the International African Institute by the Oxford University Press, p.329)이 그 일례이다. 조상이 초자연적인 힘을 가지고 국가의 안위와 사회의 안녕에 영향을 끼친다는 믿음은 줄루국이나 은과토국 및 벰바국에서도 찾아볼 수 있다(Max Gluckman, op. cit., pp.30~31; I. Schapera, 1940, "The Political Organization of the Ngwato of Bechuanaland Protectorate", op. cit., pp.75~76; Audrey I. Richards, op. cit., p.97). 죽은 고구려왕도 시조만큼은 아니지만 나름의 신이함을 갖추게 되었으리라 생각된다. 서천왕의 혼령이 무덤을 침범한 모용외(慕容廆) 세력에게 이적을 보인 일(N-2)은 그가 사후 세계에 거주하였기 때문일 것이며, 신라 미추이사금의 혼령에 대한 전승(L-2) 역시 마찬가지로 이해할 수 있다.

164 윤상열, 2011, 「5세기 고구려의 신성관념(神聖觀念) 고찰 -능비와 모두루묘지에 나타난 표현을 중심으로-」『역사와 현실』 82, pp.143~149; 여호규, 2013a, 앞의 논문, pp.84~89 참조.

165 노태돈, 1999, 앞의 책, p.361.

한편 4~5세기 무렵의 천 관념이 이러하였다는 점에 동의함에도, 그것이 이 시기에 이르러 새롭게 정립된 것이며, 이전 즉 A-1·2 단계의 천은 왕실과 혈연적 연결고리가 없는 자연신으로서의 천이라는 견해도 있다.[166] 애초 제천의례 대상은 자연신으로서의 천이었으나, 훗날 인격신 관념이 강화됨에 따라 조상신으로 여겨졌다는 것이다. 이러한 논의가 성립하려면 A-1·2의 대상 시기인 3세기 무렵, 자연신으로서의 천 관념이 확고하였다는 뚜렷한 근거가 있어야 한다. 하지만 그렇게 보기는 힘들다. 신라의 경우 왕실이 아닌 재지 세력 집단도 자신들의 선조가 하늘에서 내려온 존재였다는 천강신화(天降神話)를 가지고 있었던 것처럼,[167] 고구려 귀족 가문 또한 본디 천과의 혈연적 관계를 내세우는 전승을 지녔었기 때문이다.[168] 즉 여타 지배세력도 원래는 혈통의 근원을 천에서 찾았던 셈인데, 그들이 이러한 관념을 가지고 있었다면 왕실은 더 말할 필요가 없을 것이다.

해당 논의는 천이 애초 자연신이었다가 인격신으로 변화했다는 데서도 문제가 있다. 중국의 경우 시일이 지날수록 인격신적 측면이 약해졌던 반면, 자연신으로서의 상징적인 면모가 강화되어 갔다.[169] 그렇다면 고구려는 이와 정반대의 과정을 밟았다는 것이 된다. 4~5세기 이래 고구려는 유교 문물에 대한 이해도가 높아지고 있었다. 그러함에도 중국과 다른 천 관념을 소유하고

---

166 조우연, 2019, 앞의 책, pp.367~368, pp.376~381; 이춘우, 2015, 앞의 논문, pp.178~179, p.184.

167 『三國遺事』 卷1, 紀異 第1, 新羅始祖 赫居世王, "辰韓之地 古有六村 …… 按上文 此六部之祖 似皆從天而降"

168 徐永大, 1995, 앞의 논문, pp.171~178.

169 溝口雄三·丸山松幸·池田知久 共編, 2001, 『中國思想文化事典』, 東京大學出版會; 김석근·김용천·박규태 옮김, 2011, 『중국 사상 문화 사전』, 책과함께, pp.34~35; 박미라, 1997, 앞의 논문, pp.63~64, pp.79~82.

있었다. 그러므로 조상신으로서 천을 바라보는 인식이 이 무렵 급작스럽게 변했다기보다는, 이전부터 그러한 토대가 확고히 자리하였기 때문에 그 틀을 바꾸지 않았다고 보는 편이 타당하다. 북위 황실에서는 화북을 장악한 이후에도 천과의 매개를 강조하는 시조 전승을 유지하였다. 본래의 터전을 떠나 새로운 영역을 확보하고 격변의 궤적을 밟아갔음에도 고유의 인식을 버리지 않은 것인데, 그 정도의 역사적 경험을 겪지 않았던 고구려에서 천 관념까지 바꾸었으리라 생각되지는 않는다.

이상을 보건대 4~5세기 이후에도 제천의례의 대상인 천은 왕실 조상신이었으며, 그러한 인식은 이즈음 생겨난 게 아니라 기왕에 존재했던 관념이 이어진 것이다. 이는 고구려에서 천신을 조상신과 구분하여 자연신으로 여기는 사고가 자리했다고 보기 힘듦을 말한다. 그러므로 제천행사와 왕실 조상신에 대한 제사가 분리되어 4세기 말 교사 혹은 교제가 행해졌다는 설[170]은 재고의 여지가 있다.

교사란 중국식 제천의례로 원칙적으로는 조상신과 천신이 나뉜 상태에서 이루어졌기 때문에, 이때의 천은 비인격적인 존재였다. 그래서 왕실은 시조나 창업주와 같은 조상을 천과 함께 제사하면서 연관성을 구하였다.[171] 천과 직접 소통한 대상이었기에, 제천에서 배사(配祀)되며 중개자로서 자리매김하였던 셈이다.[172] 전한 말 교사에서 고조를 배천(配天)하였고, 조위 명제도 태조(曹操)를 그렇게 모시는 등 추세를 이어 갔다. 고려에서도 성종 2년(983) 및 예종

170 전덕재, 2003, 앞의 논문, pp.369~370 주74).

171 Howard J. Wechsler, 1985, *Offerings of Jade and Silk : Ritual and Symbol in the Legitimation of the T'ang Dynasty*, Yale University Press; 임대희 옮김, 2005, 『비단같고 주옥같은 정치 -의례와 상징으로 본 唐代 정치사-』, 고즈윈, pp.245~246.

172 小島毅, 2004, 앞의 책, pp.29~30.

원년(1106) 제천 시 태조 왕건을 배향하였는데,[173] 이는 왕실이 천의 직계 비속은 아니라고 인식한 결과일 것이다.

한국 고대의 경우 교사를 지낸 사례가 전혀 없지는 않다. 백제는 중국식 교사의 영향을 받아 남교(南郊)에서 천지를 제사하는 천지합제(天地合祭)를 거행하였고,[174] 이후 중국으로부터 오제(五帝) 관념을 받아들여 천·오제 제사를 치렀다.[175] 그러나 고구려는 그러한 흔적을 찾을 수 없다. 물론 '교시(郊豕)'란 표현[176]을 근거로 중국식 교사가 실시되었을 가능성을 타진할 수도 있겠으나, 시기적으로 무리가 있다. 역시나 재래의 제천행사로 여기는 것이 적절하며, 고구려에서 교사는 존재하지 않았다고 보는 편이 타당하다.

주변을 보아도 천을 조상신으로 이해하는 측면이 강했던 사회에서는 중국식 교사와 다른 자신들만의 제사 방식을 고수할 때가 많았다. 예컨대 일본

---

173 『高麗史』卷3, 世家 第3, 成宗 2年 正月 辛未, "王祈穀于圓丘 配以太祖"; 같은 책, 卷12, 世家 第12, 睿宗 元年 7月 己亥, "王率兩府臺省兩制及三品官 親祀昊天上帝於會慶殿 配以太祖 禱雨"

174 노중국, 2010, 『백제사회사상사』, 지식산업사, pp.486~487; 井上秀雄, 1978, 앞의 책, p.134; 金昌錫, 2005, 「한성기 백제의 유교문화와 그 성립과정」『향토서울』65, pp.45~46; 박미라, 2009, 「한국 地神제사의 역사와 구조 -중국에 가려진 地神의 정체성-」『溫知論叢』23, p.272; 이장웅, 2010, 「百濟 泗沘期 五帝 祭祀와 陵山里寺址」『百濟文化』42, p.34; 강진원, 2016a, 앞의 논문, pp.11~12, pp.17~19; 林陸朗, 1974, 「朝鮮の郊祀圓丘」『古代文化』26-1, p.46; 吉岡完祐, 1983, 「中國郊祀の周邊諸國への傳播 -郊祀の發生から香春新羅神の渡來まで-」『朝鮮學報』108, p.43.

175 徐永大, 2000, 「百濟의 五帝信仰과 그 意味」『韓國古代史研究』20, p.121; 채미하, 2008, 「웅진시기 백제의 국가제사 -'祭天地'를 중심으로-」『百濟文化』38, pp.15~18; 길기태, 2009, 「百濟 威德王의 陵山里寺院 創建과 祭儀」『百濟文化』41, pp.11~13; 이장웅, 2010, 위의 논문, pp.35~38; 강진원, 2017d, 앞의 논문, pp.110~115.

176 주129) 참조.

과 신라에서는 중국 문물의 수용이 활발해진 뒤에도 니나메사이나 신궁 제사 등 고유의 제천의례를 지속하였다.[177] 한층 주목되는 것은 북방종족의 사례로, 본거지를 떠나 한화(漢化)가 진전되었으나 종래의 천 관념에 기초한 전통적 제사를 홀대하지 않았다. 북위의 경우 중국의 영향을 받은 교사를 유사섭사(有司攝事)로 행한 것과 달리, 고유의 습속인 서교제천(西郊祭天)을 더욱 중시하여 친제(親祭)가 이루어졌다.[178] 금 황실은 중원 영유 이후 많은 의례를 한식(漢式)으로 바꾸었음에도, 5월 5일(重五)·7월 15일(中元)·9월 9일(重九日)과 같은 중요한 날에는 옛 풍습에 따라 제천하였으며, 쿠빌라이 이후의 원 황제들도 여름에 자신들의 근거지인 상도(上都)에 행차할 때마다 전통방식에 기인한 제천행사를 거행하였다.[179]

한편 교사가 이루어졌다 하여도 재래의 관념에 기초하는 경우 역시 존재하였다. 대표적인 사례가 백제인데, 천지합제 시 같은 곳에서 하늘과 땅을 함께 제사한 것이나 시조와 같은 선조를 배사하지 않은 것은 천신을 조상신으로 보았기 때문이며,[180] 천·오제 제사를 중국과 달리 한 해 네 차례 치른 것 또한 왕실과 천신이 혈연적으로 연결되었다는 사고 아래 그 의례를 조상 제사로 간주한 탓이다.[181]

---

177 나희라, 2002,「新羅의 即位儀禮」『韓國史研究』116, p.27.

178 金子修一, 2001,『古代中國と皇帝祭祀』, 汲古書院, pp.158~160, p.164; 丘凡眞, 1998,「北魏 拓拔族의 祭天儀式에 대한 一考察 -西郊祭天과 即位告天의 分析을 중심으로-」『서울大東洋史學科論集』22, pp.3~4.
북위부터 수에 이르는 북중국 왕조의 경우, 북제를 제외하면 교사가 규정에 따라 행해진 예를 찾기 힘들다(金子修一, 2001, 같은 책, p.51, pp.161~164). 중국식 교사의 수용이 여의치 않았음을 보여준다.

179 박원길, 2001, 앞의 책, pp.233~234, p.317.

180 강진원, 2016a, 앞의 논문, pp.30~31, pp.33~34.

181 강진원, 2017d, 앞의 논문, pp.123~126.

고대 일본에서도 중국식 제천의례는 겨우 세 차례(785·787·856년)밖에 행해지지 않았으며,[182] 교단(郊壇)과 같은 시설이 확인되지도 않았다.[183] 당시 중국 문물의 도입이 광범위하게 이루어졌음에도 제천의례에서만큼은 종래 방식을 유지한 것이다. 이는 그것을 지지할 만한 세계관이나 예제를 취하지 않았기 때문이다.[184] 중국 문물이 전폭적으로 수용되던 시기에 나온 몬무 천황(文武天皇)의 즉위조(卽位詔, 697)에서도 드러나듯, 천황은 하늘과 직접적인 혈연관계를 지닌 현어신(現御神), 즉 인간의 모습을 한 신이었다.[185] 고구려에서 중국식 교사가 행해지지 않고, 고유의 제천대회가 계속된 것 역시 기본적으로 천 관념 자체가 중국과 달라 본질적인 부분이 바뀔 수 없었던 결과가 아닐까 한다.

이상과 같이 집권력 강화에 따라 이즈음의 제천대회에서는 회합적 측면이 감소하고 정치적 기능의 비중 또한 줄어들었다. 부체제가 소멸하고 중앙 집권 체제가 일정 궤도에 오른 4세기 중·후반 고국원왕~소수림왕 시기에는 그렇게 변화하였을 것이다. 당시는 중국과의 교섭이 빈번하였다. 하지만 시조와 천이 혈연적으로 연결된 재래의 관념은 유지되었다. 그렇기에 시조의 탄생을 재연하는 제천행사가 이어졌고, 교사와 같은 중국적 의례는 도입되지 않았다. 애초 고구려왕은 천과의 직접적인 혈연관계가 모호한 당시 중국 군주와 달랐기에, 그러한 전통이 준수된 것이다. 그렇다면 이후의 제천대회는 어떠한 모습을 보였을까. 그 부분은 다음 장에서 다뤄보겠다.

---

182 林陸朗, 1974, 앞의 논문, p.43; 吉岡完祐, 1983, 앞의 논문, p.61.

183 朴淳發, 2013, 「중국 고대 도성 廟壇의 기원과 전개」『韓國古代史硏究』71, p.49 주71).

184 渡邊信一郎, 2003, 『中國古代の王權と天下秩序 -日中比較史の視點から-』, 校倉書房, pp.203~206.

185 中村英重, 1999, 『古代祭祀論』, 吉川弘文館, pp.37~39.

3. 합사(合祀) 대상의 실체와 의미

5세기 전반 북위 사신의 견문에 근거한 B-2 단계 이후 제천대회의 양상을 전하는 기록은 다음과 같다.

> C-1. ① 그 풍속에 음사(淫祀)가 많고 영성신(靈星神)·일신(日神)·가한신 (可汗神)·기자신(箕子神)을 섬긴다. ② 국성(國城) 동쪽에 대혈(大穴) 이 있어 이름을 '신수(神隧)'라 하는데, 모두 10월에 왕이 스스로 이 들을 제사한다.[186]
>
> C-2. ① 풍속에 음사(淫祠)가 많고 영성(靈星) 및 일(日)·기자(箕子)·가한 (可汗) 등의 신을 제사한다. ② 국도(國都) 왼편에 대혈이 있어 '신수' 라 하는데, 10월마다 왕이 모두 스스로 제사한다.[187]

C-1·2는 기본적으로 같은 내용인데 당 건국(618) 이후, 즉 영류왕·보장 왕 시기의 상황을 전하는 기록 안에 있다.[188] C-1-② 및 C-2-②는 국성(國城) 혹은 국도 동쪽의 대혈에 모신 신을 제사하였다는 점에서, A-1-③이나 A-2-

---

186 『舊唐書』卷199上, 列傳 第149上, 東夷, 高麗, "其俗多淫祀 事靈星神日神可汗 神箕子神 國城東有大穴名神隧 皆以十月王自祭之"

187 『新唐書』卷220, 列傳 第145, 東夷, 高麗, "俗多淫祠 祀靈星及日箕子可汗等神 國左有大穴曰神隧 每十月王皆自祭"

188 영류왕 24년(641) 직방낭중(職方郎中) 진대덕(陳大德)이 고구려를 방문하였는 데(『新唐書』卷220, 列傳 第145, 東夷, 高麗, "久之 遣太子桓權入朝獻方物 帝厚 賜賚 詔使者陳大德持節答勞 且觀釁 大德入其國 厚餉官守 悉得其纖曲";『資治 通鑑』권196, 唐紀12, 太宗文武大聖大廣孝皇帝, 貞觀 15年, "上遣職方郎中陳 大德使高麗 八月 己亥 自高麗還 大德初入其境 欲知山川風俗"), C-1·2는 그때 얻은 정보일 가능성도 있다.

④와 같은 제의이다. 따라서 시조 신화를 재연하는 의례가 말기까지 행해졌음을 알 수 있다. 단 새롭게 해명해야 할 부분도 존재한다.

우선 제장이다. C-1-② 및 C-2-②에 따르면 의례는 도읍 동쪽의 큰 동굴에서 이루어졌다. 이는 A-1-③에서도 언급되는 내용이다. 하지만 이때의 도읍은 국내, 즉 오늘날의 지안 지역이 아니라 평양이었으므로, 천도에 따라 제장 또한 옮겨졌음을 알 수 있다. 아마 평양 천도 이후 B-2 단계에서부터 새 도읍지에서 제천의례가 행해졌을 것이다. 다만 정확한 지점을 특정하기는 쉽지 않다. 애초 왕궁은 대성산성(大城山城) 남쪽 평지 일대에 위치하였다가[189] 평원왕 28년(586) 그보다 서쪽의 장안성(長安城)으로 이도하였다(〈지도 2〉 참조).[190] 평양도읍기에 중심지가 한 차례 이동한 셈인데, 그에 따라 새로운 동굴로 재연의 장이 옮겨졌을 가능성도 있고, 장안성도 평양 권역 내에 자리하므로 제장은 바뀌지 않았을 수도 있다. 다만 어떻게 보든 C-1·2의 대혈은 평양 일대에 존재하였다.

그 점은 「천남산 묘지명」을 통해서도 확인된다. 해당 문자자료에서는 주몽이 패수(浿水), 즉 대동강에 임하여 도읍을 열었다고 한다.[191] 실제 고구려의 발원지는 패수가 아니었으나, 평양 천도에 따라 그 일대가 신화의 무대가 되었음을 알 수 있다. 오늘날까지 전해지고 있는 평양의 주몽 관련 유적지와 그에 얽힌 전설[192] 중 일부는 그 흔적으로 여겨진다. 아울러 청천강 일대 평

---

189 강진원, 2021, 「고구려 평양도읍기 王城의 추이와 왕권」 『韓國古代史研究』 101, pp.209~210.

190 『三國史記』 卷 第19, 高句麗本紀 第7, 平原王 28年, "移都長安城"

191 「泉男産 墓誌銘」, "朱蒙孕日臨浿水而開都"

192 金昌賢, 2005, 「고려시대 평양의 동명 숭배와 민간신앙」 『歷史學報』 188, pp.110~114 참조.

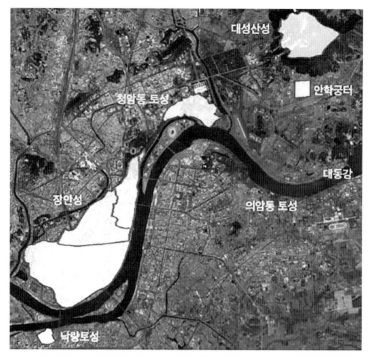

〈지도 2〉 평양도읍기 주요 성곽의 위치(출처 : 기경량, 2020, 「고국원왕대 '平壤 東黃城'의 위치와 移居 기록의 성격」 『韓國學硏究』 57, p.340)

북 희천의 '당굿'은 시조 탄생 제의와 비슷한 면모를 보이는데,[193] 그 원류가 C-1-② 및 C-2-②일 수도 있다.[194]

---

193 鄭璟喜, 1983, 「東明型說話와 古代社會 -宗敎·社會史的 觀點으로부터의 接近-」 『歷史學報』 98, pp.12~13.

194 늦어도 B-2 단계에 동맹이란 표현은 사라졌거나 존재감이 희미해졌다. 그런데 7세기 장초금(張楚金)이 지은 『한원』 번이부 고려조의 정문(正文)에 동맹이라 는 표현이 나와 달리 생각할 여지를 준다. 다만 앞서 살펴본 것처럼 동맹 관련 기술은 『후한서』를 토대로 작성되었다고 여겨지며, 그 점을 차치한다 하여도 주문(注文)이 A-2, 즉 『위략』인 이상 당대의 실상과는 거리가 있다. 그러므로 7

여하튼 B-2를 통하여 평양 천도 이후에도 제천대회가 행해졌음을 알 수 있는데, C-1·2는 그것을 한 번 더 확인케 해준다. 이때는 「왕비문」에서 전하는 것과 같은 장엄한 신화가 성립한 뒤이다. 다만 천부지모 사이에서 시조가 탄생하였다는 기본 줄거리는 유지되고 있었기에, 의례 과정에 큰 변화는 없었을 것이다. 천도에 따라 제장이 바뀌었다 해도 늘 국동대혈에서 제의가 이루어진 것은 그 때문이다.

다음으로 영성신(靈星神)·일신(日神)·가한신(可汗神)·기자신(箕子神)의 실체이다. C-1-① 및 C-2-①에서는 이들 신격을 제사한 사실이 기록되어 있다. 이는 이전에 기술되지 않았던 부분이다. 해당 문헌이 전하는 시대상을 고려하면 7세기 이후에 새롭게 나타난 현상이다. 물론 C-1-① 및 C-2-①과 C-1-② 및 C-2-②를 별개로 파악할 수도 있다. 그러나 만일 그러하다면 굳이 C-1-② 및 C-2-②에서 왕이 대혈 인근에서의 제사와 아울러, 새롭게 언급된 신 '모두(皆)'를 제사하였다고 쓸 이유가 없다. 이들에 관한 의례는 10월에 치러졌다. 각각의 시기가 전부 10월이었다고 보기보다는, 10월 제천대회 때 합사(合祀)된 결과로 여기는 편이 타당하다. 왜 이 무렵 그러한 현상이 일어났던 것일까. 실상에 다가가기 위해서는 합사된 신격의 정체를 알아볼 필요가 있다.

영성신의 경우 시조의 모친으로 보기도 하나,[195] 그에게 영성이라는 이름을 부여한 이유를 설명하기 곤란하다. 따라서 문자 그대로 영성이란 천체의 신격화로 보는 편이 낫다. 영성은 농경과 관련된 별이므로, 그 신앙은 농업의 풍요와 연계된다. 고구려인은 이러한 영성을 받들어 높였으며, 그러한 행위가 풍작을 담보해 준다고 여겼을 것이다. M-1~3에서 보이듯 『위략』이나 『삼국지』·『후한서』 등 초기 고구려의 상황을 전하는 기록에서도 영성을 제사하였다

세기 무렵 동맹이라는 표현이 다시금 대두하였다고 보기 힘들다.

195 盧明鎬, 1981, 앞의 논문, p.62.

하므로, 상당히 오래전부터 신앙 대상이었음을 알 수 있다.[196]

 그런데 이즈음 제천대회에서 영성신을 함께 제사하였다. 제천대회는 고구
려 최대의 국가제사 중 하나이다. 그러므로 이는 영성신 제사의 비중 또한 격
상되었음을 말한다. 거기에는 어떤 이유가 있다고 보아야 한다. 그 면에서 주
목되는 것이 당시 고구려의 농업 현황이다. 이미 6세기부터 자연재해가 잦
아졌고,[197] 영양왕 23년(612) 수 양제의 조서에서 나타나듯, 7세기에 이르면
거듭된 재앙과 흉년으로 기근이 심해졌으며, 전쟁 준비로 상황이 열악하였
다.[198] 이러한 양상은 그 뒤로도 이어졌을 것이다. 통일제국과의 긴장 관계와
전란 속에 농업 생산력의 고갈은 피할 수 없었으리라 예상된다. 그렇기에 풍작
의 필요성이 더욱 증대되었고, 그 결과 영성신 제사가 10월 제천의례의 장에서
함께 이루어졌던 것이 아닌가 한다. II부에서 살펴보겠으나 주몽에게도 농경신
으로서의 면모가 있었다. 따라서 주몽을 제사하는 것만으로도 풍요를 보장받
는 것은 가능하다. 하지만 당시 고구려가 처한 상황은 일반적인 범주를 뛰어
넘는 수준이었기에, 영성신도 아울러 제사하기에 이르렀다고 여겨진다.

 일신의 경우 주몽으로 보기도 하였으나,[199] 그렇다면 제천대회에서 모신 주
몽을 다시금 제사하는 것이 되므로 따르기 어렵다. 또 시조의 부친격에 해당
하는 해모수[200]나 태양신[201]을 지칭한다고 여기기도 하였다. 그런데 고구려 당

---

196 중국의 영성 제사와 유사한 의례가 고구려에 존재하였을 가능성도 제기된다
 (서영대, 2005, 「고구려의 社稷과 靈星에 대하여」 『고구려의 사상과 문화』, 고
 구려연구재단, pp.60~61).

197 김현숙, 2005, 『고구려 영역지배방식 연구』, 모시는사람들, p.321.

198 『隋書』 卷4, 帝紀 第4, 煬帝下, 大業 8年 正月, "壬午 下詔曰 …… 重以仍歲災凶
 比屋饑饉 兵戈不息 徭役無期 力竭轉輸 身塡溝壑 百姓愁苦 爰誰適從"

199 강경구, 2004, 「高句麗 東盟祭 序說」 『白山學報』 68, p.33.

200 盧明鎬, 1981, 앞의 논문, p.62.

201 서영대, 2007, 앞의 논문, p.52.

대에는 주몽의 부친을 해모수라 한 기록이 존재하지 않을뿐더러, 일신과 함께 제사 대상이 된 영성신·기자신·가한신이 모두 주몽과 직접적인 혈연관계를 상정할 수 없는 존재들이기에 일신 또한 그렇게 여겨진다. 더욱이 C-1-② 및 C-2-②에서 보이듯 천지의 결합을 통하여, 즉 수신이 일광에 감응하여 주몽이 탄생했음을 재연하는 의례는 행해지고 있었다. 주몽의 부친이 되는 신격에 대한 존숭 행위는 해당 제의에서 이루어졌을 것이다. 따라서 해모수나 태양신이라 하기는 무리가 있다. 그렇다면 일신은 천체로서의 태양일 가능성이 있다.

주몽의 부친에 대하여 『위서』 고구려전에서는 "일(日)", 「왕비문」에서는 "천제"·"황천", 「모두루 묘지」에서는 "일월(日月)"로 전한다.[202] 일은 하늘 전체를 포괄하지 못하고 양(陽)만 상징한다.[203] 반면 천은 일·월의 음·양을 넘어선 지고의 위치를 점하였으며,[204] 가시적인 일보다는 추상적인 천이 후대의 사유 체계에서 나타난다.[205] 따라서 애초 부친을 '일', 즉 해로 보던 것이 변화·발전하여 밤낮으로 천공을 지배한다는 의미를 담은 '일월'이 되고, 다시 한 걸음 더 나아가 관념화된 '천제'가 된 것으로 여겨진다.[206] 5세기 초 「왕비문」에서

---

202 「지안비문」 또한 애초 '일월'로 새겨져 있었으나 오늘날 해당 부분이 파손되었다고 보기도 한다(여호규, 2013a, 앞의 논문, p.73; 강진원, 2017c, 앞의 논문, pp.60~61; 耿鐵華·董峰, 2013, 「新發現的集安高句麗碑初步研究」『社會科學戰線』 2013-5, p.3).

203 김선민, 2006, 「高句麗建國神話에 대한 廣開土王陵碑와 中國正史의 비교 연구」『東方學志』 134, pp.24~25.

204 琴章泰, 1972, 앞의 논문, p.82.

205 김석근, 2005, 「고대 국가의 제천의식과 민회 -한국정치사상사의 '古層'과 '執拗低音'을 찾아서-」『韓國政治研究』 14-1, pp.6~8.

206 武田幸男, 1989, 앞의 책, pp.341~342; 盧泰敦, 1992b, 「牟頭婁墓誌」『譯註 韓國古代金石文Ⅰ -고구려·백제·낙랑 편-』, 駕洛國史蹟開發研究院, p.100 주5).

는 주몽의 부친을 천제 혹은 황천이라 하였고, 앞서 언급하였듯 광개토왕 시기에 조성된 「지안비문」에서 건국의 원천을 말함에 나오는 '원왕'은 본래 '천왕'이라는 의미로 천제와 상통하는 바가 있다. 따라서 이 무렵에는 부계를 이를 때 일보다는 천 관련 용어를 선호하던 것이 왕실의 공식 입장이었다고 생각된다. 이렇게 천(제)가 일보다 상위 개념으로 자리함에 따라, 종래 미분화되었던 일과 천도 구별되기에 이르렀으리라 상정된다.[207]

이후 공식적인 석상에서 일을 천과 혼용하지는 않았던 것 같다. 「왕비문」에서 다양한 표현을 쓰며 부계를 나타내고 있음에도, 일이라는 언급이 없기 때문이다. 중국에서는 고대부터, 그리고 일본도 최소한 7세기에는 천과 일을 구분하여 전자를 후자보다 위에 두었다.[208] 신라 또한 신궁에서 제천의례가 거행된 것과는 별도로 일월제(日月祭)가 이루어졌다.[209] 이때의 천과 일은 그 격이 다르다. 일정 시간이 흐르면 천과 일을 분리하고, 전자를 지고한 존재로 인식하였음을 알 수 있는데, 고구려 또한 그러한 과정을 밟아간 것이다. 4세기 전반 이후의 산물로 여겨지는 『위서』 고구려전 건국 신화에서 부친을 일이라 하였고, 광개토왕 시기의 「지안비문」에서 원왕이 언급되었으므로, 대략 4세기 후반 즈음 일과 천이 구분되기 시작하였으리라 짐작된다.

그렇다면 일신은 주몽의 부친이 아니며, 영성신과 마찬가지로 천체의 신격화다. 농업 생산력 증대에 적절한 일조량이 큰 몫을 차지하는 만큼, 이 무렵 일 즉 태양을 따로 제사한 이유는 악조건 속에서 농경의 풍요가 더욱 절실

---

207 천(제) 관념이 확립되지 않았을 A-1·2 단계에 제천을 언급한 것은 당시까지만 해도 양자를 명확히 구분하지 않았기 때문이라 생각된다. 『위서』 고구려전 소재 시조 신화에서 주몽이 스스로 "일자(日子)"라 한 것도 천과 일이 혼용되던 시기의 흔적이 아닐까 한다.

208 金一權, 1999, 「漢唐代 郊祀制度에서의 日月儀禮 硏究」 『大東文化硏究』 35, pp.199~200, pp.209~212; 김선민, 2006, 앞의 논문, pp.25~28.

209 나희라, 2003, 앞의 책, pp.53~54, pp.62~64.

해졌기 때문일 것이다. 영성신과 일신 모두 기본적으로는 같은 배경 아래 합사가 이루어졌다 하겠다. 6세기부터는 백성이 굶주릴 때 왕이 직접 지방에 가 민심을 달래거나 사신을 파견하여 구호하였다.[210] 농경의 풍요를 기원하며 영성신이나 일신을 제사하였던 바탕에는 왕권이 민생과 직결된 일에 적극적으로 나섰던 경험이 자리하였으리라 여겨진다.

기자신의 경우 가한신과 하나로 보아 기자가한(箕子可汗), 즉 기자대왕(箕子大王)으로 여기기도 한다.[211] 하지만 C-1-①에서 보이듯, 양자는 실체가 다르다. 또 기자를 '거서(居西)', 즉 군장이나 왕이란 의미로 파악하여 시조 주몽으로도 이해하나,[212] 그에 대한 제사는 별도로 존재할 뿐 아니라 기록에서 명백히 기자라 하였으므로 달리 생각할 여지는 약하다. 즉 상말(商末)의 현자로 전하는 기자를 가리킨다고 보는 편이 자연스럽다.[213] 물론 기자가 동쪽으로 갔다는 전설(箕子東來說)은 한초(漢初) 이후의 산물이기에 역사적 사실이라 하기 어렵다.[214] 하지만 당시 이 일대의 토착 세력[215]이나 한족의 후예[216]는 기자를 신격화하여 정신적 구심점으로 숭배하였을 것이다.

단 애초 이러한 믿음이 국가적인 수준은 아니었고, 7세기에 이르러 대내·외적 위기가 가중되자, 평양에 뿌리를 둔 이들까지 염두에 두어 10월 제천에서 함께 제사한 것이 아닌가 한다. 안팎의 사정이 급하게 돌아갈 때는 통

---

210 박남수, 2006, 「高句麗 租稅制와 民戶編制」 『東北亞歷史論叢』 14, p.151.

211 이병도 역주, 1996b, 『삼국사기(하)』, 을유문화사, p.174 주44).

212 鄭求福·盧重國·申東河·金泰植·權悳永, 1997b, 『譯註 三國史記4 : 주석편(하)』, 韓國學中央研究院, p.41.

213 井上秀雄, 1978, 앞의 책, p.104.

214 노태돈, 2000, 「고조선 중심지의 변천에 대한 연구」 『단군과 고조선사』, 사계절, p.72.

215 朴光用, 1980, 「箕子朝鮮에 대한 認識의 變遷」 『韓國史論』 6, p.254.

216 李在成, 2011, 「麗唐戰爭과 契丹·奚」 『中國古中世史研究』 26, p.211.

합력 유지가 관건이기 때문이다. 즉 전시 분위기로 긴장감이 증폭되는 상황 속에서 평양의 원주 세력을 제어·회유할 목적으로 그러한 조치를 하였다고 여겨진다.

그런데 기자는 고구려 왕실과 무관한 인물이다. 따라서 이 무렵 국가제사의 대상이 된 데는 또 다른 배경이 있다고 보아야 한다. 그 면에서 주목되는 것은 수와의 전쟁이 끝난 뒤 고구려 경내에 잔류하던 한인(漢人)의 존재다. 영류왕 5년(622) 1만여 명이 돌아갔으나,[217] 왕 24년(641)에도 여전히 상당수는 체류하고 있었다.[218] 국가 권력으로서는 이들의 불만을 누그러뜨리고, 중국 왕조와의 껄끄러운 관계를 지양하려는 의도에서 전설의 중국계 인물에 대한 제사를 단행하였다고 생각된다.[219]

가한신의 경우, 가한은 북방종족 수장의 호칭이다. 이 가한을 고구려왕으로 볼 수도 있으나, 고구려에서는 군주의 호칭으로 왕호(王號)가 사용되고 있었다. 따라서 고구려인들이 그렇게 칭했다거나, 찬자가 표현을 다듬은 것 같지는 않다. 단군이라 할 수도 있겠으나,[220] 이 무렵 단군을 구심점으로 삼는 집단이 강고히 존재하였다고 보기도 어렵고, 가한으로 불릴 이유도 찾기 힘들

---

217 『舊唐書』卷199上, 列傳 第149上, 東夷 高麗, "於是建武悉搜括華人 以禮賓送 前後至者萬數 高祖大喜"

218 『新唐書』卷220, 列傳 第145, 東夷, 高麗, "大德入其國 厚餉官守 悉得其纖曲 見 華人流客者 爲道親戚存亡 人人垂涕 故所至士女夾道觀"

219 국가 권력이 기자묘를 제사의 하나로 인정한 것으로 보기도 하나(朴承範, 2001, 앞의 논문, pp.108~109; 朴承範, 2004, 앞의 논문, pp.456~457), 당시 기자묘 가 있었는지를 알 수 없기에 따르기 주저된다.

220 金成煥, 1998, 「高麗時代 平壤의 檀君傳承」『文化史學』 10, p.135; 朴承範, 2004, 앞의 논문, p.456; 서영대, 2007, 앞의 논문, p.62; 최일례, 2010, 「고구 려인의 관념에 보이는 단군신화의 투영 맥락 -비류부의 정치적 위상을 중심으 로」『韓國思想과 文化』 55, p.210.

다. 시조신으로 여기기도 하지만,[221] 같은 시기에 시조의 탄생담을 의례로 재연하였으므로 무리가 있다. 이외에 당 태종이 '천가한(天可汗)'으로 지칭되었다는 점에 착안하여 그에 비정하기도 하나,[222] 지나친 비약이다. 가한은 역시나 북방종족의 수장호로 보는 편이 좋겠다.

그 면에서 이목을 끄는 것이 바로 거란이다. 7세기 말 이진충(李盡忠)이 무상가한(無上可汗)이라 칭한 사실[223]에서도 알 수 있듯이, 거란은 가한호(可汗號)에 익숙하였다. 영양왕 23년(612) 수 양제의 조서에서는 거란과 합세하여 수를 침공하였다고 하므로,[224] 거란 일부 집단이 고구려와 제휴하였다고 생각된다. 이전부터 적지 않은 거란인이 고구려 영내에 거주하거나 그 영향력 아래 있기도 하였다.[225] 가한신은 이들이 신격화하여 숭배하던 전설적 수장이 아닌가 한다.

그런데 수 문제 개황(開皇) 연간(581~600) 거란 별부 출복(出伏)이 고구려에 등을 돌려 수에 붙었고,[226] 송막도독(松漠都督) 이굴가(李窟哥)는 당의 편에 서서 고구려를 위협하는 등, 통일제국과 연계를 꾀하는 집단이 나타났다. 이 상황은 오랫동안 이어졌다. 고구려는 자신들에게 우호적인 거란계 세력과의 제휴를 돈독히 할 필요가 있었고, 그 결과 가한신을 거국적으로 제사한 것이 아

---

221 강경구, 2001, 앞의 책, pp.326~327; 盧明鎬, 1981, 앞의 논문, p.62.

222 孫顥, 2007, 「高句麗的祭祀」 『東北史地』 2007-4, p.43.

223 『舊唐書』 卷199下, 列傳 第149下, 北狄, 契丹, "盡滅尋自稱無上可汗 以萬斬為大將 前鋒略地 所向皆下 旬日兵至數萬 進逼檀州"

224 『隋書』 卷4, 帝紀 第4, 煬帝下, 大業 8年 正月, "壬午 下詔曰 …… 曾不懷恩 翻爲長惡 乃兼契丹之黨 處劉海戌 習靺鞨之服 侵軼遼西"

225 李在成, 2011, 앞의 논문, pp.207~210.

226 『隋書』 卷84, 列傳 第49, 北狄, 契丹, "其後契丹別部出伏等 背高麗 率衆內附 高祖納之 安置於渴奚那頡之北"

닐까 한다.[227] 고구려 멸망 직전까지도 일부 거란인이 천남생(泉男生), 즉 연남
생과 함께하였던 데는[228] 이러한 방책도 일정 정도 영향을 끼쳤을 터이다. 결
국 기자신과 가한신 제사 모두 고구려 왕실과 직접적인 관련이 없는 인물이
대상이었다. 그러함에도 왕이 몸소 제사한 것을 보면, 이들 신격의 제사 주재
권을 왕권 아래 둠으로써 의례 면에서의 구심력을 잃지 않으려 하였다고 여겨
진다.

요컨대 C-1-① 및 C-2-①은 내우외환으로 가중된 난국을 타개하기 위하
여 여러 신격을 국가제사 차원에서 함께 제사하였음을 보여준다. 이러한 경향
은 패수에서의 석전(石戰) 의례[229]에서도 나타난다. 이는 한 해의 풍요와 안녕
을 기원하는 농경의례적 성격을 가졌는데, 이전부터 새해 초 돌을 가지고 행
해지던 점세(占歲) 의례를 왕권이 주관하는 국가적 행사로 치른 것으로서,[230]
건국 신화가 재연되는 왕권의례로 기능하였다고 보기도 한다.[231] 일단 기존의
믿음이나 행사가 국가적 범주로 흡수되어 거듭났다는 점은 인정하여도 좋은
데, C-1-① 및 C-2-① 또한 비슷한 맥락으로 파악할 수 있다.

이 무렵의 정국에 대해서는 귀족연립정권기라 칭하기도 하고,[232] 그와 결

---

227 李在成, 2011, 앞의 논문, pp.210~211.

228 『新唐書』卷110, 列傳 第35, 諸夷蕃將, 泉男生, "男建殺其子獻忠 男生走保國內
城 率其眾與契丹靺鞨兵內附 遣子獻誠訴諸朝 高宗拜獻誠右武衞將軍 賜乘輿馬
瑞錦寶刀 使還報"

229 『北史』卷94, 列傳 第82, 高句麗, "每年初 聚戲浿水上 王乘腰輿 列羽儀觀之 事
畢 王以衣入水 分爲左右二部 以石相濺擲 誼乎馳逐 再三而止";『隋書』卷81, 列
傳 第46, 東夷, 高麗, "每年初 聚戲於浿水之上 王乘腰輿 列羽儀以觀之 事畢 王
以衣服入水 分左右爲二部 以水石相濺擲 諠呼馳逐 再三而止"

230 三品彰英, 1973, 앞의 책, pp.458~459; 金昌錫, 2003, 「石戰의 起源과 그 性格
變化」『國史館論叢』101, pp.144~146, p.149.

231 나희라, 2015, 「고구려 패수에서의 의례와 신화」『사학연구』118, pp.29~31.

232 노태돈, 1999, 앞의 책, pp.437~444 참조.

을 달리하여 이해하기도 한다. 다만 어떻게 보든 기존에 구축되었던 중앙 집권 체제가 동요된 것은 사실로 보아도 좋다. 최고 관등인 대대로(大對盧)의 선임이 지배층 사이의 합의 혹은 쟁투를 통해 이루어졌고 왕은 여기에 간섭할 수 없었을 뿐 아니라, 상위 5개 관등 소지자가 모여 국가 중대사를 처리하였기 때문이다.[233] 중국 측에서는 당시 지배집단(强臣豪族)이 국정을 장악하였다고 보았는데,[234] 과장이 있을지 모르겠으나, 왕이 국정 주재권을 오로지한 것이 아님을 알 수 있다.

이처럼 당시는 왕권이 제약되고 귀족의 힘이 상대적으로 강화되었다. 하지만 앞서 언급한 7세기 중엽의 '고려신자'라는 표현에서 보이듯, 고구려왕은 신성사제(神聖司祭)로서의 면모를 유지하고 있었다.[235] 패수 석전을 왕이 개시하

성립 시점에 대해서는 안장왕 시기 이후(임기환, 2004, 앞의 책, p.283), 안원왕 시기 이후(김현숙, 2005, 앞의 책, p.317; 金鎭漢, 2007a, 「6世紀 前半 高句麗의 政局動向과 對外關係」『軍史』 64, pp.120~121; 曺泳光, 2008, 「長壽王代를 전후한 시기 고구려의 政局과 體制 변화 -장수왕의 集權策과 그 영향 분석을 중심으로-」『軍史』 69, p.29; 정원주, 2018, 「安原王代의 政局 運營과 大對盧 爭鬪」『高句麗渤海硏究』 60, pp.206~214), 양원왕 시기 이후(노태돈, 1999, 같은 책, p.434; 강진원, 2017e, 「고구려 평양도읍기 왕호의 변화와 배경」『高句麗渤海硏究』 59, pp.261~264)로 견해가 나뉜다.

233 『周書』 卷49, 列傳 第41, 異域上, 高麗, "大官有大對盧 次有太大兄大兄小兄意俟奢烏拙太大使者大使者小使者褥奢翳屬仙人并褥薩凡十三等 分掌內外事焉 其大對盧則以彊弱相陵奪 而自爲之 不由王之署置也"; 『舊唐書』 卷199上, 列傳 第149上, 東夷, 高麗, "其官大者號大對盧 比一品 總知國事 三年一代 若稱職者 不拘年限 交替之日 或不相祗服 皆勒兵相攻 勝者爲之 其王但閉宮自守 不能制禦"; 『翰苑』 蕃夷部, 高麗, "高麗記曰 其國建官有九等 其一曰吐捽 比一品 舊名大對盧 惣知國事 三年一伐 若稱職者 不拘年限 交替之日 或不相祗服 皆勒兵相政 勝者爲之 其王但閉宮自守 …… 以前五官 掌機密謀改事 徵發兵 選授官爵"

234 『隋書』 卷4, 帝紀 第4, 煬帝 大業 8年 正月, "壬午 下詔曰 … 且法令苛酷 賦斂煩重 强臣豪族 咸執國鈞 朋黨比周 以之成俗 賄貨如市 冤枉莫申".

235 노태돈, 1999, 앞의 책, pp.450~451.

고 주관한 것,[236] 그리고 II부에서 상세히 다루겠으나 이때도 시조묘 친사가 대대적으로 거행된 것은 왕의 그러한 측면에 기인한다. 흉노의 선우가 성속 (聖俗)의 대표자로 제천행사를 비롯한 주요 의례를 주재할 수 있었던 원인은 그가 천과 혈연적 관계를 맺었기 때문이다.[237] 고구려왕 또한 천손, 즉 천의 직계 비속으로 여겨졌음을 이미 살펴보았는데, 그러하였기에 왕권이 다소 위 축된 상황에서도 각종 의례를 주관할 수 있는 권위는 이어졌던 것이 아닐까 한다. 이처럼 고구려왕은 종교적 권위를 유지하였으므로, 그러한 면모를 십분 활용하여 제천 때 여러 신격을 합사하면서 자신의 입지를 확고히 하였다고 생각된다.

귀족층으로서도 기득권을 유지하기 위하여 국왕의 권위에서 나오는 구심 력을 통해 어려움을 무마시켜야 하였다. 그러므로 이러한 조치는 큰 반발을 불러일으키지 않았을 것이다. 귀족 세력은 균형자로서 국왕의 존재를 필요로 하였기에, 그가 주관하는 석전 시행은 용인되었다.[238] 제천대회에서 국왕 주 도로 다양한 신을 합사한 것 또한 부정적으로 다가오지는 않았다고 여겨진 다. 요컨대 당시에도 왕의 종교적 권위는 유지되었기에 위기 타개를 목적으로 여러 신의 제사를 주관할 수 있었고, 이는 큰 거부감 없이 수용되었다.[239]

이상과 같이 평양 천도 이후 제천대회의 제장은 평양 일대로 옮겨졌다. 아 울러 대략 7세기 전후부터 제천대회를 지낼 때 영성신·일신·기자신·가한

---

236 김영준, 2006, 앞의 논문, pp.42~43.

237 박원길, 2001, 앞의 책, p.22

238 金昌錫, 2003, 앞의 논문, p.150.

239 왕이 가진 종교적 권위의 지속성을 잘 보여주는 사례는 근·현대 아프리카의 군주로, 유럽인의 지배로 종래의 세속적인 권위를 잃었으나, 의례적 측면에서 의 권위는 그대로 지니고 있었다. 설령 그들이 기독교로 개종하였다 하여도, 그 정치적 직역에 부여된 신성한 권위는 사그라지지 않았다(Meyer Fortes and E. E. Evans-Pritchard eds., op.cit., p.21).

신 등 여러 신격을 함께 제사하였는데, 내우외환으로 가중된 난국을 타개하려는 방편이었다는 데 공통점이 있다. 영성신과 일신은 천체 영성과 태양을 신격화한 것으로, 통일제국과의 긴장 관계가 이어짐에 따라 농업 생산력을 증대할 필요성이 커져 제사가 행해졌다. 기자신은 평양의 원주 세력이 숭배하던 존재로, 그 제사는 이들을 제어·회유하고 잔류 한인을 다독여 중원 왕조와 원만한 관계를 도모하기 위하여 거행되었다. 가한신은 고구려에 우호적인 거란 일부 집단이 모시던 전설적 수장으로, 그들과의 유대를 돈독히 하려는 목적에서 제사가 이루어졌다. 이는 종교적 권위를 통하여 여러 신에 대한 제사를 주관함으로써 자신의 입지를 확고히 하려는 고구려왕과, 그 구심력으로 어려움을 무마시키려는 귀족 세력의 이해가 합치하였기에 나타난 결과였다.

II

시조묘(始祖廟) 제사

1. 건립 전승과 친사(親祀) 시행

1) 실체와 소재지

조상 제사는 사회의 행동규칙에 호응하여 권리와 의무의 원리를 밝히고,[1] 사회적 유대감을 재확인하면서 결속을 다지는 효과가 있다.[2] 우간다의 루그바라족(Lugbara族)은 자신들의 정치적인 권위와 현실적인 제재가 조상으로부터 부여된다고 여겼고,[3] 가나 북부의 탈렌시족에게서 중요한 행사나 사회

---

1 Meyer Fortes, 1965, "Some reflections on ancestor worship in Africa" in Fortes, M. and G. Dieterlen eds., *African Systems of Thought : Studies presented and discussed at the Third International African Seminar in Salisbury, December 1960*, Oxford University Press; 田中眞砂子 編譯, 1980, 『祖先崇拜の論理』, ぺりカん社, pp.151~152.

2 Alfred Reginald Radcliffe-Brown, 1965, *Structure and Function in Primitive Society*, Cohen & West; 김용환 옮김, 1985, 『원시사회의 구조와 기능』, 종로서적, p.163.

3 Ted C. Lewellen, 1992, *Political Anthropology : An Introduction(Second*

적 관계는 조상 제사로 표현되었다.[4] 중국도 마찬가지였는데, 황제는 조상 제사를 통한 선조와의 독점적 교류를 바탕으로 정치적 우월성을 확고히 하였다.[5]

이러한 조상 제사에서 중요한 위치를 점한 대상은 시조로서, 전체 조상을 대표하는 존재였다. 가계의 맨 앞머리에 자리하는 까닭에 생명의 본원으로 여겨졌기 때문이다.[6] 중국의 경우 시조는 대종(大宗)의 정점에 위치하였으며, 상주 시대(商周時代) 종묘에서 가장 숭배된 대상이었다.[7] 아프리카의 왕들은 신화를 통하여 시조신 혹은 초자연적인 조상신과 연결됨으로써 자신의 정통성을 확보하려 하였고,[8] 탈렌시족의 최대종족(最大宗族, maximal lineage)은 신화적 시조의 숭배를 통해 하나로 뭉쳐 있었다.[9] 시조가 조상 숭배의 근저에 자리하였다 하겠다.

이는 한국 고대에도 크게 다르지 않다. 『삼국사기』나 『삼국유사』를 보면 사료가 부족한 와중에도 각국의 시조에 관한 전승은 상대적으로 풍부하게 전하기 때문이다. 그 숭배의 장으로 가장 두드러지게 언급된 곳이 바로 시조묘(始祖

Edition), Bergin & Garvey Publishers, Inc.; 한경구 · 임봉길 옮김, 1998, 『정치인류학』, 一潮閣, pp.101~102.

4 Meyer Fortes, 1959, *The Oedipus and Job in West African Religion*, Cambridge University Press; 田中眞砂子 編譯, 1980, 앞의 책, p.31.

5 Wu Hong(巫鴻), 1995, *Monumentality in Early Chinese Art and Architecture*, Standford University Press; 김병준 옮김, 2001, 『순간과 영원 -중국고대의 미술과 건축-』, 아카넷, p.272, p.275.

6 諸戶素純, 1972, 『祖先崇拜の宗教學的研究』, 山喜房佛書林, pp.9~12, p.128, p.135, pp.168~169.

7 Wu Hong, 2001, 앞의 책, p.55, p.216.

8 Ted C. Lewellen, 1998, 앞의 책, p.99.

9 李光奎, 1992, 『家族과 親族』, 一潮閣, pp.89~90, pp.93~95.

廟)다. 『삼국사기』 고구려본기에 나오는 관련 기록은 다음과 같다.[10]

> D-1. (신대왕) 3년(167) 가을 9월, 왕이 졸본에 가서 시조묘에 제사하였다.
> 10월에 왕이 졸본에서 돌아왔다.[11]
>
> D-2. (고국천왕) 2년(180) (중략) 가을 9월, 왕이 졸본에 가서 시조묘에 제
> 사하였다.[12]
>
> D-3. (동천왕) 2년(228) 봄 2월, 왕이 졸본에 가서 시조묘에 제사하고 대
> 사(大赦)하였다.[13]
>
> D-4. (중천왕) 13년(260) 가을 9월, 왕이 졸본에 가서 시조묘에 제사하였다.[14]
>
> D-5. (고국원왕) 2년(332) 봄 2월, 왕이 졸본에 가서 시조묘에 제사하고,
> 백성을 순문(巡問)하여 늙고 병든 자에게 물품을 내렸다(賑給). 3월에

---

10 관련 기술은 다른 데도 있다(『三國史記』 卷 第32, 雜志 第1, 祭祀, "古記云 ……
新大王四年秋九月 如卒本 祀始祖廟 故國川王元年秋九月 東川王二年春二月 中
川王十三年秋九月 故國原王二年春二月 安臧王三年夏四月 平原王二年春二月 建
武王二年夏四月 並如上行"). 『삼국사기』 고구려본기와 비교하면 신대왕과 고국
천왕처럼 친사 시행 연차에 차이가 날 뿐, 실시한 왕과 월수(月數)는 모두 일치
한다. 그런데 제사지는 시행 사실만 전하나, 고구려본기에는 소요기간과 함께
사면 · 진휼과 같은 부수적 행위도 기록되어 세부적인 양상을 파악하기 쉽다. 또
편년체 기사의 일부이므로 전후 상황을 살피기에도 좋다. 따라서 고구려본기에
기초하여 제사 양상을 검토하겠다.
11 『三國史記』 卷 第16, 高句麗本紀 第4, 新大王, "三年 秋九月 王如卒本 祀始祖廟
冬十月 王至自卒本"
12 『三國史記』 卷 第16, 高句麗本紀 第4, 故國川王, "二年 …… 秋九月 王如卒本 祀
始祖廟"
13 『三國史記』 卷 第17, 高句麗本紀 第5, 東川王, "二年 春二月 王如卒本 祀始祖廟
大赦"
14 『三國史記』 卷 第17, 高句麗本紀 第5, 中川王, "十三年 秋九月 王如卒本 祀始祖廟"

왕이 졸본에서 돌아왔다.[15]

D-6. (안장왕) 3년(521) 여름 4월, 왕이 졸본에 행차하여 시조묘에 제사하였다. 5월에 왕이 졸본에서 돌아오면서 지나는 길에 있는 주읍(州邑)의 빈핍(貧乏)한 자에게 세 섬씩 곡식을 내렸다.[16]

D-7. (평원왕) 2년(560) 봄 2월, (중략) 왕이 졸본에 행차하여 시조묘에 제사하였다. 3월에 왕이 졸본에서 돌아오다가 지나는 길에 있는 주군(州郡)의 죄수 중 두 가지 사형죄(二死)를 제외하고는 모두 놓아주었다.[17]

D-8. (영류왕) 2년(619) 여름 4월, 왕이 졸본에 행차하여 시조묘에 제사하였다. 5월에 왕이 졸본에서 돌아왔다.[18]

시조묘 제사 기록은 현재 8건이 전해진다. 적다고 볼 수도 있겠으나, 『삼국사기』 고구려본기의 독자 전승 기사만 놓고 보자면 상당히 높은 비율이다.[19] 더욱이 전승 과정에서 적지 않은 사례가 누락되었을 것이므로,[20] 실제로는 그

---

15 『三國史記』卷 第18, 高句麗本紀 第6, 故國原王, "二年 春二月 王如卒本 祀始祖廟 巡問百姓老病賑給 三月 至自卒本"

16 『三國史記』卷 第19, 高句麗本紀 第7, 安臧王, "三年 夏四月 王幸卒本 祀始祖廟 五月 王至自卒本 所經州邑貧乏者 賑給人三斛"

17 『三國史記』卷 第19, 高句麗本紀 第7, 平原王, "二年 春二月 …… 王幸卒本 祀始祖廟 三月 王至自卒本 所經州郡獄囚 除二死皆原之"

18 『三國史記』卷 第20, 高句麗本紀 第8, 榮留王, "二年 …… 夏四月 王幸卒本 祀始祖廟 五月 王至自卒本"

19 井上秀雄, 1978, 『古代朝鮮史序說-王者と宗教-』, 寧樂社, p.108; 임기환, 2006, 「고구려본기 전거 자료의 계통과 성격」 『韓國古代史硏究』 42, pp.44~47.

20 盧明鎬, 1981, 「百濟의 東明神話와 東明廟 -東明神話의 再生成 現象과 관련하여-」 『歷史學硏究』 10, p.64 주21).

보다 더 많은 제사가 행해졌으리라 짐작된다.[21] 『삼국사기』에 기재된 고구려 제사 관련 기록 중 가장 자주 언급된 것이 시조묘 제사이기도 하다. 더욱이 현재 전하는 기사 전부 왕의 친사이다. 따라서 그 무게감은 상당하다.

시조묘의 실체에 대한 검토 없이 제사의 실상을 밝히는 데는 한계가 있다. 따라서 그 점을 살펴보아야 한다. 먼저 시조묘의 구조이다. 시조묘는 이름에서도 알 수 있듯이 '시조를 모시는 묘(廟)', 즉 사당이다. 종묘의 별칭인 태묘(太廟)는 태조묘(太祖廟)의 줄임말이다.[22] 그러므로 시조묘 또한 종묘(태묘)와 비슷한 건축물로 이해할 수도 있다. 하지만 그렇게 단정하기는 곤란하다. D-1~8에서 보이듯, 시조묘는 시종 졸본에 있었기 때문이다. 일반적인 의미의 종묘라면 M-4처럼 왕궁이 옮겨짐에 따라 이전되는 것이 마땅하다. 그러나 시조묘는 국내도읍기는 물론이요, 평양도읍기에도 졸본에 소재하였다(D-6~8). 그러므로 일반적인 종묘와 실체가 다르다. 그 면에서 종묘와 구별되는 묘(廟)에 대한 기록을 알아볼 필요가 있다. 그것은 다음과 같다.

---

21 이는 고려의 사례를 통해서도 뒷받침할 수 있다. 고려의 국가제사 가운데 가장 중요한 대사(大祀)였던 원구(圓丘)에서의 제천은 연 2회 거행되었다. 그런데 『고려사』에는 총 12회의 제천 기록만 남아 있으며, 그 가운데 6회는 임시 제사였다 (박미라, 2010, 「삼국・고려시대의 제천의례와 문제」 『仙道文化』 8, p.19). 그보다 많은 제사가 행해졌으나, 사료의 산일(散逸) 등으로 말미암아 『고려사』 편찬 시 전해진 사례가 그 정도였다고 보는 편이 타당하다. 고구려도 마찬가지라 할 수 있다.

22 종묘가 태묘로 불린 배경에는 후한 시기의 동당이실제(同堂異室制)가 있다. 명제가 영평(永平) 18년(75) 자신의 신주를 부친 광무제의 묘(廟)에 두도록 한 뒤, 역대 황제들은 모두 이를 따랐다(金容天, 2007, 『전한후기 예제담론』, 선인, p.324, pp.329~333; 郭善兵, 2007, 『中國古代帝王宗廟禮制研究』, 人民出版社, pp.195~199). 이 방식은 왕조 교체에도 불구하고 계속 이어져 선제(先帝)의 신주는 창립자(太祖)의 묘당(廟堂)에 함께 모셔졌다. 그 결과 종묘는 태조묘, 즉 태묘로도 일컬어졌다(小島毅, 2004, 『東アジアの儒教と禮』, 山川出版社, p.22).

E-1. (동명성)왕의 모친 유화가 동부여에서 사망하니, 그 왕 금와가 태후의 예(禮)로 장례를 치르고 마침내 신묘(神廟)를 세웠다.[23]

E-2. (태자 해명이) 곧 여진(礪津)의 동쪽 들판(東原)으로 가서 창을 땅에 꽂고 말을 달려 거기에 찔려 사망하였다. 그때 나이가 21세였다. 태자의 예로 동쪽 들판에 장사하고 묘(廟)를 세웠으며, 그 땅을 불러 창원(槍原)이라 하였다.[24]

E-3. (태조)왕이 부여에 행차하여 태후묘(太后廟)에 제사하고, 백성 가운데 곤궁한 자를 찾아가 안부를 묻고 물품을 차등 있게 주었다. 숙신의 사신이 와서 자주색 여우 가죽옷과 흰 매, 흰 말을 바쳤다. 왕이 잔치를 열어 그를 위로해서 보냈다.[25]

E-4. (모용)황이 그 말에 따라 미천왕묘(美川王廟)를 파서 그 시신을 싣고, 그 창고(府庫) 안에 있던 누세(累世)에 걸쳐 내려온 보물을 약탈하였으며, 남녀 5만여 명을 사로잡고 그 궁실을 불태웠으며, 환도성(丸都城)을 허물고서 돌아갔다.[26]

E-1·2는 초기기록이지만 일정한 사실을 전해주는 부분도 있다. E-1·2에서 시조의 모친이나 해명(解明)을 장사한 뒤 묘(廟)를 세운 것을 보면, 이는 장지(葬地) 혹은 무덤과 연관성을 지닌다. E-3 또한 마찬가지다. 태후묘(太后廟)의 주신과 소재지를 어떻게 보든 태조왕이 왕궁을 떠나 상당한 거리를 이동

---

23 『三國史記』卷 第13, 高句麗本紀 第1, 東明聖王 14年 8月, "王母柳花薨於東扶餘 其王金蛙以太后禮 葬之 遂立神廟"

24 『三國史記』卷 第13, 高句麗本紀 第1, 瑠璃明王 28年 3月, "乃往礪津東原 以槍 挿地 走馬觸之而死 時年 二十一歲 以太子禮 葬於東原 立廟 號其地爲槍原"

25 『三國史記』卷 第15, 高句麗本紀 第3, 太祖大王 69年 10月, "王幸扶餘 祀太后廟 存問百姓窮困者 賜物有差 肅愼使來 獻紫狐裘及白鷹白馬 王宴勞以遣之"

26 『三國史記』卷 第18, 高句麗本紀 第6, 故國原王 12年 11月, "皝從之 發美川王廟 載其尸 收其府庫累世之寶 虜男女五萬餘口 燒其宮室 毀丸都城而還"

하여 제사하였다. 이는 태후묘가 태후의 장지 혹은 무덤과 관련되었음을 보여준다. E-4의 경우에는 미천왕묘(美川王廟)라고까지 언급되었는데, 바로 뒤에 미천왕의 시신을 훔쳤다는 기록이 이어지므로, 미천왕릉과 얽혀 있다고 추정된다. 이상을 보건대 묘(廟)란 장지에 조성된 모종의 구조물을 가리킨다.

그런데 묘(廟)는 좁은 의미에서 보자면 장지에 세워진 사당이나, 이를 포함한 무덤 전체를 지칭하기도 하였다고 생각된다. 묘(廟)는 본디 조상의 두개골이나 신주 등을 제사하는 장소를 의미하므로,[27] 더러 무덤(墓)이 곧 묘(廟)로도 인식되었을 것이기 때문이다. 장지에 조성된 묘(廟)에서 제사를 지낸다 하여도, 그 대상은 무덤 안 혼령이다. 그러므로 묘(廟)에서 제사하는 것은 곧 묘(墓)에서 그리하는 것과 다르지 않다. 이는 구체적인 사례로도 확인된다. 가야 수로왕묘(首露王廟)는 수로왕릉 인근에 세워진 사당, 즉 묘(廟)를 말할 때도 있으나,[28] L-3과 같이 넓은 의미에서는 수로왕릉 자체를 가리키기도 하였다. 또 L-2에서 나타나듯, 신라 미추왕릉은 혜공왕 시기 "대묘(大廟)"로 일컬어졌다. 이는 왕의 혼령이 머무는 왕릉도 그를 제사하는 곳, 즉 묘(廟)로 여겨졌음을 알려준다. 왕릉을 왕묘(王廟)로 본 것이다.[29] 고구려의 경우 E-4가 그에 해당한

---

27 池田末利, 1981, 『中國古代宗教史硏究 -制度と思想-』, 東海大學出版會, pp.331~332.

28 『三國遺事』 卷2, 紀異 第2, 駕洛國記, "新羅季末 有忠至匝干者 攻取金官高城而爲城主將軍 爰有英規阿干 假威於將軍 奪廟享而淫祀 當端午而致告祀 堂梁無故折墜 因覆壓而死焉 …… 又有賊徒 謂廟中多有金玉 將來盜焉 初之來也 有躬擐甲冑張弓挾矢猛士一人從廟中出 四面雨射 中殺七八人 賊徒奔走 數日再來 有大蟒長三十餘尺 眼光如電 自廟房出 咬殺八九人 粗得完免者 皆僵仆而散 故知陵園表裏 必有神物護之 …… 淳化二年 金海府量田使中大夫趙文善申省狀稱 首露陵王廟屬田結數多也 …… 半不動於陵廟中"

29 나희라, 2003, 『신라의 국가제사』, 지식산업사, pp.77~78.
중국 전국 시대에도 묘(墓)를 묘(廟)로 인식했던 흔적을 찾을 수 있다. B.C. 278년 진(秦)의 장수 백기(白起)가 초(楚)의 수도 영(郢)을 공격하여 왕묘(王墓) 지구

다. 미천왕묘(美川王廟)를 파헤치고 그 시신을 탈취하였다고 하므로, 미천왕의 무덤 자체가 곧 미천왕의 사당으로 여겨지기도 하였다.

시조묘도 다르지 않을 것이다. 즉 시조묘는 시조의 장지로 전해지는 곳에 세워진 구조물로서, 넓은 의미에서는 이를 포함한 시조왕릉 전체를 아우르는 개념으로 여겨진다. 신라의 시조묘 또한 시조왕릉 외곽의 일정한 구역을 가리키므로,[30] 이는 특별한 현상이 아니다. 시조묘가 천도와 무관하게 한 자리에 있었던 이유도 시조의 전승 장지에 자리하였기 때문일 것이다. 단 애초부터 시조묘에 모종의 구조물이 조성되었을 것 같지는 않고, 훗날 능원제가 정비됨에 따라 외관이 격식을 갖추었을 확률이 높다. 중국의 사례를 보면 시조나 태조, 혹은 첫 제왕이 된 이들의 무덤을 후대에 다시 거대하게 수축하는 일은 흔치 않다. 그러므로 아마 시조왕릉 자체는 그대로 유지하면서 주변을 정비하였을 것이다.

그렇다면 시조묘의 주신은 누구였을까. 이를 주몽으로 보는 데 큰 이견은 없다. 다만 태조왕 궁(宮, 於漱)일 가능성도 제기해 볼 수 있겠다. 동천왕의 이름 위궁(位宮)이 태조왕을 염두에 둔 것에서도 나타나듯,[31] 3세기 왕실에서 태조왕의 위상은 상당하였다.[32] 단 그렇다고 하여 시조묘의 주신으로 볼 수 있

인 이릉(夷陵)을 불살랐는데, 이때 진의 상(相)인 범휴(范睢)가 묘(廟)를 태웠다고 하였다(楊寬, 1985, 『中國古代陵寢制度研究』, 上海古籍出版社; 장인성·임대희 옮김, 2005, 『중국 역대 陵寢 제도』, 서경, pp.50~51 주39)).

30 『三國史記』卷 第2, 新羅本紀 第2, 奈解尼師今 10年 8月, "狐鳴金城及始祖廟庭"; 같은 책, 卷 第3, 新羅本紀 第3, 奈勿尼師今 3年 2月, "親祀始祖廟 紫雲盤旋廟上 神雀集於廟庭"

31 『三國志』卷30, 魏書30, 烏丸鮮卑東夷, 高句麗, "今句麗王宮是也 其曾祖名宮 生能開目視 …… 今王生墮地 亦能開目視人 句麗呼相似爲位 似其祖 故名之爲位宮"

32 趙仁成, 1991, 「4, 5세기 高句麗 王室의 世系認識 變化」 『韓國古代史研究』 4, pp.63~64.

을지는 의문이다. 이는 고구려의 매장 습속 때문이다. 민중왕은 사후 자신의 능을 만들지 말라고 하였을뿐더러,[33] 사람이 죽은 뒤 3년이 지나야 묻었다는 것[34]을 보면, 고구려에서는 왕이 살아 있을 때 미리 자신의 무덤을 만드는 수릉(壽陵)이 제도적으로 운영되었다고 하기 어렵다. 또 연나부 출신 명림답부(明臨荅夫)나 왕실 인물인 발기(發岐)가 자신들의 출생지나 근거지에 매장되지 않았으므로,[35] 고향으로 돌아가 매장하는 귀장(歸葬)이 폭넓게 실시되었다고 여기기도 힘들다.[36] 고구려에서는 세상을 떠난 곳에서 멀지 않은 지점에 무덤을 조성하였다고 이해된다. 태조왕이 국내에서 죽음을 맞이하였다면, 졸본에 장지가 만들어지진 않았을 것이다.

물론 그보다 후대에 국내로 천도했다고 볼 경우,[37] 태조왕의 장지는 졸본이

---

33 『三國史記』卷 第14, 高句麗本紀 第2, 閔中王 4年 7月, "又田 見石窟 顧謂左右曰 吾死 必葬於此 不須更作陵墓"

34 『北史』卷94, 列傳 第82, 高句麗, "死者 殯在屋內 經三年 擇吉日而葬"

35 『三國史記』卷 第16, 高句麗本紀 第4, 新大王 15年 9月, "國相荅夫卒 年百十三歲 王自臨慟 罷朝七日 乃以禮葬於質山 置守墓二十家"; 같은 책, 같은 권, 山上王 元年, "發歧聞之 不勝慙悔 奔至裴川 自刎死 罽須哀哭 收其屍 草葬訖而還 …… 秋九月 命有司 奉迎發歧之喪 以王禮葬於裴嶺"

36 奇庚良, 2010, 「高句麗 國內城 시기의 왕릉과 守墓制」, 서울대학교 석사학위논문, pp.29~30.

37 奇庚良, 2017, 「高句麗 王都 研究」, 서울대학교 박사학위논문, pp.89~90; 假池内宏, 1951, 『滿鮮史研究 -上世篇-』, 吉川弘文館, pp.258~267; 武田幸男, 1989, 『高句麗史と東アジア -「広開土王碑」研究序説-』, 岩波書店, pp.416~417; 심광주, 2005, 「高句麗 國家 形成期의 城郭研究」『고구려의 국가 형성』, 고구려연구재단, p.193; 김희선, 2010, 「高句麗 國內城 研究」『白山學報』87, pp.149~150; 노태돈, 2012, 「고구려 초기의 천도에 관한 약간의 논의」『韓國古代史研究』68, pp.19~22; 임기환, 2015, 「고구려 국내 도성의 형성과 공간구성 -문헌 검토를 중심으로-」『韓國史學報』59, pp.25~27; 강진원, 2018, 「고구려 국내도읍기 王城의 추이와 집권력 강화 -내적 변화의 외적 동기와 관련하여-」

다. 그렇다면 시조묘의 주신을 태조왕이라 할 여지도 있다. 그런데 태조왕이 시조묘의 주신이었다면, 적어도 후기에는 태조왕을 시조로 여기는 의식이 확고해야 한다. 그러나 『위서』 이래 『주서』나 『북사』·『수서』 등에 언급된 고구려 시조는 주몽이었다. 태조왕을 시조묘의 주신으로 본다면, 시조를 주몽으로 전하는 당대 기록과의 괴리를 설명하기 쉽지 않다.

『삼국사기』에 태조왕을 시조라 한 기록이 없는 점 역시 문제이다. 『삼국사기』 찬자는 이견이 있을 때 분주(分註)를 통하여 입장을 드러내거나, 의문을 제기하였다. 대표적인 사례가 백제 시조에 관한 기술이다.[38] 반면 고구려의 시조에 대해서는 주몽이라 한 것 이외에 별다른 언급이 없다. 이는 『삼국사기』 고구려본기의 전거자료에서도 시조가 주몽이라는 데 이견이 없었음을 말한다. 따라서 시조묘의 주신을 태조왕으로 보기 어렵다. 태조왕의 부친으로 전하는 고추가 재사를 시조라 추정한 견해[39]를 따르기 어려운 이유도 마찬가지다. 현재 전하는 기록에서 그를 시조나 그에 버금가는 인물로 설명한 곳은 없다. 종교학적으로 시조는 종족(宗族)을 창생하였다고 여겨지는 신화적 존재(clan-god) 이다.[40] 그러므로 시조묘의 주신은 역시나 고구려의 시조로 공인된 주몽으로

『한국문화』 82, pp.197~198; 白鳥庫吉, 1914, 「丸都城及國內城考」 『史學雜誌』 25-4·5, p.29; 鳥居龍藏, 1914, 「丸都城及び國內城の位置に就きて」 『史學雜誌』 25-7, p.47; 三品彰英, 1951, 「高句麗王都考 -三國史記高句麗本紀の批判をもとめて-」 『朝鮮學報』 1, pp.137~141.

38 『三國史記』 卷 第23, 百濟本紀 第1, 溫祚王 卽位, "百濟始祖溫祚王 其父鄒牟或云朱蒙 …… [一云 始祖沸流王 其父優台 北扶餘王解扶婁庶孫 母召西奴 卒本人延陀勃之女 始歸于優台 生子二人 長曰沸流 次曰溫祚 ……]"; 같은 책, 卷 第32, 雜志 第1, 祭祀, "冊府元龜云 百濟每以四仲之月 王祭天及五帝之神 立其始祖仇台廟 於國城 歲四祠之[按海東古記 或云始祖東明 或云始祖優台 北史及隋書皆云 東明之後有仇台 立國於帶方 此云始祖仇台 然東明爲始祖 事迹明白 其餘不可信也]"

39 강경구, 2001, 『고구려의 건국과 시조 숭배』, 학연문화사, pp.367~372.

40 諸戸素純, 1972, 앞의 책, p.161.

이해된다.

시조묘는 시조가 묻혔다고 전하는 곳에 존재하였다. 시조묘의 구체적인 소재지를 밝히기 위해서는 주몽의 장지 전승을 살펴볼 필요가 있다. 관련 기록은 다음과 같다.

> F-1. 비류곡(沸流谷) 홀본(忽本) 서쪽의 성채로 된 산 위에 도읍을 세웠다. (왕이) 왕위에 싫증을 내니 (천제가) 황룡을 보내서 내려와 왕을 맞이하였다. 왕은 홀본 동쪽 언덕에서 용의 머리를 밟고 승천하였다.[41]

> F-2. 가을 9월에 왕이 승천하여 내려오지 않으니 이때 나이가 40세였다. 태자가 왕이 남긴 옥채찍(玉鞭)을 대신 용산(龍山)에 장사하였다 한다.[42]

> F-3. 왕이 돌아가시니 이때 나이가 40세였다. 용산에 장사하고 동명성왕이라 불렀다.[43]

F-1·2에서는 시조의 죽음을 승천으로 이해하였음에 비해, F-3은 일반인의 죽음과 다를 바 없이 기술하였다. F-2가 F-3에 앞서 편찬된 『구삼국사』의 기록임을 고려하면, 이는 『삼국사기』 찬자가 사실적으로 수정한 결과로 생각된다. 그렇다면 F-1·2와 F-3은 대략 같은 내용을 전하고 있다 하겠다. 이 가운데 주목되는 것은 F-1이다. 홀본(忽本) 동쪽 언덕(東岡)이라는 구체적인 장소를 언급하였기 때문이다. 홀본은 곧 고구려 왕실의 첫 중심지 졸본이다. 그러므로 주몽의 장지는 졸본 동쪽이다. 그곳을 알기 위해서는 졸본의 위치 비정이 필요한데, 오늘날의 성과를 종합하면 환런 지역의 오녀산성(五女山城), 하

---

41 Ⅰ부 주52) 참조.

42 『東國李相國集』 권3, 東明王篇 所引 『舊三國史』 逸文, "秋九月 王昇天不下 時年四十 太子以所遺玉鞭 葬於龍山云云"

43 『三國史記』 卷 第13, 高句麗本紀 第1, 東明聖王 19年 9月, "王昇遐 時年四十歲 葬龍山 號東明聖王"

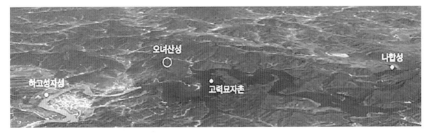

<지도 3> 중국 랴오닝성 환런 지역 졸본 추정지(출처 : 기경량, 2017b, 「고구려 초기 왕도 졸본의 위치와 성격」 『인문학연구』 34, p.139)

고성자성(下古城子城), 나합성지(喇哈城址), 그리고 고력묘자촌(高力墓子村) 가운데 하나로 여겨진다(<지도 3> 참조).

오녀산성의 경우, 근방에서 가장 두드러진 경관을 갖춘 장소에 있으며, 고구려 당대의 유적도 확인되었다. 물론 입지 조건이 매우 험하여 장기간 왕실이 상주하였다고 보기는 어렵다. 다만 어떤 식으로든 활용되었을 것이다. F-1에 따르면 홀본 서쪽 산지에는 성채가 존재하였는데,[44] 이것이 바로 오녀산성 아닐까 한다.

건국 신화에 따르면 주몽은 비류수(沸流水) 유역에 정착하여 일정 시간이 흐른 뒤, 골령(鶻嶺)에 성곽을 축조하고 궁대(宮臺)를 조영하였다.[45] 이 골령의 성곽은 『위서』 고구려전에서 주몽이 남하하여 이르렀다는 흘승골성(紇升骨城)[46]

---

44 이는 '홀본 내에서 서쪽'으로 이해함이 타당하다(임기환, 2018, 「고구려 國內 천도 시기 再論」 『사학연구』 132, pp.188~189).

45 『東國李相國集』 卷3, 東明王篇 所引 『舊三國史』 逸文, "王自坐茀蕝之上 略定君臣之位 …… 七月 玄雲起鶻嶺 人不見其山 有聞數千人聲以起土功 王曰 天爲我築城 七日 雲霧自散 城郭宮臺自然成 王拜望天就居"

46 『魏書』 卷100, 列傳 第88, 高句麗, "與朱蒙至紇升骨城 遂居焉 號曰高句麗 因以爲氏焉"

과 다르지 않다고 여겨진다. 골령의 '골(鶻)'과 흘승골성의 '골(骨)'의 음이 같기 때문이다.[47] 흘승골성은 흘본골성(紇本骨城)을 잘못 옮겨 적은 것으로 보기도 하는데,[48] '본(本)'과 '승(升)'의 생김새가 비슷할뿐더러, '흘본(紇本)'은 '홀본'과 음이 통하므로 타당하다. 이에 '흘본골성=홀본의 골성'으로 이해하기도 한다.[49] 어떻게 보든 흘승골성의 '흘'과 '골'은 홀본 및 골령과 연관된 것으로 다가온다. 따라서 양자는 같은 대상을 가리킨다. 아마도 골령이란 '홀본(졸본)의 산령(山嶺)'이란 의미가 아닐까 한다. 그리고 이는 홀본 서쪽 산지의 성채와도 연관된다. '홀'본의 '산지'에 성채가 자리한 것은 골령, 즉 홀본의 산령에 성곽이 축조된 것과 통하기 때문이다. '골령의 성곽=흘승골성=홀본 서쪽의 성채로 된 산'이라 하겠다.[50] 현재 오녀산성을 흘승골성으로 보는 데 큰 이견은 없다. 따라서 홀본 서쪽 산지의 성채는 오녀산성이다.

그런데 F-1에 따르면 그 동쪽이 홀본, 즉 졸본이고 거기서 다시 동쪽으로 가야 주몽의 장지가 나온다. 따라서 졸본과 시조묘가 존재하는 주몽의 전승 장지는 오녀산성 동쪽에서 찾아야 한다. 그렇다면 하고성자성을 염두에 두기는 어렵다. 물론 해당 성곽 근방에 상고성자(上古城子) 고분군이 존재하여 도읍으로 보기도 하나,[51] 오녀산성 서남쪽에 자리하기 때문이다. 오녀산성과의

47 梁志龍, 2008, 「고구려 건국 초기 왕도에 대한 연구 -졸본과 흘승골성을 중심으로」 『졸본시기 고구려역사 연구 -2008년 한·중 고구려역사 연구 학술회의-』, p.64.

48 白鳥庫吉, 1914, 앞의 논문, p.25.

49 기경량, 2017b, 「고구려 초기 왕도 졸본의 위치와 성격」 『인문학연구』 34, pp.135~136.

50 강진원, 2020b, 「고구려 졸본도읍기 王城의 추이와 전승의 정비」 『史林』 73, pp.4~5.

51 耿鐵華, 2004, 『高句麗考古硏究』, 吉林文史出版社, pp.106~110; 朴淳發, 2012, 「高句麗의 都城과 墓域」 『韓國古代史探究』 12, p.49; 蘇長淸, 1985, 「高句麗早期

거리가 8.5km가량 떨어져 있고,[52] 상대적으로 후대에 조성되었으리라는 점[53]
은 차치한다 하여도 가장 중요한 관건인 방위가 맞지 않는다.

오녀산성 동쪽의 성곽으로는 나합성지가 있다. 그러므로 이곳에 주목할 수
도 있겠다.[54] 하지만 직선거리만 하여도 17km에 달할 뿐 아니라, 오녀산성
과의 사이에 산지가 가로막혀 있어 당시 같은 권역으로 인지하였는지 확신할
수 없다. 왕실이 자리하였다고 여길 만한 뚜렷한 유물이 나오지 않았으므로
더욱 그러하다.

물론 달리 볼 수도 있다. 주몽은 졸본에 도착하여 처음 비류수(沸流水) 가
에 거처하였다고 하는데,[55] 이를 부이강(富尒江)에 비정하여 그 근방의 나
합성을 졸본이라 여기는 것이다.[56] 해당 논의는 주몽이 무리와 함께 이

平原城 -下古城子」『遼寧丹東、本溪地區考古學術討論文集』, p.8; 魏存成, 1985,
「高句麗初、中期的都城」『北方文物』 1985-2, p.29.

52 기경량, 2017b, 앞의 논문, p.139.

53 양시은, 2013, 「桓仁 및 集安 都邑期 高句麗 城과 防禦體系 研究」『嶺南學』 24,
pp.50~51.

54 심광주, 2005, 앞의 논문, p.130; 노태돈, 2012, 앞의 논문, pp.29~30; 권순홍,
2015, 「고구려 초기의 都城과 改都 -태조왕대의 왕실교체를 중심으로-」『韓國
古代史研究』 78, p.199; 李道學, 2015, 「『三國史記』의 高句麗 王城 記事 檢證」
『韓國古代史研究』 79, p.144; 梁志龍, 1992, 「桓仁地區高句麗遺趾概述」『博物
館研究』 1992-1, pp.64~69; 王從安 · 紀飛, 2004, 「卒本城何在」『東北史地』
2004-2, pp.43~46; 田中俊明, 1998, 「高句麗の前期王都卒本の構造」『高麗
美術館研究紀要』 2, 高麗美術館研究所, pp.29~30; Mark E. Byington, 2004,
「Problems Concerning the First Relocation of the Koguryô Capital」『고
구려의 역사와 문화유산』, 한국고대사학회 · 한국시정개발연구원, p.576.

55 『三國史記』卷 第13, 高句麗本紀 第1, 東明聖王 卽位, "遂揆其能 各任以事 與之
俱至卒本川 觀其土壤肥美 山河險固 遂欲都焉 而未遑作宮室 但結廬於沸流水上
居之 國號高句麗 因以高爲氏"

56 심광주, 2005, 앞의 논문, p.133; 노태돈, 2012, 앞의 논문, pp.29~30; 王從安 ·

르렀다는 졸본천(卒本川)을 비류수 가와 구별되는 지점으로 본 데서 비롯되었다. 하지만 관련 기록을 보면,[57] 졸본천에서 비류수로 이동한 것 같지 않으므로, 졸본천은 졸본 지역을 흐르는 비류수의 특정 구간을 가리킨다고 여겨야 한다.[58] 무엇보다 졸본천을 비류수와 달리 본다면, 정작 주몽이 자리하지 않은 곳에 졸본이라는 이름이 붙게 되어 모순이 생긴다.[59]

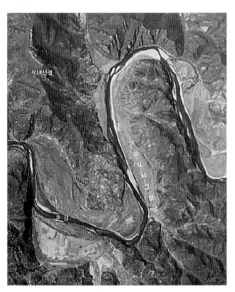

〈지도 4〉 고력묘자촌 항공 사진(출처 : 서울대학교박물관, 2008, 『하늘에서 본 고구려와 발해』, 동북아역사재단, p.13)

그렇다면 남은 것은 고력묘자촌이다. 이곳은 환런 지역에서 가장 규모가 큰 고구려 묘지(墓地)로서 240여 기의 고분이 존재하는데, 무덤의 수량·구조·분포 상황을 볼 때 초기부터 오랜 시간에 걸쳐 형성되었음을 알 수 있다.[60] 이는 일정 규모 이상의 집단이 안정적으로 성장하였음을 보여준다.[61] 또 고력

紀飛, 2004, 앞의 논문, pp.43~46.

57 주55) 참조.

58 余昊奎, 2005, 「高句麗 國內 遷都의 시기와 배경」 『韓國古代史研究』 38, p.55; 李道學, 2011, 「高句麗 王號와 葬地에 관한 檢證」 『慶州史學』 34, p.14.

59 강진원, 2020b, 앞의 논문, pp.6~8.

60 朴淳發, 2012, 앞의 논문, pp.50~51; 양시은, 2013, 앞의 논문, p.51.

61 강현숙, 2012, 「고구려 적석총의 입지와 존재 양태의 의미」 『韓國古代史研究』 66, pp.12~13.

묘자촌이 자리한 골짜기는 좁고 길며 혼강 동쪽 기슭에 위치한다(〈지도 4〉 참조). 혼강은 비류수로 여겨진다. 그러므로 주몽이 비류수 가에 거처했다는 바와도 부합된다. 아울러 오녀산성 동쪽에 존재할뿐더러 거리도 5km 정도라 같은 권역이라 할 수 있기에, 산성과의 유기적인 관계 상정이 가능하다. 따라서 주몽이 처음 자리했다는 F-1의 홀본, 즉 졸본은 고력묘자촌 일대로 보는 편[62]이 자연스럽다.[63]

홀본이 고력묘자촌이라면 주몽의 장지는 그 동쪽이다. 실제 그 일대는 굴곡진 언덕의 형세를 띠고 있기도 하다. 따라서 고력묘자촌 동쪽 산등성이 지역이 바로 F-1에서 주몽이 승천했다고 한 동쪽 언덕이다. 고력묘자촌 동쪽의 산지는 남북으로 길게 늘어서 흡사 용을 떠오르게 하는 모습이다. 그렇기에 당시 고구려인은 이를 용산(龍山) 혹은 용강(龍岡) 등으로 불렀으며, 주몽이 그곳에 묻히자 용과 결부된 전승이 생겨 결국 F-2·3처럼 "용산"이란 이름이 굳어졌던 것이 아닐까 한다.[64]

---

62 최일례, 2015, 「고구려 시조묘 제사의 정치성 연구」, 전남대학교 박사학위논문, pp.43~48; 권순홍, 2019, 「고구려 도성 연구」, 성균관대학교 박사학위논문, pp.30~32; 余昊奎, 2005, 앞의 논문, pp.59~60; 조법종, 2007, 「고구려 초기도읍과 비류국성 연구」 『白山學報』 77, p.150; 梁志龍, 2008, 앞의 논문, pp.55~58; 양시은, 2013, 앞의 논문, p.51; 기경량, 2017b, 앞의 논문, pp.145~146; 김현숙, 2017, 「고구려 초기 王城의 위치와 國內 遷都」 『先史와 古代』 54, p.116; 강진원, 2020b, 앞의 논문, pp.6~7.

63 이후 대외적 위기가 고조됨에 따라 왕실은 산지에 왕성을 조영하였으니, 그것이 바로 오녀산성이다. 하지만 후한 성립 이후 양국의 관계가 상대적으로 평온해짐에 따라 다시금 고력묘자촌 일대로 돌아왔다(강진원, 2020b, 위의 논문, pp.9~17).

64 망강루(望江樓) 4호분을 주몽의 무덤으로 여기는 견해도 있다(張福有·孫仁杰·遲勇, 2006, 「朱蒙所葬之"龍山"及太王陵銅鈴"峻"字考」 『東北史地』 2006-1, pp.22~23). 해당 고분에서 부여계 유물이 출토되기는 하였으나, 그 위치가 오녀산성 남쪽이라 방위가 들어맞지 않고, 기와나 제사 관련 시설의 흔적을 찾

이상과 같이 시조묘는 시조 주몽의 장지로 전해지는 곳에 세워진 구조물로서, 넓은 의미에서는 이를 포함한 시조왕릉 전체를 아우르는 개념이다. 고구려 초기 왕실의 근거지인 홀본(졸본)은 고력묘자촌 부근이므로, 홀본 동쪽 언덕에 묻혔다는 주몽의 장지 또한 고력묘자촌 동쪽의 고지대로 볼 수 있다. 시조묘는 이 일대에 조성되었을 것이다. 그렇다면 시조묘는 언제 건립되었고, 왕의 친사는 어떠한 배경 아래서 비롯되었을까. 그 문제는 이어서 살펴보겠다.

2) 친사 시행과 시조 숭배의식 강화

D-1~8은 시조묘 제사 기록이다. 그런데 여기서는 시조묘의 건립을 전하는 내용이 없다. 신라 시조묘와 백제 동명묘의 건립 기사가 남아 있는 것[65]과는 대조적으로, 고구려의 경우 이를 직접 언급한 기록을 찾기 힘들다. 도중에 관련 기사가 탈락하였을 가능성을 생각해 볼 수도 있겠으나, 유독 고구려만 그러하였다고 보기는 힘들다. 시조묘 친사 기록이 처음 나타나는 것은 D-1의 신대왕 3년(167)이다. 그러므로 원래는 D-1에 건립 사실이 함께 존재하였을

기도 어렵다(지병목, 2008, 「考古資料를 통해 본 卒本時期 高句麗 文化의 性格」 『졸본시기 고구려역사 연구 -2008년 한·중 고구려역사 연구 학술회의-』, pp.83~84). 따라서 시조묘로 보기에는 무리가 따른다. 다만 망강루 고분군은 고구려 초기의 고분이므로(여호규, 2014, 『고구려 초기 정치사 연구』, 신서원, pp.66~67, p.71, pp.132~134), 부여에서 이주한 세력들이 초창기에 망강루 일대에 머물며 무덤을 조성하였고, 훗날 고력묘자촌으로 근거지를 옮겼을 가능성도 있다.

65 『三國史記』 卷 第1, 新羅本紀 第1, 南解次次雄 3年 正月, "立始祖廟"; 같은 책, 卷 第23, 百濟本紀 第1, 溫祚王 元年 5月, "立東明王廟"
　백제 동명(왕)묘가 시조묘임은 다루왕의 제사 기록(『三國史記』 卷 第23, 百濟本紀 第1, 多婁王 2年 正月, "謁始祖東明廟")에서 확인된다.

수도 있겠다. 하지만 그러할 경우 자의적인 해석이 된다. 시조묘 건립이 가지는 중요성을 고려하면, 현재 전하는 기록에서 실마리를 찾는 편이 타당하다. 그 면에서 다음 기사가 주목된다.

　　G. (대무신왕) 3년 봄 3월, 동명왕묘(東明王廟)를 세웠다.[66]

이는 시조묘가 아닌 동명왕묘(東明王廟)의 건립을 전하나,『삼국사기』에 따르면 D-1에 앞서 G가 나오므로 시조묘 건립으로 이해할 수 있다. 물론 I부에서 살펴보았듯이, 동명과 주몽은 애초 구별되는 존재였다. 따라서 동명왕묘의 주신을 부여 시조 동명으로 보아 시조묘와는 다른 구조물로 파악할 여지도 없지 않다.[67]

그런데 부계를 하늘로 한 특이한 성혼(聖婚)과 탄생 및 시련, 남천(南遷)과 주력(呪力)에 의한 가교의 성립과 도하 및 건국 등에서 보이듯, 부여 동명 신화와 고구려 주몽 신화의 전개양상은 기본적으로 일치한다. 동일 서사 구조를 지닌 신화는 동일 유형으로 간주할 수 있다. 부여는 물론이요, 고구려·백제 등 왕실이 자신들의 뿌리를 부여로 여기는 경우,[68] 이러한 유형의 건국 신화가 공통되게 나타났다.[69] 그러므로 주몽과 동명은 부여계 사회의 전설적 시조

---

66 『三國史記』卷 第14, 高句麗本紀 第2, 大武神王, "三年 春三月 立東明王廟"

67 강경구, 2001, 앞의 책, pp.348~353; 朴承範, 2002, 「高句麗의 始祖廟儀禮」『東洋古典研究』15, pp.112~113; 장병진, 2016, 「고구려 출자 의식의 변화와 「集安高句麗碑」의 건국설화」『人文科學』106, pp.222~223.

68 I부 주49);『魏書』卷100, "百濟國 其先出自夫餘 …… 又云 臣與高句麗源出夫餘 先世之時 篤崇舊款"

69 盧明鎬, 1981, 앞의 논문, pp.84~85; 盧泰敦, 1992a, 「廣開土王陵碑」『譯註 韓國古代金石文 I -고구려·백제·낙랑 편-』, 駕洛國史蹟開發研究院, pp.21~22; 朱昇澤, 1993, 「北方系 建國神話의 文獻的 再考察 -解夫婁神話의 구조를 중심

를 가리키는 칭호가 지역에 따라 발음이나 표기에 차이가 있었다고 생각하는 편이 타당하다. 즉 고구려 동명 신화의 주인공은 주몽, 혹은 추모로 불리다 후대에 주몽에게 동명성왕이란 칭호가 올려진 결과, 시조묘, 혹은 추모왕묘(鄒牟王廟)가 동명왕묘로도 불리게 되었을 것이다. 그러므로 G는 시조묘 건립 기사로 생각된다.

G는 『삼국사기』 초기기록에 해당한다. 따라서 후대의 개작이라 할 수도 있다. 다만 그 건립 시기를 생각하면 달리 보아야 한다. 백제나 신라에서는 시조의 뒤를 이은 군주(嗣王)가 시조묘를 건립하였다. 이는 훗날 시조묘를 시조의 다음 왕이 세움으로써 통치의 정당성을 계승하였다는 취지로 문자화가 이루어진 결과가 아닐까 한다. 고구려의 경우 주몽(추모왕)에서 모본왕에 이르는 이른바 초기 왕계가 공식화되고 그에 얽힌 전승이 정리된 것은 4세기 후반인데,[70] 『삼국사기』나 「왕비문」에서 보이듯 주몽의 뒤를 이었다고 여겨진 인물은 유리명왕, 즉 유류왕이다.

만일 애초 그러한 전승이 없다가 후대에 가공의 기사가 창작되었다면, 시조묘 건립은 유리명왕이 한 일로 기록되어야 무리가 없다. 시조인 부친의 사당을 후계자인 아들이 세웠다고 하는 쪽이 자연스럽기 때문이다. 그러함에도 동명왕묘, 즉 시조묘는 현재 전하는 왕계의 세 번째 왕에 의해 건립되었다고 나온다. 따라서 G를 후대의 산물로 단정할 수 없다. 오히려 이 기사는 시조묘가 국초에 마련되었다는 전승에 근거한 것이며, 훗날 분명한 기념을 가진 형태로 정리되었다고 이해하는 편이 타당하다. 물론 건립한 왕에 대해서는 전승

으로-」『韓國學報』 70, pp.198~199; 김선민, 2006, 「高句麗建國神話에 대한 廣開土王陵碑와 中國正史의 비교 연구」『東方學志』 134, p.6; 神崎勝, 1995, 「夫餘·高句麗の建國傳承と百濟王家の始祖傳承」『日本古代の傳承と東アジア』, 吉川弘文館, pp.268~274.

백제의 관련 기록은 I부 주86) 참조.

70 노태돈, 1999, 앞의 책, p.87.

에 따라 차이가 있을 수도 있겠으나, 기본적인 내용은 비슷하였을 것이다.

그런데 G가 일정 정도의 사실을 반영함에도, D-1에서 보이듯 현재 전하는 기록상 왕의 친사는 신대왕 3년(167)에 가서야 행해진다. 따라서 그사이 관련 기록이 없는 이유를 알아볼 필요가 있다. 시조묘 친사는 왕이 졸본으로 직접 행차하여 이루어졌다. 또 D-1·5·6·7·8에 나타나듯 도읍을 한 달이나 비워야 하였으므로, 왕권이 어느 정도 확립되어야 치러질 수 있다. 그런데 M-2에서도 알 수 있는 것처럼, 3세기만 하여도 연노부(소노부), 즉 비류나부가 왕실과는 별도로 종묘를 세울 수 있었다. 이는 당시 집권력이 궤도에 오르지 못하여 발생한 현상인데, 그러한 양상이 종묘에만 국한되었다고 보이지는 않는다. 즉 각각의 지배집단은 자신들이 시원으로 삼는 인물이 묻혔다고 전해지는 곳에 사당이나 무덤을 조영하였을 것이다. 왕권이 어느 정도 강화된 3세기에도 특정 집단이 제의 면에서 독자성을 지녔으므로, 그보다 앞선 시기에는 그러한 현상이 더욱 뚜렷하였으리라 짐작된다. 따라서 이때의 시조묘는 국가적 시조인 주몽을 대상으로 하였다기보다는, 계루부 왕실의 족조인 주몽에 대한 숭배로서의 측면이 강하였을 것이다.

이러한 왕실 차원의 시조묘 제사는 국가제사로서의 의미가 희박하였다. 더구나 당시 기록 문화가 그다지 발달하지도 않았으므로, 제사 시행 사례는 구두로 전해졌을 가능성이 크다. 그로 말미암아 전승 과정에서 시조묘의 건립이란 특정 사실은 기억되었을지라도, 세부적인 제사 행위는 잊게 되었던 것이 아닐까 한다. 모본왕에서 태조왕 사이에 역사적 단절성이 확인된다는 점은 대개 인정하는 바이며, 그 무렵 상당한 혼란상이 펼쳐진 것 같다.[71] 그 와중에 이전에 행한 제사 기록 상당수가 분실되었을 가능성도 있다. 즉 신대왕 시기 이전까지 친사 기록이 없는 것은 그것이 국가적인 차원에서 행해지지

---

71 노태돈, 1999, 위의 책, p.62; 여호규, 2014, 앞의 책, p.188.

않았을 뿐 아니라, 문자화 작업이 미비하였고 정치적 혼란까지 더해졌기 때문이라 하겠다.

그런데 태조왕 시기 전반부인 1세기 중·후반 부체제가 확립됨에 따라 왕권이 강화된다.[72] 나아가 태조왕 시기 후반기인 2세기 전반 왕실의 주도 아래 행해진 중국 군현 세력과의 상쟁은 규모가 상당하였고 전과를 거두었기에,[73] 왕권의 위상은 더욱 강해졌을 것이다. 신라에서 실제 시조묘가 건립된 것은 혁거세 집단에서 이사금을 연속적으로 배출하면서 권력이 안정된 파사이사금~아달라이사금 시기였으며,[74] 아달라이사금의 시조묘 중수(重修)[75]는 각 소국의 독자적 제천의례를 통합한 결과라 한다.[76] 시조묘가 집권력 강화에 따라 정비된 것이다. 고구려도 마찬가지로 태조왕 시기 이후 왕권이 이전보다 제고

---

72 노태돈, 1999, 위의 책, p.121.

73 『後漢書』卷4, 本紀 第4, 孝和帝 元興 元年, "秋九月, 遼東太守耿夔擊貊人, 破之"; 같은 책, 卷5, 本紀 第5, 孝安帝 建光 元年, "正月 幽州刺史馮煥 率二郡太守 討高句驪穢貊 不克 …… 夏四月 穢貊復與鮮卑寇遼東 遼東太守蔡諷追擊 戰歿 …… 冬十二月 高句驪馬韓穢貊圍玄菟城 夫餘王遣子與州郡幷力討破之"; 같은 책, 卷85, 列傳 第75, 東夷, 高句驪, "和帝元興元年春 復入遼東 寇略六縣 太守耿夔擊破之 斬其渠帥 安帝永初五年 宮遣使貢獻 求屬玄菟 元初五年 復與濊貊寇玄菟 攻華麗城 建光元年春 幽州刺史馮煥玄菟太守姚光遼東太守蔡諷等將兵出塞擊之 捕斬濊貊渠帥 獲兵馬財物 宮乃遣嗣子遂成將二千餘人逆光等 遣使詐降 光等信之 遂成因據險阨以遮大軍 而潛遣三千人攻玄菟遼東 焚城郭 殺傷二千餘人 於是發廣陽漁陽右北平涿郡屬國三千餘騎同救之 而貊人已去 夏 復與遼東鮮卑八千餘人攻遼隊 殺略吏人 蔡諷等追擊於新昌 戰歿 功曹耿耗兵曹掾龍端兵馬掾公孫酺以身扞諷 俱沒於陳 死者百餘人 秋 宮遂率馬韓 濊貊數千騎圍玄菟 夫餘王遣子尉仇台將二萬餘人 與州郡幷力討破之 斬首五百餘級"

74 金昌錫, 2007, 「신라 始祖廟의 성립과 그 祭祀의 성격」 『역사문화연구』 26, pp.209~211.

75 『三國史記』卷 第2, 新羅本紀 第2, 阿達羅尼師今 17年 2月, "重修始祖廟"

76 채미하, 2008, 『신라 국가제사와 왕권』, 혜안, pp.70~71.

됨에 따라, 시조묘 제사가 종전과 달리 거국적인 행사로 치러질 수 있는 여건을 갖추게 되었다고 보인다.

다만 『삼국사기』의 태조왕·차대왕 시기 기사를 보면 독자 전승 사료가 상대적으로 풍부하게 남았음에도 불구하고, 시조묘나 주몽에 관한 기록은 전하지 않는다. 따라서 이 무렵 장기간의 행차를 수반한 시조묘 친사가 행해졌다고 보기는 어렵다. 모본왕에서 태조왕으로의 계승에 단절적 측면이 있는 점을 생각하면 더욱 그러하다. D-1은 졸본을 오가는 제사 기록으로는 처음 나타난다. 그러므로 거국적인 시조묘 친사 또한 대략 그즈음 이루어졌다고 볼 수 있다. 부체제 확립 이후 일정 시간이 흐른 뒤 이러한 현상이 나타난 데는 어떠한 이유가 있을 것이다.

먼저 주목해 볼 점은 D-1에 1년 앞서는 신대왕 2년(166) 국상이 신설되었다는 사실이다.[77] 왕권은 국상을 매개로 각 부의 행정 실무를 국가 차원에서 총괄하게 되었다.[78] 왕권의 구심력이 종전보다 강화되었을 것이므로, 시조묘 친사가 행해지기 더욱 좋은 여건이 되었으리라 생각된다. 그러나 신대왕이 도읍을 떠나면서까지 시조묘에 친사한 이유를 이것만으로 보기에는 미흡한 감이 있다. 이에 신대왕 시기의 정치적 상황을 살펴보아야 한다.

『삼국사기』 고구려본기에 따르면 태조왕 말년부터 나타나는 차대왕 수성(遂成)의 이심(異心)과 그에 동조한 환나부(桓那部)·관나부(貫那部)·비류나부 세력의 움직임은 차대왕의 즉위로 귀결되었을 뿐 아니라, 태조왕의 아들인 막근(莫勤)과 막덕(莫德), 그리고 우보(右輔) 고복장(高福章)마저 죽음에 이르게 하였다. 그리고 이에 대한 반동으로 연나부의 명림답부에 의해 차대왕이 피살되고 신대왕이 즉위하였다. 당시 고구려는 상당한 혼란 속에 있었다.

---

77 『三國史記』 卷 第16, 高句麗本紀 第4, 新大王 2年 正月, "拜答夫爲國相 加爵爲沛者 令知內外兵馬兼領梁貊部落 改左右輔爲國相 始於此"

78 Ⅰ부 주125) 참조.

이러한 상황 속에 왕위에 오른 신대왕 측은 신속히 정국을 안정시킬 필요가 있었다. 신대왕 2년(166) 사면령을 내리고 차대왕의 태자 추안(鄒安)을 사면한 일[79]은 통합의 구심력을 높이고자 한 조치로 여겨지는데, 신대왕 재위 초에 행해진 시조묘 친사 또한 그와 무관치 않다고 유추된다. 그런데 신대왕은 태조왕·차대왕과 형제 사이로 기술된 점[80]에서도 알 수 있듯이, 혈연적으로 가까운 사이였던 것 같다.[81] 더욱이 신대왕 측은 태조왕의 후계자가 자신들임을 내세우기 위하여, 그가 집권하는 해까지 태조왕이 생존하였다는 전승을 만들었다.[82] 그러함에도 불구하고 태조왕이 아니라 그 이전 왕가, 이른바 추모왕계(鄒牟王系)의 첫 번째 왕에 대한 거국적인 제사를 단행하였다. 이유는 무엇일까.

이에 대하여 연나부를 견제하고 비류나부와 연대하기 위한 움직임이었다는 설[83]도 있다. 그런데 태조왕은 연나부의 부여계 세력과 계루부 왕실 일원,

---

79 『三國史記』卷 第16, 高句麗本紀 第4, 新大王 2年 正月, "下令曰 …… 宜推恩而及遠 遂與衆而自新 可大赦國內 …… 初明臨荅夫之難 次大王太子鄒安逃竄 及聞嗣王赦令 卽詣王門 …… 王卽賜狗山瀨婁豆谷二所 仍封爲讓國君"

80 『三國史記』卷 第16, 高句麗本紀 第4, 新大王 卽位, "新大王 諱伯固[固 一作句] 太祖大王之季弟"

81 태조왕과 차대왕은 형제지간이고 신대왕은 이들과 가까운 친족 관계로 보기도 하고(노태돈, 1999, 앞의 책, p.82), 이들 세 명이 적어도 동일 세대에 속하는 형제 관계일 것이라 여기기도 한다(여호규, 2014, 앞의 책, p.258). 한편 신대왕이 태조왕·차대왕과 부계 혹은 모계로 형제 관계일 것이라고도 본다(최일례, 2019, 「고구려 新大王의 즉위와 시조묘 제사 親行」『한국학연구』70, p.202).

82 노태돈, 1999, 위의 책, p.82.
관련 기록은 다음과 같다(『三國史記』卷 第15, 高句麗本紀 第3, 次大王 20年, "三月 太祖大王薨於別宮 年百十九歲 冬十月 椽那皁衣明臨荅夫 因民不忍弑王 號爲次大王").

83 최일례, 2019, 앞의 논문, pp.225~227.

차대왕은 환나부·관나부·비류나부, 신대왕은 연나부와 제휴하였다.[84] 차대
왕을 축출한 연나부는 신대왕과 대립적인 관계가 아닐뿐더러, 비류나부와 연
대하였던 차대왕은 정작 시조묘와 관련한 행적이 없다. 따라서 부 세력과의
관계 속에서 시조묘 친사의 배경을 이해하기는 쉽지 않다.

원인은 다른 데서 찾아야 하는데, 우선 왕실이나 집권층 내부에서 태조왕
을 존숭함에 한계가 있었기 때문이다. 신대왕이 추안을 사면한 일에서도 보이
듯, 당시에도 차대왕 세력이 상존하여 이를 완전히 제압하기 힘들었다. 그렇
기에 태조왕을 거국적으로 제사하기에는 그들의 반발을 염두에 두지 않을 수
없었을 것이다. 따라서 동요를 순조로이 가라앉히기 위하여 각 세력 간의 이
해가 저촉되지 않는 인물이 필요하였으리라 생각된다.

다음으로 태조왕의 사적이 인간적이었다는 데도 이유가 있다. 물론 태조
왕도 신이한 면모를 갖추었고,[85] 당시는 더욱 체계를 갖춘 전승이 존재하였
을 가능성도 없지 않다. 단 신화의 주인공처럼 이례적인 수준으로 보기는 쉽
지 않다.[86] 신라의 경우 그보다 더한 탄생담을 가진 군주도 있었고,[87] 백제 아

---

84 임기환, 2004, 『고구려 정치사 연구』, 한나래, pp.88~93; 여호규, 2014, 앞의 책,
   p.368.

85 『三國志』卷30, 魏書30, 烏丸鮮卑東夷, 高句麗, "其曾祖名宮 生而開目視 其國人
   惡之 及長大 過凶虐 數寇鈔 國見殘破";『三國史記』卷 第15, 高句麗本紀 第3, 太
   祖大王 卽位, "慕本王薨 太子不肖 不足以主社稷 國人迎宮繼立 王生而開目能視
   幼而岐嶷 以年七歲 太后垂簾聽政"

86 김기흥, 2005, 「고구려 국가형성기의 왕계」『고구려의 국가형성』, 고구려연구재
   단, p.226.

87 『三國史記』卷 第2, 新羅本紀 第2, 伐休尼師今 卽位, "伐休[一作發暉]尼師今立 姓
   昔 脫解王子仇鄒角干之子也 母姓金氏 只珍內禮夫人 阿達羅薨 無子 國人立之 王
   占風雲 預知水旱及年之豊儉 又知人邪正 人謂之聖"; 같은 책, 같은 권, 儒禮尼師
   今 卽位, "儒禮尼師今立[古記 第三第十四二王同諱 儒理或云儒禮 未知孰是] 助賁
   王長子 母朴氏 葛文王奈音之女 嘗夜行 星光入口 因有娠 載誕之夕 異香滿室"

신왕도 유사한 범주의 전승을 지녔다.[88] 그러나 이들을 시조나 그에 버금가는 격으로 제사하지 않은 것을 생각하면, 태조왕 또한 어디까지나 인군(人君)으로 여겨졌을 것이다.

태조왕은 중국 측 기록에도 궁(宮)으로 지칭되는 등 실존이 확실시되며, 당대의 인물이라 신화적인 요소가 부족하였다. 그렇기에 그의 제사를 통하여 갈등을 무마하기에는 한계가 있었다고 보인다. 더구나 그 자손(막근·막덕)이 차대왕에게 해를 입고, 집권 말년에 권력 누수 현상을 보이는 태조왕에게 인신(人神)으로서의 면모를 발견하기는 어렵다. 어떤 지배자에 대한 성대한 숭배는 피지배층에게 보이는 선전 효과도 상당하다. 태조왕은 실존한 군주였기 때문에 왕가에서 조상신으로서 제사할 수는 있었겠지만, 사회 저변으로까지 신성한 왕실의 권위를 내세우고 강조하기 위해서는 보다 비현실적이고 신이한 전승을 지닌 선대(先代)의 인물이 필요하였다.

그러한 요건에 충족되는 이가 추모왕계의 첫 번째 군주인 추모왕, 즉 주몽이다. 주몽에서 모본왕에 이르는 추모왕계에서 이후의 왕가인 태조왕계로의 교체는 계루부 내에서의 세력 변동이므로,[89] 주몽 또한 계루부의 일원이었다. 따라서 신대왕이 주몽을 제사하지 못할 이유는 없다. 물론 당시의 주몽 전승은 매우 소박한 형태였을 확률이 높다. 하지만 주몽은 당대인이 존재하기 훨씬 이전에 활약하였다고 믿어진 전설적 존재이자 계루부 왕실의 첫 번째 왕으로 기억되었으므로, 그 영향력은 상당하였을 것이다.

그런데 이러한 점을 인정하여도 정치적 배경만으로 거국적인 주몽 숭배가

---

88 『三國史記』卷 第25, 百濟本紀 第3, 阿莘王 卽位, "阿莘王[或云阿芳] 枕流王之元子 初生於漢城別宮 神光炤夜 及壯 志氣豪邁 好鷹馬"

89 노태돈, 1999, 앞의 책, pp.58~62, p.91; 김현숙, 2005, 『고구려 영역지배방식 연구』, 모시는사람들, p.56; 여호규, 2014, 앞의 책, pp.253~254; 김기흥, 2005, 앞의 논문, pp.244~246; 이귀숙, 2007, 「高句麗 初期의 王統變化와 朱蒙 始祖 認識의 成立」 『歷史敎育論集』 39, pp.151~158.

이루어졌다고 하기는 문제가 있다. 제사 행위는 사회 구성원의 의식세계와도 연관되기 때문이다. 따라서 장기간의 행차를 수반한 시조묘 친사가 시행된 바탕에는 왕실에서 주몽을 자신들의 구심점으로 인식하는 관념이 어느 정도 자리하였다고 보아야 한다.

신라에서는 탈해나 알지 집단의 군주도 혁거세를 모신 시조묘에 친사하였다. 이는 자신들 세력의 족조가 아니더라도 국가 공동체를 세웠다고 전하는 시조에 대한 제사가 가능하였음을 보여준다. 또 왕위 계승이 알지 집단 내부에서 독점적으로 이루어지던 소지마립간 9년(487) 신궁이 건립되는데,[90] 그 주신은 혁거세이다.[91] 혁거세가 족조를 넘어 국가 전체의 시조로 인식된 결과이다.

일본의 경우 5세기 중·후반의 카와치 왕권(河內王權)은 초기 야마토 왕권(大和王權)을 제압하고 주도권을 장악하였으나, 군사적 우위와는 별개로 타카미무스비노미코토(高皇産靈尊)를 비롯한 야마토 재지신(在地神)의 위세에 눌려

---

90 『三國史記』卷 第3, 新羅本紀 第3, 炤知麻立干 9年 2月, "置神宮於奈乙 奈乙始祖初生之處也"

91 李鍾泰, 1996, 「三國時代의 「始祖」認識과 그 變遷」, 국민대학교 박사학위논문, pp.137~140; 金杜珍, 1999, 『韓國古代의 建國神話와 祭儀』, 一潮閣, p.339; 나희라, 2003, 앞의 책, pp.140~148; 채미하, 2008, 앞의 책, pp.84~85.
이렇게 보는 이유는 『삼국사기』 제사지에서 시조묘의 주신이 '시조' 혁거세임을 밝힌 뒤, 신궁 또한 '시조'의 탄강지에 세웠다고 하였기 때문이다. 만일 신궁의 주신이 달랐다면, 종묘에 모셔진 시조가 미추이사금임을 기술한 것처럼 언급이 이루어졌어야 마땅하다. 아울러 『삼국사기』 찬자는 어떠한 사안에 관한 별도의 전승이 있다면 분주를 통해서라도 그것을 전하는데, 그러한 흔적도 없다. 따라서 신궁의 주신 또한 혁거세로 보는 편이 타당하다. 관련 기록은 다음과 같다(『三國史記』卷 第32, 雜志 第1, 祭祀, "按新羅宗廟之制 第二代南解王三年春 始立始祖赫居世廟 四時祭之 以親妹阿老主祭 第二十二代智證王 於始祖誕降之地奈乙 創立神宮 以享之 至第三十六代惠恭王 始定五廟 以味鄒王爲金姓始祖 以太宗大王文武大王 平百濟高句麗 有大功德 並爲世世不毀之宗 兼親廟二爲五廟").

자신들이 숭배하던 아마테라스오미카미(天照大御神)를 이세(伊勢)로 옮겨 제사하였다(遷祀).[92] 로디지아의 벰바국에서는 현 왕실이 혈연적 계보가 다른 이전 왕실로부터 권력을 빼앗아 집권하였음에도 똑같이 최초의 왕으로부터 자리를 이어받았다고 주장하였기에, 선조가 정확히 기억되고 그 성유물(聖遺物, sacred relics)은 보존되었다.[93] 또 고대 이집트에서는 합법적 계승자든 찬탈자든 일단 왕위에 오르면 역대 선왕을 모두 자신의 조상으로 인정하였다.[94]

이처럼 족조가 다른 세력이나 정복 집단, 혹은 찬탈자인 경우에도 국가의 시원이라 할 신격을 제사하였다. 그러므로 신대왕 측이 계루부 왕실의 뿌리로 여겨지던 주몽을 숭배하는 것은 자연스러운 일이다. 이와 관련하여 주목되는 사례가 탈렌시족인데, 평소 이들은 자신들이 속한 분파나 분절의 조상을 제사하였으나, 최대종족의 공통 조상인 신화적 시조도 제사하였다.[95] 고구려도 이와 비슷하지 않았을까 한다. 주몽은 계루부 전체의 조상신이었기 때문에, 태조왕계와 직접적인 혈연관계로 연결되지 않았다 하여도 그 권위가 인정되고, 제사 대상이 될 수 있었을 것이다.[96]

---

92 前川明久, 1980,「古代天皇の祭祀 -大嘗祭の成立と神話-」『歷史評論』366, pp.45~47.

93 Audrey I. Richards, 1940, *The Political System of the Bemba tribe : North-Eastern Rhodesia, African political systems*, Published for the International African Institute by the Oxford University Press, p.100.

94 H. W. Fairman, 1958, "The Kingship Rituals of Egypt", *Myth, Ritual and Kingship*, Oxford University Press, p.77.

95 Meyer Fortes, 1949, *The web of kinship among the Tallensi : the second part of an analysis of the social structure of a Trans-Volta tribe*, Published for the International African Institute by the Oxford University Press, p.154, p.282.

96 추모왕계에서 태조왕계로의 변화를 연노부(비류나부)에서 계루부로의 교체로

주 왕실의 시조인 후직(后稷)의 예에서 보이듯, 시조는 반드시 역사적 인격일 필요가 없었으며 신격을 갖춘 신화적 조상일 때도 상당하였다.[97] 넓은 의미의 조상 제사는 그 대상인 조상이 반드시 혈연적으로 연결되는 존재가 아니고, 부계 혈연 존속에 한정되는 좁은 관념도 아니었다.[98] 그러므로 신대왕의 시조묘 행차와 주몽 제사는 최소한 고구려 왕실에서 주몽을 자신들의 구심점으로 확고히 인식하였음을 말한다. 이는 신대왕의 시조묘 친사를 계기로 왕권에 의해 국가적으로 공인·강화되었고, 그 결과 주몽의 위상은 계루부의 전설적 조상이었던 데서 벗어나 국가 공동체 전체의 시조로서 자리매김하게 되었을 것이다. 친사 직후부터 그렇게 여기지는 않았을지 모르나, 제사가 계속 치러짐에 따라 그러한 관념이 점차 뿌리내렸으리라 생각된다.

이상과 같이 시조묘 건립 전승은 추모왕계 시대의 사실을 일정 부분 반영한다. 신대왕 시기에 이르면 장기간의 행차를 동반한 거국적인 시조묘 친사가 이루어지는데, 이는 상대적으로 왕권이 강화된 상태였기에 가능하였다. 단신대왕 시기란 특정 기간에 친사가 행해진 데는 동요를 무마하여 지배집단의 단결을 공고히 함과 함께, 피지배층에게 왕권의 신성함을 내세우려는 의도가 있었다. 아울러 이는 주몽을 자신들의 구심점으로 여기는 인식이 존재하였음

이해하여도(李鍾泰, 1990, 「高句麗 太祖王系의 등장과 朱蒙國祖意識의 성립」 『北岳史論』 2, pp.76~83; 김종은, 2003, 「고구려 초기 천도기사로 살펴본 왕실교체」 『淑明韓國史論』 3, pp.43~49; 권순홍, 2015, 앞의 논문, pp.216~220) 마찬가지다. 앞서 신라와 고대 일본 및 이집트, 그리고 벰바국의 사례를 보면, 주몽은 부(部)가 다를지언정 국가 공동체의 첫 군주이자 전설적 존재로 여겨졌을 것이기에, 그에 대한 일정한 숭배 기조는 존재하였다고 보는 편이 자연스럽지 않을까 한다.

97 諸戶素純, 1972, 앞의 책, p.15, p.138, p.160, p.164, p.168.

98 張籌根, 1983, 「韓國 民間信仰의 祖上崇拜 -儒教 祭禮 以外의 傳承 資料에 對하여-」 『韓國文化人類學』 15, p.80.

을 보여준다. 그러한 흐름은 시조묘 친사를 통하여 왕권에 의해 국가적으로 공인·강화되었다. 이후 관련 기록이 이어지고 있으므로, 대략 이 무렵부터는 시조묘 제사가 국가제사로 자리매김하였다 하겠다. 그 역할과 기능은 무엇이었을까. 이에 대해서는 다음 장에서 살펴보겠다.

2. 전기 친사

1) 즉위의례적 성격과 왕위 계승

D-1~8에서 보이듯 시조묘 제사 기사는 왕이 직접 행한 사례만 남아 있다. 신라 시조묘의 경우도 『삼국사기』 신라본기에는 친사 기록만 전하나, 제사지를 통하여 왕이 친사하지 않을 때도 왕실 여성에 의해 제의가 행해졌음을 알 수 있다.[99] 고대 일본에서는 왕족 여성을 재궁(齋宮)에 임명한 뒤 중요 제장인 이세신궁(伊勢神宮)에서 아마테라스오미카미를 모시게 하였다. 고구려도 마찬가지였을 것이다. 친사하지 않을 시 방치되었으리라고 보기는 어렵기 때문이다. 신라나 고대 일본처럼 왕의 친족이 대행하였을 가능성도 있다.[100]

D-1~5까지는 2~4세기에, D-6~8은 6세기 이후에 행해진 일이다. 시기적으로 양분된다. 그러므로 이하에서는 D-1~5를 '전기 친사', D-6~8을 '후기 친사'라 칭하기로 한다.

그런데 D-4를 제외한 나머지 사례는 즉위 후 2~3년 안에 이루어졌다. 『삼국사기』는 왕이 즉위한 해를 치세의 원년으로 보는 즉위년칭원법(即位年稱元法)에 따라 기재되었으므로 왕위에 오른 다음 해부터 그렇게 여기는 유년칭원

---

99 주91) 참조.

100 徐永大, 1997, 「韓國古代의 宗敎職能者」 『韓國古代史硏究』 12, pp.218~219.

법(踰年稱元法)에 근거한다면, 즉위년 혹은 그 이듬해에 친사가 이루어진 셈이다. 종래 시조묘 친사를 즉위의례의 범주로 이해한[101] 이유는 여기에 있다. 다만 특수한 경우에 행해졌다고 보기도 한다.[102] 따라서 이를 명확히 할 필요가 있는데, 만일 후자라면 친사에 얽힌 어떤 변화의 조짐이 읽혀야 할 것이다. 이에 『삼국사기』 고구려본기에서 친사 및 그 전후 기사를 정리하면, 〈표 4〉와 같다.

이를 보면 전기 친사는 실시 전후로 별다른 정계 개편이나 정책 기조 변화의 조짐을 읽어 내기가 쉽지 않다. 물론 신대왕·중천왕의 사례를 주목할 수도 있다. 먼저 신대왕의 친사는 전왕의 아들(추안)을 사면하고 새로운 관직(국상)을 신설하는 정치적 변화에 이어 행해졌기에 일반적인 즉위의례가 아닐지도 모른다. 그러나 앞서 살펴본 것처럼, 이때의 시조묘 제사를 기점으로 거국적인 의례로 거듭났기에 이후의 경우와 결을 달리하여 바라보아야 한다. 다음으로 중천왕의 친사는 그 전년의 승전을 시조에게 알리기 위한 일로 여겨지기에 특별한 목적 아래 치러진 것은 맞다. 하지만 이는 재위 초반의 사건이 아니므로 논외 사항이며, 흰 노루의 포획은 친사로부터 2년 뒤에 일어났기에 연관성도 약하다. 따라서 새로운 왕의 즉위로부터 머지않은 시기에 이루어진 친사가 어떠한 특별한 의도와 결부되어 있다고 보기는 어렵다.

---

101 최광식, 1994, 『고대한국의 국가와 제사』, 한길사, p.181; 井上秀雄, 1978, 앞의 책, p.110; 전덕재, 2003, 「신라초기 농경의례와 공납의 수취」『강좌 한국고대사2 : 고대국가의 구조와 사회(1)』, 가락국사적개발연구원, p.362; 서영대, 2007, 「토착 신앙과 풍속 문화」『고구려의 문화와 사상』, 동북아역사재단, p.39.

102 최일례, 2015, 앞의 박사학위논문, pp.2~5, pp.11~12, pp.55~56; 朴賢淑, 1999, 「三國時代 祖上神 觀念의 形成과 그 特徵」『史學研究』 58·59, pp.112~113; 閔喆熙, 2002, 「高句麗 陽原王·平原王代의 政局變化」『史學志』 35, pp.79~80; 朴承範, 2002, 앞의 논문, pp.115~124; 鄭媛朱, 2013, 「安藏王의 始祖廟 親祀와 政局運營」『白山學報』 96, p.185.

〈표 4〉 시조묘 친사와 전후 기사

구분	왕	직전 기사	친사 기사	직후 기사
전기 친사	신대왕	2년(166) 정월, 추안 사면 및 명림답부 국상 임명	3년(167) 9월, 시조묘 제사/ 10월, 환도(還都)	4년(168), 현도군 침입
	고국천왕	2년(180) 2월, 우씨 왕후 책봉	2년(180) 9월, 시조묘 제사	4년(182) 3월 갑인, 붉은 기운이 태미(太微) 통과
	동천왕	원년(227) 5월, 즉위 및 인적 사항	2년(228) 2월, 시조묘 제사 및 대사(大赦)	2년(228) 3월, 우씨 왕태후 책봉
	중천왕	12년(259) 12월, 양맥(梁貊) 골짜기에서 조위군 격파	13년(260) 9월, 시조묘 제사	15년(262) 7월, 기구(箕丘)에서 흰 노루 포획
	고국원왕	미천왕 32년(331) 2월, 즉위	2년(332) 2월, 시조묘 제사 및 진급 (賑給)/ 3월, 환도	4년(334) 8월, 평양성 증축
후기 친사	안장왕	2년(520) 9월, 양과 교섭	3년(521) 4월, 시조묘 제사/ 5월, 환도하며 경로의 빈민 구제	5년(523) 봄, 가뭄
	평원왕	2년(560) 2월, 북제 폐제의 책봉	2년(560) 2월, 시조묘 제사/ 3월, 환도하며 경로의 죄수 사면	3년(561) 4월, 이조(異鳥)의 궁정 운집
	영류왕	2년(619) 2월, 당과 교섭	2년(619) 4월, 시조묘 제사/ 5월, 환도	4년(621) 7월, 당과 교섭

그 점은 다른 경우도 마찬가지다. 고국천왕이 부인 우씨를 왕후로 세운 일
은 뒤에서 서술하듯, 춘계에 정치적 결정을 하던 재래의 전통에 기인한 것이
다. 우씨는 연나부 출신이다.[103] 그런데 신대왕 집권과 함께 득세한 연나부 세
력은 고국천왕 12년(190) 9월 좌가려(左可慮)의 난 이전까지 권세를 유지하였
다.[104] 그러므로 시조묘 친사로 인하여 정국의 추이가 변하였다고 보기 힘들

---

103 『三國史記』卷 第16, 高句麗本紀 第4, 故國川王 2年 2月, "立妃于氏爲王后 后
掾那部于素之女也"

104 『三國史記』卷 第16, 高句麗本紀 第4, 故國川王 13年 9月, "京都雪六尺 中畏大

다. 추후 언급하겠으나 동천왕이 시조묘 친사 뒤 우씨를 왕태후로 세운 일 또한 친사에 수반하여 이루어진 결정이다. 이를 전후로 정국을 일신하였다고 여기기 어렵다. 고국원왕도 다르지 않다. 평양성(平壤城) 증축은 친사로부터 2년 6개월 뒤에 일어났기에 시조묘 친사와 직접적인 관련성이 낮다.

요컨대 4세기까지 이루어진 전기 친사는 왕의 즉위로부터 오래지 않아 행하였을 때 그것을 계기로 별다른 변화의 조짐이 없었다. 따라서 관례에 따라 치러진 의례였다고 볼 수 있다. 그렇다면 기본적인 성격은 역시나 즉위의례로 이해하는 편이 타당하다.

동아시아의 즉위의례는 크게 보아 두 차례에 걸쳐 이루어졌다. 중국의 경우 한대(漢代)에는 선왕의 관 앞에서 이루어지는 구전즉위(柩前卽位)에 이어 종묘에 가서 알리는 알묘의례(謁廟儀禮)가 행해졌고,[105] 당대(唐代) 전반기에는 구전즉위 이후 추가로 교사가 치러졌으며, 후반기에 이르면 교사에 앞서 노자를 모신 태청궁(太淸宮)과 태묘에 대한 제사까지 함께 이루어졌다.[106] 일본에서는 즉위의(卽位儀)라고도 불리는 즉위식에 이어 해당 연도나 이듬해 11월에 다이조사이가 행해졌다.[107] 신라 역시 선왕의 사망 직후 이루어지는 1차적

夫沛者於畀留評者左可慮 皆以王后親戚 執國權柄 其子弟並恃勢驕侈 掠人子女 奪人田宅 國人怨憤 王聞之 怒欲誅之 左可慮等與四椽那謀叛"

105 西嶋定生, 1975, 「漢代における卽位儀禮 -とくに帝位繼承のばあいについて-」『榎博士還暦記念東洋史論集』, 山川出版社; 2002, 『東アジア史論集』, 岩波書店, p.98, pp.109~111; 尾形勇, 1982, 「中國の卽位儀禮」『東アジアにおける日本古代史講座9 : 東アジアにおける儀禮と國家』, 學生社, pp.37~45.

106 金子修一, 1978, 「中國古代における皇帝祭祀の一考察」『史學雜誌』 87-2, pp.38~56; 八木充, 1982, 「日本の卽位儀禮」『東アジアにおける日本古代史講座9 : 東アジアにおける儀禮と國家』, 學生社, pp.62~66.

107 井上光貞, 1984, 『日本古代の王權と祭祀』, 東京大學出版會, pp.59~162.

즉위의례와 함께, 시조묘 혹은 신궁 친사로 대표되는 2차적 즉위의례가 있었다.[108] 고구려도 크게 다르지 않았으니, 관련 기록은 다음과 같다.

> H-1. 차대왕이 피살되자 좌보(左輔) 어지류(菸支留)가 여러 인사(公)와 의논하여 사람을 보내 (백고를) 맞아들였다. (그가) 이르자 어지류가 무릎을 꿇고 국새를 바치며 아뢰었다. "선왕이 불행하게도 세상을 뜨시고(棄國), 비록 아들이 있으나 나라를 감당할 수 없습니다. 무릇 사람들의 마음이 지극히 어진 이에게 돌아갔음에, 삼가 절하며 머리를 조아려 왕위에 오르시기를 청하옵니다." 이에 (백고는) 엎드려 세 번 사양한 다음 즉위하니, 이때 나이가 77세였다.[109]

> H-2. 창조리(倉助利)가 여러 사람의 마음이 모두 같은 것을 알고, 마침내 함께 (봉상)왕을 폐위하여 별실에 가두고 병사들로 주위를 지키게 하였다. 드디어 왕손을 맞이하여 새수(璽綬)를 올리니 왕위에 올랐다.[110]

H-1은 차대왕 피살 이후 신대왕이 즉위까지의 사정을, H-2는 봉상왕 축출 뒤 미천왕이 등극하기까지의 그것을 전한다. 전위(傳位)든 양위(讓位)든 역대

---

108 나희라, 2003, 앞의 책, pp.84~86, p.94; 金宅圭, 1981, 「新羅上代의 王位繼承儀式과 嘗祭에 對한 管見」『韓國古代文化와 隣接文化와의 關係』, 韓國精神文化研究院, p.283; 崔在錫, 1986, 「新羅의 始祖廟와 神宮의 祭祀 -그 政治的・宗敎的 意義와 變化를 중심으로-」『東方學志』50, pp.39~40; 채미하, 2013, 「한국 고대의 宮中儀禮 -卽位禮와 朝賀禮를 중심으로-」『사학연구』112, pp.114~120.

109 『三國史記』卷 第16, 高句麗本紀 第4, 新大王 卽位, "及次大王被弑 左輔菸支留與群公議 遣人迎致 及至 菸支留跪獻國璽曰 先君不幸棄國 雖有子 不克有國家 夫人之心 歸于至仁 謹拜稽首 請卽尊位 於是 俯伏三讓而後卽位 時年七十七歲"

110 『三國史記』卷 第17, 高句麗本紀 第5, 美川王 卽位, "助利知衆心皆同 遂共廢王幽之別室 以兵周衛 遂迎王孫 上璽綬 卽王位"

고구려왕은 이와 유사한 과정, 즉 국새(國璽)나 새수(璽綬)와 같은 왕권의 상징
물을 받고 즉위하였을 것이다. 한대에는 구전즉위 이후 종묘를 친히 배알(拜
謁)하였는데, 이때 새수 등 어보(御寶)의 수여가 중시되었다.[111] 시조묘와 종묘
라는 차이는 있으나 양상은 유사하다. 뒤에서 다루겠지만, 고구려에서는 중국
과의 계속된 교류로 인하여 한대 문물에 대한 거부감이 크지 않았다. 이 또한
그 연장선에서 파악할 수 있다. 이것이 1차 즉위의례이다.[112] 이후 국왕은 즉
위로부터 머지않은 해에 시조묘 친사를 행함으로써, 왕위 계승을 안팎에 공포
하였던 것으로 추정된다. 그렇다면 시조묘 친사는 2차 즉위의례의 성격을 갖
는다.

이러한 의례를 통하여 즉위한 왕은 권위의 정통성과 앞으로 펼쳐질 통치의
정당성을 시조왕의 신성(神性)으로부터 부여 · 보장받을 수 있었을 것이다. 즉
왕의 재위 초반에 행해진 시조묘 친사는 2차 즉위의례로서 즉위의례의 완결
이란 의미를 지녔다. 그런데 종교적 의례는 정치적인 기능도 지녔으므로,[113]
시조묘 친사는 당시의 여건 또한 일정 부분 반영한다고 보아야 한다.

『삼국사기』 고구려본기에 따르면 이 무렵 모반의 대상자는 모두 왕의 근
친이었다. 산상왕 즉위 시(197) 왕형(王兄) 발기의 반발[114]과 중천왕 원년(248)
11월 왕제(王弟) 예물(預物) · 사구(奢句)의 모반[115] 및 서천왕 17년(286) 2월 왕

---

111 金子修一, 2001, 『古代中國と皇帝祭祀』, 汲古書院, pp.206~207.

112 유럽의 대관식에서는 왕권을 상징하는 보기(寶器)의 전수 및 왕의 선언 등이
     이루어지는데, 이를 1차 즉위의례로 볼 수 있다.

113 Ted C. Lewellen, 1998, 앞의 책, p.100.

114 『三國史記』卷 第16, 高句麗本紀 第4, 山上王 卽位, "延優從之 王后執手入宮 至
     翌日質明 矯先王命 令羣臣立延優爲王 發歧聞之大怒 …… 延優閉門三日 國人
     又無從發歧者 …… 發歧聞之 不勝慙悔 奔至裴川 自刎死"

115 『三國史記』卷 第17, 高句麗本紀 第5, 中川王 元年 11月, "王弟預物奢句等謀叛

제 일우(逸友)·소발(素勃)의 역모[116] 등이 그것이다. 또 봉상왕은 즉위한 해(292) 숙부 달가를, 이듬해(293) 왕제 돌고(咄固)를 모반의 혐의가 있다고 죽였다.[117] 왕에게는 근친이 위협세력으로 여겨졌으며, 갓 즉위한 계승자의 위상이 견고하지 못하였음을 반영한다.

추방사회(酋邦社會, chiefdom society) 및 초기국가(early state, primitive state)에서는 지배권을 최적자가 승계하는 것이 일반적이었는데, 상당 기간 형제 계승이 이루어진 이유는 성숙도와 실력 면에서 왕자보다 왕제를 선호하는 분위기가 있었기 때문이다.[118] 해당 시기 고구려 왕위는 부자 상속으로 이어졌으나, 형제 상속의 유풍도 있었다.[119] 그러므로 위 사건들은 왕위가 왕의 혈족 가운데 능력자에게 먼저 돌아가야 한다는 기존 인식이 남아 있었음을 말한다. 그러한 사조가 강하게 드러나는 사례가 바로 우간다 지역의 앙콜국이다. 왕위 계승자는 기본적으로 전왕의 혈족 가운데 가장 강해야 하였으며, 후보군에 속한 인물 사이의 치열한 상쟁 끝에 살아남은 한 사람이 왕위에 오를 수 있었다.[120]

伏誅"

116 『三國史記』卷 第17, 高句麗本紀 第5, 西川王 17年 2月, "王弟逸友素勃等二人謀叛 詐稱病往溫湯 與黨類戲樂無節 出言悖逆 王召之僞許拜相 及其至 令力士執而誅之"

117 『三國史記』卷 第17, 高句麗本紀 第5, 烽上王 元年 3月, "殺安國君達賈 王以賈在諸父之行 有大功業 爲百姓所瞻望 故疑之謀殺"; 같은 책, 같은 권, 같은 왕 2年 9月, "王謂其弟咄固有異心 賜死 國人以咄固無罪 哀慟之 咄固子乙弗 出遯於野"

118 Ted C. Lewellen, 1998, 앞의 책, pp.121~125.

119 李基白, 1959, 「高句麗王妃族考」『震檀學報』20, pp.92~93.

120 K. Oberg, 1940, "The Kingdom of Ankole in Uganda", *African political systems*, Published for the International African Institute by the Oxford University Press, pp.157~159.

이와 같은 관념은 신화나 전승에서도 잘 나타난다. 일본 개국 신화에서 진무 천황(神武天皇)은 역경을 이겨내고 동정(東征)을 성공리에 끝마쳐 첫 번째 군주가 되지만, 다른 형제들은 중도에 탈락하고 만다. 이는 하늘과 물을 지배할 수 있는 능력을 겸비한 자가 왕위에 오를 수 있고, 같은 혈족일지라도 시련을 이겨내지 못하면 현실 세계에서 방출됨을 말한다. 즉 초창기 왕은 그 지위에 오를 때까지 비슷한 여건을 가진 자와의 엄정한 경쟁에서 참고 이겨내야 하였음을 보여주는 이야기다.[121]

고구려의 경우 이를 잘 보여주는 것이 유리명왕의 자식에 얽힌 에피소드다. 원래 태자였던 도절(都切)은 부여에 볼모로 가는 것을 두려워하여 부여왕 대소(帶素)의 노여움을 샀고,[122] 도절 사후 새롭게 태자가 된 해명은 황룡국(黃龍國)을 향해 지나치게 자국의 힘을 과시하다 왕명을 받아 자결하였다.[123] 그리고 왕자 여진(如津)은 익사하였다.[124] 도절에게는 용기가, 해명에게는 이웃 나라와의 외교를 유연하게 유지할 수 있는 지혜가, 여진에게는 위해를 극복할 수 있는 능력이 결핍되었음을 말해준다. 반면 무휼(無恤)은 연소함에도 부여 사신을 언변으로 제압하는가 하면, 내침한 부여군을 학반령(鶴盤嶺)에서 대파

---

121 井上秀雄, 1978, 앞의 책, pp.28~29.

122 『三國史記』卷 第13, 高句麗本紀 第1, 瑠璃明王 14年 正月, "扶餘王帶素, 遣使來聘 請交質子 王憚扶餘强大 欲以太子都切爲質 都切恐不行 帶素恚之"

123 『三國史記』卷 第13, 高句麗本紀 第1, 瑠璃明王 20年 正月, "王太子解明在古都 有力而好勇 黃龍國王聞之 遣使以强弓爲贈 解明對其使者 挽而折之曰 非予有力 弓自不勁耳 黃龍王慙 王聞之怒 告黃龍曰 解明爲子不孝 請爲寡人誅之"; 같은 책, 같은 권, 같은 왕 28年 3月, "王遣人謂解明曰 吾遷都 欲安民以固邦業 汝不我隨 而恃剛力 結怨於隣國 爲子之道 其若是乎 乃賜劍使自裁 太子卽欲子殺"

124 『三國史記』卷 第13, 高句麗本紀 第1, 瑠璃明王 37年 4月, "王子如津溺水死 王哀慟 使人求屍不得 後沸流人祭須得之 以聞 遂以禮葬於王骨嶺 賜祭須金十斤·田十頃"

하는 등 지혜와 용기를 두루 갖춘 인물로 나오며, 얼마 뒤 태자가 되어 훗날 왕위에 오른다.[125] 이는 왕위 계승 후보자 중 가장 출중한 인물이 왕이 되어야 한다는 믿음을 반영한 전승이다.

또 대무신왕의 원비(元妃)는 왕자 호동(好童)이 차비(次妃)의 아들임에도 불구하고 왕의 총애를 받았기 때문에, 태자가 될까 염려한 나머지 그를 무고하여 죽음에 이르게 하였다.[126] 이 전승은 첫째 부인의 아들이 아니더라도 태자에 오를 수 있었음을 보여준다. 이들은 사실 여부를 떠나, 왕위가 능력의 경쟁을 통해 우월한 자에게 돌아가야 한다는 의식이 있었음을 전한다. 바꿔 말하면 태자라도 그 위치가 고정불변한 것이 아니었다.[127]

6세기 초엽이래 7세기 후반까지 일본에서는 대형제(大兄制)가 행해졌는데, 대형(大兄)은 대개 각 후비(后妃)의 첫 번째 아들로서 태자의 전신에 해당하는 왕위 계승 예정자였다. 하지만 일단 대형이 되었어도 대왕(大王)의 죽음과 함께 일어나는 권력 상쟁으로 그 지위가 전복되어 왕위에 오르지 못하는 경우

---

125 『三國史記』卷 第13, 高句麗本紀 第1, 瑠璃明王 28年 8月, "時王子無恤 年尚幼少 聞王欲報扶餘言 自見其使曰 我先祖神靈之孫 賢而多才 大王妬害 讒之父王 辱之以牧馬 故不安而出 今大王不念前愆 但恃兵多 輕蔑我邦邑 請使者歸報大王 今有累卵於此 若大王不毀其卵 則臣將事之 不然則否 扶餘王聞之 徧問群下 有一老嫗 對曰 累卵者危也 不毀其卵者安也 其意曰 王不知己危 而欲人之來 不如易危以安而自理也"; 같은 책, 같은 권, 같은 왕 32年 11月, "扶餘人來侵 王使子無恤率師禦之 無恤以兵小 恐不能敵 設奇計 親率軍伏于山谷 以待之 扶餘兵直至鶴盤嶺下 伏兵發 擊其不意 扶餘軍大敗 棄馬登山 無恤縱兵盡殺之"; 같은 책, 같은 권, 같은 왕 33年 正月, "立王子無恤爲太子 委以軍國之事"

126 『三國史記』卷 第14, 高句麗本紀 第2, 大武神王 15年 11月, "王子好童自殺 好童 王之次妃曷思王孫女所生也 顏容美麗 王甚愛之 故名好童 元妃恐奪嫡爲太子 …… 乃伏劍而死"

127 이와 관련하여 초창기에는 전왕과의 혈연관계보다 군주의 자질을 입증해야만 왕위를 물려받을 수 있었다는 견해(여호규, 2014, 앞의 책, pp.241~252)도 참조된다.

가 적지 않았다. 대형의 정립과는 별개로 대왕 사후의 새로운 합의에 따라 다른 인물이 왕이 될 수 있었다. 이때 신왕은 천궁(遷宮)을 포함한 즉위의례를 매개로 통치의 정당성을 드러냈다.[128]

당시 고구려에서도 태자의 지위가 확고하지 못하였고, 이것이 즉위 후 근친의 불복으로 이어졌다. 이러한 시대적 정황 하에 즉위한 신왕은 시조묘 친사를 통하여 자신의 혈통과 권위가 시조와 닿아 있음을 천명함으로써, 더욱 원활한 집권을 기원하였다고 보인다. 즉 전기 친사는 왕위의 안정적 승계를 지향하던 국왕에게 통치의 권위를 부여하였다. 군주나 수장이 초월적 존재로부터 지배권을 받았다고 강조하여 그 힘의 권위를 확보하는 것은 보편적인 현상이다.[129] 고대 중국에서 정치권력의 성장 요인 중 하나는 제사의 독점이었는데,[130] 고구려왕 또한 시조묘 제사의 주도권을 장악하여 집권력 강화를 도모하였을 것이다. 새로운 군주의 권위가 절대적이지 못한 상황에서 그것은 단순히 의례에 그치지 않고 실제적 권력을 담보하였다.

이상과 같이 2세기 후반부터 4세기까지 행해진 전기 시조묘 친사는 대개 즉위의례로서 기능하였다. 해당 의례를 통하여 신왕은 정통성을 인정받고 권위를 강화하였다. 이는 당시 왕위 계승자의 지위가 다소 불안정했던 정황 아래서, 신왕이 시조로부터 이어지는 정당한 권위를 확보하여 국내 통치를 원활히 하는 정치적인 기능도 담당하였다. 그런데 시조묘 제사가 행해진 달은 하나로 고정된 것이 아니었다. 그 의미에 대해서는 이어서 다뤄보겠다.

---

128 八木充, 1982, 앞의 논문, pp.54~57.

129 黃善明, 1982, 『宗敎學槪論』, 종로서적, p.63.

130 K. C. Chang(張光直), 1983, *Art, Myth, and Ritual : The Path to Political Authority in Ancient China*, Harvard University Press; 李徹 옮김, 1990, 『신화·미술·제사』, 東文選, p.26.

2) 제사 시기의 의미와 시조의 위상

D-1~5에 보이듯 전기 친사는 2월과 9월에 행해졌다. 이에 대하여 9월 제사는 수확제, 2월 제사는 예축제로 보기도 한다.[131] 시조묘 제사의 농경의례적 성격을 완전히 무시할 수는 없다. 단 왕권과 결합하였기에, 그렇게만 바라보기에는 무리가 있다. 원초적인 수확제, 즉 초수의례(初穗儀禮)에서 발전한 고대 일본의 다이조사이와 니나메사이는 왕권과 결부된 국가행사가 된 이후, 정치적 복속의례를 수반하는 등 복잡한 의미를 지니게 되었다.[132] 캄보디아의 궁정 수확의례였던 도산의례(稻山儀禮) 역시 민간의 도미의례(稻米儀禮)에 왕권이 녹아든 것이었다.[133] 그리고 중국 상주 시대의 왕실 제사 또한 신석기 시대 이래의 농경의례에 바탕을 두었다.[134] 시조묘 친사가 국가제사란 사실을 고려하면, 거기에는 농경의례를 넘어서는 모종의 함의가 있을 것이다.

우선 9월과 관련해서는 F-2·3이 주목된다. 이를 보면 시조 주몽이 9월에 죽었다는 전승이 존재하였음을 알 수 있는데, 이달이 시조묘 친사 시기와 일치한다. 따라서 주몽이 죽었다는 달에 의례가 행해졌을 것이란 추정이 가능하다. 단 그렇게 생각하기 위해서는 시조왕의 죽음이 갖는 의미를 알아보아야 한다.

신라 시조 혁거세는 사후 사체가 분리되어 이를 각기 매장하였다는 전승이

---

131 井上秀雄, 1978, 앞의 책, pp.109~110.

132 松前健, 1998a, 『王權祭式論』, あうふう, p.239; 李啓煌, 2004, 「일본 고대 국가의례 연구서설 -즉위의례와 다이죠오사이(大嘗祭)를 중심으로-」『日本歷史研究』19, pp.33~44; 上田正昭, 1975, 「古代の祭祀と儀禮」『岩波講座 日本歷史』1, 岩波書店, pp.353~354.

133 三品彰英, 1973, 『古代祭政と穀靈信仰』, 平凡社, pp.154~156.

134 岡村秀典, 2005, 『中國古代王權と祭祀』, 學生社, p.194.

있다.[135] 그런데 그와 유사한 이야기, 즉 신이나 왕의 절단된 유해가 여기저기 뿌려져 각기 다른 장소에 묻혔다는 전설은 각지에서 많이 보인다. 이는 풍작과 다산을 보증하기 위하여 군주나 주술사의 육체를 잘라 그 단면을 여러 지방에 매장하던 관습을 나타낸 것으로,[136] 대지의 풍요를 유지하기 위해서는 신이한 존재의 죽음과 재생이 필요하다는 일종의 풍요 신화이다.[137] 그러므로 혁거세의 이적 또한 시조의 죽음이 풍작을 가져온다고 믿었던 신라인의 의식 세계를 반영한 것으로서, 그의 농경신으로서의 성격을 보여준다.[138]

그밖에 신이한 인물의 사체에서 작물이 생겨났다는 이른바 시체화생(屍體化生) 전승 또한 전설적 존재의 죽음이 풍요를 초래한다는 관념에 기인한다.[139] 가장 대표적인 사례는 인도네시아 웨말레족(Wemale族)의 하이누웰레(Heinuwelle) 이야기인데, 일본의 보식신(保食神) 설화나 조몬 시대(繩文時代)의 파괴된 모신상(母神像) 등도 유사한 맥락으로 파악할 수 있으며,[140] 한국 설화

---

135 『三國遺事』卷1, 紀異 第1, 新羅始祖赫居世王, "理國六十一年 王升于天 七日後 遺體散落于地 后亦云亡 國人欲合而葬之 有大蛇逐禁 各葬五體爲五陵 亦名蛇陵 曇嚴寺北陵是也"

136 三品彰英, 1973, 앞의 책, pp.151~152; J. G. Frazer, 1957, *The Golden Bough 2 vols. Abridged Edition*, The Macmillan Company; 張秉吉 옮김, 1990, 『황금 가지II』, 三省出版社, pp.24~27.

137 각종 풍요 신화에 대해서는 이경재, 2002, 『신화해석학』, 다산글방, pp.183~191 참조.

138 서대석, 2002, 『한국신화의 연구』, 집문당, p.109, pp.417~418.

139 大林太良(兒玉仁夫·權泰孝 옮김), 1996, 『신화학입문』, 새문社, pp.126~131; 吉田敦彦·古川のり子(양억관 옮김), 2005, 『일본의 신화』, 황금부엉이, pp.271~277 참조.

140 吉田敦彦·古川のり子(양억관 옮김), 2005, 위의 책, pp.269~271, pp.277~280.

에서도 비슷한 사례가 엿보인다.[141]

　이상의 예는 신이한 인물이나 농경신·생산신의 죽음이 풍요를 가져온다는 고대인의 의식세계를 전한다. 풍작이 절대적으로 중요하였기에, 신성시한 존재를 풍요의 기원자로 여기는 경우가 드물지 않았던 것이다. 주몽 역시 모친에게 곡모신(穀母神, god of grain)의 모습이 있었음[142]과 함께, 자신도 농경신적 면모를 지녔다. 다음은 관련 기록이다.

> I-1. 주몽이 이에 오이(烏伊)·마리(摩離)·협보(陝父) 등 세 명과 친구가 되어 가다가 엄사수(淹淲水)[일명 개사수(蓋斯水)라고도 하는데, 지금의 압록강 동북쪽에 있다]에 이르러 건너려고 하였으나 다리가 없었다. 추격해 오는 병사들이 닥칠까 두려워 물에 고하여 말하였다. "나는 천제의 아들이요, 하백의 외손이다. 오늘 도망하여 달아나는데 추격자들이 다가오니 어찌하면 좋은가?" 이에 물고기와 자라가 떠올라 다리를 만들었으므로 주몽이 건널 수 있었다. (이후) 물고기와 자라가 곧 흩어지니 추격해 오던 기병들은 건널 수 없었다.[143]

---

141 김화경, 2002, 『일본의 신화』, 문학과지성사, pp.127~134.

142 三品彰英, 1973, 앞의 책, pp.49~50, pp.190~203; 金哲埈, 1971, 「東明王篇에 보이는 神母의 性格에 대하여」『惠庵柳洪烈博士 華甲紀念論叢』, 探求堂, p.6.

143 『三國史記』卷 第13, 高句麗本紀 第1, 東明聖王 卽位, "朱蒙乃與烏伊摩離陝父等三人爲友 行至淹淲水[一名盖斯水 在今鴨綠東北] 欲渡無梁 恐爲追兵所迫 告水曰 我是天帝子 何伯外孫 今日逃走 追者垂及如何 於是 魚鼈浮出成橋 朱蒙得渡 魚鼈乃解 追騎不得渡"
이 에피소드는 「왕비문」과 『위서』 고구려전 및 『구삼국사』 일문의 그것과 기본적으로 유사하다. 단 『구삼국사』에서는 주몽이 강을 건너기에 앞서 '활로 물을 치는(以弓打水)' 행위가 기술되었고, 천제나 일(日)의 아들이 아니라 손자라 한 점에서 차이가 있다. 전자는 『논형』이나 『위략』에 전하는 부여 건국 신화에서 시조 동명이 강을 건널 때 활로 물을 쳤다는(以弓擊水) 모티프가 고구려 건국 신화에 결합된 모양새고, 후자는 천제의 아들이라 한 해모수를 부친으로 본

I-2. 주몽이 이별에 임하여 차마 떠나지 못하니 그 모친이 말하였다. "너는 어미 하나를 마음에 두지 말라." 곧 오곡의 종자를 싸서 보냈다. 주몽이 생이별하는 마음이 애절하여 보리 종자(麥種)를 잊어버리고 왔다. 주몽이 큰 나무 밑에서 쉬는데 비둘기 한 쌍이 와서 모였다. 주몽이 말하였다. "틀림없이 신모(神母)께서 보리 종자를 보내신 것이리라." 이에 활을 당겨 쏘니, 화살 하나에 모두 떨어뜨렸다. 목구멍을 벌려 보리 종자를 얻고 나서 물을 비둘기에게 뿜으니 다시 소생하여 날아갔다고 한다.[144]

I-3. (주몽이) 서쪽으로 사냥하여 흰 사슴을 잡아, 이것을 해원(蟹原)에 거꾸로 매달고 빌었다. "하늘이 만일 비를 내려 비류(沸流)의 왕도(王都)를 가라앉게 하지 않는다면, 나는 진실로 너를 놓아주지 않을 것이다. 이 어려움을 면하려거든 네가 능히 하늘에 호소하라." 그 사슴이 슬피 울어 소리가 하늘에 닿으니, 장맛비가 7일이나 내려 송양(松讓)의 도읍이 가라앉았다. 왕이 새끼줄로 물흐름을 가로지르고 오리말(鴨馬)에 오르니, 백성들이 모두 그 줄을 잡았다. 주몽이 채찍으로 물을 긋자 물이 바로 줄어들었다. 6월, 송양이 나라를 들어 항복해 왔다고 한다.[145]

결과로 여겨진다. 이러한 변화는 고구려 멸망 이후 나타난 것이 아닐까 하는데, 구체적인 검토는 추후의 과제로 삼겠다.

144 『東國李相國集』권3, 東明王篇 所引『舊三國史』逸文, "朱蒙臨別 不忍違 其母曰 汝勿以一母爲念 乃裏五穀種以送之 朱蒙自切生別之心 忘其麥子 朱蒙息大樹之 下 有雙鳩來集 朱蒙曰 應是神母使送麥子 乃引弓射 一矢俱擧 開喉得麥子 以水 噴鳩 更蘇而飛去云云"

145 『東國李相國集』권3, 東明王篇 所引『舊三國史』逸文, "西狩獲白鹿 倒懸於蟹原 呪曰 天若不雨而漂沒沸流王都者 我固不汝放矣 欲免斯難 汝能訴天 其鹿哀鳴 聲徹于天 霖雨七日 漂沒松讓都 王以葦索橫流 乘鴨馬 百姓皆執其索 朱蒙以鞭 畫水 水卽減 六月 松讓擧國來降云云"

I-1에서 주몽은 위험에 처하자 자신의 부계(천제)와 모계(하백)를 말함으로써 이를 모면하였다. 주몽은 물고기와 자라가 만든 다리를 건너 도하에 성공하였는데, 이를 통하여 주몽의 수계(水界) 지배 능력을 엿볼 수 있다.[146]

I-2는 시조 모친의 농경신으로서의 성격이 주몽에게 전이되었음을 보여준다. 모친은 주몽이 떠날 때 오곡의 종자를 주었지만, 주몽은 슬픔을 이기지 못하여 보리 종자를 챙기지 못한 채, 나머지 곡식만 가지고 길을 떠났다. 이는 이미 주몽이 모친의 곡모적 성격을 일정 부분 인계하였음을 의미한다. 주몽이 도하 시에 뛰어난 치수 능력을 보인 것(I-1) 역시 그 때문이다. 그리고 모친이 보낸 비둘기에 의해 두고 온 보리 종자를 받게 됨으로써, 그는 오곡을 주관하는 완전한 농경신으로 거듭난다.[147] 나아가 주몽은 물을 뿜어 비둘기를 소생시키는데, 이 역시 생명을 주재할 수 있는 존재, 즉 생산신으로서의 권능을 보인 것이라 하겠다.

I-3에서 주몽은 흰 사슴(白鹿)을 위협하여 하늘에 호소하는 강우주술(降雨呪術)로 비류국을 가라앉혀 송양왕의 항복을 받아낸다. 이는 일본 신화에서 호오리노미코토(山幸彦)가 수계(水界)를 지배할 수 있는 주언(呪言)과 주구(呪具)를 받아, 결국 형 호데리노미코토(海幸彦)를 굴복시킨 일과도 비슷하다. 특히 주몽이 흰 사슴을 시켜 비를 내리게 한 것은 사우자(司雨者, rainmaker)로서의 역할이 중시된 고대 이집트의 성왕(聖王)이 수확이 풍요롭지 못할 때 성수(聖獸)에게 책임을 물었던 풍습[148]과도 비교된다. 주몽의 수계 지배 능력을 여과없이 보여준 이 에피소드는 그의 농경신적 권능이 탁월하였음을 말한다.[149]

---

146 서대석, 2002, 앞의 책, p.90; 三品彰英, 1973, 앞의 책, pp.159~160.

147 새는 보편적으로 농경신과 관련된 짐승으로 나타난다(김필래, 1998, 「東明王의 農業神的 性格에 대한 試論」『한국민속학보』9, pp.208~210).

148 三品彰英, 1973, 앞의 책, pp.143~144, pp.160~161.

149 서대석, 2002, 앞의 책, p.90, p.415; 김필래, 1998, 앞의 논문, pp.211~212.

I-1~3은 주몽의 농경신적 면모를 보여준다. 초자연적인 존재와의 소통을 통하여 기후를 조절하고 홍수를 다스리며 생명을 구제하는 능력은 농경사회의 통치자가 갖추어야 할 요건이었다.[150] 『삼국지』 동이전에서는 고구려의 인문지리 환경을 개관함에 농경을 먼저 언급하고 있다.[151] 이는 고구려가 기본적으로 경작을 위주로 한 농업 사회였음을 말해준다.[152] 농업을 주업으로 하면서도 식량 생산이 부족하였기에, 주몽은 수계를 원활히 지배하여 풍요를 몰고 오는 농경신으로서의 역할이 강조되었을 것이다.[153] 다시 말해 주몽은 고구려인에게 농경신으로 다가왔으며, 그의 죽음은 농경신의 죽음으로 인식되었다. 농경신의 죽음은 풍요를 몰고 온다. 따라서 고구려에서는 주몽의 죽음이 풍요를 초래하였다는 소박한 믿음 아래서 농작물의 수확기인 9월에 주몽이 세상을 떴다고 여겼을 것이다. 실제 지안 일대에서 9월은 곡물이 완전히 성

---

150 黃善明, 1982, 앞의 책, p.64.
   제정(祭政) 사회에서 군주의 덕성은 수한(水旱) 조절 능력으로 나타났는데 (三品彰英, 1973, 앞의 책, pp.453~454), 부여에서 비를 오게 하고 홍수를 다스리는 것은 왕의 권능이자 책무였다(서대석, 2002, 앞의 책, pp.89~90). 19세기 초 줄루국의 국세를 크게 일으켰던 샤카(Shaka)가 자신만이 하늘을 통제할 수 있다고 하며 기우사(祈雨師, rainmaker)를 추방한 일(Max Gluckman, 1940, "The Kingdom of the Zulu of South Africa", *African political systems*, Published for the International African Institute by the Oxford University Press, pp.30~31) 또한 기후 조정력을 본인이 독점함으로써 권력을 강화하려 한 조치로 이해된다.

151 『三國志』卷30, 魏書30, 烏丸鮮卑東夷, 高句麗, "多大山深谷 無原澤 隨山谷以爲居 食澗水 無良田 雖力佃作 不足以實口腹"

152 서영대, 2007, 앞의 논문, p.46.

153 농경사회의 샤먼왕은 천신 혹은 일신을 부계로, 해신(海神)을 모계로 하였다(井上秀雄, 1993, 『古代東アジアの文化交流』, 溪水社, p.41). 천부지모의 결합으로 탄생한 주몽을 생각함에 창조된다.

숙하는 시기이기도 하다.[154] 그리고 이러한 관념 아래서 왕은 시조 주몽이 죽었다고 전해지던 달에 시조묘에 제사하며, 주몽의 신위(神威)를 통하여 수확의 풍요를 기림과 동시에 자신의 권위 확립을 꾀하였다고 추정된다.

물론 수확제로서의 성격이 짙은 제천대회 동맹이 10월에 행해졌으므로, 9월의 시조묘 제사가 수확제로서 기능하였다는 데 회의적인 시각이 제기될 수도 있다. 하지만 수확제는 꼭 한 차례로 끝나지 않을 때도 있었다. 고대 일본의 경우 천황이 햇곡을 아마테라스오미카미에게 바치고 공식(共食)하는 11월 묘일(卯日)의 니나메사이와, 햇곡을 이세신궁에서 아마테라스오미카미에게 올리는 9월 중순의 칸나메사이(神嘗祭) 모두 수확제로서, 천황은 양자 모두를 궁정제사로 존중하였다.[155] 또 중세 이전 기이고쿠(紀伊國) 히노쿠마궁(日前宮)의 추제(秋祭)도 9월 의례(穗上祭)와 11월 의례(穗下祭)로 구성되었다.[156] 제주도 또한 8월 15일과 10월 초 두 차례에 걸쳐 수확제가 행해진다.[157] 이는 수확제의 기능이 한 제의에서만 이루어지지 않았음을 말한다. 오히려 수확제는 두 행사로 이루어지는 것이 일반적이었다.[158]

고구려도 크게 다르지 않았다. 국내도읍기였던 장수왕 12년(424) 9월 대풍(大豊)이 들어 연회가 열렸다.[159] 이는 당시 9월이 풍흉의 여부를 알 수 있는 시기로 여겨졌음을 보여주기에, 9월의 시조묘 제사가 수확의 시작을 알리는 1

---

154 徐永大, 2003, 「高句麗의 國家祭祀 -東盟을 중심으로-」『韓國史研究』120, p.24.

155 井上光貞, 1984, 앞의 책, p.185, pp.188~195; 岡田精司, 1993, 『古代王權の祭祀と神話』, 塙書房, pp.153~162; 上田正昭 編, 2006, 『日本古代史大辭典』, 大和書房, p.169, p.496.

156 岡田精司, 1993, 위의 책, pp.175~176 주19).

157 南根祐, 1989, 「穀靈의 祭場과 「씨」의 繼承儀禮」『韓國民俗學』22, pp.15~16.

158 松前健, 1998a, 앞의 책, p.241.

159 『三國史記』卷 第18, 高句麗本紀 第6, 長壽王 12年 9月, "大有年 王宴群臣於宮"

차 수확제로서 치러졌다는 점을 뒷받침한다. 반면 10월은 모든 수확이 끝나고 총결산이 행해지는 시기였으므로, 완결적 의미의 2차 수확제가 이루어졌던 것이 아닐까 한다. 주몽의 경우 풍요의 초래자란 측면에서 수확이 종결되는 10월보다는 9월이 더욱 의미 있게 다가온 결과, 그달에 죽었다는 전승이 생겼을 것이다.

요컨대 당시에는 주몽의 죽음이 풍요를 몰고 왔다는 믿음 아래서 농작물의 수확기인 9월에 주몽이 죽었다는 전승이 있었다. 그리고 왕은 수확을 기리기 위하여 이달에 시조묘에 제사하였다. 이는 피지배층에게 농경신 주몽에 대한 믿음을 공고히 하여, 궁극적으로는 체제 안정에 이바지하였다. 친사였든 아니든 기본 바탕은 변함없었을 것이다.[160]

한편 2월 시조묘 친사의 경우 현재 전하는 주몽의 일대기 중 2월에 일어난 특별한 에피소드가 없기에 다른 각도에서의 접근이 필요한데, 역시 한 해의 시작과 관련된 예축제로 이해된다. 앞서 언급하였듯이, 패수에서의 석전 의례는 본디 그해의 풍요와 안녕을 기원하는 농경의례에서 기원하였다. 그러므로 예축제의 전통이 근방에 존재하였음을 알 수 있다. 유연과 고차의 춘계 제사의례가 존재하였지만 기록되지 않았기에,[161] 이는 그다지 이상한 일이 아니다. 그렇다면 2월 제사는 그 해의 풍성한 수확을 비는 목적이 있었을 터인데, 9월 제사와 마찬가지로 주몽의 신성한 위엄을 통하여 한 해의 풍요를 기구하였으리라 여겨진다.

그런데 고대에는 정치 행위와 종교 행위가 명확히 구별되지 않았다.[162] 그

---

160 스와지족(Swazi族)이나 줄루국의 초수의례에서 행해진 공적 의식은 통합의 역할을 담당하기도 하였다(Audrey I. Richards, op. cit., pp.110~111).

161 박원길, 2001, 『유라시아 초원제국의 샤머니즘』, 민속원, pp.160~161.

162 徐永大, 2002, 「한국 고대의 샤머니즘적 세계관」 『강좌 한국고대사8 : 고대인의 정신세계』, 가락국사적개발연구원, pp.20~21.

러므로 시조묘 제사에서도 모종의 정치적 결정이 이루어졌을 가능성이 있다. 이는 신라의 예에서 잘 드러난다. 시조묘 및 신궁 제사가 치러진 정월 및 2월에 관리 임명이나 왕의 하령·하교와 같은 정치 행위가 집중되기 때문이다.[163] 물론 시조묘·신궁 친사와 연동한 사례는 많지 않다.[164] 그러나 이는『삼국사기』신라본기에 친사만 기록되었던 탓으로, 시기 면에서 보자면 상호 관련성이 있다. 백제에서도 동명묘 알현 및 천지합제 이후 관리 임명 등의 정치적 조치가 행해진 기록이 나타나는데,[165] 실제 사례는 더 많았으리라 짐작된다. 북방종족의 제천의례에서 중요한 정치적 사안이 결정된 것[166] 역시 비슷한 맥락에서 이해할 수 있다.

고구려도 마찬가지로 여겨진다. 왕의 명령이나 관직·관등 수여 및 정책 결

---

163 나희라, 2003, 앞의 책, pp.95~96.

164 『三國史記』卷 第1, 新羅本紀 第1, 祇摩尼師今 2年 2月, "親祀始祖廟 拜昌永爲伊湌 以參政事 玉權爲波珍湌 申權爲一吉湌 順宣爲級湌"; 같은 책, 卷 第2, 新羅本紀 第2, 阿達羅尼師今 2年 正月, "親始祖廟 大赦 以興宣爲一吉湌"; 같은 책, 같은 권, 沾解尼師今 元年 7月, "謁始祖廟 封父骨正爲世神葛文王"; 같은 책, 같은 권, 味鄒尼師今 2年 2月, "親祀國祖廟 大赦 封考仇道爲葛文王"; 같은 책, 卷 第4, 新羅本紀 第4, 眞平王 2年 2月, "親祀神宮 以伊湌后稷爲兵部令"

165 『三國史記』卷 第24, 百濟本紀 第2, 沸流王 9年 4月, "謁東明廟 拜解仇爲兵官佐平"; 같은 책, 같은 권, 近肖古王 2年 正月, "祭天地神祇 拜眞淨爲朝廷佐平 淨王后親戚 性狠戾不仁 臨事苛細 恃勢自用 國人疾之"; 같은 책, 卷 第25, 百濟本紀 第3, 阿莘王 2年 正月, "謁東明廟 又祭天地於南壇 拜眞武爲左將 委以兵馬事 武王之親舅 沈毅有大略 時人服之"

166 『史記』卷110, 列傳 第50, 匈奴, "歲正月 諸長小會單于庭祠 五月 大會龍城 祭其先天地鬼神 秋馬肥 大會蹛林 課校人畜計"; 『後漢書』卷89, 列傳 第79, 南匈奴, "匈奴俗 歲有三龍祠 常以正月五月九月戊日祭天神 南單于旣內附 兼祠漢帝 因會諸部議國事 走馬及駱駝爲樂"; 『魏書』卷103, 列傳 第91, 蠕蠕, "初豆崙之死也 …… 後歲仲秋 在大澤中施帳屋 齋潔七日 祈請天上 經一宿 祖惠忽在帳中 自云恒在天上 醜奴母子抱之悲喜 大會國人 號地萬爲聖女 納爲可賀敦 授夫副升牟爵位 賜牛馬羊三千頭"

정과 같은 정치 행위의 경우, 전임자의 죽음이나 퇴임으로 인한 불가피한 조치를 제외하면 상당수가 춘계(1~3월)나 추계(7~9월)에 행해졌다(〈표 1〉참조). 신라처럼 이들 가운데 적지 않은 사례가 시조묘 제사와 연동한 조치라 생각된다. 이를 직접 보여주는 것이 동천왕 2년(228) 2월 시조묘 친사 후 3월에 우씨를 왕태후로 삼은 일이다.[167] D-1·5에서 알 수 있듯이, 국내 지역에서 졸본으로의 시조묘 친사에는 한 달 정도가 걸렸다. 그러므로 동천왕은 즉위의 례로서 졸본의 시조묘에 제사하고, 3월 우씨를 태후로 세웠으리라 짐작된다. 중천왕 원년(248) 10월 연씨(椽氏)를 왕후로 세운 일[168] 역시 9월 제사 뒤에 행해진 조치일 가능성이 있다.

신라의 춘계 제의 때는 왕을 비롯한 지배집단의 대표자가 모여 정치적 문제를 처리하였다. 제의 과정에서 이루어진 결정은 신과 인간 사이의 약속이었으므로, 지배자 측이 피지배자 측의 동의를 가장 효율적으로 얻어낼 수 있었기 때문이다.[169] 부여에서는 영고 때 행해진 재판이 신에 의한 것으로 여겨졌고,[170] 조상 제사가 발달하였던 탈렌시족 사회에서도 최종적인 판단을 내리는 이는 조상신이었다.[171] 고구려 또한 다르지 않았다고 헤아려진다. 시조묘 제사는 시조의 신성성이 왕의 권력과 연결되므로, 이때 이루어지는 정치적 결정은 시조와 연계되어 초월적인 권위를 확보하고, 왕은 이를 통하여 입지를 강화해 나갔을 것이다.

이상과 같이 전기 시조묘 제사는 9월과 2월에 행해졌다. 9월의 경우 주몽이 죽었다고 전하는 달에 치러졌는데, 시조의 죽음이 풍요를 초래하였다는 민

---

167 『三國史記』卷 第17, 高句麗本紀 第5, 東川王 2年 3月, "封于氏爲王太后"

168 『三國史記』卷 第17, 高句麗本紀 第5, 中川王 元年 10月, "立椽氏爲王后"

169 나희라, 2003, 앞의 책, p.96.

170 李基白, 1997, 「韓國 古代의 祝祭와 裁判」 『歷史學報』 154, p.22.

171 Meyer Fortes, 1980, 앞의 책, pp.51~52.

음에서 비롯된 수확제였다. 또 2월의 경우 예축제로서 기능하였는데, 이 역시 주몽의 권위에 기대어 한 해의 풍요를 기원하려는 사고가 바탕에 있었다. 이 때는 여러 정치 행위도 이루어졌다. 제사에서 드러나는 신성한 권위의 힘을 빌려 결정의 정당성을 쉬이 확보할 수 있었기 때문이다. 당시 고구려왕은 권력이 강고하지 못하였기에, 시조묘 친사를 통하여 입지를 다지고 시조의 권위에 기대 정치적 결정을 하였으며, 농경신으로서의 면모 또한 적극적으로 활용하였다. 그런데 2세기 후반 이후 4세기까지 비교적 고르게 나타나던 시조묘 친사 기사는 한동안 사라졌다가 6세기 전반에 다시 나온다.[172] 다음 장에서는 그 이유에 대하여 생각해 본 뒤, 후기 친사의 의미를 살펴보겠다.

3. 후기 친사

1) 역할 축소와 종묘 개편

『삼국사기』에는 5세기 이후 6세기 전반까지 시조묘 친사 기사가 전하지 않는다. 이 무렵 독자 전승 기사가 급감하였으므로,[173] 사료가 탈락한 결과로 볼 수도 있다. 하지만 이 시기에도 평양의 구사(九寺) 건립(392)이나 망제(望祭,

---

172 시조묘 친사가 거국적으로 행해진 신대왕부터 전기 친사를 마지막으로 치른 고국원왕까지 총 9명의 왕이 존재하는데,『삼국사기』고구려본기에 전하는 친사 사례만 5건이다. 고구려본기 독자 전승 사료가 매우 부족하다는 점을 고려하면 잦은 빈도이며, 해당 의례가 특별할 때 간헐적으로 이루어졌다고 보기 힘든 근거가 되기도 한다. 종묘에 조치가 이루어진 고국양왕까지로 범위를 넓혀 보아도, 11명의 왕 가운데 5명의 친사 기록이 전해지는 셈이므로 상당한 수준이다.

173 Ⅰ부 주141) 참조.

495) 및 금강사(金剛寺) 창건(498) 등의 주요 사건은 명기되었다. 덧붙여 안장왕 시기 이후 독자 전승 기사의 양이 늘어난 것이 아님에도 시조묘 친사 기사가 재등장하였다. 그러므로 당시 시조묘 친사가 완전히 단절되지는 않았더라도 뜸하게 행해진 결과, 현재 전하는 기록에서 흔적을 찾을 수 없게 된 것이 아닐까 한다. 이처럼 시조묘 친사가 자주 이루어지지 않은 데는 어떠한 이유가 있었다고 생각된다.

먼저 중앙 집권 체제가 성립하여 과거와 같이 시조묘 친사를 통하여 정치기반의 안정을 도모하는 절차가 불필요하였다거나, 시조 신앙이 형성되었기에 굳이 성대한 행사를 치를 필요가 없었다고 할 수도 있다.[174] 하지만 이는 의례의 지속적 측면을 가볍게 본 감이 남는다. 신라 중대 왕실은 중앙 집권화가 진전되었음에도 즉위의례로 치러지던 신궁 제사를 이어 갔고, 고대 일본 역시 율령제 수용과 더불어 다이조사이의 위의(威儀)를 더욱 장엄히 하였다.[175] 체제 정비나 시조 신화 정립과 무관하게 종래의 거국적인 제사는 그대로 이어졌다.

다음으로 불교 수용 이후 조상 제사가 불교적 행사로 이루어졌다거나,[176] 장수왕 시기 이후 즉위의례가 중국으로부터의 책봉의례로 대체되었던 결과, 시조묘 친사가 사라졌다고 보기도 한다.[177] 신라는 헌강왕 시기 이후 황룡사(黃龍寺)에서의 백고좌회(百高座會)가 즉위의례로서의 성격을 지니게 되었다고 여기는 견해[178]가 제기되었다. 이 논의를 수용한다면, 전자의 경우 가능성

---

174 서론 주67) 참조.

175 岡田精司, 1993, 앞의 책, pp.170~173; 李啓煌, 2004, 앞의 논문, pp.33~36; 八木充, 1982, 앞의 논문, pp.58~74.

176 서론 주68) 참조.

177 서론 주69) 참조.

178 浜田耕策, 1982, 「新羅の神宮と百座講會と宗廟」『東アジアにおける日本古代史講座9 : 東アジアにおける儀禮と國家』, 學生社, pp.236~238.

을 상정해 볼 수도 있겠다. 하지만 고구려는 신라만큼 성대한 불교 의례를 시행한 기록을 찾기 어렵다. 그러므로 불교적 행사가 치러졌다 하여도, 즉위의 례로까지 부상하였다고 보기는 망설여진다. 고구려에서는 불교 수용 이후에도 천신의 유일·절대성이 강조되었고, 왕실만이 천신과 배타적·독점적 관계를 지녔기에,[179] 그러한 현상이 일어났을 가능성은 크지 않다. 불교가 흥성하였던 신라 중대에도 신궁 친사가 계속되었다는 점을 고려하면 더욱 그러하다. 한편 후자, 즉 책봉의례가 즉위의례로 기능하였다는 설은 유례가 없어 선뜻 받아들이기 힘들다.

위 논의들은 단편적인 정황을 근거로 하였다는 한계가 있다. 그보다는 현재 전하는 기록의 검토를 통하여 실마리를 찾는 편이 좋겠다. 그 면에서 주목되는 것이 바로 M-5, 즉 고국양왕 말년(391)의 '수종묘(修宗廟)' 조치이다. 이를 종묘의 수리로 이해할 수도 있으나,[180] 만일 외형을 개수(改修)하는 데 그친 일이라면, 그처럼 뚜렷이 흔적을 남겼으리라고 보기는 어렵다. 함께 언급된 불법 숭신(崇信)이나 국사(國社) 건립이 신앙 및 제사체계 면에서 주목할 만한 조치라는 데 큰 이견은 없다. 그러므로 수종묘 또한 외관의 수리 정도로 이해하기 힘들다.

'수(修)'자에는 '비(備)', 즉 '갖추다'(혹은 '마련하다')는 의미가 있다.[181] 실제 '수종묘' 내지 '수태묘(修太廟)'의 용례를 보아도 단순한 외형의 보수로 받아들이기 주저된다. 우선 『예기』 방기(坊記)에는 "종묘를 갖추고(修宗廟) 제사를 공경하는 일(敬祀事)은 백성에게 추효(追孝)를 가르침이다"라 하였다. 이때의 '수종

179 徐永大, 1991, 「韓國古代 神觀念의 社會的 意味」, 서울대학교 박사학위논문, pp.214~215.

180 서론 주82) 참조.

181 羅竹風 主編, 1989, 『漢語大辭典』 1, 漢語大辭典出版社, pp.1370~1371; 諸橋轍次, 1984, 『修訂版 大漢和辭典』 1, 大修館書店, p.805.

묘'는 '경사사', 즉 '제사를 공경하는 일'과 함께 언급되었으므로, 종묘의 구비
나 정비를 뜻한다고 여겨진다.

더욱 눈여겨볼 것은 『사기』에 나오는 이사(李斯)의 상소문으로, 그가 자신
의 공적을 말함에 "입사직수종묘(立社稷修宗廟)"라는 문구가 나온다.[182] 사직
을 '입(立)'하고 종묘를 '수(修)'하였으며, 사직이 종묘에 앞서 나온다는 점에서
M-5의 '입국사(立國社)·수종묘' 조치를 연상케 한다. 당시 진(秦)에는 이미 종
묘가 존재하였다. 펑샹현(鳳翔縣) 마지아주앙(馬家莊) 1호 건물지가 그 흔적이
다.[183] 그러므로 이때의 수종묘 역시 외형의 개수에 그치기보다는, 종묘의 정
비나 재편으로 이해하는 편이 자연스럽다. '수태묘' 또한 외양의 변화보다는
묘실(廟室)의 확장이나 신주 안치 등과 관련된 기록에 나타난다.[184] 물론 이러

---

182 『史記』卷87, 列傳 第27, 李斯, "李斯乃從獄中上書曰 臣爲丞相治民 三十餘年矣
…… 立社稷 修宗廟 以明主之賢 罪四矣"

183 郭善兵, 2007, 앞의 책, pp.60~64.

184 『舊唐書』卷3, 本紀 第3, 太宗下, 貞觀 9年 7月 甲寅, "增修太廟爲六室"; 같은
책, 卷18下, 本紀 第18下, 宣宗, "大曆十四年 留守路嗣恭奏重修太廟 以迎神主"
; 같은 책, 卷25, 志 第5, 禮儀5, 太廟, "貞觀九年 …… 於是增修太廟 始崇祔弘農
府君及高祖神主 幷舊四室爲六室 …… 光啓元年 …… 以新修太廟未成 其新造
神主 …… 請更接續修建 成十一間 以備十一室薦饗之所 其三太后廟 即於少府
監取西南屋三間 以備三室告饗之所 敕旨從之"; 『舊五代史』卷143, 志 第5, 禮
下, "聖朝中興 重修宗廟 今太廟見饗高祖太宗懿宗昭宗獻祖太祖莊宗七廟 太祖
景皇帝在祧廟之數 不列廟饗"; 『金史』卷14, 本紀 第14, 宣宗 貞祐 4年 3月 乙
卯, "以將修太廟 遣李革奏告祖宗神主于明俊殿"; 같은 책, 卷30, 志 第11, 禮3,
宗廟, "貞祐二年 宣宗南遷 …… 今主上駐蹕陪京 列聖神主已遷于此 宜重修太廟
社稷 以奉歲時之祭 按中都廟制 自始祖至章宗凡十二室 而今廟室止十一 若增建
恐難卒成 況時方多故 禮宜從變 今擬權祔肅宗主世祖室 始祖以下諸神主于隨室
奉安"; 『元史』卷8, 本紀 第8, 世祖5, 至元 10年 7月 壬午, "以修太廟 將遷神主
別殿 遣兀魯忽奴帶 張文謙祭告"; 같은 책, 卷74, 志 第25, 祭祀3, 宗廟上, "至元
…… 十二年五月 檢討張謙呈 昔者因修太廟 奉遷金牌位於饌幕殿 設以金椅 其
栗主却與舊主牌位各貯箱內 安置金椅下 禮有非宜 今擬合以金牌位遷于八室內

한 조치로 인하여 수리가 일어날 수는 있으나, 그것은 종묘가 새롭게 재편된데 따른 결과이다. 고구려의 수종묘 또한 마찬가지로 외양의 개선을 넘어서는 변화를 가리킨다고 생각된다.

M-1~4에서 알 수 있듯이, 늦어도 3세기에는 종묘의 존재가 확인된다. 따라서 수종묘를 종묘의 설립으로 보기에는 무리가 있다. 종묘가 어떠한 방식으로든 새롭게 정비되었음을 말하는 것이다. 4세기 후반에는 태학 설립이나 불교 수용 및 율령 반포, 그리고 국사 건립 등 여러 방면에서 변화가 초래되었다. 그러므로 이는 기존 종묘에 포괄적 개편이 이루어져 종묘 제도의 큰 틀이 새롭게 마련되었다고 보는 편이 타당하다. 국사 건립으로 사직 제도가 하나의 전기를 마련하였듯이, 종묘 개편을 통하여 종묘가 새로운 방향으로 나아가게 된 것. '수종묘'는 이를 나타낸 표현일 것이다.

요컨대 수종묘는 종묘 개편으로 이해된다. 그렇다면 이는 어떠한 변화를 말하는 것일까. 종래에는 제사 대상이 늘어나고, 국가를 대표하는 예제 건축으로 그 격이 높아졌으리라 추정하였다. 뒤에서 살펴보겠지만 일리 있는 지적이다. 다만 간과하면 안 될 점은 그 결과 종묘의 입지가 강화되었을 것이라는 사실이다. 『삼국사기』에서 중국 측 사서를 전재한 부분을 제외하면, 고구려 종묘가 비중 있게 언급된 사례는 종묘 개편 조치가 유일하다.[185] 이는 그 의의가 매우 컸음을 보여준다.

종묘 개편은 국사 건립·불법 숭신과 함께 이루어졌는데(M-5), 국사 건립은 제사체계 정비와 관련한 조치였고 불법 숭신은 신앙적 측면에서 큰 의미가 있는 사건이었다. 따라서 종묘 개편 또한 그러한 맥락에서 보아야 한다.

其祐室栗主宜用綵輿遷納 舊主并牌位安置于箱爲宜"

[185] 독자 전승 사료에 기인한 M-4에서도 종묘가 나온다. 다만 이는 왕의 이거에 수반하여 종묘와 사직을 옮겼다는 것으로, 종묘를 통하여 특기할 만한 흔적을 엿볼 수 있지는 않다.

'수(修)'가 가지는 의미를 고려하면, 종묘의 재정비를 포함한 제사체계 변화와 맞물렸다고 이해하는 편이 자연스럽다. 다시 말해 수종묘, 즉 종묘 개편으로 종묘 제도에 변화가 생겼으며, 그 결과는 종묘의 위상 강화로 연결되었을 것이다. 국사 건립으로 사직의 입지가 높아졌다는 데 큰 이견이 없는 점을 생각할 때, 종묘 역시 그 존재감이 이전보다 저하되었다거나 그대로였다고 여기기는 힘들다.

그런데 뒤에서 다룰 수묘인의 주무(主務)나 능원제의 양상을 보면, 같은 시기 묘제(墓祭)는 침체하였다고 생각된다. 종묘제(宗廟祭)의 무게감이 커졌던 반면 묘제의 그것은 경감된 것으로, 종묘와 무덤의 위상이 상호 연동한다고 볼 수 있다. Ⅲ부에서 다시 언급하겠으나 대략 4세기 후반부터 종묘제와 묘제의 비중에 변화가 왔으며, 종묘 개편은 그것을 반영한 조치로 여겨진다. 종묘 개편은 묘제의 상대적 약화와도 관련된 사건이라 하겠다.

이미 살펴보았듯이 시조묘는 시조왕릉을 아우르는 개념이므로, 그곳에서 지내는 제사는 묘제의 범주에 속한다. 2차 즉위의례가 시조묘에서 행해진 것은 묘제의 위상이 강고하였기 때문일 터이다. 하지만 종묘 개편에 즈음하여 묘제의 위상이 약해졌고, 그 결과 종래의 시조묘 친사에도 변화가 초래되었다고 생각된다. 물론 즉위의례 자체가 사라졌을 가능성은 없다. 이제 종묘가 부상하였기에, 새로운 왕의 즉위의례는 그곳에서 알묘의례와 같은 형태로 치러지게 된 것이 아닐까 한다. 재위 초의 시조묘 친사는 1차 즉위의례(H-1·2)에 이어 행해진 2차 즉위의례였으므로, 종묘 개편 이후의 고구려왕은 즉위 이후 일정 기간이 흐른 뒤 종묘에 가서 새로운 권력의 등장을 공포하였으리라 추정된다.

다시 말해 종묘 개편 이후 한동안 시조묘 친사 기사가 나타나지 않는 것은 이 무렵 즉위의례 장소가 종묘로 옮겨졌음을 보여준다. 물론 시조묘에서의 일반 제사는 유지되었을 것이고, 때로는 즉위의례로서 시조묘 친사를 행한 군주가 존재하였을 가능성도 있다. 다만 그 수가 많지 않았던 까닭에 후대의 전승 과정에서 관련 기록이 탈락하여 오늘날과 같은 상황이 되었다고 여겨진다. 위진 남북조 시대에는 묘제가 쇠락한 결과 황제가 제릉에 행하는 알릉의례(謁陵儀禮)는 거의 행해지지 않았고, 양 무제의 경우 즉위한 지 40년이 지나 처음으로 거행하였다.[186] 사료의 산일 가능성을 고려하면, 이전에 묘제를 치렀을지도 모른다. 그러나 중요한 점은 기록의 빈도를 볼 때 묘제가 그다지 중시되지 않았다는 것이다. 시조묘 친사 기사의 부재 또한 그렇게 이해하면 좋지 않을까 한다.

이상과 같이 5세기 전후로 시조묘 친사 기사가 보이지 않는 이유는 종묘 개편을 즈음하여 종묘가 부상했던 반면 무덤의 제장으로서의 위상이 경감된 결과, 즉위의례 또한 시조묘가 아니라 종묘에서 치러졌기 때문이다. 그런데 D-6~8에서 보이듯, 6세기 전반 이후 시조묘 친사 기사가 다시 등장한다. 따라서 이를 어떻게 이해해야 할지가 문제로 남는다. 그에 대해서는 이어서 살펴보겠다.

2) 특례적 성격과 시행 배경

『삼국사기』 고구려본기에 따르면 후기 시조묘 친사 기사는 안장왕 3년(521) 4월, 평원왕 2년(560) 2월, 영류왕 2년(619) 4월에 이루어졌다. 6세기 전반 이후 실제 친사를 행한 군주는 더 많을 수 있다. 중요한 점은 5세기 이래 한동안 보이지 않던 시조묘 친사 기사가 다시금 나타났다는 사실이다.

이때 친사한 시조묘를 평양의 전동명왕릉(傳東明王陵)으로 보기도 한다. 이 고분은 본디 진주묘(珍珠墓)라 불렸는데 일대를 대표할 만한 위상을 지녔으며,

---

186 來村多加史, 2001, 『唐代皇帝陵の研究』, 學生社, pp.444~451.

동명왕릉으로도 여겨졌다.[187] 전동명왕릉은 5세기 말에 축조되었다.[188] 그렇다면 평양 천도 이후 시조왕릉이 이장(移葬)된 결과, 시조묘 또한 평양으로 자리를 옮겼다고 추정할 수도 있겠다. 그러나 D-6~8에서 보이듯, 시조묘는 평양 천도 이후에도 졸본에 자리하였다. 졸본 지역을 벗어나 시조묘가 신설되었다고 하기는 쉽지 않다.[189]

한편 환런의 미창구장군묘를 시조묘로 여길 수도 있다.[190] 이 고분은 5세기 중엽에 조성되었는데,[191] 이 지역을 대표하는 벽화 고분이기에 그렇게 볼 여지가 없는 것은 아니다. 그런데 이미 언급하였듯이 시조묘는 본디 고력묘자촌 동쪽에 소재하였다. 따라서 미창구장군묘를 시조묘로 보려면 이장을 생각해야 한다. 그러나 관련 기록도 없고, 그래야 할 이유도 딱히 찾기 어려우므로 문제가 있다. 6세기 이후 등장하는 시조묘 또한 D-1~5에서 말한 시조묘와 같은 대상을 가리킨다고 이해하는 편이 타당하다.

---

187 『高麗史』卷58, 志 第12, 地理3, 平壤府, "東明王墓[在府東南 中和境龍山 俗號珍珠墓 又仁里坊有祠宇 高麗以時降御押 行祭 朔望亦令其官 行祭 邑人至今有事輒禱 世傳東明聖帝祠]; 『世宗實錄』卷154, 地理志, 平安道 平壤府, "東明王墓 在府異方三十里許 中和境龍山[皆以畫班石營壙 世云眞珠墓 李承休記東明王事 跡曰 乘天不復回雲軿 葬遺玉篆成墳塋 即此也 又仁理坊有祠宇 高麗以時降御押 行祭 朔望亦令其官行祭 邑人至今有事輒禱 古老傳云 東明聖帝之祠也]

188 曺永鉉, 2004, 「傳東明王陵의 築造時期에 대하여」 『啓明史學』 15, p.85.

189 전동명왕릉의 실제 묘주는 장수왕으로 추정된다(강진원, 2014, 「평양도읍기 고구려 왕릉의 선정과 묘주 비정」 『한국 고대사 연구의 자료와 해석』, 사계절, pp.481~482 참조). 아마 고구려 멸망 이후 정확한 사실 관계가 잊히게 되어, 평양 일대의 대형 고분인 속칭 진주묘를 시조왕릉으로 오인하지 않았을까 한다. 앞서 언급하였듯이, 평양 천도 이후 주몽 신화의 무대가 평양으로 옮겨짐에 따라 그곳을 무대로 한 주몽 관련 전승과 유적지가 나타났다. 이러한 상황은 해당 고분의 묘주를 주몽으로 여기기 쉽게 만들었을 것이다.

190 서론 주66) 참조.

191 전호태, 2000, 『고구려 고분벽화 연구』, 사계절, p.382 〈표 3〉.

종묘 개편 이후 고구려의 시조묘 친사는 원칙적으로 즉위의례로서의 의미가 사라졌다. 그러므로 후기 시조묘 친사는 특수한 경우에 치러졌다 하겠다. 평양 천도 후 친사에 걸리는 거리는 국내도읍기에 비해 훨씬 길어졌다. 그러함에도 불구하고 친사가 이루어진 것을 보면, 여기에는 어떤 의미가 있었을 것이다. 단 이는 추론에 불과하므로 시조묘 친사 전후 기사를 살펴볼 필요가 있다(〈표 4〉 참조). 만일 시조묘 친사가 정계 개편이나 정책 기조 변화를 염두에 두고 특별히 행해졌다면, 그 전후로 이와 관련한 흔적이 남았으리라 생각되기 때문이다. 물론 D-1~5의 전기 친사도 정치적인 기능이 상당하였다. 하지만 이미 살펴본 것처럼, 그것은 즉위의례거나 승전과 같은 대사(大事)를 시조에게 알리는 고제(告祭)였지, 구체적인 정세와 밀접하게 관련된 행위는 아니었다. 그렇다면 D-6~8의 후기 친사는 전후 기사와 대조할 때 어떤 면모를 보일까.

우선 안장왕은 시조묘 친사 전년(520) 9월 남조 양에 사신을 보냈다.[192] 그런데 같은 해 정월에도 그러하였고,[193] 다음 달(2월) 무제는 안장왕을 책봉하였다.[194] 그 뒤에도 안장왕은 양에 두 차례 더 사신을 파견하였다.[195] 반면 북위에 대해서는 안장왕 2년(520) 책봉을 받았음에도 불구하고,[196] 3년이 지나

---

192 『三國史記』卷 第19, 高句麗本紀 第7, 安臧王 2年 9月, "入梁朝貢"

193 『資治通鑑』卷145, 梁紀5, 高祖武皇帝5, 普通 元年 正月, "高句麗 世子安遣使入貢"

194 『梁書』卷3, 本紀 第3, 武帝下 普通 元年 2月, ""癸丑 以高麗王世子安 爲寧東將軍高麗王"; 『資治通鑑』卷145, 梁紀5, 高祖武皇帝5, 普通 元年 2月, "癸丑 以安 爲寧東將軍高句麗王 遣使者江法盛授安衣冠劍佩 魏光州兵就海中執之 送洛陽"

195 『梁書』卷3, 本紀 第3, 武帝下 普通 7年 三月, "乙卯 高麗國遣使獻方物"; 같은 책, 같은 권, 같은 왕, 大通 元年 11月, "高麗國遣使獻方物"

196 『魏書』卷100, 列傳 第88, 高句麗, "神龜中 雲死 靈太后爲擧哀於東堂 遣使策贈車騎大將軍領護東夷校尉遼東郡開國公高句麗王 又拜其世子安爲安東將軍領護東夷校尉遼東郡開國公高句麗王 正光初 光州又於海中執得蕭衍所授安寧東將軍

한 차례 사절을 보냈을 따름이다.[197] 즉 12년에 걸친 치세 동안 양에는 네 차례 사신을 파견하였으나, 북위로의 그것은 한 차례에 그쳤다. 양과의 외교에 치중한 셈인데, 이는 그간의 대외 기조와 다소 거리가 있다. 고구려는 기본적으로 남북조 모두와 원만히 지내고자 노력하였으나, 무게 중심은 북위에 두었기 때문이다.[198]

이처럼 안장왕이 양과의 관계 증진에 힘쓴 이유는 당시 백제의 국세가 회복되자 대외교섭의 기본 틀에 변화를 주어 적극적으로 대응하고자 하였던 데 있다.[199] 그 출발점으로 볼 수 있는 것이 바로 안장왕 2년(520) 정월과 9월, 두 차례에 걸친 양과의 교류이다. 안장왕이 즉위 직후 북위보다 양에 먼저 사신을 보냈고, 북위 측이 양 무제의 사신단을 억류하여 긴장감이 고조되었음에도[200] 북위가 아니라 도리어 양에 사신을 파견한 일은 당시 대외정책의 기본 방침을 보여준다. 그러므로 이듬해(521)의 시조묘 친사는 시조의 권위를 빌어 정책 기조의 변화를 정당화하고, 이를 대내외에 선언하려는 의도가 있었을 것이다. 안장왕이 520년대 후반 요서 지역으로 영향력을 확대하기도 하였고,[201]

衣冠劍佩 及使人江法盛等 送於京師"

197 『三國史記』卷 第19, 高句麗本紀 第7, 安臧王 5年 11月, "遣使如魏 進良馬十匹"

198 460년 이후 523년까지 북위로의 사신 파견은 57회에 달하나, 남조에 대한 그것은 9회에 불과하였다(노태돈, 1999, 앞의 책, p.310).

199 姜辰垣, 2016b, 「고구려 安臧王의 대외정책과 남진」『大東文化硏究』94, pp.181~183, pp.188~189.

200 주196) 참조.

201 李成制, 2016, 「高句麗와 北朝의 경계 -고구려의 遼西 동부지역 확보와 그 시기」『高句麗渤海硏究』54, pp.49~53; 朱子方 · 孫國平, 1986, 「隋《韓暨墓誌》跋」『北方文物』1986-1, pp.39~40; 井上直樹, 2001, 「『韓暨墓誌』을 通해 みた高句麗の對北魏外交の一側面 -6世紀前半を中心に」『朝鮮學報』178,

신진 세력을 포섭하려 하는 등[202] 대내·외적으로 적극적인 행보를 보인 점을 고려하면 더욱 그러하다.

한편 구도(舊都)에 기반을 둔 이른바 국내계(國內系) 세력, 혹은 재지 세력을 위무하고 유대를 꾀하여 서·북방 지역에서의 방어력을 높이고자 친사가 행해졌다고 이해하기도 한다.[203] 이 논의는 당시 고구려의 정치 지형을 국내계와 평양계로 양분하는 전제[204] 위에 있다는 데 특징이 있다. 그런데 평양 천도로부터 한 세기 가까이 지난 시점에서 국내 연고 지배층의 영향력이 어느 정도인지 가늠하기 어렵거니와, 그 점을 차치하여도 이 무렵 특정 정치 세력이 어떠한 방면의 안위에 직접적인 영향을 끼칠 정도로 통치체제가 이완되었다고 보기는 어렵지 않을까 한다. 고구려가 내분에 휩싸이는 것은 그보다 뒤의 일이다. 당시 이렇다 할 정치 집단이 부상하였다는 기록을 찾기 어려운 점, 그리고 안장왕 재위 초부터 양과의 교섭이 두드러졌다는 점을 고려하면, 친사의 목적에는 역시나 대외 기조 변화가 자리하였다고 여기는 편이 타당하다.

다음으로 평원왕은 시조묘에 친사한 달(2월)에 북제로부터 책봉을 받았다.[205] 이를 기리기 위하여 의례가 행해졌다고 추정할 수도 있겠다. 하지만 2

---

pp.17~29.

다만 이때 고구려의 공세가 지속적이라거나 요서 전역에 대한 광범위한 것은 아니었다(姜辰垣, 2016b, 앞의 논문, p.187).

202 노태돈, 1999, 앞의 책, pp.462~465; 姜辰垣, 2016b, 위의 논문, pp.193~194.

203 鄭媛朱, 2013, 앞의 논문, pp.188~192; 최일례, 2016, 「고구려 안장왕대 정국 변화와 그 動因」『韓國古代史硏究』82, pp.216~217.

204 임기환, 2004, 앞의 책, pp.262~286 참조.

205 『北齊書』卷5, 帝紀 第5, 廢帝 乾明 元年 2月, "戊申 …… 又以高麗王世子湯爲 使持節領東夷校尉遼東郡公高麗王"

월은 북제 폐제가 양원왕의 죽음을 들은 뒤,[206] 조정에서 책봉을 결정한 시기를 말하므로, 고구려에 이 소식이 닿은 건 그 뒤의 일일 것이다. 아울러 시조묘 친사 준비에도 시일이 필요하기에, 북제의 책봉이 친사의 이유가 되었다고 보기는 쉽지 않다.

평원왕은 즉위 시 미성년이었다.[207] 그러함에도 장기간의 행차를 수반한 시조묘 친사가 단행된 데는 중대한 사정이 있었다고 이해해야 한다. 그 면에서 주목되는 것이 부왕인 양원왕 시기의 정국으로, 돌궐이 침입하였고 한수 유역을 상실하였을 뿐 아니라, 왕 15년(557) 국내 지역 환도성에서 간주리(干朱理)의 반란까지 일어났다.[208] 특히 이때의 반란은 현재 전하는 기록상 서천왕 17년(286) 왕제들의 모반 이후 처음 나타난 사례이다. 독자 전승 기사가 줄어든 시기에 뚜렷이 기록되었으므로, 파급력이 컸을 것이다. 앞서 언급한 것처럼 이 무렵 왕권은 위축되고 통치체제가 동요하였다. 따라서 반란의 여진도 상당하였으리라 짐작된다. 그런데 엎친 데 덮친 격으로 난의 발발로부터 2년 뒤(559) 즉위한 평원왕은 연소하였다. 이에 평원왕 혹은 그 지지세력으로서는 조속히 정국을 안정시킬 필요가 있었고, 그 결과 시조묘 친사가 기획되기에 이른 것이 아닐까 한다. 여기에는 시조의 권위에 힘입어 정국을 쇄신하고자 하는 목적 외에, 졸본의 시조묘로 가는 길에 반란이 일어났던 국내 지역을 지나며 민심을 다독이고자 하는 의도도 함께하였으리라 헤아려진다.[209]

---

206 『北齊書』卷5, 帝紀 第5, 廢帝 乾明 元年 正月, "癸亥 高陽王湜薨"

207 KANG Jin Won, "The Impact of the King's Lifespan on the Political Situation in Ancient Korea: Focusing on the Case of Goguryeo Dynasty", *The Review of Korean Studies* Vol.23. No.1, p.127.

208 『三國史記』卷 第19, 高句麗本紀 第7, 陽原王 7年 9月, "突厥來圍新城 不克 移攻白巖城 王遣將軍高紇 領兵一萬 拒克之 殺獲一千餘級 新羅來攻 取十郡"; 같은 책, 같은 권, 같은 왕 13년 10月, "丸都城干朱理叛 伏誅"

209 유사한 견해가 이미 제기된 바 있으나(閔喆熙, 2002, 앞의 논문, pp.80~81),

이에 대하여 국내계 세력이 간주리의 반란과 연계된다는 전제 아래 그들과의 적절한 타협을 모색하고자 친사가 행해졌다고 추정하기도 한다.[210] 하지만 앞서 언급하였듯이, 당시 정계를 국내계와 평양계로 나누어 설명할 수 있는지 확신하기 어려우므로 따르기 힘들다. 일단은 남겨진 기록을 중심으로 문제에 접근하는 편이 좋겠다.

그 면에서 남조 진(陳)과의 교류에 주목하기도 한다. 평원왕은 재위 기간 진에 6회, 북제에 3회, 북주에 1회, 수에 7회 사절을 보냈다. 북주가 북제를 멸하여(577) 중원의 정립(鼎立) 국면이 동요되기 전만 놓고 보면 진에 5회, 북제에 3회다. 더욱이 북제 폐제로부터 책봉을 받았음(560)에도 시조묘 친사 이듬해(561) 진에 사신을 파견하였다.[211] 안장왕 시기만큼은 아니라 하여도 남조와의 교섭에 관심을 두었음을 알 수 있다. 이처럼 진과의 교섭이 활발해진 원인을 새로운 정치 세력의 부상으로 파악하면서, 그 계기가 되는 사건을 시조묘 친사로 본 것이다.[212]

평원왕 시기 남조와의 교류가 안원왕·양원왕 시기보다 활성화된 점은 사실이다. 하지만 대외 기조의 변화는 국제적 상황과 맞물려 돌아가는 측면이 크기에, 특정 정치 세력이 어떠한 외교적 방침을 계속 주도하고 그것이 변수와 무관하게 시종 유지된다고 보기는 쉽지 않다. 예컨대 560년대 후반부터 570년대 초까지 평원왕은 진에 연속하여 사신을 보낸 데 비하여 북제로 사절

해당 논의는 시조묘 친사 전반을 특례적 성격으로 본 데 차이가 있다.

210 임기환, 2004, 앞의 책, p.286; 최일례, 2015, 앞의 박사학위논문, pp.217~218; 김진한, 2007b, 「평원왕대 고구려의 대외관계 -요해지역의 동향을 중심으로-」『국학연구』11, p.217~218.

211 『陳書』卷3, 本紀 第3, 世祖 天嘉 2年 11月, "乙卯 高驪國遣使獻方物"

212 최일례, 2015, 「평원왕대 정국운영의 특징과 그 함의」『高句麗渤海研究』53, p.22.

을 파견하지 않았는데,[213] 이는 북제가 신라를 우대한 것[214]에 대한 대응책이었다.[215]

물론 안장왕 시기 양과의 교섭을 예로 들어 달리 생각할 수도 있겠다. 하지만 그 경우는 시조묘 친사 이전 이미 사신이 파견되며 물꼬를 텄던 반면, 진으로의 첫 사행은 시조묘 친사로부터 1년도 더 지난 시점에서 이루어져 양자의 관련성을 직접 연결짓기 곤란하다. 그 점을 뒷받침하는 것이 평원왕 3년(561) 이조(異鳥)가 궁정에 모였다는 기사이다.[216] 이는 상서로운 조짐인데,[217] 시조묘 친사 직후에 나타난다는 점을 고려하면, 친사의 결과를 말한다고 여겨진다. 즉 친사 기사는 이조의 궁정 운집으로 일단락되기에, 진과의 외교로까지 시선을 넓히기에는 섣부른 감이 있다.

마지막으로 영류왕은 시조묘 친사 직전과 직후 기사 모두 당으로 사신을 파견한 것임이 눈길을 끈다.[218] 따라서 친사 또한 그와 연관되었다고 할 수 있다. 물론 영류왕 즉위로 국내계 세력이 국정을 주도하게 되었다고 보아, 시조묘 친사를 그와 연관된 조치로 이해하기도 한다.[219] 그런데 국내계 세력의 실

---

213 『陳書』卷4, 本紀 第4, 廢帝 天康 元年 12月, "甲子 高麗國遣使獻方物": 같은 책, 卷5, 本紀 第5, 宣帝 太建 2年 12月, "辛酉 高麗國遣使獻方物";『三國史記』卷 第19, 高句麗本紀 第7, 平原王 13年 2月, "遣使入陳朝貢"

214 『北齊書』卷7, 帝紀 第7, 武成帝 河淸 4年 2月, "甲寅 詔以新羅國王金眞興爲使持節東夷校尉樂浪郡公新羅王"

215 노태돈, 1999, 앞의 책, pp.351~352.

216 『三國史記』卷 第19, 高句麗本紀 第7, 平原王 3年 4月, "異鳥集宮庭"

217 조우연, 2019,『天帝之子 : 고구려의 왕권전승과 국가제사』, 민속원, pp.222~223.

218 『三國史記』卷 第20, 高句麗本紀 第8, 榮留王 2年 2月, "遣使如唐朝貢";『資治通鑑』卷189, 唐紀5, 高祖神堯大聖廣孝皇帝 武德 4年 7月, "乙丑 高句麗王建武 遣使入貢 建武元之弟也"

219 임기환, 2004, 앞의 책, pp.300~301.

체가 모호하다는 점은 제쳐두고라도, 연개소문 선대가 계속해서 요직에서 활약하였으므로 영류왕 시기에 집권 세력이 교체되었다고 여기기는 쉽지 않다.[220] 현재 전하는 기사를 실마리로 삼아야 한다.

당시 당은 아직 중원 전역을 평정하지 못한 상태였으며, 하남과 하북에는 왕세충(王世充)이나 두건덕(竇建德)이 큰 세를 형성하고 있었다. 그러함에도 영류왕이 거듭 사신을 보낸 일은 그것이 적극성을 띤 대외적 행보임을 알려준다. 이에 대하여 당이 결국 승자가 되리라 예상한 결과로 여기기도 하는데,[221] 어떻게 보든 영양왕 시기 수와 대립을 이어 가던 것과는 다른 정책 기조를 세우고자 하였다고 이해된다. 그렇다면 이때의 시조묘 친사는 원만한 대외관계를 유지하고자 당과 적극적으로 교섭하려던 움직임을 시조의 권위에 힘입어 정당화하려는 의도에서 이루어진 일로 볼 수 있다.

즉위의례로 행해진 전기 시조묘 친사의 경우 제사 전후 별다른 정책 기조의 변화나 정계 재편의 움직임을 읽어낼 수 없었다. 반면 지금 살펴본 후기 시조묘 친사의 경우 제사 전후로 양상이 달라졌다. 그러므로 즉위의례와 같은 통상적인 의례로 보기는 어렵고, 특별한 사정으로 행해졌다고 생각된다.

그런데 정책 기조의 변화나 정국 쇄신과 같은 이유만으로 시조묘 친사의 재개를 설명하기에는 아쉬움이 남는다. 왕이 장기간의 행차를 동반한 시조묘 친사를 선택한 데는 친사 자체가 지닌 특정한 성격에도 기인한 바가 있다고 상정되기 때문이다. 즉 시조묘 친사가 종묘에서의 그것과 비교하여 두드러

그에 더하여 고씨와 왕실 세력을 단합하려는 목적이 함께하였다고 보기도 한다(정원주, 2011, 「榮留王의 對外政策과 政局運營」『高句麗渤海硏究』 40, pp.17~18).

220 김진한, 2009, 「榮留王代 高句麗의 對唐關係와 西北方情勢」『정신문화연구』 32-4, pp.315~316.

221 김진한, 2009, 위의 논문, p.319.

지게 다른 면이 존재하고, 그 점이 이 무렵 새삼 주목받게 되었다고 보는 편이 타당하다. 이는 크게 두 가지다.

먼저 시조묘 친사는 시조의 신성성을 왕이 직접 체득할 수 있었기 때문이다. III부에서 다루겠지만, 종묘 개편 이후 주몽도 왕실 종묘에 모셔졌다. 그런데 종묘제는 시조 주몽의 신성이 후대로 면면히 이어져 지금의 왕에게 계승되는 형태이다. 즉 권위의 전이가 비교적 간접적이다. 반면 시조묘는 기본적으로 시조 주몽을 위한 장소였다. 그러므로 왕이 그곳에서 시조를 제사한다면, 그 권능을 직접 이어받았다고 표명하는 데 효과적이었다. 그 결과 정국 쇄신을 도모하였던 왕은 종묘를 통하여 신성한 혈통의 흐름을 강조하기보다는, 오히려 그 근원에 자리한 주몽을 제사함으로써 자신의 지위가 천제지자 주몽에게서 받은 것임을 천명하게 되었을 것이다. 왕이 고구려를 통치할 권위는 무엇보다도 시조의 신이한 탄생과 거기서 기인한 기업(基業)에서 비롯되었기 때문이다.

다음으로는 시조묘 친사가 가진 행행으로서의 성격 때문이다. 당대(唐代) 후반기에는 황제권이 동요되었음에도, 「태청궁 → 태묘 → 교사」로 이어지는 일련의 친제가 정형화됨과 아울러 대사(大赦)와 개원까지 수반되었다. 그런데 황제가 태청궁과 태묘를 거쳐 교사 장소인 남교에 이르면 장안성 안은 물론이요, 교외의 사람들에게까지 그 의식의 장중함을 보이는 효과가 있었다. 당시 황제는 장거리에 걸친 여러 날의 성대하고 개방적인 의례를 통하여 자신의 정당성을 강조함으로써, 장안성 안팎 인민의 친제에 대한 관심을 늘리고, 궁극적으로는 자신의 권위를 높이고자 하였다.[222] 즉 황제권 확립을 위하여 행

---

222 金子修一, 2001, 앞의 책, pp.186~190; 金智淑, 2004, 「唐代 南郊祀의 皇帝 親祀와 그 정치적 효과」『中國古代史硏究』12, p.281; 金漢信, 2004, 「唐代의 郊祀制度 -제도의 확립과 쇠퇴를 중심으로-」『中國古代史硏究』11, pp.252~258.

행에서 드러나는 제의의 선전 효과를 십분 활용한 것이다.

시조묘 친사 역시 크게 다르지 않았다고 생각된다. 이는 평양과 졸본을 오가는 장기간의 행차를 수반하였으므로, 그 경로의 인민에게 친사의 위의를 드러낼 수 있었다. 시조로부터 전해진 왕의 권위가 고구려 전체에 미침을 보여주는 데 다른 의례보다 유효하였으며, 정국 쇄신을 도모하던 왕이라면 이 점을 주목하지 않을 수 없었을 것이다.

물론 당시는 종묘 개편 이후라 종묘에서 즉위의례가 거행되었고, 시조묘 친사는 어디까지나 특례(特禮)로서의 성격을 지녔다. 다시 말해 일반적으로 시조묘는 주기적인 친사의 대상이 아니었다. 그 흔적을 엿볼 수 있는 기록은 다음과 같다.

> J-1. 음사(淫祀)를 더욱 좋아한다. 또 신묘(神廟)가 두 곳에 있는데, 하나는 부여신(夫餘神)이라 하여 나무를 깎아 부인(婦人)의 형상을 만든 것이다. 하나는 등고신(登高神)이라 하는데 그 시조로 부여신의 아들이라 한다. 아울러 관사(官司)를 두고 사람을 보내어 수호케 하니, 대체로 하백의 딸과 주몽이라 한다.[223]

> J-2. 음사(淫祠)가 많으며 신묘가 두 곳에 있는데, 하나는 부여신이라 하여 나무를 깎아 부인의 형상을 만든 것이다. 하나는 고등신(高登神)이라 하는데 그 시조로 부여신의 아들이라 한다. 아울러 관사를 두고 사람을 보내어 수호케 하니, 대체로 하백의 딸과 주몽이라 한다.[224]

---

223 『周書』卷49, 列傳 第41, 異域上, 高麗, "尤好淫祀 又有神廟二所 一曰夫餘神 刻木作婦人之象 一曰登高神 云是其始祖 夫餘神之子 竝置官司 遣人守護 蓋河伯女與朱蒙云"

224 『北史』卷94, 列傳 第82, 高句麗, "多淫祠 有神廟二所 一曰夫餘神 刻木作婦人

J-1·2는 기본적으로 같은 내용인데, J-1은 대략 6세기의 사정을 전하는 『주서』에 기재되었다. 따라서 부여신묘(夫餘神廟)와 등고신묘(登高神廟, 高登神廟)를 그 무렵 새롭게 나타난 구조물로 볼 수도 있다. 그런데 I부에서 제천대회의 성립 및 변화 시기를 살펴본 바에서도 알 수 있듯이, 고구려에서 어떠한 상황이 일어났어도 그것이 동시기를 서술한 중국 측 사서에 바로 실리지 않기도 한다. 즉 B-1·3처럼 대상 시기보다 이른 시점의 사정을 전하는 예도 있으므로, 부여신묘와 등고신묘 또한 예전부터 존재하였을 가능성도 충분하다.

J-1·2에서 보이듯, 부여신묘와 등고신묘는 각기 하백의 딸과 주몽을 주신으로 한다. 그렇다면 전자는 E-1에 나오는 시조 모친의 신묘 즉 유화신묘, 그리고 후자는 다름 아닌 시조묘를 가리킨다고 헤아려진다. 물론 등고신묘를 시조묘로 보는 데 이견이 있을 수 있다. 그러나 시조를 모신다고 특정하여 기술하였으므로 종묘는 아닐 것이고, 시조묘를 제외하면 이방인의 눈에 띌 정도의 존재감을 가진 시조 제장이 딱히 떠오르지 않는다. 그렇다고 해서 『삼국사기』 고구려본기에 언급되지 않은 또 다른 구조물을 생각하기도 어렵다. 이 무렵 독자 전승 기사가 소략해졌다 하여도, 기록해 둘 필요성이 있는 일에 대해서는 간단하게나마 다루었기 때문이다. 그러한 흔적이 없는 것은 등고신묘가 이미 고구려본기에 나왔던 대상을 말한다고 보아도 큰 무리가 없지 않을까 하며, 그렇다면 역시나 시조묘로 이해하는 편이 적절하겠다. 부여신묘 또한 다르지 않은데, 『삼국사기』 고구려본기에서 시조의 모친을 모신 구조물은 유화신묘가 유일하다. 물론 이는 초기기록이라 실제 성립 시기는 후대일 것이다.[225]

象 一曰高登神 云是其始祖 夫餘神之子 竝置官司 遣人守護 蓋河伯女與朱蒙云"

225 『삼국사기』 고구려본기 초기기록에 나오는 부여와의 상쟁 기록은 초창기 고구려 왕실과 부여 내 어떤 지배집단 사이에서 벌어진 일을 근거로 한 것이 아

그런데 J-1 · 2를 보면 이들 신묘에 관리를 보내어 수호한다고 하였을 뿐, 왕이 친히 제사하였다는 기록은 없다. 중국 측에서 사서 편찬 시 왕의 친사 행위를 기록하지 않았다고 볼 수도 있겠으나, 같은 문헌(『주서』·『북사』)에서 백제의 구태묘(仇台廟) 제사를 말할 때는 그 점을 기술하였다.[226] 그러므로 달리 생각해야 한다. 물론 부여신묘와 등고신묘, 즉 유화신묘와 시조묘에 대한 친사가 아예 없지는 않았을 것이다. 그러나 주기적으로 행해지지는 않았기에, 관련 언급이 이루어지지 않았다고 추정된다. 종묘 개편 이후 시조묘 제사의 양상을 알 수 있는 일례가 바로 J-1 · 2이다.[227]

요컨대 후기 시조묘 친사는 즉위의례가 아니며, 왕이 시조의 권위를 빌어 정국 안정이나 정책 기조를 변화시킬 목적으로 행한 데 특징이 있다. 그런데 이러한 논의가 성립하려면 자신이 뜻한 바를 실현 가능한 국왕의 영향력이 전제되어야 한다. 사실 대대로의 선임을 둘러싼 귀족 사이의 쟁투에서도 엿볼

닐까 한다(노태돈, 1999, 앞의 책, p.57; 金基興, 2001, 「高句麗 建國神話의 검토」『韓國史硏究』113, p.11). 그렇다면 이 세력을 제압한 뒤 그 경내의 시조 모친 장지로 여겨지던 곳에 신묘가 형성되었거나, 훗날 건국 신화가 더욱 체계를 갖추고 부여 지역에 영향력을 행사하게 된 시기에 조성되었을 가능성도 있다.

226 『周書』卷49, 列傳 第41, 異域上, 百濟, "其王以四仲之月 祭天及五帝之神 又每歲四祠其始祖仇台之廟";『北史』卷94, 列傳 第82, 四夷上, 百濟, "其王每以四仲月 祭天及五帝之神 立其始祖仇台之廟於國城, 歲四祠之"

227 『주서』 고려전의 기록은 사신의 견문에 기초하였을 것이기에, 부여신묘와 등고신묘가 도성에 소재했다고 여길 수도 있겠다. 사신의 행로를 생각하면 도성에서 떨어진 곳에 가기는 쉽지 않기 때문이다. 그러나 사신이 얻은 정보가 모두 자신이 직접 체험한 바에 토대하지는 않는다. 같은 사서의 지방 통치체제에 관한 언급(『周書』卷49, 列傳 第41, 異域上, 高麗, "復有遼東玄菟等數十城 皆置官司 以相統攝")이 대표적이다. 사신이 여러 지역을 모두 둘러보지는 못했을 것이고, 이는 평양에서 들은 바에 근거하였을 가능성이 크다. 부여신묘와 등고신묘에 대한 기록 또한 마찬가지로 이해할 수 있다.

수 있듯이,[228] 당시 왕권은 상당히 제한적이었다.[229] 하지만 늘 극도의 혼란 속에 처한 것은 아니었고, 왕이 어떠한 일도 할 수 없는 무기력한 존재였다고 보기도 주저된다.

해당 시기 왕권이 어느 정도 유지된 것은 당시의 구조적 정황에 기인한 바가 컸다. 이는 고씨(高氏)가 유력 고위 귀족으로 활약하였고, 귀족층 내에서도 다수였던 점과 연관된다. 물론 이들이 모두 왕실과 혈연적으로 연결되지는 않았으며, 고자(高慈) 가문처럼 공(功)으로 사성(賜姓)된 사례도 있었을 것이다.[230] 하지만 일단 왕성(王姓)을 칭하고 그것이 이어지면, 이를 통하여 자기 집안의 위상을 내세우고자 왕실에 대하여 일정한 유대감을 지녔으리라 생각된다. 이는 왕실의 권위를 뒷받침하는 현실적인 배경이 되었다.[231] 또 앞서 살펴보았듯이, 이 시기에도 왕은 국가제사를 주관하며 최고 사제로서의 위치를 점하고 있었다. 그렇기에 시조묘 친사를 표방할 때 왕의 의지에 반하는 세력이 이를 반대할 명분은 약했다고 유추된다.[232]

---

228 I부 주233) 참조.

229 노태돈, 1999, 앞의 책, pp.437~448; 임기환, 2004, 앞의 책, pp.282~298; 김현숙, 2005, 앞의 책, pp.304~305.

230 「高質 墓誌銘」, "十九代祖密 後漢末 以破燕軍 存本國有功 封爲王 三讓不受 因賜姓高氏 食邑三千戶";「高慈 墓誌銘」, "先祖隨朱蒙王 平海東諸夷 建高麗國已後 代爲公侯宰相 至後漢末 高麗與燕慕容戰大敗 國幾將滅 廿代祖密當提戈 獨入斬首尤多 因破燕軍 重存本國 賜封爲王 三讓不受 因賜姓高 食邑三千戶"

231 노태돈, 1999, 앞의 책, pp.451~455.

232 이와 관련하여 고구려 후기의 왕은 이전의 강력한 집권 체제를 되돌릴 수 없는 이상 다른 방향으로 권위를 유지하려 하였고, 그 하나의 방편으로 패수에서 석전 의례를 행하였다는 논의(金昌錫, 2003, 「石戰의 起源과 그 性格 變化」『國史館論叢』101, pp.149~150)가 주목된다. 왕의 종교적 권위가 보전되었기에, 시조묘 친사 또한 왕의 의지가 다른 방면에 비하여 손쉽게 개입될 수 있었을 것이다.

지금까지 후기 시조묘 친사가 이루어진 배경을 알아보았다. 그런데 후기 시조묘 친사는 시기가 2월과 4월로 나뉜다. 2월 제사가 가지는 의미는 이미 다루었으나, 4월의 경우 별도의 검토가 필요하다. 시조묘 친사는 시조가 대상이기에, 시조와 연관성이 있다고 보아야 한다. 그 면에서 다음 기록이 주목된다.

> K. (금와)왕은 (유화가) 천제의 아들(天帝子)의 비(妃)임을 알고 별궁에 두었는데, 그가 햇빛을 품어 그로 인하여 임신하여 신작(神雀) 4년 계해 여름 4월에 주몽을 낳았다. 울음소리가 매우 컸으며, 골격과 의표(儀表)가 영특하고 호걸다웠다.[233]

이에 따르면 주몽은 4월에 탄생하였다. 4월은 농작물이 본격적으로 생장하기 시작하는 시점이므로, 아마도 주몽을 농경신으로 보는 관점 아래서 그때 태어났다는 전승이 만들어진 것이 아닌가 한다. 그런데 4월은 시조묘 제사가 이루어진 시기다. 그러므로 시조묘 제사가 주몽이 태어났다고 전하는 달에 치러졌음을 알 수 있다. 이는 주몽이 죽었다던 달에 제사한 전기 친사와 다른 양상이다. 후기 친사에서 주몽이 탄생했다는 달이 중시된 배경은 무엇일까.

「왕비문」이나 『구삼국사』 등에 전하는 건국 신화를 살펴보면, 주몽은 천부지모 사이에서 태어났다가 훗날 승천하였다. 이렇듯 주몽의 탄생과 죽음에는 모두 신성함이 깃들어 있다. 그런데 현재 전하는 신화에 따르면, 주몽은 그 태생적 신성성을 바탕으로 한 천과의 매개나, 모친으로부터 전수된 신이한 능력에 의하여 지상 과제인 고구려 건국을 이루어 냈다. 따라서 주몽의 죽음보다는 탄생 모티프에 상대적으로 더 많은 신적 권능이 내재되었다. 「왕비문」에서 "나면서부터 성스러움을 지녔다(剖卵降世 生而聖▨)"고 공언하였으므로, 주몽

---

233 『東國李相國集』 卷3, 東明王篇 所引 『舊三國史』 逸文, "王知天帝子妃 以別宮置之 其女懷中日曜 因以有娠 神雀四年癸亥歲夏四月 生朱蒙 啼聲甚偉 骨表英奇"

의 탄생을 신성의 원천으로 여기는 의식이 5세기 초에는 굳건히 자리하였음을 알 수 있다.

이와 관련하여 신라에서는 본디 시조 혁거세의 장지에 조성된 시조묘에서 친사가 이루어지다가, 시조가 태어났다는 곳에 신궁을 세운 뒤 그곳에서 친사가 행해졌다는 사실이 참조된다. 혁거세의 신성성은 죽음보다 탄생 쪽에 더 많이 개입되었으며, 죽음과 연계된 시조묘에서의 제사는 인격적인 면모를, 탄생과 얽힌 신궁에서의 제사는 그것을 초월한 성격을 더 많이 구현하였다. 따라서 신궁 제사는 탄생을 매개로 시조의 신성함이 천에 닿아 있음을 보여주는 의례였는데, 왕권이 강화되면서 시조의 신성이 제고된 결과였다.[234]

고구려도 집권력이 공고해지고 시조 숭배 의식이 고조됨에 따라 주몽은 풍요의 기원자라는 측면보다는, 천제지자이자 천하사방(天下四方)이 아는 성스러운 나라 고구려의 첫 국왕으로서 신성함을 기리는 측면이 부상하였을 것이다. 그 결과 시조의 죽음보다 신성성이 더욱 많이 개입된 그의 탄생이 강조되었고, 그러한 인식이 후기 시조묘 친사에도 투영되어 주몽이 태어났다고 전하는 4월에 제사가 이루어졌다고 생각된다. 시조가 이룬 대업의 원천이 된 신성성은 죽음보다 탄생에서 더욱 확연히 드러났고, 그러하였기에 왕은 그의 탄생을 기리며 자신의 권위도 혈연을 통하여 같은 기반 위에 있음을 천명하였을 것이다.[235]

---

234 나희라, 2003, 앞의 책, pp.149~165.

235 신라의 경우 정국이 동요한 하대에도 신궁 제사는 친사로 이어졌다. 이는 이미 시조 혁거세에 대한 신성의 인정과, 거기서 기원하는 왕의 권위가 부인할 수 없을 정도로 확고히 자리하였음을 말한다. 일본에서도 10세기 이후 율령체제의 동요와 함께 천황권이 무력화되었다. 그러나 천황가의 조상신인 아마테라스오미카미의 권위는 사회 전반에 인정되었고, 그에 근거하여 이루어진 다이조사이는 오닌(應仁)·분메이(文明)의 난 전년(1466)까지 변함없이 거행되었다(岡田精司, 1980, 「宮庭祭祀の再檢討」『歷史評論』366, p.38). 이들 사례는 시

이상과 같이 6세기 전반 이후 다시금 시조묘 친사 기사가 나타나는데, 이는 시조의 권위에 기대어 정국 쇄신이나 정책 기조 변화를 꾀한 결과이다. 당시에도 즉위의례는 기본적으로 종묘에서 행해졌다고 여겨진다. 그러므로 이는 특례로서의 성격이 강하다. 시조묘 친사는 시조의 신성을 직접 체득할 수 있었고 장기간의 행차를 통한 선전 효과가 상당하였기에, 분위기를 일신하고자 하는 국왕에게 선택되었다. 이때도 왕은 종교적 권위를 유지하였으므로, 이러한 제례는 가능하였다. 한편 후기 친사에서는 집권력이 강화된 이후의 의식세계도 엿볼 수 있다. 즉 주몽이 태어났다는 4월에 제사한 것은 그사이 시조 주몽에 관한 인식이 농경신으로서의 면모를 뛰어넘어 천제지자로 확고히 자리매김함에 따라, 그의 신성성과 더욱 연관이 깊은 탄생으로의 관심이 높아진 결과이다.

조의 초월적 권위가 확립된 이후에는 왕권의 현실과 무관하게 그 근간이 유지되었음을 보여준다. 고구려도 다르지 않았을 것이다. 즉 주몽의 신성성과 거기에 기인한 왕의 권위가 확립된 이상, 후기에 왕권이 약해졌다 하여도 시조의 위상에는 큰 변화가 없었으리라 생각된다.

III

묘제(墓祭)와 종묘제(宗廟祭)

1. 전기 종묘와 묘제의 성행

1) 묘제 영위와 제의 공간 정비

묘제(墓祭)는 능묘에서 항구적으로 지내는 제사를 의미하며,[1] 조상 전체가 아니라 특정 개인, 즉 묘주의 혼령에게 지낸 조령 제사(祖靈祭祀)로서 개성적인 성격을 지녔다.[2] 무덤은 조상이 잠든 곳이기 때문에, 그곳에서 그를 기리며 제사하는 것은 자연스러운 현상이다. 중국에서는 상대(商代)부터 무덤과 종묘

---

1 來村多加史, 2001, 『唐代皇帝陵の硏究』, 學生社, p.440.

2 Wu Hong(巫鴻), 1995, *Monumentality in Early Chinese Art and Architecture*, Standford University Press; 김병준 옮김, 2001, 『순간과 영원 -중국고대의 미술과 건축-』, 아카넷, p.205, p.277; 黃曉芬, 2003, 『漢墓的考古 學硏究』, 岳麓書社; 김용성 옮김, 2006, 『한대의 무덤과 그 제사의 기원』, 학연문 화사, p.410, p.415.

가 조상 숭배의 양대 중심지로 여겨졌으며,[3] 묘제는 춘추 전국 시대부터 중시되어 진한 시대가 되면 더욱 성행하였다.[4] 고대 일본 역시 묘전제사(墓前祭祀), 즉 묘제가 이루어졌으며,[5] 이는 종묘제(宗廟祭)를 수용하지 않은 상황에서 조상 제사의 중추로 자리하였다.[6] 고려에서도 배릉의(拜陵儀), 즉 선대 왕릉에서의 제사는 원구(圜丘)와 방택(方澤) 및 태묘·사직 제사와 함께 국가제사 가운데 가장 높은 등급인 대사(大祀)에 속하였다.[7]

한국 고대의 경우 수묘(守墓) 행위를 전하는 기록이 존재한다. 예컨대 고구려 국상 명림답부가 죽자 수묘가를 두었고,[8] 신라 시조묘에 수묘(守廟) 20가(家)를 늘렸으며,[9] 역대 왕릉에 수묘호를 사민(徙民)케 하고,[10] 김유신이 죽자

---

3 Wu Hong, 2001, 위의 책, p.276.

4 Wu Hong, 2001, 위의 책, p.55; 楊寬, 1985, 『中國古代陵寢制度研究』, 上海古籍出版社; 장인성·임대희 옮김, 2005, 『중국 역대 陵寢 제도』, 서경, p.64, p.75; 黃曉芬, 2006, 앞의 책, pp.407~413; 허명화, 2007, 「漢代의 祖先祭祀」 『CHINA연구』 2, p.39.

5 上田正昭, 1991, 『古代傳承史の研究』, 塙書房, p.44; 上田正昭, 1975, 「古代の祭祀と儀禮」 『岩波講座 日本歷史』 1, 岩波書店, pp.335~336.

6 나희라, 2004a, 「7~8세기 唐, 新羅, 日本의 國家祭祀體系 비교」 『韓國古代史研究』 33, p.310.

7 『高麗史』 卷61, 志 第15, 禮3, 吉禮大祀, 諸陵 참조.

8 II부 주35) 참조.

9 『三國史記』 卷 第3, 新羅本紀 第3, 炤知麻立干 7年 4月, "親祀始祖廟 增置守廟二十家"
II부에서 살펴본 것처럼, 당시 신라에서는 왕릉을 곧 왕묘(王廟)로 여겼으므로, 수묘(守廟)는 수묘(守墓)의 범주에서 파악할 수 있다.

10 『三國史記』 卷 第6, 新羅本紀 第6, 文武王 4年 2月, "命有司徙民於諸王陵園 各二十戶"

민호(民戶)에게 수묘를 지시하였다.[11] 또 「왕비문」을 통하여 당시 수묘제의 실상을 엿볼 수 있다는 점은 널리 알려진 바이다. 이처럼 무덤을 보호·관리하는 수묘 행위가 행해졌다면, 선대 왕릉이나 유력자의 무덤에 대한 제사도 이루어졌고 보는 편이 자연스럽다. 관련 기록은 다음과 같다.

L-1. 괴유(怪由)가 죽었다. (중략) 왕이 그 말을 착하게 여기고, 또 큰 공로가 있었으므로 북명산(北溟山) 남쪽에 장사하고, 유사(有司)에 명하여 때에 따라 제사하게 하였다.[12]

L-2. 미추(왕)의 영(靈)이 아니었다면 김(유신)공의 노여움을 막지 못하였을 것이므로, 왕의 호국(護國)함이 크지 않다고 할 수 없다. 그러므로 나라 사람들(邦人)이 그 덕을 생각하여 삼산(三山)과 더불어 같이 제사하기를 게을리하지 않고, 순서(秩)를 오릉(五陵) 위로 올려 대묘(大廟)라 칭하였다고 한다.[13]

L-3. 왕은 매양 외로운 잠자리(孤枕)에 의지하여 비탄함이 많다가 10년 뒤인 (후한) 헌제 건안(建安) 4년 기묘 3월 23일에 세상을 떠났으니 향년 158세였다. 나라 사람들(國中之人)이 어버이(天只)를 잃은 것처럼 하였으니, 비통함이 (왕)후께서 돌아가신 날보다 심하였다. 곧 궁궐 동북쪽 평지에 빈궁(殯宮)을 만드니 높이 1장, 둘레 300보였고, 장사하여 수로왕묘(首露王廟)라 하였다. 그 사자(嗣子) 거등왕으로부터 9대손인 구형왕에 이르기까지 이 묘(廟)에 제사(享)하였는데, 매해

---

11 『三國史記』卷 第43, 列傳 第3, 金庾信下, "命有司立碑 以紀功名 又定入民戶 以守墓焉"

12 『三國史記』卷 第14, 高句麗本紀 第2, 大武神王 5年 10月, "怪由卒 …… 王善其言 又以有大功勞 葬於北溟山陽 命有司以時祀之"

13 『三國遺事』卷1, 紀異 第1, 味鄒王竹葉軍, "非未鄒之靈 無以遏金公之怒 王之護國 不爲不大矣 是以 邦人懷德 與三山同祀而不墜 躋秩于五陵之上 稱大廟云"

정월 3일과 7일, 5월 5일과 8월 15일에 풍성하고 정결하게 지낸 제사가 이어져 끊어지지 않았다.[14]

　L-1은 부여와의 전투에서 공을 세운 괴유(怪由)가 죽자 대무신왕이 주기적으로 무덤에 제사하게 하였다는 것이다. 무훈을 세운 인물에 대한 처우가 이러하였으니, 선대 왕릉에 대한 제사도 이루어졌음은 당연하다. L-2·3이 그점을 보여준다. L-2의 대묘(大廟)는 죽현릉(竹現陵)이라고도 불린 미추왕릉이고, L-3의 수로왕묘(首露王廟)는 매장한 곳에 자리하였기에 수로왕릉과 다르지 않다. 한국 고대에 왕릉에서 제사가 행해졌음을 알 수 있다. 다만 해당 시기의 기록이 아니기에, 묘제의 존재를 언급하는 정도였다.

　이러한 상황 속에 지난 2012년 7월 중국 지안시(集安市) 마셴향(麻線鄕) 마선하(麻線河) 우측 연안 바닥에서 지안 고구려비가 발견되었다.[15] 비는 앞뒷면 모두 글자가 새겨졌지만, 뒷면은 한 행의 확인만 가능할 뿐 판독이 불가능하다. 「왕비문」에 따르면 광개토왕이 선왕들을 위하여 묘상입비(墓上立碑), 즉 왕릉 곁에 비를 세웠는데,[16] 「지안비문」에서도 수묘제와 관련한 입비(立碑) 사실을 담고 있다.

　양자를 비교하면 「지안비문」의 수묘인 관련 조항은 「왕비문」의 그것보다

14 『三國遺事』卷2, 紀異 第2, 駕洛國記, "元君乃每歌鰥枕 悲嘆良多 隔二五歲 以獻帝立安四年己卯三月二十三日而殂落 壽一百五十八歲矣 國中之人若亡天只 悲慟甚於后崩之日 遂於闕之艮方平地 造立殯宮 高一丈 周三百步而葬之 號首陵王廟也 自嗣子居登王 洎九代孫仇衡之享是廟 須以每歲孟春三之日 七之日 仲夏重五之日 仲秋初五之日 十五之日 豊潔之奠 相繼不絶"

15 集安市博物館 編, 2013, 『集安高句麗碑』, 吉林大學出版社, p.7.

16 「廣開土王碑文」, "守墓人烟戶 …… 唯國岡上廣開土境好太王 盡爲祖先王 墓上立碑 銘其烟戶 不令差錯"

내용상 구체성이 떨어지는 반면, 「왕비문」에서는 「지안비문」에 나오지 않는 "구민(舊民)"이나 "신래한예(新來韓穢)", 그리고 "국연(國烟)"과 "간연(看烟)" 등 수묘인을 구분하는 표현이 나타난다.[17] 또 「지안비문」에서는 건립한 비에 새긴 바를 "연호두 20인의 이름(烟戶頭卄人名)"이라고 명확히 기술하였으나, 「왕비문」에서는 그것을 "그 연호(其烟戶)"라 하여 간단히 처리하고 있다. 광개토왕비 건립 단계에서는 기존의 비가 지녔던 의의가 경감되고, 국연과 간연 같은 새로운 구분에 따라 수묘제 개편이 이루어졌던 결과로 여겨진다.

아울러 지안 고구려비의 외양은 관구검 기공비(毌丘儉紀功碑)와 비슷한 규형(圭形)이고, 광개토왕비의 그것은 충주 고구려비와 같은 석주형(石柱形)이다. 비의 형태로 보아 충주 고구려비와 지안 고구려비보다는, 충주 고구려비와 광개토왕비의 관계가 가깝다. 이러한 점을 고려하면 지안 고구려비는 광개토왕비보다 이른 시기에 세워졌다고 생각된다. 「왕비문」에 따르면 광개토왕 시기에 대대적으로 수묘제를 개편하였으므로, 지안 고구려비 또한 그즈음 조성되었을 것이다.[18]

현재 해당 비문의 탁본은 앞면 15종, 뒷면 1종이 확인되는데, 그간 여러 차례의 검토를 거쳐 대략적인 판독문이 마련되었다. 이는 〈표 5〉와 같다.

---

17 기경량, 2014, 「집안고구려비의 성격과 고구려의 수묘제 개편」 『韓國古代史研究』 76, pp.215~216.

18 강진원, 2016c, 「고구려 守墓碑 건립의 연혁과 배경」 『韓國古代史研究』 83, p.211.

〈표 5〉「지안비문」판독안[19]

X	IX	VIII	VII	VI	V	IV	III	II	I	
賣	守	▨	▨	▨	▨	[戶]	■	■	■	1
▨	墓	▨	▨	▨	▨	[守]	■	■	■	2
若	之	▨	▨	▨	▨	▨	■	■	■	3
違	民	▨	好	▨	▨	▨	▨	子	■	4
令	不	立	▨	[世]	▨	烟	各	河	世	5
者	得	碑	▨	室	[王]	戶	[墓]	伯	必	6
後	擅	銘	王	追	罡	▨	烟	之	授	7
世	買	其	曰	述	岡	▨	戶	孫	天	8
▨	更	烟	自	先	上	▨	以	神	道	9
嗣	相	戶	戊	聖	太	▨	▨	靈	自	10
▨	[轉]	頭	▨	功	王	富	河	祐	承	11
▨	賣	廿	定	勳	▨	▨	流	護	元	12
看	雖	人	律	弥	平	▨	四	[假]	王	13
其	富	名	教	高	安	轉	時	蔭	始	14
碑	足	▨	內	悠	[太]	賣	祭	開	祖	15
文	之	示	發	烈	王	▨	祀	國	鄒	16
与	者	後	令	継	神	▨	然	辟	牟	17
其	亦	世	更	古	亡	守	而	土	王	18
罪	不	自	脩	人	▨	墓	世	継	之	19
過	得	今	復	之	興	者	悠	胤	創	20
	其	以	各	慷	東	以	長	相	基	21
	買	後	於	慨	西	銘	烟	承	也	22

※ ■ : 결손자, ▨ : 미판독자, [ ] : 추독자

---

19 강진원, 2017c, 「「集安高句麗碑文」 건국신화의 성립과 변천」 『史林』 61, pp.48
~49 〈표 1〉에 의거.

그 가운데 묘제와 관련하여 자형(字形)을 살펴보아야 하는 사례를 정리하면 〈표 6〉과 같다.

〈표 6〉「지안비문」 추독자 · 미판독자 자형 비교[20]

	사진	朱榮順 拓本A	江·李 拓本2	于麗群 拓本B					
III-6					墓	 IV-19 사진	 IV-19 탁본	 IX-2 사진	 IX-2 탁본
V-6	 사진	 朱榮順 拓本A	 江·李 拓本2	 于麗群 拓本B	王	 I-13 사진	 I-13 탁본	 V-11 사진	 V-11 탁본
V-18	 사진	 朱榮順 拓本A	 江·李 拓本2	 于麗群 拓本B	亡	 漢印	 敦煌漢簡	 居延漢簡	 후한 熹平石經
V-20	 사진	 朱榮順 拓本A	 江·李 拓本2	 于麗群 拓本B	興	 후한 尹宙碑	 후한 張遷碑	 후한 曹全碑	 북위 司馬芮墓誌
VI-1	 사진	 朱榮順 拓本A	 江·李 拓本2	 于麗群 拓本B	廟	 전한 馬王堆帛書	 武威漢簡	 후한 禮器碑陰	 후한 乙瑛碑
VI-5	 사진	 朱榮順 拓本A	 江·李 拓本2	 于麗群 拓本B	世	 I-5 사진	 I-5 탁본	 X-8 사진	 X-8 탁본

---

20 판독 관련 사안은 강진원, 2016c, 앞의 논문, p.197 〈표 2〉에 의거.

Ⅲ-6은 "가(家)"·"묘(墓)" 등으로 판독되었다. Ⅲ-7·8이 "연호(烟戶)"라는데 별다른 이견이 없는데 그 의미가 '가(家)'와 통하므로, 이쪽은 '묘(墓)'일 가능성이 더 크다.[21] "묘(墓)"로 판독되는 Ⅳ-19와 자형이 비슷하기도 하다.

Ⅴ-6은 국내에서 열린 판독회 결과 "왕(王)"으로 확정되었는데,[22] Ⅰ-13, Ⅴ-11 등 "왕(王)"으로 판독된 경우와 자형도 유사하다.

Ⅴ-18은 "망(亡)"으로 읽었고 자형을 보면 타당하다. 물론 상단에 치우쳐 있기는 하나, 탁본에서 알 수 있듯이 하단에는 별다른 자획이 확인되지 않는다. 글자를 새기기 힘든 모종의 상황으로 말미암아 협소한 공간에 '망'자를 넣은 것이 아닐까 한다.

Ⅴ-20은 "여(輿)" 혹은 "흥(興)"으로 판독하였다. 그런데 상단의 점은 흠집으로 확인되기에,[23] '여(輿)'라 하기는 무리가 있다. 또 '臼' 안에 있는 자형의 외곽선의 모양새가 직사각형에 가깝고, '車'처럼 중앙으로 수렴되지 않는다. 따라서 "흥(興)"이 타당하다. Ⅴ-21·22가 "동서(東西)"임은 분명한데, Ⅴ-20을 '여(輿)'라 한다면 의미 파악에 어려움이 있다는 점도 고려해야 한다.

Ⅵ-1은 "묘(廟)"·"남(南)"·"사(祠)" 등으로 추정되었다. 전체적으로 보자면 '冂' 내지 '厂'과 같은 외곽선이 보이므로 '사(祠)'일 가능성은 작다. 그렇다면 남는 것은 '묘(廟)'와 '남(南)'이다. 외곽선 안의 자흔(字痕)을 보면 '남(南)'도 불가능하지는 않다. 다만 그러기 위해서는 상단에 '十'이 보여야 하고, 자형상 어느 정도의 공간도 마련되어야 한다. 탁본을 보면 그렇지는 않고, 위쪽에 '丶'과 같은 획이 보인다. 따라서 '묘(廟)'일 가능성이 있으나, 확신할 수 없으므로 최종

---

21 여호규, 2013a, 「신발견 〈集安高句麗碑〉의 구성과 내용 고찰」 『韓國古代史硏究』 70, p.69.

22 정동민, 2013, 「韓國古代史學會 〈集安高句麗碑〉 判讀會 結果」 『韓國古代史硏究』 70, p.412.

23 여호규, 2013a, 앞의 논문, p.68.

판독은 유보한다.

Ⅵ-5는 사진에서 나타나듯 '廿' 안에 '十'과 같은 자흔이 보이는 등 전체적인 모양새가 '세(世)'와 비슷하다.[24]

「지안비문」은 크게 보아 세 단락으로 구성되어 있다. Ⅰ~Ⅱ행에서 고구려의 건국 과정과 왕위 계승을 기술한 뒤, Ⅲ~Ⅵ행에서 수묘제의 변천 과정과 시정 조치를 언급하였으며, Ⅶ~Ⅹ행에서 수묘연호(守墓烟戶)의 매매 금지과 처벌을 명시한 법령의 내용을 전한다. 이 가운데 관심을 끄는 부분은 Ⅲ-13~16 "사시제사(四時祭祀)"이다. Ⅲ-5~8 "각묘연호(各墓烟戶)"와 연결해 보면 수묘인들이 왕릉에 제사하였음을 알 수 있다.[25] 묘제를 지낸 것이다. 비문은 대체로 시간적 흐름에 따라 기술되었다.[26] 그런데 Ⅲ-13~16 바로 뒤에 이어지는 Ⅲ-17~21에서 "하지만 세월이 길고 오래되니(然而世悠長)"라 하였다. 다시 서술하겠으나 전체적인 비문의 내용을 보면, 이 부분은 지안 고구려비가 건립된 광개토왕 시기 이전의 상황을 다룬 것이다. 그보다도 앞선 시간대를 배경으로 묘제가 언급되었으므로, 해당 의례가 오래전부터 행해졌음을 알 수 있다. 왕가의 내력을 다룬 Ⅰ~Ⅱ행에 이어 바로 묘제에 관한 기술이 등장하는 점도 이를 뒷받침한다.

---

24 비석을 실견한 결과 '세(世)'의 '廿'자획을 확인할 수 있었다고 한다(여호규, 2013a, 위의 논문, p.70).

25 孔錫龜, 2013, 「『集安高句麗碑』의 발견과 내용에 대한 考察」『高句麗渤海硏究』 45, p.44; 여호규, 2013a, 위의 논문, p.89; 趙宇然, 2013b, 「集安 高句麗碑에 나타난 왕릉제사와 조상인식」『韓國古代史硏究』 70, p.157; 徐建新, 2013, 「中國出土"集安高句麗碑"試析」『東北史地』 2013-3, pp.27~28.

26 임기환, 2014, 「집안고구려비와 광개토왕비를 통해 본 고구려 守墓制의 변천」『韓國史學報』 54, p.101; 김창석, 2015, 「고구려 守墓法의 제정 경위와 布告 방식 -신발견 集安高句麗碑의 분석-」『東方學志』 169, p.81.

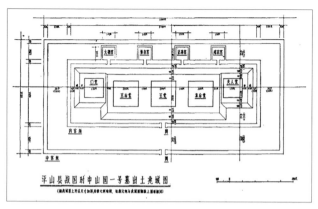

〈도면 1〉 중산왕묘 출토 조역도 모사본(출처 : 傅熹年, 1980, 「戰國
中山王錯墓出土的《兆域圖》及其陵園規制的硏究」『考古學報』
1980-1, p.100)

중국의 경우 상주 시대 조상 제사의 중심지는 종묘였으나,[27] 묘제도 이루어
졌다.[28] 애초부터 묘제의 전통이 있었던 셈이다. 기년을 그대로 믿기는 곤란하
나 L-1을 보면, 고구려의 묘제도 상당히 일찍부터 시작되었다고 여겨진다. 이
는 시조묘 제사를 통해서도 짐작할 수 있다. 앞서 언급한 것처럼 시조묘는 시
조왕릉을 포괄하는 개념이므로 그 제사는 묘제이다. 다른 사례로는 E-3, 즉
태조왕 69년(121)의 태후묘 제사도 이목을 끈다. 태후묘(太后廟)는 곧 태후묘
(太后墓)와 상통한다. 그러한 태후묘를 태조왕이 직접 제사한 것이다. 따라서

27 K. C. Chang(張光直), 1983, *Art, Myth, and Ritual : The Path to Political
   Authority in Ancient China*, Harvard University Press; 李徹 옮김, 1990, 『신
   화 · 미술 · 제사』, 東文選, p.69; 黃曉芬, 2006, 앞의 책, p.401.

28 劉慶柱 · 李毓芳, 1987, 『西漢十一陵』, 陝西人民出版社; 來村多加史 옮김, 1991,
   『前漢皇帝陵の硏究』, 學生社, pp.270~272; 岡村秀典, 2005, 『中國古代王權と
   祭祀』, 學生社, pp.85~86, p.94.

최소한 2세기 무렵에는 왕실 인물에 대한 묘제가 이루어졌다 하겠다.

이상을 보건대 고구려에서 묘제가 이루어진 역사는 오래되었다. 그런데 중국에서는 은허(殷墟)의 부호묘(婦好墓)나 대사공촌(大司空村)의 무덤떼에서 묘상건축(墓上建築) 유적이 발견되는 등, 예로부터 분묘에 부속하는 별도의 제의 공간이 마련되었다. 춘추 전국 시대에 이르면 능원 조성과 아울러 이 양상은 더욱 뚜렷해진다. 조역도(兆域圖)까지 남아 있는 허베이성(河北省) 핑산현(平山縣)의 중산왕묘(中山王墓)가 대표적이며(〈도면 1〉 참조), 허베이성 한단(邯鄲)의 조왕묘(趙王墓)나 허난성(河南省) 후이셴(輝縣)의 위왕묘(魏王墓) 및 산시성(陝西省) 평상현과 린퉁현(臨潼縣)에 분포하는 진(秦)의 공·왕묘(公王墓)도 그 예이다. 이들 묘상건축은 침(寢)의 역할을 하였으며, 그곳에서는 제의가 이루어졌다.[29]

이후 시황제의 여산릉(驪山陵) 단계에 이르면 침전(寢殿)은 평지에 마련되었으며. 전한 문제의 패릉(霸陵)이 조성된 경제 시기(B.C. 156~141) 이후 능묘(陵廟)가 나타났고, 경제 양릉(陽陵) 단계부터는 분묘에 조성된 침, 즉 능침(陵寢)이 능원 밖 동남쪽에 위치하게 된다.[30] 그러한 면모를 잘 보여주는 것이 선제의 두릉(杜陵)이다(〈도면 2〉 참조). 이 무렵에는 제후왕이나 열후(列侯)의 무덤은 물론이요, 관인 및 부호까지 묘지에 사당을 세웠다. 후한에서도 묘제는 성행하였으며, 이때도 왕후(王侯) 이하 지방 호족과 일반 관리들은 제릉을 모방한 묘원(墓園)과 묘제 건축을 조성하였다.[31] 묘제가 활발한 시기에는 능묘 부

---

29 Wu Hong, 2001, 앞의 책, pp.277~285; 楊寬, 2005, 앞의 책, pp.51~56; 黃曉芬, 2006, 앞의 책, p.405; 劉慶柱·李毓芳, 1991, 위의 책, p.235, p.256, pp.268~269, pp.275~277; 신용민, 2008, 「中國 古代 帝陵과 三國時代 大形古墳 비교 검토」『石堂論叢』 40, pp.4~5.

30 劉慶柱·李毓芳, 1991, 위의 책, pp.274~275, p.281, p.287.

31 楊寬, 2005, 앞의 책, pp.71~79; 黃曉芬, 2006, 앞의 책, pp.411~415; 劉慶柱·李毓芳, 1991, 위의 책, pp.308~311; 來村多加史, 2001, 앞의 책, pp.440~

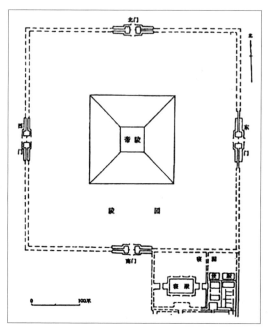

〈도면 2〉 전한 선제 두릉 능원(출처 : 신용민, 2008, 「中國古代 帝陵과 三國時代 大形古墳 비교 검토」『石堂論叢』40, p.26)

근에 별도의 제의 공간이 형성되었음을 알 수 있다.

그렇다면 고구려의 경우 어디에서 묘제가 이루어졌을까. 북한 자강도 초산군의 운평리 4지구 6호분 등 초기 적석총 가운데 제단 시설을 갖추었다고 여겨지는 경우가 존재하기에,[32] 무덤에 연접하여 제단을 조성하여 제사하였을 가능성도 없지 않다. 단 이러한 유적은 중·소형분에서 확

441; 신용민, 2008, 앞의 논문, pp.12~13; 허명화, 2007, 앞의 논문, p.41; 洪承賢, 2008, 「晉代 喪服書의 편찬과 성격 -喪服禮의 확정 과정을 중심으로-」『東洋史學研究』102, p.17; 李梅田(金柚姸 옮김), 2010, 「厚葬에서 薄葬까지 : 漢~唐시대 喪葬유형의 전환」『동아문화』8, pp.183~184.
당시 무덤 앞 사당(石祠)의 구체적인 모습은 劉敦楨(鄭沃根·韓東洙·梁鎬永 옮김), 1995, 『中國古代建築史』, 世進社, pp.309~311; 黃曉芬, 2006, 같은 책, p.417 참조.

32 리정남, 1990, 「운평리 고구려무덤떼 제4지구 돌각담무덤발굴보고」『조선고고연구』1990-1; 1995, 『민족문화학술총서 30 : 조선고고연구Ⅲ(1990~1991)』, 민족문화, pp.35~37.

인되므로 분구의 보강시설일 수 있다.[33] 실제 환런의 고력묘자 19호분이나 지안의 우산하 195호분에 연접한 시설은 제단이 아니라 무덤 붕괴를 방지하기 위한 묘설(墓舌)이다. 더욱이 이러한 부분이 초기 적석총에서 보편적으로 나타나는 것도 아니기에, 이후의 계기적 변화상을 살펴보기에도 한계가 따른다. 따라서 그 성격을 제단으로 확정하기에는 섣부른 감이 있다.

그런데 주변의 사례를 보면, 묘제는 확실한 구조물이 필요한 의례는 아니었다. 신라의 경우 중대에 이르러 배례(拜禮)를 위한 상석(床石)이 나타났으며, 그 이전에는 묘제를 위한 별다른 시설이 마련되지 않았고 말기에도 그러하였다.[34] 조촐한 배례 공간에서 제사가 행해진 것이다. 한대(漢代)의 묘제가 묘소의 사당에서뿐 아니라 묘전노제(墓前露祭), 즉 무덤 앞 야외 공간에서 이루어졌던 것[35] 또한 어떠한 구조물의 존재가 묘제에 필수 불가결한 요건은 아님을 보여준다. 고구려의 경우, 마선구 2100호분 등 국내도읍기 왕릉에서 발견되는 입석판(立石板)을 제사와 관련되었다고도 하는데(〈사진 1〉 참조),[36] 그렇다면 고분에 연접하여 공간을 마련한 뒤 진설(陳設)하여 제사를 거행했을 가능성이 있다. 혹은 칠성산 871호분 등 분구 외곽에 포석면(鋪石面)이 두어진 경우, 이곳에서 의례가 이루어졌을지도 모른다(〈사진 2〉 참조).

단 이는 어디까지나 묘제가 치러질 수 있는 최소한의 여건일 뿐이다. 왕릉

33 강현숙, 2004, 「高句麗 古墳의 構造的 特徵」『고구려의 역사와 문화유산』, 서경문화사, p.454.

34 김용성 · 강재현, 2012, 「신라 왕릉의 새로운 비정」『야외고고학』 15, pp.186~190, pp.192~193; 김용성, 2013, 「신라 능원의 의의」『民族文化論叢』 53, p.7 〈표 1〉.

35 조우연, 2013a, 「集安 高句麗碑에 나타난 왕릉제사와 조상인식」『신발견 〈集安 高句麗碑〉 종합 검토 -한국고대사학회 제131회 정기발표회-』, p.199.

36 吉林省文物考古研究所 · 集安市博物館 編, 2004, 『集安高句麗王陵 -1990~2003年集安高句麗王陵調査報告-』, 文物出版社, p.106, p.177.

〈사진 1〉 마선구 2100호분 서변 입석판(출처 : 吉林省文物考古研究所 · 集安市博物館 編, 2004, 『集安高句麗王陵 -1990~2003年集安高句麗王陵調査報告-』, 文物出版社, 圖版 21-3)

〈사진 2〉 칠성산 871호분 서변 포석(출처 : 吉林省文物考古研究所 · 集安市博物館 編, 2004, 『集安高句麗王陵 -1990~2003年集安高句麗王陵調査報告-』, 文物出版社, p.46)

은 선왕의 거처이자 제장이다. 그러므로 묘제를 중시하던 사회라면 시간이 흐르고 왕권이 강화됨에 따라 격식을 갖춘 별도의 공간이 마련되었을 것이다. 이에 주목되는 바가 왕릉의 부대시설이다. 고대 중국의 경우 묘제가 성행하던 시기에는 능원 또한 정비되었으며, 그 일부를 이루고 있던 능묘(陵廟)나 능침은 대표적인 제의 공간이었다. 실제 국내도읍기 왕릉급 고분에서는 부대시설을 갖춘 사례가 많으므로, 그 가운데 제의 공간으로 활용된 시설도 존재하였으리라 추정된다.

우선 거론할 만한 것은 석대(石臺)로, 임강총에서 잘 나타나듯 분구로부터

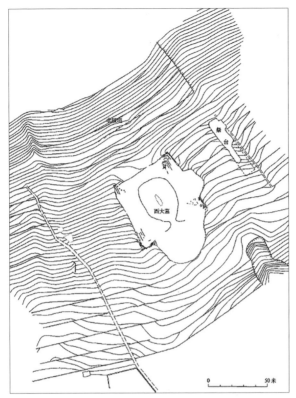

〈도면 3〉 서대총(서대묘) 능원(출처 : 吉林省文物考古硏究所 ·
集安市博物館 編, 2004, 『集安高句麗王陵 -1990~
2003年集安高句麗王陵調査報告-』, 文物出版社, p.99)

일정 거리를 둔 채 한 줄로 늘어서 있다(〈도면 3〉 참조). 이를 제대나 침으로 보
기도 한다.[37] 하지만 그렇게 여기기는 힘들다. 시간의 흐름에 따라 고분 축조
기술이 발전하고 있음에 비해, 이 유구에서는 그러한 모습을 관찰하기 어렵기

---

37 조우연, 2019, 『天帝之子 : 고구려의 왕권전승과 국가제사』, 민속원, pp.419~
420; 조법종, 2005, 「廣開土王陵 守墓人 構成과 陵園體系」 『고구려의 사상과 문
화』, 고구려연구재단, p.238.

때문이다. 또 대부분 제사 행위의 흔적이 없고 상면(床面) 시설도 부재하며,[38] 고분 앞쪽에 있지도 않다.[39] 그런데 이와 유사한 칠성산 871호분 석대의 경우 실체는 연접한 배총군(陪塚群)이다. 또 칠성산 211호분과 우산하992호분의 석대는 배총일 가능성이 있고, 천추총 부근에는 본래 석퇴(石堆), 즉 돌더미 형태의 배총군이 자리하였다고 한다.[40] 이를 보면 석대와 배총은 혼동될 수 있을 만큼 비슷한 성격을 가졌다. 따라서 해당 유구는 애초 배총군이었으나 시일이 지남에 따라 각 고분 사이의 경계가 허물어지면서 지금처럼 된 경우, 그리고 왕릉 조영 이후 추가로 조성될 배총을 만들기 위해 자재를 쌓아놓은 배대(陪臺)인 경우로 나눌 수 있다.[41] 즉 제사가 치러진 곳은 아니다. 설령 이 추정에 무리가 있다 하여도, 앞서 언급한 문제점으로 인하여 제의 공간으로 보기는 어렵다.

다음으로 일부 왕릉 근방에서 발견되는 건축지를 들 수도 있다. 전한에서는 제릉과 연계된 사당, 즉 능묘(陵廟)가 세워졌으므로, 중국의 영향을 받았다는 전제 아래 이를 묘(廟)로 보는 것도 가능하다.[42] 그런데 E-4에서 드러나듯 미천왕묘(美川王廟)는 파헤쳐질 수 있는 구조이고 그 안에 미천왕의 시신이 안치되었기에, 미천왕릉과 떼려야 뗄 수 없는 관계이다. 이는 다른 고구려 왕릉도 마찬가지일 것이다. 능묘라 하려면 해당 건축물이 왕릉과 떨어져 위치한

---

38 강현숙, 2006, 「중국 길림성 집안 지역 고구려 왕릉의 구조에 대하여」 『韓國古代 史研究』 41, pp.20~23.

39 余昊奎, 2006, 「集安地域 고구려 超大型積石墓의 전개과정과 被葬者 문제」 『韓 國古代史研究』 41, p.122, p.125.

40 吉林省文物考古研究所·集安市博物館 編, 2004, 앞의 책, pp.46~47, pp.86~ 87, p.125, p.212.

41 강진원, 2013a, 「고구려 陵園制의 정비와 그 배경」 『東北亞歷史論叢』 39, pp.17 ~19.

42 조우연, 2019, 앞의 책, p.421.

다는 점을 해명해야 한다. 더욱이 여기서는 제사 관련 유물도 그다지 출토되지 않았고, 후한 초엽 이후 능묘가 사라진 상태였다. 따라서 그리 판단하기 어렵다. 한편 당시에도 능침은 존재하였으므로 같은 성격으로 이해할 수도 있겠다. 하지만 한대의 그것이 능원 가까이 두어졌던 데 비해, 이 경우는 왕릉과의 거리가 꽤 되는지라[43] 따르기 주저된다. 그보다는 수묘 건축으로 보는 편이 좋을 것이다.[44]

그 면에서 주목되는 것이 바로 묘상건축이다. 국내도읍기의 왕릉급 고분에서는 대개 분구 상부에서 다량의 기와가 나오고 있다. 따라서 분구 위에 모종의 구조물이 존재하였다고 생각된다. 이를 향당(享堂)으로 보기도 하지만,[45] 후대에 사용된 이름이라[46] 문제가 남는다. 또 능묘로 여길 수도 있겠다. 그러나 중국의 능묘는 일반적으로 능원과 상당한 거리를 두고 조성되었으며,[47] 후한 시기 이래 부재하였으므로, 그렇다기에는 무리가 따른다. 이에 실제적 기능이 없는 기념비식 건조물이라거나,[48] 영혼의 기거를 나타내는 상징적 공간이었으리라 추정하기도 한다.[49] 그러나 건축물은 사용하지 않으면 오래지 않아 피폐하게 보이므로, 실질적 기능이 없음에도 굳이 이러한 구조물을 분구

---

43 해당 건축지와 각 고분과의 거리를 보면 마선구 2100호분은 200m, 천추총은 300m, 태왕릉은 120m, 장군총은 100m 정도이다.

44 강진원, 2013a, 앞의 논문, pp.21~22.

45 李亨求, 1982, 「高句麗의 享堂制度研究」 『東方學志』 32, pp.10~11, pp.18~24; 조법종, 2005, 앞의 논문, pp.231~232.

46 楊寬, 2005, 앞의 책, p.54.

47 Wu Hong, 2001, 앞의 책, pp.296~297; 楊寬, 2005, 위의 책, pp.37~39; 劉慶柱·李毓芳, 1991, 앞의 책, pp.287~288.

48 김용성, 2005, 「고구려 적석총의 분제와 묘제에 대한 새로운 인식」 『北方史論叢』 3, p.137.

49 정호섭, 2011, 『고구려 고분의 조영과 제의』, 서경문화사, pp.253~254.

정상에 세웠다고 생각하기는 어렵다.

앞서 언급한 것처럼 진한 시대 이전 군주의 무덤 위에는 침(寢)의 성격을 가진 묘상건축을 세우기도 하였다. 죽은 이의 혼령이 무덤 안에 머문다고 여겼기 때문에, 그에게 음식과 기거를 제공하는 침, 즉 능침을 그 가까이에 조성한 것이다.[50] 후술하겠으나 고구려에서도 무덤을 죽은 이의 거처라 생각하였으므로, 묘상건축 또한 침으로 이해하는 편이 타당하다. 그런데 중국의 (능)침은 사식(四食) 및 신물(新物)을 올리는 등 능원에서 가장 빈번히 제의가 이루어지는 공간이었다.[51] 따라서 고구려의 묘상건축(寢)에서도 조상의 혼령이 기거한다는 믿음 아래 일정한 제례를 거행하였을 것이다.[52]

그렇다면 묘상건축과 같은 제의 공간은 언제부터 마련되었을까. 기와가 다량으로 수습된 경우 모두 묘상건축이 존재하였다고 보아 그 상한을 올려볼 수도 있겠다. 하지만 방수를 위해 기와가 사용되었을 가능성도 존재하고, 중소형 적석총의 적석부에서 기와가 나오기도 하였다. 아울러 평양도읍기의 왕릉급 고분인 경신리 1호분(漢王墓)의 경우 기와가 석실 상부를 덮은 채로 발견되었으나, 묘상건축은 확인되지 않았다. 따라서 기와의 존재만으로 묘상건축

---

50 楊寬, 2005, 앞의 책, pp.45~56, pp.60~61; 劉慶柱 · 李毓芳, 1991, 앞의 책, pp.268~273; 신용민, 2008, 앞의 논문, pp.4~5.

51 劉慶柱 · 李毓芳, 1991, 위의 책, pp.272~273; 來村多加史, 2001, 앞의 책, pp.440~441.

52 전한 제릉 배장묘에 두어진 사당은 침(寢)과 묘(廟)의 성격을 겸비하였고, 후한의 유력자 무덤 가까이에 조성된 침전류의 건축은 '묘(廟)' 혹은 '사(祠)'라 불렸으며 주기적으로 제사가 이루어졌다(黃曉芬, 2006, 앞의 책, p.415; 劉慶柱 · 李毓芳, 1991, 위의 책, pp.308~311). 제릉이 아닌 이상 침과 묘가 확연히 구분되지는 않았던 것이다. 고구려의 묘상건축 또한 원칙적으로는 침의 성격을 지녔으나, 조상을 제사하는 장소라는 의미에서 이곳을 묘라고도 칭했을 가능성이 있다. 그 예가 미천왕묘(美川王廟)다. 이는 넓게는 미천왕릉 전체를 말하겠지만, 좁게 보자면 그 정상부의 묘상건축을 지칭할 것이다.

유무를 단정하기 곤란하다.

묘상건축은 그 자체가 주는 하중도 상당하였다. 그러므로 그것이 세워지려면 분구가 계단식으로 축조된 이후라야 가능하다.[53] 계단적석총이 나타나는 것은 임강총 이후이다. 단 그렇다고 해서 모든 계단적석총에 묘상건축이 조성되었다고 보기도 무리인데, 그 면에서 와당이 주목된다. 누수 방지 등을 목적으로 와당까지 사용될 필요는 없기 때문이다.[54] 따라서 와당이 출토된 서대총·우산하 992호분·마선구 2100호분·천추총·태왕릉·장군총 등의 계단적석총에서는 묘상건축이 존재했다고 보아도 좋을 것이다. 이들 가운데 가장 앞서 만들어진 고분은 서대총인데, '무자년'(328)과 '기축년'(329)이 새겨진 기와가 나왔으므로 대략 4세기 전반에 조영되었다고 여겨진다.[55] 일단 이 무렵에는 묘상건축이 세워지고, 거기서 묘제가 행해졌으리라 짐작된다.

묘상건축은 분구 정상부에 위치하였다. 그러므로 조성과 관리에 들어가는 비용 또한 상당하였을 것이다. 이러한 구조물이 나타나는 4세기에는 묘역 포석이 전면(全面)에 행해지고 능장(陵墻)을 통해 묘역의 안팎이 구분되는 등 능원제가 최종적으로 완성되는 양상을 보이는데,[56] 그 흔적이 잘 남아 있는 것은 태왕릉 능원이다(〈도면 4〉 참조). 이미 다룬 바처럼 고대 중국에서도 묘제가 성행한 시기에 능원이 장대하게 조성되었으므로, 고구려 또한 이즈음 묘제의 위상이 견고하였음을 알 수 있다. 그렇다면 이 시기 묘상건축이 등장하고 능원제가 더욱 정비된 원인은 무엇일까.

4세기 이후 집권력 강화로 인해 대규모 역사(役事) 수행이 가능해졌다는 점

---

53 강현숙, 2006, 앞의 논문, pp.26~28, p.39.

54 정호섭, 2011, 앞의 책, p.251; 강현숙, 2009, 「고구려 왕릉 복원 시고 -천추총, 태왕릉, 장군총을 중심으로-」『고구려 왕릉 연구』, 동북아역사재단, p.192.

55 서대총은 미천왕릉으로 여겨진다(강진원, 2013a, 앞의 논문, p.13).

56 강진원, 2013a, 위의 논문, pp.26~27.

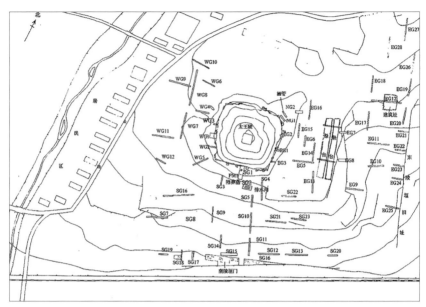

〈도면 4〉태왕릉 능원(출처 : 吉林省文物考古硏究所 · 集安市博物館 編, 2004, 『集安高句麗王
陵 -1990~2003年集安高句麗王陵調査報告-』, 文物出版社, p.255)

은 그 배경 중 하나가 될 것이다. 단 하중을 견딜 수 있는 묘상건축과 정연한
능원을 조성하는 일은 상당한 노력을 요구하는 작업이다. 그러므로 강력한
왕권이 수립되었다 하여도, 그것을 기술적으로 구현하기 힘든 상황이라면 실
현에 한계가 따랐을 것이다. 다시 말해 묘상건축을 축조할 수 있는 여건이 마
련되어야 한다.

이에 4세기 초 이후 중국계 인물의 유입이 잦았다는 점을 간과할 수 없다.[57]

---

[57] 4세기 중엽 이후 횡혈식 무덤을 사용하던 중국계 이주민이 유입됨으로써 매장
부에 완전한 석실이 갖추어진 것(강현숙, 2011, 「3~4세기 고구려 횡혈식 무덤의
등장과 확산」『역사문화연구』 40, p.36)에서도 알 수 있듯이, 당시 이들의 기술
력은 상당한 수준이었다.

그들 중 상당수는 한족 출신 관료였으므로,[58] 중국 문물에 대한 이해도 밝았을 것이다. 그런데 이들은 중국 왕조의 질서가 정상적으로 작동하던 시기, 즉 한대(漢代)를 이상적으로 생각하였다.[59] 그들의 한대에 대한 동경에는 분열되기 이전 중국 왕조의 문물에 관한 관심 또한 함께하였다고 보는 편이 자연스럽다. 그런데 후한 말만 해도 중국 각지에는 사당 건축과 담장 시설 등을 갖춘 묘원이 건설되었다. 조위 이후에도 이들 상당수는 남아 있을 것이므로, 어느 정도의 소양을 갖추었다면 과거의 화려했던 매장 문화를 알았으리라 생각된다. 그렇다면 이처럼 후장과 능원(墓園)에 대한 이해도가 높았던 중국계 인물들이 유입되어 활동한 결과, 고구려에서도 중국 고대 능원제의 핵심 시설이라 할 능장과 제의 건축이 출현하였다고 볼 수 있다. 왕실에서는 이전부터 왕릉의 부대시설을 정비해 왔기에,[60] 새로운 시설을 더하는 데 별다른 거부감이 없었을 것이다.

이 무렵 고구려 중앙권력이 지향하였던 중국의 문물과 제도는 한대를 기준으로 할 때가 적지 않았다. 예컨대 국내도읍기의 평지 왕성인 국내성(國內城)에서는 왕궁이 중앙에 위치하는데(〈도면 8〉 참조), 이는 한대 도성의 공간 구조에 상응한다.[61] 또 율령 수찬이 '교령(敎令)'의 형태로 이루어지는 점은 진한 시대의 그것과 유사하며,[62] 「지안비문」 단계의 건국 신화에서는 '천도(天道)'나 '원왕(元王)' 등 한대의 유학자 동중서의 논의를 수용한 부분이 보인

58 孔錫龜, 2003, 「4~5세기 고구려에 유입된 중국계 인물의 동향 -문헌자료를 중심으로-」『韓國古代史研究』 32, p.133 〈표 1〉, p.142.

59 余昊奎, 2009, 「4세기 高句麗의 樂浪·帶方 경영과 中國系 亡命人의 정체성 인식」『韓國古代史研究』 53, pp.176~177, pp.187~188.

60 강진원, 2013a, 위의 논문, p.25 〈표 2〉, pp.26~27 참조.

61 여호규, 2012, 「고구려 國內城 지역의 건물유적과 都城의 공간구조」『韓國古代史研究』 66, pp.71~72.

62 洪承佑, 2011, 「韓國 古代 律令의 性格」, 서울대학교 박사학위논문, pp.47~50.

다.[63] 또 해당 석비, 즉 지안 고구려비의 형태가 후한 시기 성행하였던 규형이기도 하였다.[64] 당시 고구려 왕권은 분열과 혼란을 맞이한 동시기 중국보다는, 통일제국으로서 번영하던 시절의 문물을 보다 선호하였던 것이 아닌가 한다. 요컨대 묘상건축의 조성은 한대 문물에 대한 이해가 밝았던 중국계 인사의 활동과 아울러, 국가 권력이 한대의 문물을 받아들이는데 큰 거리낌이 없었기에 나타난 현상이다.

간과하면 안 될 점은 능원을 포함한 제의 공간 정비가 한대 문물의 영향을 받았으되, 그것을 무비판적으로 수용하지는 않았다는 사실이다. 이를 잘 보여주는 사례가 적석총이란 분제(墳制)를 유지하면서 침묘(寢廟) 역할을 하는 구조물을 분구 위에 조성한 것이다. 한대의 무덤은 봉토분이었고 능침은 분구로부터 가까운 평지에 만들어졌다. 고구려와는 다른 양상이다. 분제의 경우 기존에 유지해 온 전통 때문일 것이고, 묘상건축은 침묘의 기능을 생각한 조치가 아닌가 한다. 중국에서는 혼령의 거처로 여겨진 매장부를 지하에 조성하였기 때문에, 침 또한 그 가까이에 두어 편의를 도모하였다.[65] 고구려 적석총은 매장부가 분구 정상 가까이에 위치하였다. 그러므로 죽은 이의 편안한 기거를 위하여 매장부에 근접한 분구 정상부에 구조물을 두는 편이 바람직하다고 여기지 않았을까 한다. 재래의 토대 위에 적절한 제의 공간을 마련한 것으로, 외래 문물을 무조건 받아들이지 않았음을 알 수 있다.[66]

---

63 강진원, 2017c, 앞의 논문, pp.57~64.

64 강진원, 2017a, 「고구려 석비문화의 전개와 변천 −비형(碑形)을 중심으로−」『역사와 현실』 103, pp.209~210.

65 楊寬, 2005, 앞의 책, pp.45~46.

66 전국 시대 왕릉에 묘상건축이 조영되었던 영향으로 볼 수도 있다. 그러나 이들은 오늘날에 이르러 실체가 밝혀졌기에 당시 그 면모를 알기는 어렵다. 한편 고구려 적석총은 외부의 영향을 받으면서도 재래의 전통에 기초하여 횡혈식 묘제

묘제는 어떠한 방식으로 이루어졌을까. 이를 상세히 알기는 어렵다. 다만 L-1에서 "때에 따라 제사하게 하였다(時祀)"고 하며, 「지안비문」에 "사시제사(四時祭祀)"란 문구가 있으므로 주기적으로 제사가 행해졌다고 추정된다. 그런데 시사(時祀)는 시제(時祭)와 같은 뜻으로, 사시(四時)의 제사를 말한다.[67] 즉 비문의 사시제사와 다르지 않다. 따라서 양자는 같은 행위에 대한 다른 용어이다. 물론 사시제사는 관용적 표현으로 실제로는 다양한 제사가 거행되었을 것이다.[68] 이 경우 시조묘 제사가 2·4·9월에 이루어졌다는 점에 착안하여 이러한 달이 포함되었으리라고 추정하기도 한다.[69] 단 II부에서 살펴본 것처럼 시조묘 제사 시기는 시조의 탄생 및 죽음과 관련되므로, 일반 선대 왕릉에서도 그러했을지는 추후 논의가 필요하다. 기본적으로 각 묘주의 기일에 더하여 고구려에서 존중하던 절기에 맞춰 치러졌다는 점 정도는 긍정하여도 좋을 것이다.[70]

(墓制)로 전환해 나갔는데(여호규, 2011, 「고구려 적석묘의 내·외부 구조와 형식분류」『동아시아의 고분문화』, 서경문화사, p.113), 묘상건축 조성과 마찬가지 현상이라 하겠다.

67 羅竹風 主編, 1989, 『漢語大辭典』5, 漢語大辭典出版社, p.696; 諸橋轍次, 1989, 『修訂版 大漢和辭典』5, 大修館書店, p.853.

68 孔錫龜, 2013, 앞의 논문, p.44; 여호규, 2013a, 앞의 논문, pp.89~90.

69 趙宇然, 2013b, 앞의 논문, pp.159~160.

70 한대에 침전에서는 매일, 능묘(陵廟)에서는 매월, 편전(便殿)에서는 계절마다 제사가 거행되었다(劉慶柱·李毓芳, 1991, 앞의 책, pp.289~292; 김택민, 2013, 「중국 고대 守陵 제도와 율령 -고구려 守墓人 제도의 이해를 위한 참고자료-」『史叢』78, pp.119~120). 이에 사시제사를 한대 편전에서의 그것에 상응하는 표현으로 보기도 한다(여호규, 2013a, 앞의 논문, p.90). 편전이 있다면 침전 또한 존재해야 한다. 그런데 국내도읍기 왕릉 근처에서는 침전과 편전으로 나눠 파악할 만한 구조물을 찾기 어렵다. 사시제사란 문구를 통하여 편전의 존재를 상정할 필요는 없다고 생각한다.

한편 「지안비문」에서 '사시제사' 바로 앞에 나오는 Ⅲ-9~12 "이▨하류(以▨河流)"도 주목된다. Ⅲ-10은 난독자(難讀字)라 정확한 해석에 무리가 있다. 다만 한대 능침에서 행해지던 상식(上食) 의례 때 매번 관수(盥水)까지 갖추었다는 점을 고려하면, 하류(河流)로 제수용 물이나 상식에서의 관수 등을 충당하였음을 나타낸 표현일 수 있다.[71] 즉 마선하 물로 묘제를 거행했던 것이 아닌가 한다. 묘제의 진행 과정에 대한 문제는 「지안비문」의 정밀한 검토에 따라 그 실체가 뚜렷해지리라 생각된다.

그렇다면 묘제는 누가 지냈을까. 왕이 직접 임하였을 때는 그에 의해 치러졌고, 유사(有司)가 섭사(攝事)할 때는 왕의 혈족이나 측근이 행하였다고 여겨진다. 비록 신라의 사례지만 그러한 인사가 이를 수행한 점[72]을 보면, 고구려도 마찬가지였다고 생각된다. 다만 평상시 일상적인 제사를 담당한 이들은 따로 존재하였을 것이다.

중국의 경우 시황제의 여산능원(驪山陵園) 안에서 식관(食官) 등이 공헌 제사를 지냈고,[73] 한대에도 태상(太常)의 속관(屬官)인 능식관령(陵食官令)은 시절(時節)의 제사 등 묘제 관리를 주된 임무로 하였다. 이때 제릉의 수위와 소제를 맡은 것은 능령(陵令) 계통의 조직이었다.[74] 고구려 또한 이처럼 수묘 인원과는 별도로 제사 전반을 관리하는 기구가 설정되었을지도 모른다. 그러나 「지안비문」 Ⅲ행에서 "각묘연호"가 "사시제사"를 했다는 데서 알 수 있듯이, 제사 업무를 담당한 것은 수묘인이었다. 고구려는 중국보다 능원의 규모가 작았고,

---

71 여호규, 2013a, 위의 논문, p.91; 徐建新, 2013, 앞의 논문, pp.27~28.

72 「崇福寺碑文」, "復遣金純行 以隆宣祖業之誠 告于墓 …… 遂命太弟相國[尊諡惠成大王] 致齋淸廟 代謁玄扃"

73 黃曉芬, 2006, 앞의 책, pp.409~410.

74 劉慶柱·李毓芳, 1991, 앞의 책, p.329; 김택민, 2013, 앞의 논문, pp.122~123; 尹在碩, 2013, 「中國古代의 守墓制度」『東洋史學研究』124, p.20.

관직체계도 고도로 분화되지 않은 상황이었다. 그래서 중국과 같은 조직을 유지할 만한 필요성도 적었고, 그럴 기반도 미비했으리라 생각된다. 물론 이는 실제적인 면에서 그렇다는 것으로, 총괄 업무는 중앙 조정에서 관장하였다고 보인다.

이상과 같이 묘제는 오래전부터 이루어져 왔다. 처음에는 별도로 뚜렷한 제의 공간을 조성하지 않은 채 의례가 행해졌다고 여겨진다. 그러나 4세기 이후 집권력이 강화되고 한대 문물에 밝은 중국계 이주민이 도래함에 따라, 능원제 완비와 맞물려 침묘의 역할을 하는 묘상건축이 등장하였다. 단 기존의 분제를 유지하며 분구 정상부에 해당 구조물을 세운 것에서도 보이듯, 재래의 문화적 토대 위에서 외래 문물을 받아들였다. 묘제의 구체적인 양상은 파악하기 힘들지만, 주기적으로 이루어졌으며 기본적으로 수묘인이 해당 업무를 담당하였음을 알 수 있다. 그렇다면 조상 제사의 또 다른 중심지인 종묘는 언제쯤 모습을 드러냈고, 제의의 양상은 대략 어떠하였을까. 이 문제는 이어서 다뤄보겠다.

2) 종묘의 분화와 전기 종묘

조상 숭배는 기본적으로 같은 조상, 혹은 그 자손이라는 관계를 지닌 사람들에 의해 이루어졌으며, 관련 의식은 대개 공동체 내의 중요한 행사였다.[75] 예컨대 『시경』에서 언급된 의례의 대부분이 조상 제사와 관련된 것에서 나타나듯, 조상 숭배는 중국 전통 사회의 가장 중심적인 요소였다.[76] 한국 고대의

---

75 Alfred Reginald Radcliffe-Brown, 1965, *Structure and Function in Primitive Society*, Cohen & West; 김용환 옮김, 1985, 『원시 사회의 구조와 기능』, 종로서적, pp.162~163.

76 Howard J. Wechsler, 1985, *Offerings of Jade and Silk : Ritual and Symbol in the Legitimation of the T'ang Dynasty*, Yale University Press; 임대희

국가제사도 조상 제사와 관련된 경우가 많으며, 고대 일본에서도 다이조사이나 니나메사이 및 칸나메사이 등 중대한 의례에서는 황조신(皇祖神)을 모셨다.

이러한 조상 제사를 대표하는 의례 중 하나가 종묘제였다. 중국에서 종묘란 왕조의 창업주와 그 후손의 공간으로 왕조의 정당성과 정통성을 상징하는 건축물이자,[77] 극히 제한된 혈족만의 배타적 제장이었다.[78] 신라의 경우 『삼국사기』 신라본기와 제사지에 종묘에 관한 기록이 드물지 않게 나타나는 관계로 운영 양상 등에 대하여 적지 않은 성과가 축적되었다.[79] 백제는 뒤에서 다루듯 풍납토성 경당지구 44호 건물지가 종묘로 여겨지며, 왕이 주기적으로 직접 제사한 구태묘가 종묘의 일종으로 파악된다.[80] 고구려의 관련 기록은 다

옮김, 2005, 『비단같고 주옥같은 정치 -의례와 상징으로 본 唐代 정치사-』, 고즈윈, p.272.

77 陳智勇, 1999, 「試析商代的宗廟制度及其政治功用」 『殷都學刊』 1999-1, p.22, pp.25~26.

78 Howard J. Wechsler, 2005, 앞의 책, p.273; 신성곤, 2014, 「宗廟 制度의 탄생 -宗廟의 공간과 배치를 중심으로-」 『동아시아문화연구』 57, p.42.
아프리카에서는 탈렌시족이 주목되는데, 개개 종족(lineage) 성원은 조상의 사당에서 함께 제사함으로써 동질성을 체감하였으며, 다른 집단의 인물은 이 의례에 참여할 수 없었다(John Beattie, 1968, *Other Culture : Aims Methods and Achievements in Social Anthropology*, The Free Press; 崔在錫 옮김, 1978, 『社會人類學』, 一志社, p.193, p.248).

79 강진원, 2017b, 「신라 하대 종묘와 烈祖 元聖王」 『歷史學報』 234; 강진원, 2020a, 「신라 중대 宗廟制 운영과 五廟 始定」 『歷史學報』 245 참조.

80 盧明鎬, 1981, 「百濟의 東明神話와 東明廟 -東明神話의 再生成 現象과 관련하여-」 『歷史學硏究』 10, p.73; 梁起錫, 1990, 「百濟 聖王代의 政治改革과 그 性格 -專制王權의 成立問題와 관련하여-」 『韓國古代史硏究』 4, p.91; 兪元載, 1990, 「中國正史〈百濟傳〉 研究」 『韓國上古史學報』 4, p.217; 최범호, 1997, 「백제 건국문제의 재검토 -건국시조와 건국지를 중심으로-」 『全北史學』 19·20, p.42;

음과 같다.

M-1. 『위략』에서 말하였다. "(중략) 궁실과 종묘를 만들며 영성과 사직에 제사한다."[81]

M-2. ① 습속에 음식을 절약하여 궁실 짓기를 좋아하고 사는 곳 좌우에 대옥(大屋)을 세워 귀신을 제사하며, 또 영성과 사직에 제사한다. (중략) ② 연노부(涓奴部)가 본래 국주(國主)였으나 지금은 왕이 되지 못한다. 적통대인(嫡統大人)은 고추가(古雛加)라 칭할 수 있는데, 또한 종묘를 세우고 영성과 사직에 제사할 수 있다.[82]

M-3. 귀신·사직·영성(零星)에 제사하기를 좋아한다.[83]

M-4. (동천)왕은 환도성(丸都城)이 전란을 겪어 도읍으로 삼을 수 없다고 여겨, 평양성(平壤城)을 쌓고 백성과 종묘·사직(廟社)을 (그곳으로) 옮겼다. 평양은 본래 선인(仙人) 왕검(王儉)의 땅이다. 다른 기록에는 "왕이 되어 왕험(王險)에 도읍하였다"라고 한다.[84]

M-5. 불법(佛法)을 숭신(崇信)하여 복을 구할 것을 하교하였다. 유사(有司)

朴賢淑, 1999, 「三國時代 祖上神 觀念의 形成과 그 特徵」『史學研究』58·59, pp.115~116; 朴賢淑, 2005, 「백제 建國神話의 형성과정과 그 의미」『韓國古代史研究』39, pp.48~49; 이장웅, 2017, 「백제 웅진기 '建邦之神' 제사와 聖王代 유교식 天 관념」『韓國古代史探究』74, pp.102~103; 강진원, 2019, 「백제 仇台廟의 성격과 부상 배경」『동서인문학』56, p.140~141.

81 『太平御覽』卷783, 四夷部4, 東夷4, 高句驪, "魏略曰 …… 爲宮室宗廟 祠靈星社稷"

82 『三國志』卷30, 魏書30, 烏丸鮮卑東夷, 高句麗, "其俗節食 好治宮室 於所居之左右立大屋 祭鬼神 又祀靈星社稷 …… 涓奴部本國主 今不雖爲王 嫡統大人 得稱古鄒加 亦得立宗廟 祠靈星社稷"

83 『後漢書』卷85, 烈傳 第75, 東夷, 高句驪, "好祠鬼神社稷零星"

84 『三國史記』卷 第17, 高句麗本紀 第5, 東川王 21年 2月, "王以丸都城經亂 不可得都 築平壤城 移民及廟社 平壤者 本仙人王儉之宅也 或云王之都王儉"

에 명하여 국사(國社)를 세우고 종묘를 개편케 하였다.[85]

M-6. 궁실 짓기를 좋아하고 사는 곳 왼편에 대옥을 세워 귀신을 제사하며, 또 영성(零星)과 사직에 제사한다.[86]

M-1은 전거 문헌(『위략』)의 편찬 시기가 가장 빠르나 종묘가 존재하였음을 알려줄 뿐, 조금 더 상세한 사항을 전하고 있는 것은 M-2이다. M-2-①에서는 대옥(大屋)을 세워 귀신과 영성·사직을 제사한다고 하였음에 비해, M-2-②에서는 연노부(涓奴部), 즉 비류나부에서도 종묘를 세우고 영성·사직에 제사한다고 하였다. M-2-②에서 "또한(亦)"이라는 표현이 등장한 것을 보면 M-2-①과 M-2-②의 제사 관련 기술은 서로 짝을 이룬다. 영성과 사직이 그 예이다. 따라서 M-2-①에서 말한 대옥의 귀신은 M-2-②의 종묘에서 제사한 대상과 같은 실체, 즉 조상신이다. 애초 중국에서는 조상신을 귀신이라 일컬었고,[87] 진한 시대에는 종묘의 황실 조상신을 귀신이라 하였다.[88] M-2-①이 왕실에 관한 기술이므로, 여기서 나오는 대옥은 조상신을 모신 왕실 종묘이다.[89] 그런데 M-2-②에서는 비류나부의 종묘도 나온다. 그러므로 이 무렵 고

---

85 『三國史記』卷 第18, 高句麗本紀 第6, 故國壤王 9年 3月, "下敎 崇信佛法求福 命有司 立國社修宗廟"

86 『梁書』卷54, 列傳 第48, 諸夷, 高句驪, "好治宮室 於所居之左立大屋 祭鬼神 又祠零星社稷"

87 諸戸素純, 1972, 『祖先崇拜の宗敎學的硏究』, 山喜房佛書林, p.14; 池田末利, 1981, 『中國古代宗敎史硏究 -制度と思想-』, 東海大學出版會, p.155.

88 『史記』卷87, 列傳 第27, 李斯, "太卜曰 陛下春秋郊祀 奉宗廟鬼神 齋戒不明 故至于此 可依盛德而明齋戒"

89 같은 견해가 이미 제기된 바 있으나(최광식, 1994, 『고대한국의 국가와 제사』, 한길사, p.175; 강경구, 2001, 『고구려의 건국과 시조 숭배』, 학연문화사, p.377; 조우연, 2019, 앞의 책, p.425; 최광식, 2003, 「고대국가의 왕권과 제의」『강좌 한국고대사3 : 고대국가의 구조와 사회(2)』, 가락국사적개발연구원, p.164; 서영

구려에는 복수의 종묘가 존재하였다.

　M-3은 전거 문헌(『후한서』)의 대상 시기가 M-2의 그것(『삼국지』)보다 이르다. 그러나 I부에서 언급하였듯이 해당 문헌은 상당히 후대에 만들어졌을 뿐 아니라 사료적 가치도 높지 않다. 따라서 적극적으로 활용하기에는 무리가 있다. 이 점을 차치하여도, M-3은 M-2-①을 축약한 형태에 불과하다. I부에서 살펴본 것처럼 M-1·2의 전거 문헌은 3세기 중·후반에 편찬되었다. 그러므로 늦어도 이즈음 종묘의 존재가 중국 측에 전해졌음을 알 수 있다.

　M-4는 동천왕 21년(247), 즉 3세기 중엽에 일어난 일이다. 이때 "묘사(廟社)"란 종묘와 사직을 뜻한다.[90] 묘사를 옮겼다는 것은 이전에도 그것이 있었음을 전제로 한다. 그렇다면 3세기 중엽 이전에도 종묘는 실재하였다 하겠다.

　M-5는 고국양왕 말년(391)의 수종묘(修宗廟), 즉 종묘 개편 기사이다. 입국사(立國社), 즉 국사 건립과 짝을 이루는 이 조치가 외형의 개수에 그친 것이 아니란 점은 II부에서 검토하였다. 더욱이 『삼국사기』에서 중국 측 사서를 전재한 부분을 제외하면, 고구려 종묘가 비중 있게 언급된 사례는 종묘 개편이 유일하다. 해당 조치가 종묘 제도의 전개 과정에서 중대한 사건이었던 까닭에 많은 기록이 탈락하였음에도 살아남아 오늘날에 이르렀다고 생각된다. 기왕의 종묘 관련 논의가 이를 중점적으로 다룬 것은 그 비중을 말해준다. 따라서 이하에서는 종묘 개편을 기준으로 이전의 종묘를 '전기 종묘', 이후의 그것을 '후기 종묘'라 하겠다.

대, 2005, 「고구려의 社稷과 靈星에 대하여」 『고구려의 사상과 문화』, 고구려연구재단, p.29; 金昌錫, 2007, 「신라 始祖廟의 성립과 그 祭祀의 성격」 『역사문화연구』 26, pp.202~203; 전덕재, 2010, 「新羅 上代 王宮의 變化와 宗廟」 『新羅文化』 36, pp.8~9), 이 글에서는 조상신을 귀신이라 일컬은 사례를 제시하여 논지를 강화하였다.

90　羅竹風 主編, 1989, 『漢語大辭典』 3, 漢語大辭典出版社, p.1275; 諸橋轍次, 1989, 『修訂版 大漢和辭典』 4, 大修館書店, p.614.

현재 고구려 종묘를 직접 언급하고 있는 기록은 대개 전기 종묘에 대한 것이다. 물론 M-6이 종묘 개편 이후, 즉 6세기의 상황을 전하는 사서(『양서』)에 실렸고, 제사 건축의 위치도 사는 곳, 즉 왕궁의 "좌우(左右)"에서 "좌(左)"로 바뀌었다. 따라서 종묘 개편 뒤의 변화상을 보여준다고 여길 수도 있겠다. 그러나 해당 사서 고구려전의 전체적인 서술은 대개 『삼국지』 동이전에 근거하거나,[91] 『위략』을 직접 인용하였다.[92] 따라서 M-2-①을 옮겨 적은 M-6 또한 특별히 여기기는 힘들다. 종묘의 위치가 '좌우'에서 '좌'로 된 것은 잘못 베낀 결과로 여겨진다.

종묘는 언제부터 존재하였을까. M-4에 따르면 3세기 중엽 이전에도 존재하였으므로, 3세기 전반 새롭게 등장하였다고 볼 수도 있다. 그러나 I부에서 살펴보았듯이 당시는 특정 부와 왕실을 중심으로 중앙 정치가 이루어지고, 수도의 행정 구역 단위인 방위명 부(部)를 띤 인물들이 활동하던 때였다. 왕권이 강화되고 부체제가 이완된 상황 속에서 새로이 종묘 건축이 나타났다면, 왕실이 그것을 독점하는 방향으로 나아갔을 것이다. M-2-②에서 비류나부의 종묘가 언급된 점은 중국 측에서 이를 고구려의 대표적인 제장 중 하나로 여겼음을 말한다. 3세기 무렵 현 왕실의 종묘를 만들면서 비류나부의 종묘 건축을 허용하였다고 보기에는 무리가 있다.[93] 그보다 시기가 올라갈 가능성이 크다.

---

91 高柄翊, 1970, 『東亞交涉史의 研究』, 서울大學校出版部, pp.28~29. 이에 따르면 『양서』 제이전(諸夷傳) 자체에 이전 시기의 사서(前史)를 옮겨 적은 부분이 상당하다.

92 여호규, 2014, 『고구려 초기 정치사 연구』, 신서원, pp.56~58.

93 A-2-②에 나오는 비류나부 사직의 경우, 비류나부 적통대인이 고추가를 칭할 수 있다는 언급과 함께 나타난다. 그러므로 중국의 계사(誠社), 즉 망국의 사직을 남겨 둔 것과 같은 부정적인 의미의 건축물은 아니고, 비류나부가 왕실에 버금가는 대접을 받았음을 설명한 부분으로 여겨진다(서영대, 2005, 앞의 논문, pp.29~30). 종묘도 다르지 않을 것이다.

이에 2세기 말 산상왕 시기 장지명형(葬地名形) 왕호가 성립되었다고 전제
한 뒤, 이 왕호에 묘호(廟號)의 성격이 있다고 하여 그 무렵 종묘가 성립되었다
고 유추하기도 한다.[94] 다만 장지명형 왕호를 묘호와 상통한다고 볼 수 있을
지 의문이다. 당시 중국에서 묘호는 일부 군주에게 올려졌는데, 장지명형 왕
호는 이후의 국내도읍기 군주 모두를 대상으로 하였기 때문이다. 그 점을 차
치하여도 어떠한 왕호의 성립이 종묘 출현의 필수 조건은 아니다. 아울러 고
국천왕 시기에 사직이란 표현이 나오므로,[95] 그와 짝을 이루는 종묘에 대한
이해도 존재하였다고 여기는 편이 자연스럽다.

종묘나 사당은 동아시아 전통 사회에서 보편적으로 나타나는 제장이다. 따
라서 이 문제에 다가가기 위해서는 주변의 사례를 되짚을 필요가 있다. 그 면
에서 사회 발전에 따라 점차 무덤과 사당의 분화가 뚜렷해지는 경향이 주목
된다. 예컨대 동옥저의 대목곽장(大木槨葬)에서는 큰 목곽(大木槨), 즉 나무 덧
널에 지게문(戶)을 설치하고 망자가 살았을 때처럼 목각상(木刻像)을 안치하
였으며, 와력(瓦䥑)에 쌀을 담아 제물로 올렸다.[96] 이는 무덤과 사당이 분리되
지 않은 시기의 산물로, 이때의 대목곽은 죽은 이의 무덤(墓)임과 동시에 제사
가 이루어지는 사당(廟)의 기능도 지녔다.[97] 다만 시일이 흐르자 무덤과 사당

---

94 이승호, 2016, 「高句麗 王室의 世系 인식 추이와 宗廟의 변천」 『인문과학연구』
22, pp.160~161.

95 『三國史記』 卷 第16, 高句麗本紀 第12, 故國川王 13年 4月, "王遣使 以卑辭重禮
聘之 拜中畏大夫 加爵爲于台 謂曰 孤叨承先業 處臣民之上 德薄才短 未濟於理 先
生藏用晦明 窮處草澤者久矣 今不我棄 幡然而來 非獨孤之喜幸 社稷生民之福也"

96 『三國志』 卷30, 魏書30, 烏丸鮮卑東夷, 東沃沮, "其葬作大木槨 長十餘丈 開一頭
作戶 新死者皆假埋之 才使覆形 皮肉盡 乃取骨置槨中 擧家皆共一槨 刻木如生形
隨死者爲數 又有瓦䥑 置米其中 編縣之於槨戶邊"

97 盧明鎬, 2004, 「高麗太祖 王建 銅像의 流轉과 문화적 배경」 『韓國史論』 50, pp.185
~186.

은 점차 나누어진다. 그 과도기적 상황을 보여주는 예가 신라의 탈해왕 설화이다. 이에 따르면 탈해의 뼈로 만들어진 소상(塑像)을 궁궐 안(闕內)에 두었다.[98] 탈해 집단의 종묘가 궐내에 조성된 것이다.[99] 사당이 무덤에서 분리되기는 하였으나, 소상의 재질에서 보이듯 아직은 무덤으로서의 성격도 가지고 있었다.[100]

여기서 한 걸음 더 나아간 상황을 보여주는 것이 고구려다. A-1이나 J-1·2에서 보이듯, 고구려에서는 나무를 이용하여 수신(隧神) 혹은 부여신(夫餘神)의 형상을 나타냈다. 탈해 소상과 달리 숭배 대상이 유해와 물리적으로 분리된 양상이다. 물론 해당 신격이 실존하였다고 보기는 어려우므로, 실제로 유해와 관련한 상징물을 만들 수는 없다. 그러나 탈해 소상을 안치한 것과 비슷한 관념이 존재하였다면, 육신과 결부되었다고 여겨질 만한 흔적이나 전승이 있어야 한다. 그렇지 않다는 점은 고구려가 처한 상황이 달랐음을 보여준다.

무덤과 사당이 확연히 나누어지지 않은 시기의 숭배 대상물은 유해와 관련된다. 뒤에서 자세히 다루겠으나, 고구려 종묘에서는 그와 무관한 재질의 신주를 썼다. 따라서 종묘와 무덤이 구분된 상태임을 알 수 있다.[101] 그 점을 차치하여도 M-2에 따르면 거처하는 곳(왕궁)의 좌우에 종묘를 세웠다 하므로, 실제로도 이즈음 사당이 궁실과 구별되는 영역에 조성되었다. 요컨대 시일이 지날수록 무덤과 사당 공간이 분리되고, 다시 사당 공간이 궁궐에서 분화되었던 셈이다.

이러한 양상은 중국에서도 찾아볼 수 있다. 처음에는 허난성 옌스(偃師) 얼

---

98 『三國遺事』卷1, 紀異 第1, 第四脫解王, "在位二十三年 建初四年己卯崩 葬川丘中 …… 碎爲塑像 安闕內 神又報云 我骨置於東岳 故令安之"

99 전덕재, 2010, 앞의 논문, pp.9~11, p.28.

100 盧明鎬, 2004, 앞의 논문, pp.188~190.

101 盧明鎬, 2004, 위의 논문, pp.191~193.

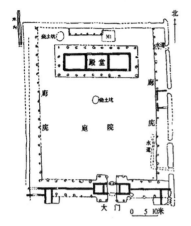

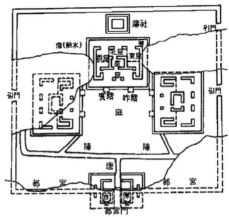

〈도면 5〉 옌스 얼리터우 2호 궁전지
(출처 : 杜金鵬, 2004, 「洹北
商城一號宮殿基址初步研究」
『文物』2004-5, p.61)

〈도면 6〉 진 마지아주앙 1호 건물지(출처: 朴淳發,
2013, 「중국 고대 도성 廟壇의 기원과 전개」
『韓國古代史研究』71, p.16)

리터우(二里頭) 2호 궁전지(宮殿址)처럼 무덤과 사당이 미분화된 채 사당도 궐
내에 존재하였고(〈도면 5〉 참조),[102] 이후 옌스 상성(商城) 궁성(宮城)이나 안양
(安陽) 환베이상성(洹北商城) 1호 궁전과 같이 무덤과 사당은 분리되었으나, 사
당은 여전히 궁궐과 나누어지지 않은 상태의 궁묘일체형(宮廟一體形)이었다.
그러다 진(秦)의 펑샹현 마지아주앙 1호 건물지에서 보이듯, 춘추 전국 시대에
이르러 종묘가 궁궐과 완전히 분화된다(〈도면 6〉 참조).[103] 애초 사당을 가옥
내에 두고 제사하였으며, 별개로 독립된 종묘를 마련한 것은 조금 더 시간이
흐른 뒤의 일이었다.[104]

---

102 杜金鵬, 2005, 「偃師二里頭遺址4號宮殿基址研究」『文物』2005-6, pp.66~69.

103 Wu Hong, 2001, 앞의 책, p.55; 朴淳發, 2013, 「중국 고대 도성 廟壇의 기원
과 전개」『韓國古代史研究』71, pp.14~16.

104 池田末利, 1981, 앞의 책, p.328.

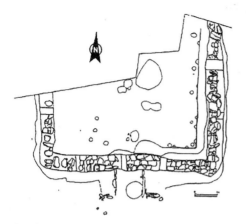

〈도면 7〉 풍납토성 경당지구 44호 건물지
(출처 : 金昌錫, 2004, 「한성기 백제의 국
가제사 체계와 변화 양상 -풍납토성 경당
지구 44호, 9호 유구의 성격 검토를 중심
으로-」『서울학연구』 22, p.7)

이상을 보건대 고구려에서는 이미 신상이 유해와 결부되지도 않았고(A-1, J-1·2), 종묘와 궁궐은 별도로 조성되어 있었다(M-2). 전거 문헌의 성립 시기를 고려하면 3세기 중·후반에는 그러하였는데, 탈해 소상을 궐내에 두었던 신라 상고기와는 다른 양상이다. 그런데 사당은 궁궐과 분리되기 이전에도 존재하였다. 그러므로 고구려에서 유력 지배집단이 자신들의 조상신을 모시는 사당을 둔 역사는 그보다 올라갈 수 있다. 이에 주목되는 것이 풍납토성 경당지구 44호 건물지이다(〈도면 7〉 참조). 해당 건물지는 구조나 축조기술 면에서 평양 낙랑토성 동북구의 암거(暗渠) 건물지와 유사하다. 이 구조물은 전한 시기 지방에 두어진 종묘, 즉 군국묘(郡國廟)의 하나인 효문묘(孝文廟)로 추정된다.[105] 경당지구 44호 건물지가 효문묘의 건축 양식에 영향을 받았으므로, 용도 또한 비슷할 것이다. 즉 이는 중국 문물의 영향을 받아 조성된 백제 초기의 종묘로 여겨진다.[106] 고구려는 백제보다 자주

---

105 권오영, 2003, 「物資·技術·思想의 흐름을 통해 본 百濟와 樂浪의 교섭」『漢城期 百濟의 物資 시스템과 對外交涉 -한신대학교 학술원 제1회 국제 학술대회-』(金昌錫, 2004, 「한성기 백제의 국가제사 체계와 변화 양상 -풍납토성 경당지구 44호, 9호 유구의 성격 검토를 중심으로-」『서울학연구』 22, p.15에서 재인용).

106 노중국, 2010, 『백제사회사상사』, 지식산업사, pp.496~498.

중국 세력과 접촉하였으므로, 상당히 이른 시기부터 종묘가 존재하였을 가능성이 있다.

신라의 경우 부체제가 확립된 것은 대략 이사금 시기였는데,[107] 탈해 소상을 모신 초기 종묘도 이 무렵 성립하였다. 고구려 또한 계루부 왕권이 성립하기 전부터 종묘가 있었다고 보기는[108] 무리지만, 부체제가 확립된 태조왕 시기, 즉 1~2세기 이후 조졸하게나마 종묘라는 공간이 설정되었을 것이다. 그리고 시일이 흘러 M-2-①처럼 종묘가 궁궐과 별도로 건립되기에 이르렀다고 여겨진다.

요컨대 조상신을 거처 근처에서 모시는 제의 건축물, 즉 종묘는 꽤 오래전부터 존재하였다. 물론 이는 토속적 제례를 거행한 조상신 사당을 가리키는 것으로, 후대의 종묘처럼 유교적 예제(禮制)를 따랐다고 보기는 어렵다.[109] I부에서 언급하였듯이 원래는 각 지배집단 내에서도 자체적으로 수확제가 행해졌고, M-2-②처럼 비류나부는 자신들의 종묘를 두었다. 그러므로 원래는 각각의 세력 집단이 조상을 모시는 구조물을 가지고 있었을 것이다.

이러한 현상은 집권력의 한계 외에 기본적으로 각 집단이 왕실과는 별도의 공동체라는 사고를 지녀야 가능한 일이다. 그 면에서 주목되는 사실은 산상왕 재위 초(197) 왕제 계수(罽須)가 형 발기를 제압한 뒤, "한때의 분노로 종국(宗國)을 멸망시키려 해서는 안 된다"고 한 것이다.[110] '종국'은 종주(宗主)로 받드는 나라를 뜻하는데, 계수가 비류나부와 연계하여 계루부 왕권에 도전하였

---

107 全德在, 1996,『新羅六部體制研究』, 一潮閣, p.184.

108 강경구, 2001, 앞의 책, pp.380~381.

109 盧明鎬, 1981, 앞의 논문, p.73; 盧明鎬, 2004, 앞의 논문, p.188 주69).

110 『三國史記』卷 第16, 高句麗本紀 第4, 山上王 卽位, "罽須不能無情於兄弟 不敢害之曰 延優不以國讓 雖非義也 爾以一時之憤 欲滅宗國 是何意耶 身沒之後 何面目以見先人乎"

던 발기를 꾸짖을 때 나온다. 그러므로 이때의 종국이란 계루부 세력을 가리키며, 이들이 스스로를 하나의 나라(國)라 일컬을 만큼 다른 지배집단과 구분되는 정치 공동체로 인식하였음을 보여준다. 이는 반대 경우도 마찬가지라 생각된다.

즉 각 집단이 왕실과 별개의 제의 건축을 둘 수 있었던 이유는 각기 개별적인 공동체라는 관념이 존재하였기 때문이다. 왕실 종묘 또한 실제 위상은 비류나부와 같은 집단의 그것을 상회한다 하여도, 당시 종묘와 사직은 국가 전체의 상징이 아니라 왕실의 제의 건축으로 세워졌기에, 거기서 치러지는 제사 또한 그에 상응하는 정도의 위상을 가졌을 것이다.

이 시기 왕실 종묘의 외관은 M-2-①을 통해 알 수 있다. 이에 따르면 종묘는 왕궁 가까이에 대옥의 형태로 자리하였다. 그러므로 규모 자체는 일반 가옥보다 훨씬 거대하였을 것이다. 중국 선진 시대 종묘 부근에는 다량의 제사갱(祭祀坑)이 존재하였다.[111] 또 백제 한성도읍기의 종묘인 경당지구 44호 건물지는 도랑(溝)으로 안팎이 차단된 '呂(여)'자형이며, 주변에 수혈이나 창고가 조성되었다.[112] 일본 고훈 시대(古墳時代) 전기 돗토리현(鳥取縣) 나가세타카하마(長瀨高濱) 유적의 제전(祭殿) 건물지나 몽골 아우라가 유적의 칭기즈칸 사당지도 같은 자형을 띠고 있다.[113]

이를 보면 고구려의 종묘 건축 또한 기본적으로는 '呂'자형 가옥으로 주변에 수혈 등이 존재하지 않았을까 한다. 현재 국내성, 즉 집안현성지(集安縣城址)의 왕궁 지구를 중앙부 6·7구역으로 보는 데 큰 이견은 없다〈도면 8〉 참

---

111 黃曉芬, 2006, 앞의 책, pp.391~393.

112 소재윤, 2010, 「백제 도로를 통해 본 풍납토성의 도성구조 이해」『韓國의 都城 -국립경주·부여·가야문화재연구소 개소 20주년 기념 국제학술심포지엄-』, p.249.

113 金昌錫, 2005, 「한성기 백제의 유교문화와 그 성립 과정」『향토서울』65, p.48.

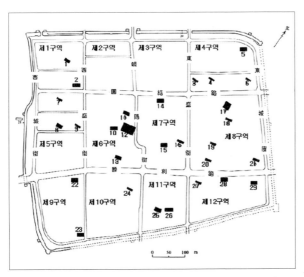

〈도면 8〉 중국 지안 국내성 공간구획(출처 : 여호규, 2012, 「고구
려 國內城 지역의 건물유적과 都城의 공간구조」『韓國古
代史研究』66, p.48)

조).[114] 그러므로 왕실 종묘는 그 근방에 있었을 것이다. 풍납토성 경당지구도
왕궁 구역 가까이 위치하였다.[115] 물론 국내성은 3세기 중엽에 평지 왕성으로
자리매김하게 되었으므로,[116] 최초의 왕실 종묘는 이전 왕궁 소재지 인근에

---

114 김희선, 2010, 「高句麗 國內城 研究」『白山學報』 87, pp.142~143; 朴淳發, 2012, 「高句麗의 都城과 墓域」『韓國古代史探究』 12, p.61; 여호규, 2013b, 「고구려 도성의 의례공간과 왕권의 위상」『韓國古代史研究』 71, p.71.

115 소재윤, 2010, 앞의 논문, p.249.

116 M-4, 즉 동천왕이 이거한 평양성은 국내성으로 여겨진다(閔德植, 2003, 「高句麗 平壤城의 都市形態와 設計」『高句麗研究』 15, p.118; 심광주, 2005, 「高句麗 國家 形成期의 城郭研究」『고구려의 국가 형성』, 고구려연구재단, p.181, pp.193~196; 余昊奎, 2005, 「高句麗 國內 遷都의 시기와 배경」『韓國古代史研究』 38, pp.63~64; 김희선, 2010, 앞의 논문, pp.154~155; 조영광, 2016,

자리하였을 것이다. 덧붙여 비류나부 등의 종묘는 자신들의 세력 중심지 부근에 존재하였으리라 짐작된다.

제사 대상의 경우, 비류나부 종묘에서는 해당 부의 조상을 모셨을 것이다. 문제는 왕실 종묘다. II부에서 살펴보았듯이 주몽을 비롯한 추모왕계 군주 또한 계루부의 일원이고, 시조묘 친사나 제천대회를 통하여 주몽을 숭배하기도 하였다. 단 그렇다고 해서 종묘에까지 모셔졌다고 확신할 수는 없다. 신라의 경우 탈해 집단 출신 이사금이 혁거세가 주신인 시조묘에 제사하였음에도, 그들이 사당에 모신 인물은 탈해였다. 중·하대 왕실도 마찬가지로 신궁에서 혁거세를 제사한 것과 별개로, 종묘에는 김씨 조상이 자리하였다. 이는 시조묘 및 신궁의 제사 대상은 국가적인 시조였고, 종묘의 그것은 김씨 왕실 족조로서의 측면이 상당하였기 때문이다.

조상 숭배를 매우 중시하였던 탈렌시족의 경우, 10~12대 조상인 시조를 제사하며 부계 종족을 형성하였는데, 이는 정치적 자율성을 가진 지역 집단이었다. 그런데 이들은 각 분파 혹은 분절별로 니제(泥製) 사당(bɔyar)을 세워 조상신을 제사하였다. 최소 분절 성원만 섬길 수 있는 대상은 해당 공동체의 조상이며, 그보다 한 단계 위의 조상을 제사할 때는 그를 공유하는 다른 최소 분절 성원과 함께해야 하였다. 가장 큰 단위인 최대종족에 이르면 그 제사 대

「고구려 王都, 王畿의 형성 과정과 성격」『韓國古代史研究』 81, pp.92~96; 강진원, 2018, 「고구려 국내도읍기 王城의 추이와 집권력 강화 -내적 변화의 외적 동기와 관련하여」『한국문화』 82, pp.211~213; 기경량, 2018, 「환도성·국내성의 성격과 집안 지역 왕도 공간의 구성」『사학연구』 129, pp.257~258; 魏存成, 1985, 「高句麗初·中期的都城」『北方文物』 1985-2, pp.32~33; Mark E. Byington, 2004, 「Problems Concerning the First Relocation of the Koguryô Capital」『고구려의 역사와 문화유산』, 한국고대사학회·서울시정개발연구원, p.574, p.576).

상은 시조가 된다.[117] 당시 고구려 왕실 종묘에서는 태조왕을 중심으로 한 선대 군주들이 모셔졌다고 여겨지는데,[118] 탈렌시족의 사례에 비교하자면 주몽은 최대종족의 시조와 같은 위상이고, 왕실 종묘는 분파별로 조성된 사당의 성격이 아니었을까 한다. 따라서 추모왕계 측도 자신들의 사당 혹은 종묘를 갖추었을 것이다.

한편 위에서 전기 종묘가 재래적 토대에 근거하여 운영되었다고 하였는데, 달리 생각할 여지도 없지는 않다. 이때 주목되는 것은 태조(대)왕의 '태조(太祖)'라는 칭호를 묘호와 비슷한 성격으로 본다거나,[119] 소목제(昭穆制)가 실시되었다고 여기는 견해[120]이다. 묘호는 군주가 죽은 뒤 종묘에 신주를 모실 때 올리는 존호이고, 소목(昭穆)은 신주를 배열할 때의 차례를 말하는데, 중국에서 유교적 예제가 진전됨에 따라 나타났다. 따라서 당시 이러한 측면이 존재했다면, 고구려 종묘는 유교적인 색채가 상당히 강하였다는 것이 된다.

그런데 태조왕의 경우, 그렇게 여기기 주저되는 면이 있다. 『삼국사기』 고구려본기 분주에 '국조왕(國祖王)'이라는 또 다른 칭호가 기재되었기 때문이다.[121] 고구려본기 분주에는 이외에도 본문과 다른 여러 군주의 왕호를 전하

117 Meyer Fortes, 1959, *The Oedipus and Job in West African Religion*, Cambridge University Press; 田中眞砂子 編譯, 1980, 『祖先崇拜の論理』, ペりカん社, p.28, p.31.

118 노태돈, 1999, 『고구려사 연구』, 사계절, p.77; 盧明鎬, 1981, 앞의 논문, pp.74~75; 趙仁成, 1991, 「4, 5세기 高句麗 王室의 世系認識 變化」 『韓國古代史研究』 4, pp.63~65, p.73.

119 趙宇然, 2010, 「4~5世紀 高句麗 國家祭祀와 佛教信仰 研究」, 인하대학교 박사학위논문, pp.108~109; 김효진, 2017, 「高句麗 王號 '太祖王'의 정립 과정과 의미」 『韓國史研究』 178, pp.21~31.

120 조우연, 2019, 앞의 책, p.428.

121 『三國史記』卷 第15, 高句麗本紀 第3, 太祖大王 即位, "大祖大王[或云国祖王]"

는데, 분주 왕호가 본문의 그것보다 원초적 형태였다.[122] 국조왕을 '할아버지
국왕'으로 이해하기도 하는데,[123] 어쩌하든 묘호와의 연관성을 상정하기 힘들
다. 그 점을 차치하여도 태조왕을 '첫째왕'이란 뜻으로 보기도 하거니와,[124] 차
대왕과 신대왕의 경우 대왕호를 배제하면 '차왕(次王)=다음 왕'과 '신왕(新王)
=새 왕'이므로,[125] 태조(대)왕은 '큰할아버지 (대)왕' 정도의 의미가 아닐까 한
다.[126] 즉 태조왕의 ~~大 祖 王~~ 묘호로 생각하기 어렵다. 태조왕이 차대왕·신대왕
과 한 데 묶이는 왕호이기에 부여 방식도 비슷하였을 것이란 점, 아울러 묘호
태조와 짝을 이루는 태종을 칭한 고구려왕을 찾을 수 없다는 점[127]을 고려하
면 더욱 그러하다.[128]

소목제도 마찬가지다. 해당 논의에서는 왕의 모친이 연나부 출신인지에 따
라 소(昭)와 목(穆)이 나뉜다고 하였다. 그러나 중국만 하여도 후한 시기까지

---

122 高寬敏, 1996,『三國史記原典的硏究』, 雄山閣, pp.117~118.

123 李道學, 1992,「高句麗 初期 王系의 復元을 위한 檢討」『韓國學論集』20, pp.194
    ~195; 김기흥, 2005,「고구려 국가형성기의 왕계」『고구려의 국가형성』, 고구
    려연구재단, pp.227~229.

124 노태돈, 1999, 앞의 책, p.78.

125 임기환, 2002,「고구려 王號의 변천과 성격」『韓國古代史硏究』28, pp.13~14.

126 김기흥, 2005, 앞의 논문, p.226.
    '대왕'에 대해서는 당대의 호칭으로 보기도 하고(김기흥, 2005, 같은 논문,
    p.229), 후대에 올려진 것으로도 여긴다(노태돈, 1999, 앞의 책, p.79; 임기환,
    2002, 위의 논문, p.14, pp.36~39).

127 김기흥, 2005, 위의 논문, p.226.

128 평양 천도 이후 국조왕에게 '건국자의 묘호'가 부여되어 태조왕이라는 호칭이
    성립되었다고 보기도 한다(이승호, 2016, 앞의 논문, p.159). 그런데 당시 왕실
    에서 창업주를 주몽으로 여겼음은 분명한 사실이기에, 태조왕을 후대의 왕호
    라 하여도 묘호로 이해하기는 곤란하다.

소목을 정하는 기준이 명확치 않을 뿐 아니라,[129] 그러한 식으로 구별한 사례
도 찾기 힘들다. 당시 종묘에 정연한 배치 원리가 있었다고 하기 어렵다. 다만
M-2-②에서 나타나듯 "적통(嫡統)"이란 표현이 사용되었으므로, 어떠한 가계
의 상속 인식은 존재하였을 것이며, 그에 기초하여 조상이 모셔졌으리라 추정
된다. 일반적으로 죽은 자에 대한 기억의 한계로 말미암아 한 개인이 정확히
인식할 수 있는 직계 존속의 범위는 사대친(四代親), 즉 고조를 넘어가기 힘들
었다.[130] 이는 북아메리카 및 아프리카 전통 사회에서도 다르지 않다.[131] 전기
종묘 또한 기본적으로는 근조(近祖)를 중심으로 모셨을 확률이 높으나, 그 방
식을 유교적이라 단정할 수 없다.

한편 신대왕 시기 이후로 칠묘제(七廟制)가 운영되었다고 보기도 하는데,[132]
묘수(廟數) 등 신주 구성 원칙을 추론할 만한 별다른 근거가 없으므로, 섣불리
수긍하기 어렵다. 당시 종묘가 그 정도로 예제를 숙지하며 운영되었는지 미지
수다.

그밖에 신주의 형태로는 유교적 예법에 따른 위패(位牌)나 위판(位版), 소상
이나 조각상, 그리고 진영(眞影) 등을 생각해 볼 수 있다. 그런데 J-1·2에서
보이듯 부여신, 즉 시조 모친의 신체(神體)가 나무로 조각한 부인상(婦人像)이

---

129 신성곤, 2014, 앞의 논문, p.63.

130 諸戸素純, 1972, 앞의 책, pp.8~11, pp.143~146.

131 李光奎, 1992, 『家族과 親族』, 一潮閣, p.89, pp.95~96.
벰바국(Bemba國)에서 아마이안다(amaianda, 家)는 조상으로부터 3~4세대,
특별히 길면 5세대의 직계 자손으로 구성되었다(Audrey I. Richards, 1940,
"The Political System of the Bemba tribe : North-Eastern Rhodesia",
African political systems, Published for the International African
Institute by the Oxford University Press, p.88). 개인이 기억할 수 있는 직
계 존속의 한계와 관련된 현상인지도 모르겠다.

132 최일례, 2019, 「고구려 新大王의 즉위와 시조묘 제사 親行」 『한국학연구』 70,
pp.224~226.

었고, 보장왕 5년(646) 시조 모친의 소상이 피눈물을 흘렸다고 하므로,[133] 재래의 전통에 입각한 조소상(彫塑像)일 가능성이 크다. 중국도 선진 시대에는 시동(尸童)이 조상의 역할을 대행하며 시제(尸祭)가 행해지는 등,[134] 처음부터 위패 중심의 제사가 이루어진 것은 아니었다. 일본 야요이 시대(彌生時代)에 곡창(穀倉)이자 신사(神祠)로 세워진 고상식(高床式) 건축물에 조령상(祖靈像)이 두어진 점[135]이나, 고려 시대 동신사(東神祠)의 신상과 동명성제사(東明聖帝祠)에 안치된 동명신상(東明神像)이 착의형(着衣形) 조각상이었고, 봉은사(奉恩寺)의 태조진전(太祖眞殿)에서 왕건의 청동상이 중요하게 모셔진 점[136]을 생각하면 더욱 그러하다.

이상과 같이 고구려의 종묘는 상당히 오래전부터 존재하였고, 3세기 무렵 궁궐과 분리된 형태가 등장하였다. 왕실 종묘는 왕궁 근처에 조성되었으며, 주변에 수혈을 둔 '呂'자형 건물일 가능성이 크다. 당시 왕실의 종묘는 국가의 상징이 아니라 현 계루부 왕실의 제장이었다. 따라서 기본적으로는 태조왕 이후의 군주를 모셨으며, 신주는 조소상 형태였다고 여겨진다. 나름의 구성 원리가 있었으리라 짐작되지만, 묘호나 소목 같은 유교적인 방식이 실시되었다고 보기는 어렵다. 이 시기의 종묘는 배타적 건축물이 아니었기에, 왕실 외에 여타 지배집단도 별도로 세울 수 있었다. 그것은 자신들을 왕실과 구별되는 공동체로 인식하였기 때문에 가능한 일이었다. 왕실 종묘를 국가 전체의 상징으로 여기지 않던 것도 이와 관련된다. 요컨대 전기 종묘는 토속적인 방식에 근거한 조상신 사당으로서의 색채가 짙었다.

단 집권력이 강화됨에 따라 이러한 모습은 점차 변하였을 것이다. Ⅰ부에

---

133 Ⅰ부 주63) 참조.

134 黃曉芬, 2006, 앞의 책, pp.396~401.

135 金昌錫, 2007, 앞의 논문, p.198.

136 盧明鎬, 2004, 앞의 논문, pp.192~196.

서 살펴본 것처럼 3세기를 거쳐 왕권이 전반적으로 강화되는 가운데 특정 부와 계루부를 중심으로 중앙 정치가 운영되었으며, 지배세력도 점차 중앙 귀족으로 변모하였다. 이러한 상황 속에서 여타 지배집단의 종묘가 활발히 기능을 발휘하였다고 보기는 어렵다. 세력이 약한 공동체의 종묘는 사라지거나 존재감이 약해졌으며, M-2-②에서 알 수 있듯이 비류나부의 종묘 정도가 그 모습을 뚜렷이 남겼던 것 같다. 비류나부는 계루부 집권 이전 군주를 배출하였을 뿐 아니라 당시에도 유력 집단이었기에, 왕권 차원에서의 적절한 배려가 함께 하였던 결과로 여겨진다.

3) 무덤 중시 풍조와 묘제의 위상

지금까지 논의한 것처럼 이 시기 종묘와 왕릉은 왕실 조상 제사의 양대 중심지로서 자리하였다. 죽은 이가 묻힌 곳에서의 제사, 그리고 살아 있는 이의 거처 주변에서 이루어지는 제사가 공존하였다 하겠다. 중국 전국~진한 시대에는 묘제가 성행하였으나 종묘 또한 존재하였고, 예제 정비가 체계화된 당대(唐代)에 조상을 모시는 주된 곳은 태묘(종묘)였으나 제릉에 대한 제사도 이루어졌으므로,[137] 이는 자연스러운 현상이다. 그렇다면 양자 가운데 당시 왕실 조상 제사의 중추가 되었던 곳은 어디일까.

이 문제를 생각함에 주목되는 것은 시조묘 제사이다. II부에서 언급하였듯이, 이는 묘제의 일종으로 왕의 재위 초에 행해진 친사는 즉위의례로서 기능하였다. 만일 묘제의 비중이 크지 않았다면, 시조묘 제사가 이루어졌다 한들 그 존재감은 약했을 것이며, 시조의 숭배 행위나 즉위의례는 종묘와 같은 다른 제장에서 행해졌으리라 짐작된다. 하지만 실상은 그렇지 않았다. 따라서 이를 통하여 묘제의 위상이 높았음을 알 수 있다. 묘제가 성행한 시기에는 국

---

137 來村多加史, 2001, 앞의 책, pp.452~462.

가제사의 핵심 제장 또한 무덤이었다. 이는 묘제가 최성기에 달하였던 후한의 사례를 보아도 확인 가능하다. 광무제가 57번의 조상 제사 가운데 51번을 무덤에서 지낸 데서 나타나는 바와 같이, 후한에서는 국초부터 묘제가 활발히 전개되었다.[138] 아울러 종래 조정에서 행하던 원회의(元會儀)와 종묘에서 지내던 25사(祠) 가운데 가장 중요하였던 주제례(酎祭禮)마저 제릉에서 이루어졌다.[139]

나아가 N-1·2에 드러나듯, 선왕의 혼령이 이적을 보이는 장소는 종묘가 아닌 무덤이었다. 그리고 『삼국사기』 고구려본기의 독자 전승 기사가 부족한 가운데서도 국내도읍기 왕의 매장지에 대한 기록은 대개 남아 있으며, 장지명에 토대한 왕호를 지닌 경우도 많다. 이상의 예는 무덤이 중시되었음을 보여준다. 그렇다면 거기서 지내는 제사의 위상 또한 높았을 것이며, 종묘에서의 그것은 상대적으로 덜하였으리라 짐작된다. 당시에는 종묘보다 무덤, 즉 왕릉이 조상 제사의 중추로 자리매김하였다 하겠다.

이러한 양상이 초래된 배경은 무엇일까. 진한 시대 중국에서 묘제가 활발히 이루어졌기에, 그 영향을 받았다고 여길 수도 있겠다. 중국과 고구려는 비교적 활발히 교류하였기에, 일리가 없지 않다. 다만 만일 그러하다면 중국에서 3세기 이후 능침의 쇠락과 아울러 묘제가 쇠퇴하였으므로,[140] 고구려 또한 그랬어야 한다. 하지만 실상은 다르다. 앞서 살펴본 것처럼 3세기 이후에도 여전히 시조묘 친사가 거국적으로 행해졌고, 능원제는 보다 정연한 형태로 나아가고 있었다. 묘제가 쇠락하였다고 보기 힘들다. 따라서 묘제의 위상이 높았던 배경을 중국의 영향으로만 판단할 수 없다.

---

138 Wu Hong, 2001, 앞의 책, p.298.

139 楊寬, 2005, 앞의 책, pp.71~75; 來村多加史, 2001, 앞의 책, pp.440~441.

140 위진 남북조 시대의 묘제에 대해서는 來村多加史, 2001, 위의 책, pp.444~451 참조.

중국에서 무덤 인근에 제사 건축이 조성된 이유는 죽은 이의 영혼이 묘실(墓室) 안에 머문다고 보았기 때문이며, 묘제의 성행 또한 그곳에 조상이 있다는 믿음이 강고한 결과였다.[141] 한대에는 묘실을 '택(宅)'이라 칭하였으며,[142] 혼령의 안락한 생활을 위하여 무덤을 현실의 주택처럼 축조하고 많은 물품을 부장하였다.[143] 이는 황실도 다르지 않아 제릉이 선제(先帝)의 거처라는 사고 아래 능묘(陵廟)나 능침이 건설되었으며, 조세의 ⅓을 수릉 축조 비용으로 쓸 만큼 막대한 후장을 행하였다.[144] 무덤을 죽은 이의 거처로 여기는 관념이 확고했던 결과 후장 습속이 나타난 것이다. 이러한 인식은 계세사상(繼世思想)과 연관된다. 계세사상은 사람이 죽으면 생전의 공과(功過)와 무관하게 현세와 같은 물질적 생활을 계속한다는 믿음으로, 그렇기에 생활용품을 비롯하여 장식품이나 사치품·화폐 등을 가득 부장하였다.[145] 정리하자면 계세사상의 영향 속에서 무덤을 죽은 이의 거처로 생각하였고, 그것이 묘제 성행의 바탕이 된 것이다.

　　무덤을 죽은 이의 생활 공간으로 여기던 사고는 고대 한국에서도 어렵지

141　楊寬, 2005, 앞의 책, p.39, pp.45~46, p.76; 나희라, 2004a, 앞의 논문, p.309; 신용민, 2008, 앞의 논문, p.4.

142　黃曉芬, 2006, 앞의 책, p.415.

143　Michael Loewe, 1982, *Chinese Idea of Life and Death; Faith, Myth and Reason in the Han Period(B.C.202~A.D.220)*, George Allen & Unwin Ltd.; 이성규 옮김, 1987, 『古代 中國人의 生死觀』, 지식산업사, pp.139~143; Wu Hong, 2001, 앞의 책, p.294, p.307; 具聖姬, 2001, 「漢代 喪葬禮俗에 표현된 靈魂觀과 鬼神觀」 『東國史學』 35·36, pp.79~81; 盧仁淑, 2001, 「中國에서의 喪禮文化의 展開」 『儒教思想研究』 15, pp.78~80; 具聖姬, 2004, 「漢代의 靈魂不滅觀」 『中國史研究』 28, pp.53~54.

144　劉慶柱·李毓芳, 1991, 앞의 책, p.251, p.322; 김택민, 2013, 앞의 논문, p.120.

145　邊太燮, 1958, 「韓國古代의 繼世思想과 祖上崇拜信仰(上)」 『歷史教育』 3, pp.58~59, pp.63~64; 宣釘奎, 2006, 「中國人의 靈魂觀」 『中國學論叢』 20, p.4.

않게 찾아볼 수 있다. 동옥저의 대목곽장에서 와력에 쌀을 담아 곽의 문 옆에 매달았던 것은 대목곽 안에 거주하는 죽은 이를 위해 양식을 마련해둔 것이며, 금관총·금령총·천마총 등에 솥(鐵釜)이 부장된 것 또한 같은 맥락이다.[146] 또 김후직(金后稷)이 사후 무덤에 머물며 진평왕에게 충간(忠諫)했다거나,[147] 김유신의 혼령이 무덤 속에서 슬퍼하고 미추왕릉에 가서 왕의 혼령과 대화를 나누었다는 전승[148]은 신라에서 무덤을 죽은 이의 거처로 인식하였음을 보여준다. 야요이 시대 규슈 북부의 왕이나 왕족의 무덤을 보아도 조령(祖靈)이 무덤에 머문다는 관념이 있었다.[149] 고구려에서도 그러하였으니, 관련 기록은 다음과 같다.

> N-1. (동천왕의) 태후 우씨(于氏)가 죽었다. 태후가 임종을 맞으며 유언하였다. "내가 도의에 어그러지게 행동하였으니 장차 무슨 면목으로 지하에서 국양(國壤, 고국천왕)을 뵙겠는가. 만일 신하들이 (나를) 차마 구렁텅이에 빠뜨리지 못하겠다면, 산상왕릉 곁에 나를 묻어주기를 바라오." 마침내 그 말과 같이 장사하였다. 무당(巫者)이 말하였

---

146 金基雄, 1991, 「古墳에서 엿볼 수 있는 新羅의 葬送儀禮」 『新羅文化祭學術發表論文集』 5, pp.272~273.

147 『三國史記』 卷 第45, 列傳 第5, 金后稷, "他日王出行 半路有遠聲 若曰莫去 王顧問 聲何從來 從者告云 彼后稷伊之墓也 遂陳后稷臨死之言 大王然流涕曰 夫子忠諫 死而不忘 其愛我也深矣 若終不改 其何顏於幽明之間耶 遂終身不復獵"

148 『三國遺事』 卷 第1, 紀異 第1, 味鄒王竹葉軍, "越三十七世 惠恭王代 大曆十四年 己未四月 忽有旋風 從庾信公塚起 中有一人乘駿馬 如將軍儀狀 亦有衣甲器仗者 四十許人 隨從而來 入於竹現陵 俄而陵中似有振動哭泣聲 或如告訴之音 其言曰 臣平生 有輔時救難匡合之功 今爲魂魄 鎭護邦國 攘災救患之心 暫無渝改 往者庚戌年 臣之子孫 無罪被誅 君臣不念我之功烈 臣欲遠移他所 不復勞勤 願王允之 王答曰 惟我與公 不護此邦 其如民庶何 公復努力如前 三請三不許 旋風乃還"

149 寺澤薰, 2003, 「首長靈觀念の創出と前方後圓墳祭祀の本質 -日本的王權の原像-」 『古代王權の誕生Ⅰ-東アジア編-』, 角川書店, pp.68~69 주96).

다. "국양왕이 저에게 내려와 말씀하시길, '어제 우씨가 산상왕에게 돌아가는 것을 보고, 분함을 이기지 못하여 결국 그와 싸웠는데, 물러와 생각하니 낯이 두꺼워도 차마 나라 사람들(國人)을 볼 수 없다. 네가 조정에 알려 물건으로 나를 가리게 하라'고 하였습니다." 이에 (고국천왕)릉 앞에 소나무를 일곱 겹으로 심었다.[150]

N-2. 모용외(慕容廆)가 쳐들어 와 고국원(故國原)에 이르러 서천왕묘(西川王墓)를 보고 사람을 시켜 파게 하였는데, 일꾼(役夫) 중에 갑자기 죽는 자가 있고, 또 무덤 구덩이(壙) 안에서 음악 소리가 들렸으므로, 신이 있을까 두려워하여 곧 군사를 이끌고 물러갔다.[151]

N-1은 당시 사람들이 고국천왕을 비롯한 왕실 인물의 사후 거처를 그들의 무덤으로 여겼고, 현세에 부부라면 내세에도 그러한 삶이 이어지는 것이 순리라고 생각하였음을 전한다. N-2에서는 서천왕릉 안에 머물던 서천왕의 혼령을 신(神)으로 인식하였음을 알 수 있다.

계세사상과 아울러 무덤을 죽은 이의 거처로 보던 관념은 유적으로도 확인된다. 우선 왕릉급 적석총 매장부의 가형목곽(家形木槨)[152] 및 가형석곽(家形石槨)이다. 매장부를 가옥의 형태로 만든 것은 무덤을 묘주의 혼령이 거처하는 주택으로 여겼음을 보여준다. 가형석곽의 경우 태왕릉에서 알 수 있듯

---

150 『三國史記』卷 第17, 高句麗本紀 第5, 東川王 8年 9月, "太后于氏薨 太后臨終 遺言曰 妾失行 將何面目見國壤於地下 若臣不忍於溝壑 則請葬我於山上王陵之 側 遂葬之如其言 巫者曰 國壤降於予曰 昨見于氏歸于山上 不勝憤 遂與之戰 退 而思之 顔厚不忍見國人 爾告於朝 遮我以物 是用植松七重於陵前"

151 『三國史記』卷 第17, 高句麗本紀 第5, 烽上王 5年 8月, "慕容廆來侵 至故國原 見西川王墓 使人發之 役者有暴死者 亦聞壙內有樂聲 恐有神乃引退"

152 가형목실(家形木室)일 가능성도 있다(김용성, 2005, 앞의 논문, pp.128~130; 孔錫龜, 2008, 「集安지역 高句麗 王陵의 造營」『高句麗渤海研究』31, pp.139~141).

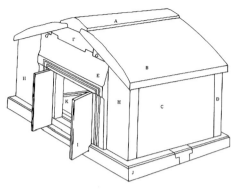

〈도면 9〉 태왕릉 가형석곽 복원도(출처 : 吉林省
文物考古硏究所·集安市博物館 編, 2004,
『集安高句麗王陵 -1990~2003年集安高句
麗王陵調査報告-』, 文物出版社, p.238)

〈사진 3〉 태왕릉 출토 청동부뚜막(출처 : 吉林省
文物考古硏究所·集安市博物館 編, 2004,
『集安高句麗王陵 -1990~2003年集安高句
麗王陵調査報告-』, 文物出版社, p.271)

이 여닫이문까지 존재하는데(〈도면 9〉참조). 전국 시대 분묘에 장식문이나 장식창, 나아가 모조 문짝(門扉)까지 등장한 것은 무덤을 혼령의 가옥으로 생각하였기 때문이다.[153] 그러므로 고구려 또한 혼령이 무덤 안을 자유롭게 돌아다닌다고 믿었던 결과로 볼 수 있다. 태왕릉에 청동제 부뚜막이 부장된 이유 또한 묘주가 죽어서도 현세와 같은 생활을 누리기 위해 그러한 물품이 필요하다고 여겼기 때문이라 하겠다(〈사진 3〉참조). 적석총 단계에서 발견되는 인물 및 생활풍속도 계열 벽화도 간과할 수 없다.[154] 그러한 벽화 제재는 묘주가 사후 현세에서의 생활이 이어지기를 바라는 염원 아래 등장하였다.[155] 계세사상의 영향 속에서 벽화가

---

153 黃曉芬, 2006, 앞의 책, pp.126~132.

154 정호섭, 2011, 앞의 책, pp.279~280 참조.

155 전호태, 2000, 『고구려 고분벽화 연구』, 사계절, p.124, pp.350~351.

그려졌던 셈이다.

능원의 조성 역시 그러한 배경 아래 이루어졌다. 중국 한대에는 죽은 이의 영혼이 무덤에 머문다고 여긴 결과, 제릉 가까이에 (능)침을 두는 능측기침제(陵側起寢制)와 제릉 근방에 (능)묘를 세우는 능방입묘제(陵旁立廟制)가 시행되었다. 혼령이 제사를 받고 기거함에 편의를 도모하고자 무덤 부근에 제사 건축을 마련한 것이다.[156] 전

한 황제와 황후의 능원은 각기 생시 자신들의 거처였던 미앙궁(未央宮)과 장락궁(長樂宮)을 모방·축소하여 건설되었는데, 문궐(門闕) 외에 배장묘의 배치조차 생전 주재하였던 조의(朝儀)에서의 서열과 비슷하였다.[157] 제릉을 선제의 거처로 보았기에 능원을 궁궐의 모습으로 만든 것이다. 서대총이나 마선구 2100호분·천추총·태왕릉에서 나타나듯, 고구려에서는 4세기 이후 능원이 완비 단계에 이르러 능장을 두르고 침의 역할을 하는 묘상

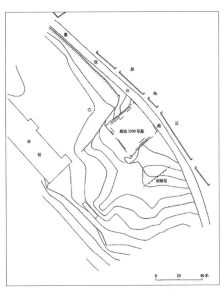

〈도면 10〉 마선구 2100호분 능원(출처 : 吉林省文物考古研究所·集安市博物館 編, 2004, 『集安高句麗王陵 -1990~2003年集安高句麗王陵調査報告-』, 文物出版社, p.139)

---

156 楊寬, 2005, 앞의 책, p.39, p.45.

157 Wu Hong, 2001, 앞의 책, p.296; 黃曉芬 2006, 앞의 책, p.411; 金容天, 2007, 『전한후기 예제담론』, 선인, pp.209~210; 劉慶柱·李毓芳, 1991, 앞의 책, pp.259~260, pp.265~266; 신용민, 2008, 앞의 논문, p.12.

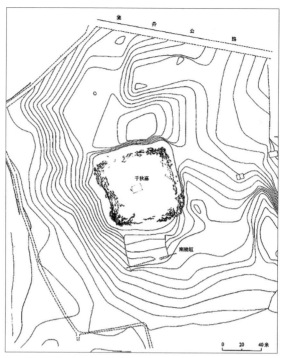

〈도면 11〉 천추총(천추묘) 능원(출처 : 吉林省文物考古硏
究所 · 集安市博物館 編, 2004, 『集安高句麗王陵
-1990~2003年集安高句麗王陵調査報告-』, 文物出
版社, p.169)

건축이 두어진다(〈도면 3〉·〈도면 4〉·〈도면 10〉·〈도면 11〉 참조). 이 또한 기본
적으로는 그러한 인식의 산물로서 왕릉은 선왕의 또 다른 거소(居所)였다.[158]

　이상에서 고구려에서는 계세사상과 관련하여 무덤을 죽은 이의 거처로 여
기는 관념이 있었고, 그 바탕 위에서 능원을 정비하고 무덤을 중시하는 풍조
가 나타났음을 살펴보았다. 제사는 죽은 이의 혼령을 대상으로 행해지는 의

---

158 강진원, 2013a, 앞의 논문, p.45.

례이다. 당시에는 그것이 무덤에 머문다고 믿는 사고가 강하여 묘제가 치러졌다 하겠다. 4세기 이후 묘상건축이 출현하고, E-1·2에서 보이듯 시조의 모친이나 태자 해명의 장지에 그들의 묘(廟)가 세워졌다고 한 것 역시 그러한 인식 아래 나타난 결과였다. 중국에서는 3세기 이후 능원제가 쇠락함과 아울러 묘제의 위상이 약해졌다. 고구려에서 그와 다른 모습이 나타난 것은 무덤 중시 풍조가 강고히 자리하였기 때문이다.

이러한 일련의 사고는 육체혼(肉體魂, body-soul) 관념과 관련된다. 육체혼 관념에서 영혼은 일종의 물질이기 때문에 생활용품이 필요하였고, 사후 세계도 물질적인 것으로 파악되었다. 그리고 사후 운명에 대한 생각이 사체와 그가 묻힌 곳, 나아가 현세의 범위를 크게 벗어나지 못하였다. 그에 따라 무덤이 중시되고 후장 습속이 나타났다. 물론 육체와 물질에 대한 긴박성에서 풀려난 자유혼(自由魂, free soul) 관념도 존재하였으나, 일반적으로는 육체혼 관념이 먼저 우위를 점하였다.[159]

고구려의 경우 금은과 재물을 써서 장례를 치렀을 뿐 아니라 돌로 분구를 만들고 소나무와 잣나무(松柏)를 줄지어 심었다.[160] 중국에서 '불수불봉(不樹不封)', 즉 봉분을 올리지 않고 주변에 나무를 심지 않는 것은 박장의 지표였기에, 후장 습속이 존재하였음을 알 수 있다.[161] 아울러 후장의 연장선에서 나타나는 순장의 경우,[162] 그 유풍으로 여겨지는 순사(殉死)의 흔적이 확인되니, 동천왕 22년(248) 왕이 죽자 왕릉 앞에서 많은 사람이 자진(自盡)한 사건이 그것

---

159 나희라, 2008, 『고대 한국인의 생사관』, 지식산업사, pp.56~57, pp.93~94.

160 『三國志』 卷30, 魏書30, 烏丸鮮卑東夷, 高句麗, "厚葬 金銀財幣盡於送死 積石 爲封 列種松柏"

161 후장이란 부장품의 많고 적음뿐 아니라 상장례의 길고 성대한 과정, 대규모 잔치, 장대한 무덤 등을 포함하는 개념이다(나희라, 2008, 앞의 책, pp.144~145; 권오영, 2011, 「喪葬制와 墓制」 『동아시아의 고분문화』, 서경문화사, p.56).

162 나희라, 2008, 위의 책, p.27, pp.68~69 참조.

이다.[163] 이를 보면, 고구려에서는 본디 육체혼 관념이 상대적으로 우세하였다고 여겨진다.

그렇다면 선대 왕릉에서의 제사는 어떠한 역할을 하였을까. 무덤과 묘제가 중시되던 시기에는 그 자체가 하나의 집회가 되어 종족과 가족의 혈연적 유대를 강화하는 작용을 하였다.[164] 묘제가 극성기를 맞은 한대의 호족이 선조의 무덤을 배알하고 제사함으로써 자신들 일족의 단결을 공고히 한 것이 대표적인 사례이며, 상릉례(上陵禮)로 대표되는 후한 황실의 묘제 또한 지배세력에 대한 군주권의 구심력을 높여 통치를 굳건히 하려는 목적이 있었다.[165] 당시 황실 능묘는 조정의 정치적·종교적 중심지였고, 일반인은 가족 묘지에서 연회나 음악회 혹은 미술 전시회 등을 열며 크고 작은 모임이 이루어졌다.[166]

고구려 또한 크게 다르지 않았을 것이다. 당시는 중앙 집권화가 궤도에 오르기 전이었다. 따라서 왕권이 강력하지 못하였고 관료제 또한 미비하였다. 그 결과 왕의 근친에 대한 신뢰가 두터웠다. 유리명왕의 태자 해명과 무휼, 대무신왕의 왕자 호동, 태조왕의 아우 수성, 고국천왕과 산상왕의 아우 계수, 서천왕의 아우 달가, 그리고 고국원왕의 아우 무(武) 등은 왕의 근친으로, 이들은 국정 운영의 한 축을 담당하였다.[167] 서천왕이 상(相)의 자리를 준다고 꾀어

---

163 『三國史記』卷 第17, 高句麗本紀 第5, 東川王 22年 9月, "王薨葬於柴原 號曰東川王 國人懷其恩德莫不哀傷 近臣欲自殺以殉者衆 嗣王以爲非禮禁之 至葬日至墓自死者甚多 國人伐柴以覆其屍 遂名其地曰柴原"

164 黃曉芬, 2006, 앞의 책, pp.415~416.

165 楊寬, 2005, 앞의 책, pp.77~78.

166 Wu Hong, 2001, 앞의 책, p.299.

167 『三國史記』卷 第13, 高句麗本紀 第1, 瑠璃明王 27年 正月, "王大子解明在古都 有力而好勇"; 같은 책, 같은 권, 같은 왕 33年 正月, "立王子無恤爲太子 委以軍國之事"; 같은 책, 卷 第14, 高句麗本紀 第2, 大武神王 15年 4月, "好童勸王襲樂浪 崔理以鼓角不鳴不備 我兵掩至城下 然後知鼓角皆破 遂殺女子 出降[或云

아우인 일우와 소발을 제거한 일[168] 역시 왕의 혈족이 국정을 총괄하는 직임에 오를 수 있었기 때문이다.[169] 3세기 이후 부체제가 이완되고 반대로 왕권이 강화되어 갔으나,[170] 왕실 세력은 상당 기간 중용되었다.

이처럼 당시는 왕실 인물의 정치적 역할이 막중하였고, 나아가 그들과의 관계가 원활하지 않으면 안 되었다. 그렇기에 왕은 묘제를 통하여 일족을 하나로 규합하며 혈연적 유대감을 재확인함과 아울러, 이를 강화하여 자신의 권력을 유지하고자 하였을 것이다. 종묘제가 한정된 공간에서 폐쇄적으로 진행되는 반면, 묘제는 바깥을 조망할 수 있는 공간에서 개방적으로 이루어진다. 묘제는 상대적으로 많은 인원의 참여가 가능하였으므로, 회합을 통한 연대 의식 제고에도 요긴하였다. 물론 여기에는 무덤 중시 풍조가 강했던 시기적 특징도 함께하였다. 이들은 묘주인 특정 선대 인물을 제사하며 그의 위업을 기리고 자신들이 그 계승자임을 자임함과 더불어, 왕실 세력의 정점에 있는 왕의 권

欲滅樂浪 遂請婚 娶其女爲子妻 後使歸本国 壞其兵物]"; 같은 책, 卷 第15, 高句麗本紀 第3, 太祖大王 69年 11月, "王以遂成統軍國事"; 같은 책, 卷 第16, 高句麗本紀 第4, 故國川王 6年, "漢遼東大守興師伐我 王遣王子罽須拒之 不克"; 같은 책, 같은 권, 山上王 卽位, "延優遣弟罽須 將兵禦之 漢兵大敗 罽須自爲先鋒 追北發歧"; 같은 책, 卷 第17, 高句麗本紀 第5, 西川王 11年 10月, "王於是 遣達賈往伐之 達賈出奇掩擊 拔檀盧城 殺酋長 遷六百餘家於扶餘南烏川 降部落六七所 以爲附庸 王大悅 拜達賈爲安國君 知内外兵馬事 兼統梁貊肅愼諸部落"; 같은 책, 卷 第18, 高句麗本紀 第6, 故國原王 12年 11月, "皝自將勁兵四萬 出南道 以慕容翰慕容霸爲前鋒 別遣長史王寓等 將兵萬五千 出北道以來侵 王遣弟武 帥精兵五萬 拒北道 自帥羸兵 以備南道"

168 II부 주116) 참조.

169 관련 기록에서 역사(力士)가 그들을 제거하였다는 점은 가벼이 넘길 수 없다. 부체제가 이완되어 가던 시기였으나 관료제 정비에 미비한 면이 있었기에, 역사를 동원하여 비상하게 처리된 것이 아닌가 한다.

170 여호규, 2014, 앞의 책, pp.43~44.

위와 권력이 묘주에게서 전해져 내려왔음을 공인하였을 것이다.[171]

이상과 같이 묘제의 비중은 종묘에서의 그것보다 무거웠다. 이는 당시의 무덤 중시 풍조에 기인하는데, 그러한 움직임이 일어났던 이유는 계세사상과 관련되어 무덤을 죽은 이의 거처로 여기는 인식이 강고하였기 때문이다. 이는 영혼이 물질과 육체에 얽힌 육체혼 관념이 우세하였던 분위기를 반영하기도 한다. 집권력에 한계가 있던 상황에서 왕은 묘제를 통하여 일족을 하나로 규합하며 유대감을 공고히 함과 아울러, 왕권의 정당성을 확인하면서 권력을 강화하고자 노력하였다. 지금까지는 대략 종묘 개편 이전을 중심으로 종묘와 왕릉에서의 제사 양상을 살펴보았다. 이후에는 어떠한 변화가 일어났을까. 그 부분은 다음 장에서 검토해 보고자 한다.

2. 후기 종묘와 묘제의 약화

1) 묘제 침체와 종묘 부상

종묘 개편은 국사 건립이나 불법 숭신과 짝을 이루는 커다란 조치였다. 따라서 그 전후로 묘제에 변화가 생겼을 가능성이 있다. 이하에서는 문자자료와 유적을 통하여 실상을 알아보고자 한다.

먼저 「지안비문」에 언급된 묘제의 추이와 종묘 기술이다. 이미 살펴본 바와 같이 Ⅲ-5~16은 수묘연호, 즉 수묘인에 의해 주기적으로 묘제가 이루어

---

171 후한의 사례를 참조하면, 왕실 인물뿐 아니라 일반 지배층도 일정 정도 함께 하면서 왕권의 구심력을 인정하였을 가능성이 있다. 또 야요이 시대 말기 왕묘(王墓)에서도 신왕에 의한 수장령(首長靈) 계승의례가 이루어졌는데(寺澤薫, 2003, 앞의 논문, p.39), 묘제를 통해 권력의 정당성을 드러냈다는 데서 참조되는 바이다.

졌음을 전한다. 그런데 바로 이어지는 III-17~21에는 "연이세유장(然而世悠長)"이라 하고 있다. '연이(然而)'는 '그러나' 혹은 '그리고 나서'란 뜻이다. IV행을 보면 수묘연호와 관련하여 IV-11 "부(富)", IV-14·15 "전매(轉賣)", IV-18~22 "수묘자이명(守墓者以銘)" 등의 문구가 확인된다. 조금 뒤에 만들어졌고 동일 사안을 다룬 「왕비문」에서는 부유층(富足之者)의 멋대로 사는(擅買) 행위와 수묘인의 되파는(轉賣) 행위의 엄단을 공언하였다.[172]

이를 보면 「지안비문」의 III-22 "연(烱)"부터 IV행까지는 부유층(IV-11 "富")의 행태 및 전매(IV-14·15 "轉賣") 등 수묘제의 난맥상을 전하고, 그로 인하여 수묘한 것을(IV-18~20 "守墓者")[173] 새기는 조치(IV-21·22 "以銘")가 취해졌음을 말한다고 여겨진다. 문맥의 이해를 달리한다 하여도 전매가 언급된 이상, 수묘제에 악영향을 끼쳤다는 점은 분명하다. 이상으로 보건대 III-17·18 "연이(然而)"는 부정 접속사로서, III-17~21은 "하지만 세월이 길고 오래되니" 정도로 해석할 수 있다. 그러므로 III-17~22 및 IV행은 묘제를 시행한 지 오래되어 수묘제에 혼란이 야기된 결과, 비를 세우는 등의 대책을 마련하였다는 내용이다.[174]

---

172 「廣開土王碑文」, "又制 守墓人 自今以後 不得更相轉賣 雖有富足之者 亦不得擅買 其有違令 賣者刑之 買人制令守墓之"

173 "수묘자(守墓者)"를 수묘인으로 볼 수도 있겠으나, 비문에서 수묘인을 가리키는 표현은 IX-1~4 "수묘지민(守墓之民)"이고, 「왕비문」을 보아도 "수묘인(守墓人)"이다. 따라서 굳이 '자(者)'자를 써서 '수묘하는 사람'을 나타낸다면 '수묘지자(守墓之者)' 정도로 새겼을 것이다. 「왕비문」의 "안수묘자(安守墓者)"가 '수묘를 안정케 함에는'이라 해석되므로, 이 또한 "수묘한 것을" 정도로 이해하는 편이 좋겠다(강진원, 2016c, 앞의 논문, pp.205~206).

174 이 비는 지안 고구려비 이전에 세워진 1차 수묘비로서 고국양왕 시기 건립되었으며, 후대의 수묘비들과 달리 수묘인을 상세히 새기지는 않았으리라 여겨진다(강진원, 2016c, 위의 논문, pp.201~205).

단 이러한 조치로 상황이 근본적으로 호전되었다고 보이지는 않는다. V~
VI행 때문이다. V-6~18에 따르면 "아무개 왕과 국강상태왕, 그리고 ▨평안
태왕의 신(神)이 망(亡)하는(…… 王國罡上太王▨平安太王神亡)" 사건이 일어났다.
V-17·18 "신망(神亡)"은 제사시설의 망실을 의미한다고 이해되었는데,[175]
'신(神)'이 '사라졌다(亡)'고 하므로, 신주에 위해가 가해지거나, 그에 상응하는
위기에 맞닥뜨리게 된 것으로 여겨진다. 「지안비문」이 왕릉 수묘제에 관련된
사안을 전하므로, 여기서 말하는 신주 또한 왕릉에 모셔진 그것을 말한다고
보는 편이 자연스럽다.[176] 그렇다면 '신망'이란 화재 등으로 말미암아 왕릉이
나 능원이 훼손됨에 따라 몇몇 왕의 신주가 위험에 빠진 일을 가리킨다.[177]

그 대상이 된 군주 3명 가운데 V-7~11 "국강상태왕(國罡上太王)"은 국강상
왕(國岡上王), 즉 고국원왕이다.[178] 그러므로 V-12~16 "▨평안태왕(▨平安太
王)"은 고국원왕 뒤에 즉위한 군주이다. 앞서 언급하였듯이 이 석비는 광개토
왕 시기에 세워졌다. 그러므로 이 왕은 소수림왕[179] 혹은 고국양왕[180] 중 한 명
이다. 그런데 신망 현상이 동시다발적으로 일어났을 가능성은 적다는 점, 다

---

175 여호규, 2013a, 앞의 논문, p.92.

176 김창석, 2015, 앞의 논문, p.86; 강진원, 2016c, 앞의 논문, p.207.

177 전한 무제 초년(B.C. 141)에 고조의 능침과 그를 모신 군국묘인 고묘(高廟)에
서 화재가 발생하였다(김선민, 2015, 「董仲舒의 寢殿·郡國廟 비판론과 그 의
도」 『中國古中世史硏究』 36, pp.249~253 참조). 외침이나 반란이 일어나지 않
아도 제왕의 무덤이나 사당이 사고에 노출될 수 있음을 알려준다. 고구려에서
도 큰 변란 없이 일부 왕릉에 심각한 위기가 도래하는 것은 가능하다(강진원,
2016c, 위의 논문, p.207).

178 『三國史記』卷 第18, 高句麗本紀 第6, 故國原王 卽位, "故國原王[一云國罡上王]
諱斯由[或云釗] 美川王十五年 立爲太子 三十二年 春 王薨 卽位"

179 여호규, 2013a, 앞의 논문, pp.91~92; 김창석, 2015, 앞의 논문, pp.85~86.

180 趙宇然, 2013b, 앞의 논문, p.149.

시 말해 특정 권역에서 발생하였을 것이라는 점을 고려해야 한다. 고국원왕릉인 마선구 2100호분에서 볼 때 고국양왕릉인 태왕릉과의 거리는 매우 멀리 떨어져 있으나, 소수림왕릉인 천추총은 상대적으로 가까이에 위치한다.[181] 따라서 고국원왕릉과 함께 위기에 처한 것은 소수림왕릉이며, '▨평안태왕'은 소수림왕을 가리킨다.[182] 그렇다면 선대 왕릉에 변고가 생긴 시점은 소수림왕 사망(384) 이후이며, 시기적으로 종묘 개편(391)에서 멀지 않다. 이상을 보건대, V-1~18까지는 수묘에 관한 비를 세웠음에도 불구하고, 여러 왕의 신주가 위협에 직면한 일을 기술하였다.

이때 취해진 조치는 V행 말미부터 VI행에 걸쳐 나온다. V-19는 판독이 어렵지만, V-20~22는 "흥동서(興東西)"이고, VI-1은 "묘(廟)"일 가능성이 있으나 확정은 주저된다. 아울러 VI-2~4는 읽어 내기 힘들지만, VI-5·6은 "세실(世室)"임이 명확하다. 그러므로 V-20 이후 VI행 초반까지는 동서로 제의 공간(室)을 갖추었음을 말한다. 왕릉의 제사시설이 동서로 마련되었다고 보기는 어렵다. 그런데 후한 시기 이후 중국의 종묘는 일렬의 건축물에 여러 황제의 묘실(廟室)이 자리한 동당이실제(同堂異室制)로 운영되었으며, 이는 동서로 길게 방이 확장되는 구조였다.[183] 신망 현상이 일어난 4세기 말 전후에는 중국 문물의 수용이 활발하였다. 그러므로 여기서 언급된 제장은 종묘이며, 그 외형이 중국적인 기준에 맞춰 변형되었음을 보여주는 것이 아닐까 한다. 그 점은 VI-5·6 "세실(世室)"에서 뒷받침된다. 세실은 종묘의 다른 이름이기도 하

---

181 해당 왕릉의 묘주 비정에 관해서는 강진원, 2013a, 앞의 논문, pp.12~15 참조.

182 강진원, 2016c, 앞의 논문, p.208. 왕호를 전하지 않는 남은 왕은 동천왕 이전의 군주 가운데 한 명일 것으로 추정된다(강진원, 2016c, 같은 논문, pp.208~209).

183 楊寬, 2005, 앞의 책, pp.78~80; 金容天, 2007, 앞의 책, p.324, pp.329~343; 郭善兵, 2007, 『中國古代帝王宗廟禮制研究』, 人民出版社, pp.195~199.

거니와,[184] '세세불훼(世世不毁)하는 곳'이라는 의미[185]로 이해하여도 종묘와 관련된 표현이라는 사실은 변함없다.

그렇다면 V-20~VI-6은 종묘 공간(VI-5·6 "世室")이 동서(V-21·22 "東西")로 확장된(V-20 "興") 사실을 전한다.[186] 즉 '신망(神亡)' 현상으로 인하여 종묘에 모종의 조치가 취해졌음을 알 수 있다. 신망이라는 변고가 4세기 말에 일어났으므로, 종묘에 취해진 모종의 조치란 시기적으로 근접한 M-5, 즉 고국양왕 말년(391)의 종묘 개편을 가리킬 확률이 높다.[187]

요컨대 III~VI행은 묘제를 포함하여 종래 유지되던 양상에 변화가 생겨 종묘 개편이 이루어졌다는 내용이다. 「지안비문」은 왕실 수묘제의 연혁 및 개선 방향을 언급하고 있다. 그러함에도 종묘 관련 조치가 나오고, 이어지는 VI-7~22 "옛 성인(先聖)의 공훈이 아주 높고 매우 빛나며 옛사람(古人)의 굳센 의지를 이었다고 추술(追述)하였다(追述先聖功勳弥高悠烈継古人之慷慨)"고 한 것에서 보이듯, 그것은 큰 의미를 가진 사건이었다. 이를 보면 당시 종묘가 상당

---

184 『周禮』考工記, 匠人, "夏后氏世室 堂脩二七 廣四脩一[鄭玄注 : 世室者 宗廟也]; 『明史』卷202, 列傳 第90, 廖紀, "光祿署丞何淵請建世室 祀興獻帝 下廷議"

185 『禮記』明堂位, "魯公之廟 文世室也 武公之廟 武世室也[世室者 不毁之名也]"; 『春秋公羊傳』卷14, 文公 13年, "世室屋壞 世室者何 魯公之廟也 周公稱太廟 魯公稱世室 羣公稱宮 此魯公之廟也 曷爲謂之世室 世室猶世室也 世世不毁也"

186 V-21·22 및 VI-1를 "동서사(東西祠)"로 읽어 왕궁 좌우에 건립된 종묘를 가리킨다고 파악하기도 한다(김창석, 2015, 앞의 논문, p.86). VI-1을 "사(祠)"로 보기 어려운 점은 이미 언급하였다. 다만 그 점을 차치하여도 왕궁 좌우 양쪽에 종묘가 두어졌다고 보기 힘들기에 따르기 주저된다.

187 이러한 사항이 V-20부터 VI-6까지 다소 길게 언급된 데 이견을 표하며, V-20 "흥(興)"과 VI-5·6 "세실(世室)"이 이어지지 않는다고 할 수도 있다. 그러나 「왕비문」의 자구 구성이 규칙적인 것과 대조적으로 「지안비문」의 그것은 정합적이지 못하므로(여호규, 2013a, 앞의 논문, p.79), 한 문구로 묶인다 한들 큰 문제가 되지 않는다. "

히 중시되었으며, 종묘 개편은 묘제를 포함한 왕릉 관리 면에서도 중대한 영향을 끼쳤다고 여겨진다.

다음으로 금석문에서 나타나는 수묘인의 주무(主務) 변화이다. 「지안비문」에서는 수묘인의 역할을 '사시제사'라 하였다. 비문의 표현은 사실을 압축적으로 나타내는 측면이 있다. 그러므로 이는 기본 업무인 수묘와 아울러 수묘인이 힘썼던 임무를 말한다. 그런데 그보다 조금 뒤에 건립된 「왕비문」에 따르면, 수묘인의 역할은 "수묘쇄소(守墓洒掃)", 즉 무덤을 지키고 청소하는 것이다. 수묘는 필수 업무이므로 그것을 제외한 주무는 '쇄소(洒掃)', 즉 물을 뿌리고 비로 쓰는 일이다. 이는 단순한 청소 업무라기보다는 일반 관리를 포괄할 확률이 높다. 다만 어떻게 보든 「지안비문」에서는 수묘인의 주된 역할 중 하나를 주기적인 제사라 하다가 「왕비문」에서는 청소 정도로 언급하고 있다. 수묘인의 주무에 변동이 생긴 셈이다. 물론 광개토왕비 조성 시에도 묘제가 완전히 폐절되지는 않았을 것이며, 수묘역(守墓役)에서 묘제가 차지하는 비중이 줄어든 사실을 반영하였다고 보는 편이 타당하다.

그런데 능묘 관리에서 묘제 영역의 축소는 해당 의례의 약화와 관련된 사건이었다. 중국의 경우 위진 남북조 시대에 이르면 묘제를 관리하던 능식관령 계통 조직이 사라지고, 제릉의 수위와 소제를 담당하는 능령 계통의 조직만 남게 된다. 능침이 설치되지 않는 등 묘제의 위상이 약해져 관할 부서를 별도로 설치하지 않은 것이다.[188] 앞서 살펴보았듯이 고구려는 중국과 달리 묘제 담당 인원을 따로 두지 않은 채 수묘인이 그 일을 맡았다. 따라서 어떠한 조직이나 관서가 사라진 것이 아니라, 「왕비문」에서 보이는 바와 같이 수묘인의 업무에서 묘제가 차지하는 비중이 줄어드는 쪽으로 나아갔을 가능성이 크다. 묘제와 관련 업무의 연관성을 고려하면, 묘제의 위상 또한 그와 맞물

---

188 김택민, 2013, 앞의 논문, pp.121~125.

〈사진 4〉 덕흥리 벽화 고분 칠보
행사도 묵서(출처 : 사회
과학원, 1986, 『德興里
高句麗壁畵古墳』, 朝鮮
畵報社)

려 전반적으로 저하되었다고 생
각된다.[189]

한편 광개토왕 18년(408) 축
조된 덕흥리고분 칠보행사도(七
寶行事圖)에 새겨진 "차칠인대묘
작식인야(此二人大廟作食人也)"라는 묵서(墨書)도 눈길을 끈
다(〈사진 4〉 참조). 대묘(大廟)란 태묘, 즉 종묘이므로 작식인
(作食人)은 그곳에서 일하던 이들이다.[190] 따라서 종묘 종사
자가 묘주 진(鎭)의 행사 때 함께하였다는 것이 된다. 고분
벽화는 묘주의 생전 생활도 반영하나 바람을 나타낼 때도
있기에, 그러한 일이 실제로 일어났다고 장담하기는 힘들
다. 단 중요한 점은 진이 자신의 삶을 과시하고자 하는 벽화
에서 종묘가 언급되었다는 사실이다. 이는 종묘가 중요시되던 시기에 그가 고
구려에 머물렀던 결과 나타난 현상이 아닌가 한다. 종묘의 위상이 상대적으로
낮아진 때라면, 굳이 관련 종사자를 언급하며 위세를 보이진 않았을 것이기

---

189 본디 수묘인에게 묘제와 관련한 과중한 능역(陵役)이 부과된 결과 차착(差錯)
현상이 일어났으므로, 광개토왕비를 건립할 즈음 수묘인에게 무덤을 지키고
청소하는 것을 위주로 하는 경감된 역을 부여하였다고 보기도 한다(孔錫龜,
2013, 앞의 논문, pp.45~47). 그런데 「왕비문」에서도 나오듯, 차착이 발생한
주된 원인은 왕릉에 비를 세우지 않았기 때문이다. 또 「왕비문」과 「지안비문」
모두 수묘인의 매매 문제를 거론하였을 뿐, 역(役)의 과중함을 기술한 부분이
없으므로 그렇게 생각하기는 어렵다. 물론 빈번한 묘제로 수묘인의 피로도가
더해졌을 수는 있다. 하지만 그 이유만으로 묘제의 비중이 줄었다고 보기는 힘
들다. 역시나 그 기저에는 묘제에 대한 인식 변화가 함께했다고 여기는 편이 자
연스럽다. 그 점은 뒤에서 다루겠다.

190 李文基, 1999, 「高句麗 德興里古墳壁畵의 '七寶行事圖'와 墨書銘」 『歷史敎育論
集』 25, pp.207~208.

때문이다.[191]

마지막으로 묘제 공간을 포함한 능원의 양상이다. 평양도읍기 왕릉급 고분은 이전보다 규모가 축소되었을 뿐 아니라, 능원이라 칭할 만한 부대시설도 거의 없다. 국내도읍기 왕릉에서 관찰되었던 능장과 묘상건축은 물론, 기타 구조물의 흔적 또한 찾기 어렵다. 마지막 단계에 조성된 강서삼묘에서는 3개 고분이 세모꼴로 마주하며 자리하여 단독분(單獨墳)으로서의 입지 조건마저 와해된다. 국내도읍기 정비 일로를 걸었던 능원제가 이즈음 쇠퇴한 것이다.[192]

특히 주목되는 부분은 제사 관련 구조물의 소멸이다. 4세기 이후 (능)침의 역할을 하는 묘상건축이 등장하였으나, 평양도읍기에 가면 사라진다. 해당 시기의 왕릉이 봉토분이라 묘상건축의 하중을 견디지 못해서 그러하였다면, 한대처럼 무덤 부근에 기침(起寢), 즉 능침을 건립하면 될 일이다. 그러나 주변에서 관련 유적을 찾기 어렵기에, 별도의 제의 공간을 두지 않았다고 생각된다. 꽤 오래 유지되어 온 제사 건축의 소멸은 해당 제사의 위상 변화와 무관치 않다. 그렇다면 평양도읍기에는 상대적으로 묘제가 중시되지 않았으며, 나아가 제장으로서 무덤이 가지는 비중도 경감되었으리라 추정할 수 있다.

이러한 현상은 국내도읍기 왕릉 가운데 가장 마지막 단계에 조성된 장군총에서부터 나타난다. 장군총의 묘주는 광개토왕인데,[193] 묘상건축과 배총 및 전

---

191 진이 중국에 있었을 때의 기억이라든가 희망을 담아 묵서가 작성되었다고 볼 수도 있겠다. 그렇다면 이 종묘는 중국 왕조의 그것을 가리키게 된다. 그러나 묵서명에서 이미 '영락(永樂)'이라는 고구려 연호를 사용하고 있는 마당에, 굳이 중국의 종묘를 언급하지는 않았으리라 여겨진다.

192 강진원, 2013b, 「고구려 陵園制의 쇠퇴와 그 배경」 『한국문화』 63, pp.197~199.

193 강진원, 2013a, 앞의 논문, pp.11~12.

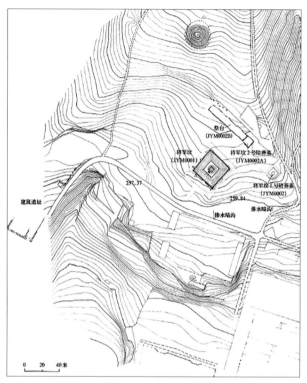

〈도면 12〉 장군총 능원(출처 : 吉林省文物考古研究所 · 集安市博物
館 編, 2004,『集安高句麗王陵 −1990~2003年集安高句
麗王陵調查報告−』, 文物出版社, p.326)

면 포석 등을 갖추고 있다. 정비된 능원이라 할 만하다(〈도면 12〉 참조). 단 장대
한 능원을 추구하던 이전까지의 흐름이 온전히 이어졌다고 보기는 힘들다. 규
모와 능장이 대표적이다. 장군총은 분구의 크기 자체가 국내도읍기 왕릉급 고
분 가운데 가장 작은 수준이다. 물론 장군총이 견고한 구조를 가졌으므로, 외
양에 치중하는 대신 기술적인 측면에 신경을 썼다고 할 수도 있겠다. 그러나
당시 고구려는 영역이 확장되어 인적 · 물적 토대가 비교할 수 없을 정도로 튼
튼해졌다. 이전까지의 추세를 보면 그러한 상황에서는 기술적 방면을 염두에

두는 것과 별개로, 규모 또한 장대하게 조성하는 편이 자연스럽다. 최소한 이전과 비슷한 정도는 되어야 한다. 하지만 그와는 반대로 상대적으로 왜소한 인상을 주며, 이 추세는 평양도읍기로 이어진다.

능장도 마찬가지다. 4세기 이후 고구려 왕릉에는 능장이 설정되어 안팎을 구분하는 역할을 하였다. 그런데 장군총은 보호 축대(護坡)가 있을 뿐 능장이라 확언할 만한 유적이 발견되지 않았다.[194] 평양도읍기 왕릉에서 능장이 나타나지 않는 것을 생각하면 가벼이 넘길 일은 아니다. 즉 장군총은 국내도읍기의 경향을 이어 가는 부분도 존재하나, 이전과는 다른 면모도 엿보이며, 이는 평양도읍기의 양상과도 연결된다. 따라서 능원제의 완연한 침체는 평양 천도 이후의 현상이지만, 그 단초는 장군총이 조영될 무렵에 비롯되었다 하겠다. 축조 시점을 생각하면, 대략 5세기 이후 능원제가 점차 이완되기 시작하였다고 여겨진다.

이상에서 묘상건축의 부재와 아울러 고구려의 능원제가 쇠퇴하였음을 보았다. 그런데 중국의 경우 능원제와 묘제가 일정한 상관관계를 지녔다. 조위 문제의 조치로 능침이 폐절된 이후 동진 및 남조에서는 박장의 성행과 더불어 능원이 쇠락하였으며, 오호 십육국 및 북조도 상황은 다르지 않았다. 북위 효문제가 조성한 다퉁(大同)의 영고릉(永固陵)이나 뤄양(洛陽)의 장릉(長陵)은 정비된 능원을 갖추었으나, 이는 돌출적인 현상이다. 선무제의 경릉(景陵)이나 북제 문선제의 무덤으로 추정되는 만장대묘(灣漳大墓)에서 보이듯, 이후 다시금 능원의 흔적을 찾기 어렵다.[195] 이 시기에는 거대한 분구묘의 확인도 쉽지

---

194 吉林省文物考古研究所・集安市博物館 編, 2004, 앞의 책, p.345.

195 尹張爕, 1999, 『中國의 建築』, 서울大學校出版部, pp.103~104; 楊寬, 2005, 앞의 책, pp.71~73, pp.85~96; 金容天, 2007, 앞의 책, p.326; 羅宗眞, 2001, 『魏晉南北朝考古』, 文物出版社, pp.76~82; 朴漢濟, 2008, 「魏晉南北朝時代 墓葬習俗의 變化와 墓誌銘의 流行」『東洋史學研究』104, pp.47~52; 李梅田

않을 뿐 아니라, 능원이라 일컬을 만한 부대시설이나 석각 또한 많지 않다.

그 무렵 묘제의 위상 또한 하락하였다. 한대까지 상릉례는 최고 국가제사 중 하나였으나, 조위에서는 제왕(齊王) 조방(曹芳)이 가평(嘉平) 원년(249)이 알릉(謁陵)한 것이 유일한 사례였고, 서진에서도 무제 사마염(司馬炎)을 제외한 모든 군주가 묘제를 친히 지내지 않았다. 동진에서도 몇 차례 시도하려는 움직임은 있었으나, 공공연히 반대 의견에 부딪혀 중단되었다. 남조의 여러 왕조 또한 크게 다르지 않았다. 양 무제의 경우에는 개국한 지 한참 지난 대동(大同) 10년(544)에 이르러 알릉을 거행하였으나, 이는 유람의 성격을 띤 것으로 순수한 묘제와 성격도 달랐고, 진(陳)은 기록조차 없다. 알릉은 부정기적으로 행해졌을 뿐 항시적인 의례가 아니었다. 북조도 마찬가지다. 북위의 경우 효문제 이전에는 명원제가 영흥(永興) 3년(411) 성락(盛樂)의 금릉(金陵)을 배알한 것이 유일하다. 물론 효문제는 490년대 들어 여러 차례 알릉을 행하였으나 이는 순유(巡遊)의 측면도 있었고, 그마저도 선무제의 친정 이후 거의 이루어지지 않았다. 북제에서는 흔적이 전무하고 북주 또한 두 차례 정도 언급되었으며, 수대(隋代)에도 알릉은 실시되지 않았다. 당대에 직접 알릉의례를 실시한 황제는 태종·고종·현종뿐이었다.[196]

그런데 이는 종묘제와도 맞물리는 양상을 보였다. 종묘 제사가 다소 위축되고 무덤 중시 풍조 속에 묘제가 활발히 이루어진 시기에는 능원 또한 장대하게 조성되었고, 고례(古禮)로의 복귀가 제창되며 종묘가 종래의 위상을 회복

(金柚妌 옮김), 2010, 앞의 논문, p.186; 조윤재, 2011, 「中國 魏晉南北朝의 墓葬과 喪葬儀禮」『동아시아의 고분문화』, 서경문화사, pp.242~249; 梁銀景, 2013, 「陵寢制度를 통해 본 高句麗, 百濟 陵寺의 性格과 特徵」『高句麗渤海研究』 47, pp.77~79.

196 楊寬, 2005, 위의 책, pp.71~73; 來村多加史, 2001, 앞의 책, p.182, pp.440~441, pp.445~462.

한 시기에는 묘제와 함께 능침도 쇠퇴하였다.[197] 고대 일본 또한 마찬가지로 묘제가 성행하였던 까닭에 종묘 제도가 수용되지 않았다.[198]

비슷한 시기 주변의 상황이 그러하였다면, 고구려에서 묘상건축이 사라지고 능원제가 쇠퇴하였을 때 묘제의 위상 또한 마찬가지였다고 생각된다. 일반적인 제사는 행해졌겠으나 묘제가 이전보다 중시되지 않았기에, 왕릉에서 성대한 의식을 거행하는 일이 드물었고, 그로 인하여 이를 꾸밀 필요성이 줄어든 결과 별다른 부대시설을 갖추지 않게 되었을 것이다.

이상과 같이 「지안비문」에서는 묘제를 포함한 수묘제에 문제가 생겼으며, 그 대책으로 종묘에 모종의 조치가 이루어졌음을 전한다. 또 해당 비문에서 과거 수묘인의 주무로 주기적인 묘제를 언급하였던 반면, 「왕비문」에서는 쇄소를 거론하였다. 덕흥리고분의 묘주 진은 다른 기관이 아닌 종묘 종사자를 언급하며 위세를 과시하고자 하였다. 덧붙여 묘제와 일정한 상관성을 갖는 능원제의 경우 평양도읍기에 접어들며 쇠퇴하여 별도의 제의 건축마저 찾아보기 힘들게 되는데, 변화의 단초는 국내도읍기 말 장군총에서 엿보인다. 묘제는 침체된 반면 종묘는 존재감이 부각되기에 이른 것이다.

그 분기점은 대략 5세기 전후로, 종묘 개편과 시기적으로 맞물린다. 국사 건립으로 사직이 정비되고 위상이 강화되었던 것처럼, 종묘 개편으로 종묘가 중요해졌으며, 그것이 재차 새로운 흐름을 강화하였다고 헤아려진다. 지금 살펴본 바에 의하면 같은 시기 묘제는 종래의 위상을 잃게 되었다. 종묘제와 묘제가 상호 연동하는 측면이 있으므로, 이는 그다지 특이한 일은 아니다.

---

197 Wu Hong, 2001, 앞의 책, p.300; 楊寬, 2005, 위의 책, pp.72~73, pp.85~86; 黃曉芬, 2006, 앞의 책, p.401.

198 당률(唐律)을 그대로 옮겨 일본의 율(律)을 만들 때도 종묘 관련 부분은 생략되었다(金子修一, 1982, 「中國-郊祀と宗廟と明堂及び封禪」『東アジアにおける日本古代史講座9 : 東アジアにおける儀禮と國家』, 學生社, p.180).

물론 묘제가 완전히 사라지지는 않았을 것이기에, 어떤 식으로든 제의가 이루어졌다고 추정된다. 앞서 언급한 중국이나 신라의 사례를 보면 별다른 부대시설 없이도 묘제가 가능하였고, 제의 공간이 뚜렷이 나타나기 전 고구려도 그러하였다. 수묘인에 의해 일상적인 제사는 이어졌으며, 때때로 친제나 섭사도 행해졌으리라 예상된다. 특히 전동명왕릉의 능사(陵寺)라 할 정릉사(定陵寺)에서는 불교적인 방식의 제례 또한 치러졌다고 여겨진다. 그래서 해당 시기 묘제의 위상이 하락한 데 이의를 제기할 수도 있겠다. 그러나 이는 북위 영고릉에 사원불사(思遠佛寺)가 두어졌다 해서 북조의 묘제가 흥성했다고 보기 어려운 것과 마찬가지로 이해할 수 있다. 능사의 조성은 이례적인 현상이었고, 이후 계속되지도 않았다. 그러므로 이를 묘제의 성행과 관련짓기 힘들다. 영고릉에는 영고석실(永固石室)과 같은 제의 건축이 있지만, 전동명왕릉에는 그마저도 존재하지 않는 점을 생각하면 더욱 그러하다.

요컨대 종묘 개편에 즈음하여 종묘가 부각되었기에 그곳에서의 제사가 가지는 의미 또한 강화되었고, 묘제는 상대적으로 침체되었다.

2) 무덤 인식 변화의 내적 요인

이처럼 종묘와 그 제사가 부상하고, 묘제의 위상이 하락한 배경은 무엇일까. 우선 중국의 영향을 상정할 수 있다. 당시 중국에서는 묘제가 쇠퇴하였고, 조상 제사의 중추는 종묘였다. 태학 설립(372)과 율령 반포(373) 및 불교 전래(372)와 사원 창건(375) 등[199] 4세기 후반 이후 고구려에서는 중국 문물의 수

---

199 『三國史記』卷 第18, 高句麗本紀 第6, 小獸林王, "二年 夏六月 秦王苻堅 遣使及 浮屠順道 送佛像經文 王遣使廻謝 以貢方物 立太學 敎育子弟 三年 始頒律令 四 年 僧阿道來 五年 春二月 始創省門寺 以置順道 又創伊弗蘭寺 以置阿道 此海東 佛法之始"

용이 활발하였다. 따라서 묘제를 상대적으로 경시하고 종묘를 조상 제사의 중심지로 여기는 풍조가 전해졌다고 볼 수도 있겠다.

하지만 중국에서 종묘가 예전 지위를 회복한 것은 3세기 초의 일이다. 만일 중국 문물의 수용에만 초점을 맞춘다면, 왜 종묘의 위상 강화가 한 세기 넘게 지난 4세기 말에 나타났는지를 설명하기 곤란하다. 나아가 고대 일본에서 중국식 종묘 구성 원리나 교사 시행이 여의치 않았다는 사실에서도 알 수 있듯이, 중국 문물을 받아들여도 자신들 사회 내에서 불필요하다거나 무용하다고 여겨진다면 제도적으로 안착하기 어렵다. 따라서 종묘와 무덤의 위상이 변화한 것은 단순한 외래 문물의 수용이 아니라, 그것을 받아들일 수 있는 여건이 조성되었다고 보아야 한다.

종래 고구려에서 묘제가 성행한 데는 무덤 중시 풍조가 자리하고 있었다. 그러므로 묘제의 위상 하락은 무덤에 대한 인식이 이전과 달라졌음을 말한다. 이에 간과할 수 없는 것이 내세관과 영혼관의 변화이다. 4세기 후반 이래 불교의 확산으로 전생사상(轉生思想)이 퍼지기 시작한다. 불교에서는 현세의 삶이 사후로 이어지지 않고 생전의 공과에 따라 내세의 삶이 규정된다고 여겼기에, 사후의 영혼은 육체와 물질의 제약에서 벗어났다.[200] 그 연장선에서 이 시기부터는 자유혼 관념이 성행하게 되는데, 해당 관념에서는 영혼이 육체와 결부되지 않으므로 그 거처를 무덤으로 보는 인식이 강하지 않았으며, 사후 생활을 물질적이라 여기지 않았기에 박장 풍조가 유행하였다.[201]

신라에서 불교가 널리 전파된 이후 순장이 사라지고 박장이 이루어졌으며 무덤 구조가 변화한 것은 그 때문이다.[202] 고구려에서도 불교가 확산될 무렵

---

200 나희라, 2008, 앞의 책, pp.58~59, pp.98~99.

201 金烈圭, 1991, 『韓國神話와 巫俗硏究』, 一潮閣, p.14; 나희라, 2008, 위의 책, pp.26~27, pp.57~59.

202 김영미, 2000, 「불교의 수용과 신라인의 죽음관의 변화」 『韓國古代史硏究』 20,

능원제가 쇠퇴하기 시작하였다. 아울러 태왕릉까지만 해도 매장부가 '목관-가형석곽-석실'의 삼중 구조였으나, 장군총에 이르면 가형석곽이 소멸하여 '목관-석실'의 이중 구조가 되었다. 앞서 살펴본 것처럼 가형석곽은 무덤을 죽은 이의 거처로 여기는 믿음 아래 조성된 것이기에, 그것의 소멸은 관련 의식이 약해진 결과이다.

이처럼 전생사상과 자유혼 관념의 확산에 따라 무덤을 죽은 이의 거처로 사고하며 영혼이 물질적인 삶을 누린다는 인식이 흔들렸고, 그 결과 무덤 중시 풍조가 이전보다 약해져 묘제를 비중 있게 행해야 할 필요성도 줄어들었다. 아울러 영혼이 육체와 분리되어 자유롭게 이동한다는 믿음이 강해짐에 따라, 조상의 혼령은 무덤 안에 머문다기보다 종묘를 자유롭게 오가며 제사를 받는다는 생각이 굳어졌을 것이다. 육체혼 관념 및 계세사상의 약화와 자유혼 관념 및 전생사상의 강화가 묘제의 쇠퇴뿐 아니라, 종묘제로의 관심도 촉발한 셈이다.[203]

다음으로 들 수 있는 것은 유교 문화에 대한 이해 증진이다. 서천왕 11년(280) 숙신이 침공하자 왕은 "보잘것없는 몸으로 나라의 일을 잘못 이어받아 덕으로 (백성을) 편안하게 하지 못하고 위엄을 떨치지 못하였다"고 스스로 탄식하였으며,[204] 봉상왕 9년(300) 왕이 토목 공사를 무리하게 추진하자 국상

---

p.179; 전덕재, 2005, 「신라 왕경의 공간구성과 그 변천에 관한 연구」『역사와 현실』 57, pp.181~182; 朱甫暾, 2012, 「삼국기 신라의 (陵)墓碑에 대한 약간의 논의」『복현사림』 30, p.37.

203 내세관과 영혼관의 변화는 상당히 점진적으로 이루어졌을 것이다. 생활풍속계 벽화가 퇴조하고 연꽃 장식 무늬가 고분 벽화의 주요 제재로 성행한 시기가 5세기 중엽 이후라는 사실(전호태, 2000, 앞의 책, p.351)이 그 점을 보여준다. 다만 변동의 단초는 4세기 후반 이후 마련되었다고 여겨진다.

204 『三國史記』卷 第17, 高句麗本紀 第5, 西川王 11年 10月, "肅慎來侵 屠害邊氓 王謂群臣曰 寡人以眇末之軀 謬襲邦基 德不能綏 威不能震 致此鄰敵 猾我疆域"

창조리(倉租利)는 "임금이 백성을 걱정하지 않으면 인자하지 못한 것이고, 신하가 임금에게 간언하지 않으면 충성스럽지 못한 것이다"라고 발언하였다.[205] 이러한 사례에서 드러나듯, 이미 3세기 후반 이후 백성을 아끼는 유교적 군주상이 어느 정도 자리를 잡아갔다. 이는 당시 유교 문화에 대한 일정 정도의 이해가 있었음을 말한다.[206] 태학 설립 등을 통해 유학에 대한 이해가 깊어졌으므로,[207] 시일이 지날수록 이 추세는 강화된 것 같다. 예컨대 「지안비문」에서는 한대 유학 사상을 빌어 고구려의 건국을 기술함[208]과 아울러, 중국 서적에 나온 여러 표현을 사용하였으며,[209] 이는 「왕비문」도 마찬가지다.[210]

그런데 진한 시대 묘제의 성행에 대하여 유자(儒者)는 그다지 호의적이지 않았으니, 본디 유가의 입장에서 죽은 이의 혼은 사당, 즉 묘(廟)에서 제사하여야(廟祭) 하였기 때문이다. 능침을 설치함에 따라 일정 정도 타협점을 찾기는 하였으나 원칙적으로 묘제는 비례(非禮), 다시 말해 예가 아니었다.[211] 애초

---

205 『三國史記』卷 第17, 高句麗本紀 第5, 烽上王 9年 8月 "王發國內男女年十五已上 修理宮室 民乏於食 困於役 因之以流亡 …… 助利曰 君不恤民 非仁也 臣不諫君 非忠也 臣旣承乏國相 不敢不言 豈敢干譽乎"

206 郭信煥, 1991, 「儒教思想의 展開樣相과 生活世界」『韓國思想史大系』2, 韓國精神文化研究院, p.395, p.400.

207 盧重國, 1979, 「高句麗律令에 관한 一試論」『東方學志』21; 延世大學校 國學研究院 編, 1987, 『高句麗史研究』1, 延世大學校出版部, p.232.

208 주63) 참조.

209 Ⅲ-13~16 "사시제사(四時祭祀)"는 『주례』·『예기정의』·『상서정의』 등에 나오고, Ⅵ-7~10 "추술선성(追述先聖)"은 『후한서』의 "염술선성(念述先聖)" 및 "통술선성(通述先聖)" 등과 비슷하다(張福有, 2013b, 「集安麻線高句麗碑文補釋與識讀解析」『東北史地』2013-3, pp.48~49).

210 김선민, 2006, 「高句麗建國神話에 대한 廣開土王陵碑와 中國正史의 비교 연구」『東方學志』134, pp.16~18; 門田誠一, 2012, 「高句麗王陵의 築造思想에 みる儒教と佛教 -追孝から追福へ-」『佛教大學歷史學部論集』2, p.101.

211 來村多加史, 2001 앞의 책, p.73, p.441.

중국에서 조령 제사의 중추가 무덤이 아니라 종묘였던 데는[212] 나름의 이유가 있었던 셈이다.

조위 문제 조비(曹丕)가 "옛날에는 무덤에서 제사하지 않았고 모두 사당에서 지냈다(古不墓祭 皆設于廟)"는 이유로 무제 고릉(高陵)의 능침을 폐지한 것[213]이나, 8세기 당의 안진경(顔眞卿)이 『후한서』 제사지의 '고불묘제(古不墓祭)' 부분을 언급하며 묘제의 성행을 경계한 것[214]에는 묘제보다 종묘제가 예에 더 부합된다는 인식도 함께하였다. 묘제가 유교적 사고관에 꼭 들어맞는 제사는 아니라 하겠다. 유교 문물에 대한 이해가 깊어지고 있던 고구려에서는 제사 방식 또한 유교적인 모습을 지향하였을 터인데, 그 결과 묘제에 대한 종래의 인식이 재고됨과 아울러, 종묘로의 관심이 증대되었다고 추정된다.

그런데 묘제가 상대적으로 중시되던 기존의 풍조가 변화한 것은 커다란 사건이다. 따라서 그 배경에는 이외에도 직접적인 원인, 즉 묘제의 한계점이 크게 드러났거나 종묘제가 지닌 강점이 부각하였다고 보는 편이 자연스럽다.

그 면에서 우선 주목되는 것은 왕릉이 여러 차례 위험에 노출된 사실이다. 3세기 중엽 조위의 침공 시 관구검(毌丘儉)이 특별히 득래(得來)의 무덤을 파괴하지 말라고 한 일[215]이나 봉상왕 5년(296) 모용외가 서천왕릉을 도굴하려던 사건(N-2)에서 보이듯, 왕릉을 포함한 지배층의 묘는 약탈의 표적이었다. 단 이때만 하여도 무덤의 안위에 엄청난 위기가 오진 않았기에, 그 인식이 크게 달라지진 않았으리라 여겨진다. 상황이 급변하게 된 것은 4세기 중엽 이

---

212 黃曉芬, 2006, 앞의 책, p.395, p.401.

213 羅宗眞, 2001, 앞의 책, p.76.

214 來村多加史, 2001, 앞의 책, pp.102~103.

215 『三國志』卷28, 魏書28, 毌丘儉, "句驪沛者名得來 數諫宮 宮不從其言 得來歎曰 立見此地將生蓬蒿 遂不食而死 擧國賢之 儉令諸軍不壞其墓 不伐其樹 得其妻子 皆放遣之"

후이다. 고국원왕 12년(342) 모용황의 군대가 도읍을 무너뜨리고 미천왕릉을 파괴한 뒤 미천왕의 시신을 강탈하는 사건이 일어났다(E-4). 이전에 겪어보지 못했던 참극을 맞닥뜨린 결과, 왕실의 왕릉에 대한 인식도 변하였으리라 생각된다. 조상의 혼령이 머무는 곳이자 이적의 장소였던 무덤이 속수무책으로 허물어짐에 따라, 왕릉에 대한 도굴과 훼손의 우려가 커졌을 것이다.

대외적 위기감은 그 뒤에도 이어졌다. 고국원왕 41년(371) 백제군이 평양성까지 진격하여 왕이 전사하였고,[216] 소수림왕 7년(377) 백제군이 재차 평양성을 침공하였으며,[217] 이듬해(378)에는 거란이 북변 일대를 노략질하였다.[218] 또 고국양왕 2년(385) 후연군에게 밀려 일시적으로 점령했던 요동·현도에서 축출되었으며,[219] 4년 뒤(389)에도 백제군의 침입이 있었다.[220] 외세의 위협이 계속되었고, 때로는 평양에서까지 교전이 벌어지는 상황 속에서 한 번 실추된 왕릉에 대한 인식이 회복되기란 요원하였을 것이다.

그 점을 잘 보여주는 사례가 모용외의 서천왕릉 도굴 시도(N-2) 때와 달리, 모용황의 묘역 침범에 대하여 미천왕의 혼령이 아무런 대응도 하지 못한 것이다. 만일 종래의 인식이 유지되었다면, 최소한 모용황에게 수모를 당한 미천왕의 혼령이 안타까워했다거나 분개했다는 전승이 있어야 한다. 따라서 이는 무덤에 대한 생각이 변화하여 갔음을 의미한다. 중국에서 위진 남북조 시대

---

216 『三國史記』卷 第18, 高句麗本紀 第6, 故國原王 41年 10月, "百濟王率兵三萬來攻平壤城 王出師拒之 爲流矢所中 是月二十三日薨 葬于故國之原"

217 『三國史記』卷 第18, 高句麗本紀 第6, 小獸林王 7年 10月, "百濟將兵三萬 來侵平壤城"

218 『三國史記』卷 第18, 高句麗本紀 第6, 小獸林王 8年 9月, "契丹犯北邊 陷八部落"

219 『三國史記』卷 第18, 高句麗本紀 第6, 故國壤王 2年 11月, "燕慕容農將兵來侵復遼東玄菟二郡 "

220 『三國史記』卷 第18, 高句麗本紀 第6, 故國壤王 6年 9月, "百濟來侵 掠南鄙部落而歸"

들어 박장이 성행하고 능원제가 쇠락한 이유는 거듭되는 혼란 속에서 제릉의 안전을 담보할 수 없다는 생각이 커졌기 때문이다.[221] 앞서 살펴보았듯이 당시는 묘제의 존재감 또한 약해졌다. 도굴이나 훼손 등의 위협에 따른 무덤 중시 관념의 약화가 능원제는 물론이요, 묘제의 변화에도 영향을 끼친 셈이다. 고구려 또한 크게 다르지 않았다고 여겨진다. 대외적 위기가 이어지면서 기존에 무덤이 지녔던 위상이 동요된 결과, 묘제의 존재감은 상대적으로 하락하였을 것이다.

덧붙여 왕릉 관리 문제도 불거졌다. 이는 「지안비문」에서 잘 드러난다. 이미 거론한 것처럼 III행 말미부터 IV행은 수묘제가 이완되어 문제가 발생하였음을 전하는데, 이는 4세기 중엽 모용황의 침공으로 도읍 일대가 큰 혼란에 빠진 데 이어 백제의 북진으로 말미암아 전반적인 여건이 쉽사리 호전되지 못하였기 때문이기도 하다.[222] 비를 건립하며 분위기를 다잡고자 하였으나 뚜렷한 성과가 있었던 것 같지는 않다. 앞서 언급하였듯이 4세기 말 고국원왕·소수림왕 등의 무덤에 변고가 일어난 이른바 신망 현상까지 나타난 까닭이다. 왕릉과 능원이 훼손되어 신주까지 위협을 당하는 상황 속에서 재래의 관념이 굳건히 유지되기는 힘들지 않았을까 한다.

이와 관련하여 전한 무제 시기 고조의 능침과 군국묘에 화재가 발생한 것을 들어, 동중서가 묘제를 비롯한 당시의 의례 양상을 비판했던 사실이 참조된다.[223] 동중서의 사상이 「지안비문」에 활용되었다는 점을 고려하면, 묘제에 관한 인식이 변화하고 종묘 중심의 제사체계가 확립하는 데 그의 논의가 일

---

221 楊寬, 2005, 앞의 책, pp.85~86; 盧仁淑, 2001, 앞의 논문, p.83; 洪廷妸, 2003, 「魏晉南北朝時代 '凶門柏歷'에 대하여」 『魏晉隋唐史硏究』 10, pp.100 ~101.

222 강진원, 2016c, 앞의 논문, pp.202~204.

223 김선민, 2015, 앞의 논문.

정한 역할을 하였을 가능성이 있다.[224] 그 점을 차치하여도 마찬가지다. 수묘제가 문란해지고 선대 왕릉에 변고가 일어났다면, 무덤과 그곳에서의 제사 또한 기존의 위상을 유지하기 힘들었으리라 보는 편이 자연스럽다.

다음으로는 혈연적 계보 관념의 고양이다. 본디 종묘 제도는 시조를 중심에 두고 한 줄기로 이어져 온 왕가 조상에 대한 제사를 제도적으로 구체화한 것이다.[225] 고구려 왕실은 미천왕 이후 왕통이 한 핏줄로 이어지면서 대외적 팽창과 대내적 정비에 박차를 가하였다. 왕제나 근친은 더이상 왕위 계승의 위협 요소가 아니었고, 이제는 태자가 명실상부한 차기 지배자로서의 입지를 굳히며 안정적인 승계가 이루어지고 있었다. 덧붙여 4세기 후반에 이르면 건국 신화 정립과 함께 「왕비문」에서는 '추모왕-유류왕-대주류왕', 『삼국사기』에서는 '동명성왕-유리명왕-대무신왕'으로 일컬어지는 초기 왕계가 공식적으로 정리되었으며, 태조왕 이후의 왕계와 추모왕계가 결합된 새로운 왕계가 나타났다.[226]

이처럼 왕위 계승이 고정되고 왕계가 일원적으로 정비되었으며, 국왕의 집권력 향상이 도모되던 상황에서는 왕실의 혈연적 계보 관념에 따른 조상 제사, 즉 종묘 제사의 무게감이 이전보다 커졌을 것이다. 중국 한대에 종묘제의 위상이 약해진 이유 중 하나는 변칙적인 제위(帝位) 계승이 이어졌기 때문

---

224 강진원, 2016c, 앞의 논문, p.210 주45).

225 諸戶素純, 1972, 앞의 책, p.128.

226 노태돈, 1999, 앞의 책, pp.51~52, pp.87~94.
『유기』는 대략 이즈음 편찬되었다고 추정되는데(노태돈, 1999, 같은 책, p.87; 정원주, 2009, 「高句麗 건국신화의 전개와 변용」 『高句麗渤海研究』 33, p.55; 井上秀雄, 1976, 「神話に現われた高句麗王の性格」 『朝鮮學報』 81, pp.43~44), 이때 최종적으로 다듬어진 왕계가 수록되어 계루부의 모든 군주가 하나의 흐름 속에 자리하게 되었을 것이다.

이다.[227] 신라에서 특정 혈연 집단이 왕위를 독점적으로 계승한 마립간 시기에 혈연에 근거한 조상 제사가 중시되었고, 이는 종묘제 시행의 바탕이 되었다.[228] 안정적인 왕위 계승이 종묘제의 입지에 영향을 미친 셈이다.

「왕비문」에서는 선대 왕들에 이어 광개토왕을 언급함에 "답지십칠세손(遝至十七世孫)"이라 하였다. 이때 '답지(遝至)'는 한 군데로 몰려들었다는 뜻으로, 왕위가 광개토왕에게 이어졌다는 사실은 물론, 혈통적인 요소도 함께 옮겨졌음을 나타내는 표현이 아닐까 한다. 「지안비문」 II-19~22 "계윤상승(繼胤相承)", 즉 시조 이래 왕위가 면면히 계승되었다는 문구 또한 비슷한 맥락으로 여겨진다. 이는 광개토왕에게만 국한되지는 않으며, 고구려왕이라면 시조 주몽 이하 역대 선왕의 신성성이 자신에게까지 미친다고 생각하였을 것이다. 중국의 황제는 창업자와 그 계승자를 대상으로 하는 종묘제를 거행하면서 권력의 정통성이 왕조의 창업주(開創主) 혹은 수명주(受命主)와 닿아 있음을 확인하였다.[229] 고구려 또한 종묘를 통하여 한 줄기로 이어진 왕통의 흐름을 되새기고자 노력하였고, 이러한 움직임이 결국 종묘 중심의 제사체계가 형성될 수 있는 하나의 토대가 되었다고 생각된다.

물론 묘제를 통하여 선왕을 제사할 수 없는 것은 아니다. 그러나 왕릉 소재지가 각기 다른 탓에 종묘처럼 여러 조상을 한 번에 제사하기에는 많은 어려움이 뒤따랐다. 한대의 공우(貢禹)나 당대의 팽경직(彭景直)·안진경 등이 묘제에 부정적인 태도를 보인 이유 중 하나는 과도한 경제적 부담 때문이었다.[230]

227　Wu Hong, 2001, 앞의 책, p.55.

228　나희라, 2003, 『신라의 국가제사』, 지식산업사, p.216.

229　渡邊信一郞, 2003, 『中國古代の王權と天下秩序 -日中比較史の視點から-』, 校倉書房, p.185.

230　金容天, 2007, 앞의 책, pp.209~211; 來村多加史, 2001, 앞의 책, pp.100~104.

고구려 또한 다르지 않았으리라 짐작된다. 무덤에 대한 인식이 강고할 때라면 모르겠지만, 무덤 중시 풍조가 약해진 상황에서 굳이 묘제로 그러한 혈연의식을 드러내려고 하진 않았을 것이다. 새로운 왕계의 정립에서 보이듯 당시왕실은 왕통의 일원적인 흐름을 강조하였는데, 각각의 왕릉에서 묘제를 지낸다면 그러한 면모를 드러내기 쉽지 않으리란 점도 염두에 두어야 한다.

그밖에도 묘제는 한계점을 지녔다. 종묘제가 조상 전체를 대상으로 하는비개성적 제사인 데 비해, 묘제는 무덤에 묻힌 특정 개인을 향해 지내는 개성적 제사이다.[231] 따라서 군주가 어떤 왕릉에서 제사할 때는 해당 묘주와의 연계성이 부상하였다. 제사를 통하여 선조의 가호와 위업의 계승을 표방하고권력의 정당성을 확인받는다는 면에서 보자면, 묘제를 올리는 이에게 가장 큰영향을 끼치는 것은 기본적으로 그 무덤의 묘주이다. 그런데 묘주마다 특징적인 부분이나 뛰어난 바가 달랐으므로, 묘제 시 군주가 기대거나 내세울 수 있는 선왕의 면모에 차이가 있었을 터이다. 무용이 뛰어났다면 그러한 방면에서왕권의 정당성을 공언하게 되고, 후덕함이 남달랐다면 그 측면에 방점이 찍혔으리라 여겨진다.

바로 여기에 문제가 있다. 모름지기 뛰어난 군주는 문무와 지용(智勇)을 겸비해야 한다. 다만 그러한 선왕은 드물었기에, 고른 장점의 계수(繼受)가 어려웠던 묘제를 지내는 것에 대한 거부감이 조성되었으리라 짐작된다. 아울러 뚜렷한 업적이 없거나 천수를 누리지 못했을 때, 즉 범용하거나 부족한 치적을가진 묘주의 경우 군주의 지친(至親)이 아니면 제사 대상에서 제외될 수도 있었을 것이다. 묘제가 몇몇 왕릉에 편중되었을 가능성이 존재한다.

그 점을 극복하려면 선왕의 특징적 면모를 골고루 받아들임과 함께, 선왕이 특정 개인으로서가 아니라 왕가의 일원으로 도도한 물결 속에 함께한다는

---

231 Wu Hong, 2001, 앞의 책, p.205, p.277; 黃曉芬, 2006, 앞의 책, p.410, p.415.

사실을 강조할 필요가 있다. 즉 전체적인 왕통의 흐름 속에서 정당성을 확보하는 일이 요구되었으리라 여겨진다. 이에 적합한 것이 위업의 차이와 무관하게 선왕 모두를 왕가의 성원으로 제사할 수 있고, 시조 이래의 정통성이 자신에게까지 이어지고 있음을 표방하기 좋은 종묘제였다. 물론 무덤이 가지는 비중이 컸다거나 혈연적 계보 관념이 미약한 시기였다면, 여러 한계에도 불구하고 묘제는 계속되었을지 모른다. 하지만 앞서 살펴본 여러 원인으로 무덤 중시 풍조가 약해지고 종묘가 부상하였기에, 묘제의 중요성은 상대적으로 경감되었을 것이다.

이상과 같이 4세기 후반 이후 불교 전파로 인한 전생사상의 확산과 자유혼 관념의 성행 및 유교 문화에 대한 이해 증진 속에 종래의 무덤 중시 풍조는 약화 일로를 걷기 시작하였다. 직접적으로는 대외적 위기의 지속으로 왕릉 훼손의 위험이 커지고 관리 문제가 불거져 무덤이 가졌던 종래의 입지가 동요되었다. 반면 한 줄기로 이어지는 왕통을 통하여 자신의 정통성을 확인하고 권위를 강화하려는 의도 속에 종묘제에 관한 관심은 높아졌다. 이에 혈연적 계승 관계를 명확히 드러내기 좋은 종묘와 그 제사가 부각되었고, 묘제는 위상이 약해졌다.

마침 중국에서는 묘제가 쇠락하고 종묘가 조상 제사의 주요 제장이 된 지 오래였기에, 왕권은 변화를 시도하는 데 거부감이 적었을 것이다. 물론 오랜 기간 무덤을 중시하는 풍조가 있었으므로, 하루아침에 상황이 급변하였다고 보기는 어렵다. 다만 시일이 지남에 따라 점차 새로운 인식이 세를 확장해 나갔을 것이다. 이를 반영하여 종묘를 재정비한 조치가 바로 종묘 개편으로 여겨진다. 따라서 종묘 개편이 4세기 말 단행되었다 하여도, 그러한 결정이 내려진 토대는 이전부터 형성되기 시작했다고 볼 수 있다. 아울러 이는 중국 예제의 무비판적인 수용이 아니라, 고구려가 처한 상황과 인식에 부합되는 움직임이라 하겠다. 앞에서 살펴보았듯이 말기에 이르기까지 묘제가 예전의 위상을 회복하지 못하였으므로, 종묘 개편 이후에도 이 추세는 계속 이어졌으리라 생각된다. 그렇다면 이 시기의 종묘, 즉 후기 종묘의 양상은 어떠하였을까. 그 점에 대해서는 이어서 살펴보겠다.

3) 후기 종묘의 운영과 특징

종묘 개편으로 인하여 종묘의 위상은 강화되었고, 그곳에서 지낸 의례의 비중 또한 상대적으로 커졌다. 종묘 개편 속에는 여러 세부적인 조치가 함께 하였을 것이다. 기존에는 중국 문물이 적극적으로 수용되던 시대적 분위기와 현재 전하는 왕계의 성립이란 측면에 초점을 맞추어 논의가 진행되었다. 그러나 이 문제를 다각적으로 다루지는 않았으므로, 이하에서는 후기 종묘의 변화상에 접근하고자 한다.

먼저 4세기 후반 소수림왕 시기에 기존 왕계에 추모왕계, 즉 초기 군주들의 왕계가 결합하여 새로운 왕계가 성립함에 따라, 종묘 개편 시 추모왕계 신주가 모셔졌을 것이다.[232] 왕계의 정립으로 추모왕계가 현 왕실과 혈연적으로 직접 연결된 결과, 주몽 또한 계루부의 뿌리이자 국가적 시조라는 종래의 인식에 덧붙여 현 왕가의 혈통적 근원이라는 위상 또한 갖게 되었다. 그러므로 왕실 종묘에서는 이들에 대한 제사도 이루어졌으리라 생각된다.

다음으로 왕실 종묘의 유일·일원화 조치다. 소수림왕은 전 영역을 하나로 묶는 지배 체제를 구축하고자 율령을 반포하였다. 「왕비문」에 나오듯 광개토왕이 정복 활동을 통하여 확보한 '신래한예'와 기존의 신민인 '구민' 모두 수묘역에 종사케 하고, 고구려척(高句麗尺)을 사용하여 동일 기준으로 양전(量田)한 사실은 그와 연관된다.[233] 국가의 기본 틀이 왕권을 중심으로 한 일원적 구조를 지향하게 된 것이다. 제사를 포함한 예제는 율령과 상관성이 짙다. 그러므

---

232 서론 주85) 참조.

233 洪承佑, 2011, 앞의 박사학위논문, pp.59~72, p.275.

로 율령을 통하여 전 영역의 일원적 지배를 도모하였듯이, 종묘 개편으로 다른 지배집단의 종묘는 폐절되고, 왕실 종묘만이 유일한 배타적 우월성을 확보하게 되었다고 생각된다. 물론 가묘(家廟) 형태의 구조물은 세울 수 있었겠으나, 종묘의 위상에 부합되는 건축물은 왕실이 독점하였을 것이다. 이전까지 복수의 종묘가 존치 가능하였다면, 이제는 하나의 종묘만 남게 된 셈이다. 그 면에서 이 무렵 왕실 종묘가 국가적인 건축물로 여겨짐에 따라 규모나 제례법(祭禮法)이 격상되었을 것이란 견해[234]는 타당하다.

물론 당시는 부체제가 해체되고 집권력이 강화된 시점이기에, 종묘 개편 직전까지 다른 세력의 종묘가 존재하였을 가능성에 대해 회의적일 수도 있겠다. 하지만 어떤 대상이 기존의 위상을 잃는다고 해서 그 자체가 소멸한다고 단정하기에는 무리가 따른다. 성격과 기능에 변화가 온다고 하여도 대상은 존속할 수 있다. 신라 문무왕이 수로왕묘(首露王廟) 제사가 중단된 상황을 보고 종묘(宗祧)에 합사케 한 조치[235]에서 그 점이 엿보인다.[236] 가야 왕실의 주요

---

234 서론 주87) 참조.

235 『三國史記』卷2, 紀異 第2, 駕洛國記, "洎新羅第三十王法敏龍朔元年辛酉三月日 有制曰 …… 兹故元君於幼冲人 乃爲十五代始祖也 所御國者已曾敗 所葬廟者今尙存 合于宗祧 續乃祀事 …… 自居登王卽位己卯年置便房 降及 仇衡朝末來 三百三十載之中 享廟禮典 永無違者 其乃仇衡失位去國 逮龍朔元年辛酉六十年之間 享是廟禮 或闕如也"

236 이때의 종조(宗祧), 즉 종묘를 수로왕의 능묘(陵廟)로 여기기도 하나(박남수, 2016, 「신라 문무대왕의 삼국통일과 宗廟制 정비」『新羅史學報』38, p.303 주 73); 박초롱, 2017, 「문무왕대 고구려·가야의 조상제사 재개 조치와 그 의미-중국 二王後 제도와의 비교를 중심으로-」『韓國古代史硏究』86, p.130), 신라 종묘로 보는 편이 타당하다(蔡美夏, 2002, 「新羅 宗廟制의 受容의 그 意味」『歷史學報』176, p.52; 池谷誠之輔, 2003, 「『駕洛國記』를 通해 본 文武王代 宗廟祭祀의 一側面」, 연세대학교 석사학위논문, p.13; 강진원, 2020a, 앞의 논문, pp.153~154).

제장인 수로왕묘가 멸망 이후에도 존속한 것이다. 여타 지배세력의 종묘도 사실상 기능이 마비된 상태였다가, 종묘 개편에 즈음하여 최종적으로 사라졌다고 여겨진다.

유교적인 색채의 강화 또한 간과할 수 없다. 이는 기왕에도 제기된 적이 있으나,[237] 구체적인 논의는 이루어지지 않았다. 하지만 「지안비문」 Ⅵ-5·6 "세실(世室)"을 통하여 실상에 다가갈 수 있다. 앞서 언급하였듯이 세실은 종묘를 뜻한다. 다만 당시 왕실 사당을 일컬어 종묘나 태묘라 하는 것이 일반적이었으므로, 세실이라 한 특별한 이유가 있었으리라 생각된다. 이미 살펴본 것처럼 세실은 세세불훼(世世不毁)하는 곳, 즉 세대가 지나 옮길 때가 되었음에도 그러지 않은 신주(不遷之主)가 모셔진 공간을 가리키기도 한다. 특히 종묘 개편을 전하는 Ⅴ행 종반부~Ⅵ행 초입부의 경우, 동서로 종묘가 마련되었다기보다는, 불천지주를 두는 곳이 갖춰졌다고 이해하는 편이 더 자연스럽다. 그러므로 이때의 세실은 그러한 신주가 모셔진 공간을 말하는 것이 아닐까 한다. 이 무렵 일부 군주가 영구히 종묘에 모셔지게 되었다 하겠다. 이러한 조치는 처음 행해졌던 터라 무게감이 컸고, 그 결과 비문에서도 언급되기에 이르렀다고 상정된다.

그런데 이는 당시 중국의 유교적인 종묘 운영 방식과도 부합되었다. 전한 후반기 이래 역대 왕조에서는 종묘를 세움과 아울러 공덕이 탁월한 군주는 태조(시조)와 함께 세월이 흘러도 신주를 옮기지(遷毁) 않고 불천지주로 두는 경향이 있었다. 전한의 문제와 무제, 조위의 문제와 명제, 북위의 도무제와 헌문제, 당의 고조와 태종 등이 그에 해당한다. 한국도 그러하였으니, 신라에서는 무열왕과 문무왕,[238] 고려에서는 혜종과 현종 등이 종묘(태묘)에서 특별한

---

237 서론 주86) 참조.
238 Ⅱ부 주91) 참조.

위치를 점하였다.[239] 고구려는 중국과의 교류가 활발하였고, 태학 설립 이후 유교적 예제에 대한 이해도 깊어졌으므로, 이 무렵 몇몇 군주의 신주를 영구히 제사하였으리라 여겨진다.

어떤 인물이 거기에 해당할까. 일단 시조 주몽은 당연히 모셔졌을 것이다. 문제는 다른 군주이다. 이는 종묘 개편으로부터 오래지 않아 세워졌을 뿐 아니라 왕실의 공식 입장이 드러난 「왕비문」에서 실마리를 찾을 수 있다. 비문의 왕계는 「추모왕 → 유류왕 → 대주류왕 → 광개토왕」으로 이어진다.[240] 초기 세 왕을 명기한 뒤 바로 광개토왕으로 넘어간 것이다. 해당 비문과 시기적인 격차가 크지 않은 「모두루 묘지」에서는 모두루의 조부 및 부친의 사적이 나오므로,[241] 당시에도 직계 존속을 언급하는 방식은 존재하였다. 따라서 「왕비문」에서 그러지 않은 데는 어떠한 이유가 있다고 보아야 한다.

「왕비문」의 주인공인 광개토왕을 제외하면 해당 비문에 언급된 선왕은 초기 세 왕뿐이다. 이는 당시 왕실에서 그들을 중요시하였음을 말한다. 진흥왕 순수비처럼[242] 다른 선왕을 생략한 채 광개토왕과 시조를 바로 연결한다거나, 직계 존속을 명기하는 길도 있을 터이다. 하지만 굳이 시조뿐 아니라 이후의

---

239 『高麗史』卷61, 志 第15, 禮3, 吉禮大祀, 諸陵, "毅宗時 禘祫 太祖東向 惠文睿 並南向爲昭 顯順宣肅仁 並北向爲穆 四時臘享朔望寒食 並室內南向 …… 熙宗 …… 四年十月 詔曰 …… 況惠顯二主 皆有功德 若周之文武 故太祖東向 惠爲太 宗 顯爲世宗 百世不遷 其餘則 昭常爲昭 穆常爲穆 庶合於禮"
고려 혜종과 현종의 불천지주 설정과 관련해서는 다음의 성과가 참조된다 (崔順權, 1998, 「高麗前期 五廟制의 運營」『歷史敎育』66, pp.57~65; 金澈雄, 2005, 「고려시대 太廟와 原廟의 운영」『國史館論叢』106, pp.11~13).

240 I부 주52) 참조.

241 武田幸男, 1989, 『高句麗史と東アジア -「廣開土王碑」研究序說-』, 岩波書店, pp.324~325.

242 「磨雲嶺 眞興王 巡狩碑文」, "然朕歷數當躬 仰太祖之基 纂承王位 兢身自愼 恐違 乾道"; 「黃草嶺 眞興王 巡狩碑文」, "然朕紹太祖之基 纂承王位 兢身自愼 ……"

두 왕을 연달아 언급한 뒤 곧바로 광개토왕을 기술한 것은 당시 왕권이 직계 존속 못지않게 이들과의 관계를 강조하였던 결과이며, 이를 통하여 해당 군주들이 고구려의 존속에 지대한 영향을 끼쳤다는 믿음이 존재하였음을 유추할 수 있다. 그 업적의 약칭이 바로 유류왕의 "이도흥치(以道興治)", 즉 도(道)로써 나라를 잘 다스린 것, 그리고 대주류왕의 "소승기업(紹承基業)", 즉 왕업(王業)을 이어받은 것이다. 이들은 각기 『삼국사기』의 유리명왕과 대무신왕에 상응하는데,[243] 관련 기록에서도 이 시기 부여를 제압하고 강력한 국가가 되었다고 나온다.

4세기 후반 이후 왕실에서는 대무신왕을 비롯한 초기 군주들에 관한 관심이 늘어난 결과, 이들을 현 왕실과 직접 연결하였을 뿐 아니라 전승도 체계적으로 정리하였다.[244] 그에 따라 존숭 의식도 강화되었으리라 여겨지는데,[245] 유교 문물에 대한 이해도가 높아짐과 아울러 종묘에 변혁이 일어남에 불훼지묘(不毁之廟), 즉 대대로 헐지 않는 묘실(廟室)의 주인공이 되지 않았을까 한다. 중국에서는 일종의 영웅신으로 숭배된 선조가 불천지주가 되었다.[246] 마찬가지로 유리명왕과 대무신왕 또한 신화적 전승을 매개로 그러한 위상을 가졌기에 시조 주몽과 함께 종묘에서 특별히 중시되었을 것이다.[247]

243 Ⅰ부 주53) 참조.

244 노태돈, 1999, 앞의 책, pp.84~94.

245 신화학적으로 보아도 이들 초기 세 왕에게는 각기 주권·군사·생산자의 기능이 있었다(大林太良, 1984, 『東アジアの王權神話 -日本·朝鮮·琉球-』, 弘文堂, pp.270~273; 依田千百子, 1991, 『朝鮮神話傳承の研究』, 琉璃書房, pp.112~124).

246 諸戶素純, 1972, 앞의 책, pp.154~155.

247 유리명왕과 대무신왕이 불천지주였을 가능성은 다른 연구에서도 언급되었다(조우연, 2019, 앞의 책, pp.431~432; 최일례, 2019, 앞의 논문, p.224). 하지만 구체적인 논의가 이루어지지 못하였을 뿐 아니라, 「지안비문」을 거론하지도

중국의 유교적 종묘제에서는 수위에 시조를 포함한 불천지주가 모셔지고, 그다음에 근조, 즉 현 국왕과 관계가 가까운 조상의 신주가 두어졌다. 고구려도 크게 다르지 않았을 것이다. 본래 근조는 시조와 함께 종묘에서 큰 비중을 점하기도 하거니와,[248] 직계 조상을 기억하는 행위가 아프리카에서도 발견된다.[249] 직계 존속을 모시는 것은 상수에 가깝다. 관건은 직계가 아닌 백부나 숙부 등의 처우이다. 종묘의 신주 배열 원리는 크게 보면 세차론(世次論)과 위차론(位次論)으로 나뉜다. 세차론이 혈통을 중시하여 세대에 따라 묘(廟)를 구분한다면, 위차론은 계통을 중시하여 즉위한 순서에 따라 그렇게 한다.[250] 「왕비문」에는 과거의 수묘제를 언급함에 "조왕선왕(祖王先王)"이라는 표현이 나온다.[251] 조왕(祖王)과 선왕(先王)이 차례로 언급된 것이다. 이를 각기 광개토왕의 조부 고국원왕와 부친 고국양왕으로 보아, 「고국원왕 → 고국양왕 → 광개토왕」으로 이어지는 계보 관념을 가지고 있었다고 할 수도 있다. 종묘도 이렇게 구성된다면 세차론에 근거한 것이다.

다만 그렇게 볼 수 있을지 의문이다. 「왕비문」에서는 기존 수묘제와 광개토왕의 개선책, 그리고 장수왕의 새로운 대안을 서술하였다. 기왕의 수묘제

않았기에 차이가 있다.

한편 『삼국사기』에 기재된 초기 세 왕의 왕호에 각기 "성왕(聖王)"·"명왕(明王)"·"신왕(神王)"이란 표현이 있는 것은 이들의 특별한 위상을 보여주는지도 모른다. 아울러 문자'명왕'(文咨明王)이란 왕호를 고려하면, 이러한 칭호는 문자명왕~안장왕 시기에 부여되었을 가능성이 상정된다.

248 諸戶素純, 1972, 앞의 책, p.137, pp.144~145; 池田末利, 1981, 앞의 책, pp.341~349.

249 李光奎, 1992, 앞의 책, pp.95~96.

250 金容天, 2007, 앞의 책, pp.322~323.

251 「廣開土王碑文」, "國罡上廣開土境好太王 存時教言 祖王先王 但教取遠近舊民 守墓洒掃 吾慮舊民轉當羸劣"

는 원근의 구민만을 대상으로 하였는데, 광개토왕은 자신이 정복한 지역의 인민인 신래한예만 수묘역에 충당코자 하였으며, 장수왕은 양자를 적절히 섞은 방안을 내놓았다. 만일 과거에 수묘제를 실시하였다는 조왕과 선왕을 고국원왕과 고국양왕에 국한한다면, 그 이전에는 어떠한 방식으로 수묘했는지 알 수가 없다. 명림답부의 예에서 드러나듯 이미 신대왕 시기 공신에 대한 수묘가 행해졌으므로,[252] 왕릉에서도 당연히 그러하였을 것이다. 그러함에도 비문에 언급이 없다면 이해하기 어렵다.

일반적으로 '선조(先祖)'나 '조(祖)'는 모든 조상을 지칭하며, '선왕(先王)'은 왕족의 선조를 의미하기도 한다.[253] 그렇다면 조왕과 선왕이란 왕실 조상신으로 여겨진 선대 군주 전반, 즉 「왕비문」의 "조선왕(祖先王)"[254]과 같은 의미로 받아들이는 편이 타당하지 않을까 한다. I부에서 살펴본 것처럼 비문에서는 천(신)을 나타낼 때도 여러 용어를 사용하는 등 표현에 신경을 썼다. 조왕·선왕도 조선왕과 같은 뜻이지만 중복되는 인상을 피하고자 사용하였다고 생각된다. 따라서 해당 표현을 들어 세차론을 말하기에는 무리가 있다.

오히려 주목되는 바는 「왕비문」에서 광개토왕의 세계(世系)를 언급함에 나오는 "17세손(世孫)"이다.[255] 이는 대무신왕을 기준으로 한 왕대수(王代數)를 나타낸다.[256] 세대가 아니라 즉위한 순서에 기준을 둔 것인데, 태학 설립과 율령 반포로부터 40년이 지난 시점에서 세대수와 왕대수를 구별하지 않고 썼다기에는 석연치 않은 구석이 있다. 중국의 경우 일반 사대부가에서는 형제가

---

252 II부 주35) 참조.

253 諸戶素純, 1972, 앞의 책, pp.13~14.

254 「廣開土王碑文」, "自上祖先王以來 墓上不安石碑 致使守墓人烟戶差錯 唯國罡上廣開土境好太王 盡爲祖先王 墓上立碑 銘其烟戶 不令差錯"

255 I부 주52) 참조.

256 노태돈, 1999, 앞의 책, pp.93~94.

후사가 되면 이를 합하여 1세(世)로 보았으나, 천자나 제후는 각자가 하나의 공간(室)을 차지하는 것이 고례(古禮)였다.[257] 즉 왕대수에 따라 '세(世)'를 셈하는 것이 그다지 독특한 일은 아니었다. 따라서 「왕비문」의 세대수 표기 또한 당시 고구려에서 종묘의 배열이 위차론을 토대로 이루어졌음을 알려주는 사례라고 보아도 좋지 않을까 한다. 그렇다면 형제지간인 소수림왕과 고국양왕이 각기 묘실(廟室)에 모셔지기 때문에, 광개토왕이 사친묘(四親廟)를 구성한다면 '미천왕-고국원왕-소수림왕-고국양왕'이 된다.[258]

요컨대 세실, 즉 불휘지묘를 두게 된 것은 역으로 친진(親盡), 즉 제사하는 대수가 다하여 종묘에서 옮겨야 하는 신주가 존재하였음을 보여준다. 이 시기의 종묘에는 근조와 함께 초기 세 왕이 모셔졌다고 추정된다. 전기 종묘가 토속적인 제사 건축이었다면 후기 종묘는 그보다 유교적 예제에 근접한 모양새가 된 셈이다. 이러한 변화에 부응하기 위해서는 기존 종묘를 새롭게 갖추어야 한다. 따라서 종묘 개편의 본질은 외형적인 개수가 아니지만, 최종적으로는 그러한 부분에도 손길이 갔으리라 여겨진다. 후기 종묘는 전기 종묘보다 규모가 확장되고, 격식이 정비되었을 것이다. 이미 언급하였듯이 「지안비문」에서 종묘 개편 시 외양이 동서로 확장된 것처럼 기술한 데서 그 점을 엿볼 수 있다.

간과하지 말아야 할 점은 후기 종묘에 유교적인 색채가 강화되었다 한들,

---

257 김선민, 2012, 「兩晉의 종묘제도와 '太祖虛位'」 『東方學志』 160, pp.128~129.

258 당의 태묘에서는 형제지간인 중종과 예종, 그리고 경종·문종·무종의 신주가 따로 두어졌다. 계통을 중시한 셈이다. 반면 신라 하대 종묘에서는 직계 존속 위주로 신주가 모셔졌다. 왕위를 둘러싼 경쟁이 치열하게 전개되었기에, 왕이 자신과 직접 연결된 조상을 제사한 것이라고 보기도 한다(나희라, 2003, 앞의 책, p.206). 고구려에서 계통에 근거하여 종묘가 구성된 원인을 신라만큼의 왕위 계승전이 펼쳐지지 않았던 결과로 볼 수도 있다.

예제에 완전히 부합되는 방향으로 나아갔다고 보기만은 힘들다는 것이다. 단적인 예가 보장왕 5년(646)에도 시조모의 소상이 존재한 사실이다.[259] 물론 이는 종묘에 모셔진 대상이 아니다. 그러나 말기에도 유교적 방식에 따른 위패 등을 사용하지 않았다는 점을 알 수 있으며, 종묘 또한 크게 다르지 않았으리라 추정된다. 관련하여 다음의 기록이 주목된다.

> O-1. (요동)성 안에 주몽사(朱蒙祠)가 있었는데, 그 사당에는 사슴 갑옷과 날카로운 창이 있었다. 망령되이 말하기를, 전연(前燕) 때 하늘에서 내려온 것이라 하였다. 한창 (성이) 포위되어 위급해지자 미녀를 꾸미며 부신(婦神)으로 삼았다. 거짓으로 꾸며 말하기를(誣言), "주몽이 기뻐하시니 성이 반드시 온전할 것이다"라고 하였다.[260]
>
> O-2. 고구려의 대성(大城)에는 모두 주몽묘(朱蒙廟)를 세우니, 아마 그 선조일 것이다.[261]

O-1은 요동성에 주몽사(朱蒙祠)가 존재하였음을, O-2는 주요 대성(大城)에 주몽묘(朱蒙廟)가 있었음을 전한다. 이름은 다르지만 사(祠)와 묘(廟)가 의미상 확연히 구분되지 않으니, 같은 대상을 가리킨다고 보는 편이 타당하다. 요동성은 고구려의 대표적인 대성이므로, O-2에서 말한 주몽묘 중 하나가 바로 O-1의 주몽사다. O-1에 따르면 7세기 중반 요동성의 주몽사에서는 갑옷과 창을 신물(神物)로 모셨다. 요동성이 있는 요동 지역을 고구려가 영유한 것은 5세기 전후이므로, 꽤 오래전부터 존재하던 무구(武具) 신앙에 주몽 숭배 의식

---

259 I부 주63) 참조.

260 『新唐書』卷220, 列傳 第145, 東夷, 高麗, "城有朱蒙祠 祠有鎖甲銛矛 妄言前燕 世天所降 方圍急 飾美女以婦神 誣言朱蒙悅 城必完"

261 『冊府元龜』卷369, 將帥部30, 攻取2, 李勣, "高麗大城 皆立朱蒙廟 蓋其先祖"

이 덧씌워진 결과이다.[262] O-2에 따르면 대성마다 이러한 제사 건축물이 있었다. 대성이 자리한 모든 곳이 애초부터 고구려의 영역은 아닐 것이기에, 주몽 신앙이 고구려 전역으로 퍼져나갔음을 알 수 있다. 주몽사나 주몽묘는 지방 사회에서 주몽을 모시는 장소였다.[263]

특정 군주의 사당을 각지에 세웠다는 점에서 이는 전한 시기 지방에 세운 종묘인 군국묘를 연상케 한다. 군국묘는 황제의 존엄성과 제국의 정당성을 알리고, 지방에 황제권을 안정적으로 관철하고자 건립되었는데,[264] 68개 군국(郡國)에 167개소가 있었다. 그런데 군국묘는 원제 영광(永光) 4년(B.C. 40) 모두 혁파된다.[265] 과다한 경제적 비용도 문제였지만, 그보다는 종자(宗子), 즉 황가의 적통인 황제가 아니라 지서(支庶)인 제후왕이나 지방관이 선제의 제사를 주재하는 방식을 종법 원리에 어긋나는 비례라 여겼기 때문이다.[266] 예학(禮學)을 둘러싼 논의가 활발해지면서 나온 일종의 유교적 개혁 조치라 하겠다.

주몽사나 주몽묘 또한 유교적 예법과는 맞지 않았다. O-1에서 보이듯 이들 제사 건축은 요동성 등 주몽과 연고가 없는 곳에 세워지기도 하였거니와, 설령 관련된 지역에 있었다 해도 제사 행위의 주체가 왕이 아니었기 때문이다. 당시는 태학이나 경당과 같은 교육 기관이 등장한 지 오래였고, 유교 서적에

---

262 노태돈, 1999, 앞의 책, p.366.

263 盧明鎬, 1981, 앞의 논문, pp.64~65.

264 金容天, 2007, 앞의 책, p.208, p.276 주18); 板野長八, 1972, 『中國古代における人間觀の展開』, 岩波書店, pp.547~548; 허명화, 2007, 앞의 논문, p.40.

265 『漢書』 卷9, 本紀 第9, 元帝 永光 4年 10月 乙丑, "罷祖宗廟在郡國者"

266 金容天, 2007, 앞의 책, pp.209~214; 板野長八, 1972, 앞의 책, pp.550~551; 신성곤, 2014, 앞의 논문, pp.50~51; 金子修一, 1982, 앞의 논문, pp.197~198.

대한 이해 또한 상당한 수준이었다.[267] 따라서 주몽사나 주몽묘가 예법에 부합하지 않는다는 점을 몰랐다기보다는, 알았음에도 모종의 이유로 그러한 방식을 유지하였다고 보는 편이 타당하다. 군국묘는 황제권의 지방 침투를 도모하고자 건립되었다. 군국묘와 주몽사·주몽묘에 상통하는 면이 있다는 점을 고려하면, 이 또한 그렇게 볼 수 있지 않을까 한다. 그 일례가 O-1로, 새롭게 확보한 지역의 고구려화를 통한 안정적 지배를 목표로 요동성에 주몽사가 두어졌다고 생각된다. 다른 대성의 주몽묘 또한 마찬가지일 것이다.

중요한 점은 유교적 예제와 맞지 않는다 하여도, 국가 권력이 지향하는 바에 부합되면 제사가 허용되었다는 것이다. 고구려에서는 주몽사나 주몽묘가 필요하다고 여겼기에, 비례 여부와 무관하게 해당 건축물과 그 제사가 유지되었다. 종묘 개편 조치가 중국 문물의 무비판적인 도입 결과가 아니라 나름의 배경이 있었던 것과 상응한다. 한편 이를 통하여 고구려 사회가 유교적 예법의 준수를 사회적 척도로 삼을 정도는 아니었다는 점도 알 수 있다. 고구려는 중국과 구별되는 시조 관념과 천손국(天孫國) 의식을 지녔다.[268] 그래서 기본적으로 유교적 방식에 대하여 중국 왕조와는 다른 태도를 보였으며, 본질적 이해보다는 필요한 부분에서의 선택적 수용과 수식이 이루어졌던 것이 아닐까 한다.

이상과 같이 종묘 개편 이후 왕실 종묘만이 유일무이한 존재로서 남게 되었음과 동시에, 다른 세력 집단의 종묘는 허용되지 않았다. 이러한 후기 종묘에는 현 왕실의 조상뿐 아니라 추모왕계, 즉 초기 군주들까지 함께 하였다. 그리고 세실이 조성되어 유리명왕과 대무신왕은 불천지주로 자리매김하였다. 덧붙여 근조는 계통을 중시한 위차론에 따라 모셔졌다고 여겨진다. 이러한 변

---

267 『南齊書』卷58, 列傳 第39, 東夷, 高麗國, "知讀五經"; 『周書』卷49, 列傳 第41, 高麗, "籍有五經三史三國志晉陽秋"

268 노태돈, 1999, 앞의 책, pp.361~364.

화는 유교적인 방식에 상당히 다가간 모습이다. 4세기 이후 중국계 인물의 유입이 늘어났고, 그 뒤에도 중국 문물의 수용이 활발히 전개되었으므로 그다지 이상할 일은 아니다. 다만 그렇다고 하여 모든 면이 유교적 예제에 맞춰 변모해 나갔다고 보기는 힘들다. 대표적인 사례가 주몽사나 주몽묘이다. 이들은 주몽의 권위를 통하여 지역 지배를 공고히 하려는 의도에서 건립되었으나, 원칙적으로 예에 부합되지는 않았다. 당시 고구려는 필요한 영역에서 외래 문물을 선택적으로 수용하였고, 이는 유교적인 측면도 다르지 않았다.

결론

고구려의 대표적인 국가제사로는 제천대회와 시조묘 제사, 그리고 묘제와 종묘제 등을 거론할 수 있다. 지금까지 논의한 바를 정리하면, 시기별로 특징적인 면모가 드러난다.

먼저 4세기 중·후반까지로, 정치적으로는 이른바 부체제가 확립된 뒤 그것이 해체되는 시기다. 각 지배집단은 일정 정도의 독립적 면모를 유지하고 있었으나, 시간이 지남에 따라 왕권이 강화되었다. 본래 계루부 왕실의 족조제(族祖祭)로 행해지던 시조묘 제사나 제천의례가 거국적인 국가제사로 치러지게 된 것은 왕권이 여타 지배집단에 대해 어느 정도 강제력을 행사할 수 있었기 때문이다.

다만 이때는 강력한 집권력이 성립하지 못한 결과, 지배집단도 상당한 기득권을 유지하였다. 이들은 제천대회에 함께하며 주몽의 신성한 권위와 거기서 비롯된 왕권의 정당성을 인정하였으나, 대규모 회합의 일원으로 여러 정치적 결정에 참여하고 수확물을 분배받았다. 이들이 자체적으로 종묘와 사직을 세울 수 있었던 것은 중앙권력이 그들의 중추적 성소라 할 제장까지는 간섭할 수 없었음을 보여준다.

이러한 상황이었기에 왕권은 제사를 통하여 원하는 바를 이루려는 정도가 강하였다. 시조묘 친사를 즉위의례로 행하며 왕위 계승의 정통성을 확인시켰으며, 제천대회에서 시조 전승을 재연함으로써 지배권 행사의 한계를 극복해 나갔다. 국가제사는 이후에도 정치적 기능이 있겠지만, 비중 면에서 보면 이무렵이 가장 두드러졌다.

주몽의 위상은 본디 계루부 족조(族祖)로서의 성격이 짙었으나, 제천대회와 시조묘 친사가 거국적으로 행해짐에 따라 국가 공동체 전체의 시조로 거듭났다. 다만 태조왕 이후의 현 왕실과 뚜렷한 혈연관계로 얽혀 있지는 않았으며, 계루부 집단의 시원으로 자리매김하였다. 이때는 주몽의 농경신적 면모가 중시된 결과, 그의 죽음이 풍요를 초래하였다는 믿음이 강하였다. 그래서 시조묘 친사는 주몽이 죽었다고 전하는 9월에 행해질 때가 적지 않았다.

한편 이 시기에는 무덤 중시 풍조가 성행하여 종묘보다는 무덤에서의 제사, 즉 묘제의 위상이 높았다. 2차 즉위의례가 시조묘에서 치러진 데는 그러한 배경도 있었다. 이러한 현상이 나타난 원인은 계세사상과 육체혼 관념의 영향 아래 무덤을 죽은 이의 거처로 여기는 인식이 세를 점하였기 때문이다.

그밖에 외래 문물 수용이 계속 이루어지고 있었던 점도 눈길을 끈다. 능원의 조성에서 보이듯, 중국 문물에 대한 큰 거부감은 없었다. 간과하면 안 될 점은 그 수용이 무조건적이지는 않았다는 사실이다. 중국에서 무덤 중시 풍조와 능원이 쇠락한 3세기 이후에도 고구려에서는 능원제가 정비되고 묘제가 행해진 것이나, 침묘의 역할을 하는 구조물이 중국과 달리 분구 위에 세워진 것, 그리고 2차 즉위의례의 무대가 종묘가 아닌 시조묘였다는 것은 그러한 면을 잘 보여준다.

요컨대 이 시기에는 종래 왕실 차원에서 치러지던 제사 가운데 거국적으로 행해지는 경우가 나타났다. 그러므로 국가제사의 '성립기'다. 물론 제장이나 의례가 체계적으로 정비되었다고 보기 힘들 뿐 아니라, 왕권은 다른 세력 집단의 제사를 강력히 통제하는 데 한계가 따랐다. 다만 시일이 흐를수록 집권력이 강화되었으므로, 상황은 변모하였다. 3세기 중·후반 연노부, 즉 비류나부의 종묘·사직 정도가 특기되었을 정도로 여타 세력의 종묘는 실질적인 기능을 상당 부분 상실하였다고 여겨지며, 자체적으로 지내던 수확제 또한 마찬가지였을 것이다. 3세기 후반 이후 10월에 정치적 결정이 이루어진 기록을 전하지 않는 것은 제천대회의 회의체적 기능이 점차 줄어들었음을 보여준다.

다음은 4세기 후반 이후 6세기 전반까지로, 여러 방면에서 체제 정비가 이루어져 국왕의 집권력이 궤도에 오른 시기이다. 부체제 해체 과정에서 중앙 귀족화한 지배층의 발언권은 중앙 집권 체제가 정비됨에 따라 더욱 위축되었으며, 이는 제의 면에서도 다르지 않았다.

대표적인 사례가 제천대회와 종묘의 변화상이다. 제천대회의 경우 집회(大會)가 이루어졌음에도 동맹이라는 명칭이 보이지 않는다. 조정의 상설회의에서 주요 안건을 다룸에 따라 회합의 비중이 감소하고 정치적 기능이 축소된 결과이다. 이제 제천대회는 시조 신화의 재연을 통하여 왕권의 지고함을 알리는 순연한 국가제사의 장이 되었다. 종묘의 경우 더이상 다른 세력의 것은 불허되어 왕실 종묘만 남았으며, 국사의 건립에서 보이듯 사직도 마찬가지였다.

이 무렵에는 추모왕계, 즉 초기 군주들의 왕통이 현 왕계와 결합함에 따라, 주몽은 국가 공동체의 시조일 뿐 아니라, 왕실과 직접 혈연으로 맺어진 직계 존속으로 거듭났다. 또 주몽이 천제의 아들로 공인된 데서도 드러나듯, 숭배 분위기도 더욱 고조되었다. 그 결과 주몽의 죽음보다 상대적으로 신성성과 연관이 깊은 탄생이 주목되어, 그가 태어났다는 4월에 시조묘 친사가 이루어졌다.

한편 여러 원인으로 인하여 종래의 무덤 중시 풍조가 쇠락함에 따라 무덤이 가진 제장으로서의 위상이 하락하였고, 종묘가 부상하였다. 새로운 인식은 점차 세를 확장하였고, 이를 반영하여 조상 제사의 중추가 종묘가 있음을 일단락한 조치가 바로 4세기 말의 종묘 개편(修宗廟)이다. 이제 조상 제사의 중심 제장은 무덤에서 종묘로 옮겨졌다. 이후 시조묘 제사가 사라진 것은 아니었으나 즉위의례는 기본적으로 종묘에서 이루어졌고, 묘제 또한 비중이 경감되었다.

요컨대 이 시기는 새로운 경향이 나타났으므로 국가제사의 '변화기'다. 종묘와 사직의 일원화가 이루어졌고, 묘제가 침체하였던 반면 종묘와 그곳에서의 의례가 부상하였으며, 제천대회가 지닌 정치적 기능은 이전보다 축소되었다. 그런데 이는 단시간에 급진적으로 이루어졌다거나, 외래 문물의 영향을 전폭적으로 받은 결과는 아니었다. 예컨대 제천대회에서의 회합적 측면이 줄어든 것은 부체제가 해체되고 지배세력이 중앙 귀족화함에 따라 회합을 통한 정치적 결정의 중요성이 약해졌기 때문이다. 중국에서 묘제가 쇠퇴하고 한참 지나 고구려에서 무덤의 위상이 하락한 점 또한 그 원인이 내부에 있었음을 보여준다.

즉 이러한 변화는 고구려가 처한 내적 조건에 부합될 때 이루어졌다 하겠는데, 그렇기에 외래 문물 수용에서도 주체적인 면모가 드러났다. 조상신과 천신을 분리해서 파악하지 않는 재래의 천 관념으로 인하여, 중국의 유교적 제천의례인 교사를 받아들이지 않은 것이 그 일례이다. 종묘의 경우 세실이 갖추어져 유리명왕과 대무신왕이 불천지주(不遷之主)로 자리하였고, 계통을 중시한 위차론(位次論)에 근거하여 근조가 모셔지는 등 유교적인 색채가 강해지기는 하였다. 하지만 지방의 주몽사와 주몽묘, 그리고 시조 모친의 소상에서 보이듯, 모든 부분을 예제에 맞추려 하지는 않았다. 어떠한 원리에 입각하기보다는 탄력적으로 수용하여 내재화하였음을 알 수 있다.

마지막으로 6세기 전반 이후이다. 이때는 기존의 집권 체제가 동요하여 왕권이 상대적으로 위축되었으나, 종교적 권위는 유지하던 상황이었다. 따라서 왕은 그러한 면을 십분 활용하여 자신의 입지를 확보하고자 하였다. 귀족 세력 또한 기득권을 유지하기 위해서는 왕의 신성한 권위를 통하여 정국을 안정시켜야 하였기에, 이는 별다른 반발을 불러일으키지 않았다.

그 점을 잘 보여주는 것이 제천대회에서의 합사와 시조묘 친사이다. 제천대회의 경우 통일제국과의 긴장·대립 관계가 이어짐에 따라 농경과 연관되거나 왕실과 직접적인 관련이 없는 신격까지 제사하기에 이르렀는데, 이는 왕권의 주재 아래 행해졌다. 시조묘 친사의 경우 즉위의례적 성격은 약해졌으나, 시조의 신성(神性)을 왕이 직접 체득할 수 있었고, 장기간의 행차를 동반한 선전 효과가 상당하였기에, 정국 기조를 일신하려는 왕에 의해 특례로 치러졌다.

이상의 사례는 '변화기'와 비교할 때 다소 변모된 부분이라 하겠다. 그러나 넓게 보면 기존의 방식을 이어 간 측면도 존재하였다. 시조묘 친사가 전기와 같은 성격으로 치러진 것은 아니었고, 왕권이 제약되었다 한들 제천대회가 '성립기'의 양상으로 돌아가지도 않았다. 능원 조성이 계속 미비하였으므로, 묘제가 다시 성행하였다고 여기기도 어렵다. 주몽의 죽음보다 탄생을 더 중시하던 흐름도 계속되어 시조묘 제사 또한 그가 태어났다는 달에 치러지기도 하였다.

요컨대 이 시기는 '변화기'의 추세가 이어졌기에 국가제사의 '지속기'다. 부분적인 변화는 있었으나, 기본적인 틀은 유지되었다. 이는 어떤 체제가 새롭게 정립된 이후에는 다소 변동이 있다 해도 그 폭은 제한적이고, 오히려 기존의 기조가 이어지는 속성이 존재하기 때문이다. 정치체제 면에서 6세기 중반 이후 이른바 중앙 집권 체제가 동요하고 귀족 세력의 발언권이 상대적으로 강화되었으나, 정국이 부체제 시기로 회귀하지는 않았던 것도 같은 범주에서 바라볼 수 있다.

이상에서 살펴본 바를 간추리면 〈표 7〉과 같다. 큰 틀에서 보자면, '변화기'의 기조가 말기까지 유지되었다. 따라서 '지속기'는 '변화기'와 묶어서 파악할 수 있다. 그렇다면 '성립기'와 '변화기'의 경계 지점, 즉 4세기 후반~5세기가 국가제사의 전환기라 하겠다. 부체제는 대략 4세기 전후 해체되기 때문에,[1]

---

1 노태돈, 1999, 『고구려사 연구』, 시계절, p.489; 김현숙, 2005, 『고구려의 영역지 배방식 연구』, 모시는사람들, pp.382~383; 여호규, 2014, 『고구려 초기 정치사 연구』, 신서원, p.559 참조.

정치체제와 비교하면 제사체제의 변화가 한 발짝 늦은 셈이다. 제사는 기본적으로 특정 시기에 반복되는 행위로 보수적 측면도 존재한다. 그래서 여건이 변모해도 일정 기간 기존의 흐름이 이어진 결과가 아닐까 한다.

간과하면 안 될 점은 그러한 변화가 외래 문물의 전폭적인, 혹은 무비판적인 수용 결과는 아니라는 것이다. 종묘 개편으로 조상 제사의 중추가 이동하고, 능원제와 아울러 묘제가 쇠락하였던 원인은 고구려 내부에서 싹튼 여러 요인에 있었다. 제천대회의 정치적 기능이 약해진 까닭 역시 정치체제의 변동에서 비롯되었다. 종래는 4세기 후반 이후 외래 문물 수용이 활발해지면서 급격한 변화를 맞이하였다고 여기기도 하였다. 그러한 측면을 배제할 수는 없겠으나, 국가제사 면에서는 이전부터 새로운 움직임이 태동하고 있었다고 보는 편이 타당하다.

〈표 7〉 고구려 국가제사 전개 양상

구분		성립기				변화기 (지속기)		
시기		1C	2C	3C	4C	5C	6C	7C
제천대회	회합적 성격			실질적		형식적		
	정치적 기능			강		약		
	합사 대상			無				有
시조묘 친사	기본 성격	족조제		즉위의례		특례		
	치제월 의미	(죽음 중시)		죽음 중시		탄생 중시		
묘제	제의 공간	정비				위축		
	능원제 정비	↑				↓		
종묘제	일원화 여부	×				○		
	구심적 인물	(불명)		태조왕		주몽		
	유교적 색채	↓				↑		
주몽 위상		족조		국조		국조+족조		
왕릉과 종묘 비중		왕릉 〉종묘				왕릉 〈 종묘		
영혼관·세계관		육체혼·계세사상↑				자유혼·전생사상↑		

※ ■: 기록 미비로 알 수 없음, (　): 추정

문물 수용에서의 주체적 면모는 특정 시기에만 나타나는 현상이 아니었다. 기존의 분제(墳制)와 묘제(墓制)에 근거하여 능원과 제의 공간을 정비해 나간 점, 중국의 묘제 및 능원제의 부침에 큰 영향을 받지 않았던 점, 그리고 유교적 예제에 대한 이해가 진전된 시점에도 교사 형식을 받아들이지 않았으며, 원칙적으로는 비례(非禮)에 해당하는 주몽사·주몽묘가 말기까지 존재한 점을 통하여 그 흔적을 엿볼 수 있다.

　한편 재래의 방식을 완전히 뒤바꾸기보다는 이어 나가는 부분도 적지 않았다. 중국의 경우 묘제를 포함한 능원제가 쇠퇴한 시기에 분구묘 자체를 확인하기 어렵다. 반면 고구려에서는 후기 시조묘 친사에서도 보이듯, 묘제가 완전히 사라졌다고 하기도 힘들며 분구묘 조성도 계속되었다. 또 제천대회에서 회합의 의미가 축소되었으나 전통적인 천 관념 속에서 행해진 제의 방식은 말기까지 지속되었다. 백제에서 교사 방식을 수용하여 천지합제와 천·오제 제사를 지낸 것과 대조적이다.

　요컨대 고구려 국가제사의 변화는 외래 문물의 유입에 의했다기보다는 내재적 요구에 따른 결과였고, 문물을 수용함에도 주체적인 태도가 견지되었으며, 기존 토대 또한 일정 정도 이어졌다. 그 면에서 고구려 국가제사는 주체성과 연속성을 지녔다.

　그 원인은 여러 가지로 생각해 볼 수 있다. 일단 고구려가 백제나 신라보다 중원 왕조와 빈번히 접촉함에 따라, 어떠한 기조를 특정 시기에 전폭적으로 받아들여 급격한 변화를 꾀하는 일이 드물었던 것이 아닐까 한다. 중국으로부터의 새로운 조류가 고구려에 점진적으로 영향을 끼쳤을 때도 있을 터이고, 그에 관한 일정한 이해가 이루어졌다면 자신들의 입장에 따라 중국의 사례를 참조하였으리라 여겨진다.

　그와 더불어 같은 시기 중국과 달리 왕조 교체가 이루어지지 않았고, 이종족의 침입으로 인한 지배층 변동이나 사회적 혼란의 정도가 상대적으로 약했다는 점, 다시 말해 안정적인 기반 위에서 변화가 이루어졌다는 사실도 염두에 둘 필요가 있다. 즉 왕실을 포함한 주요 세력의 근간이 기본적으로 유지된 결과, 단절적 측면이 그다지 두드러지지 않았다고 생각된다. 이를 고구려사 전반으로 확장한다면, 현격한 집권층 교체나 단기간의 급진적 변화가 일어났다고 보기 어렵다고 할 수도 있다. 지배세력의 가계 전승 가운데 도중에 새롭게 유입되었다고 한 경우가 흔치 않은 것도 그 때문인지 모르겠다.

국가제사를 통해 바라본 고구려사의 특징은 주체성과 연속성으로, 외부로부터의 충격 못지않게 내부적인 요구로 변화가 일어났다는 데 있다. 논의가 타당성을 얻기 위해서는 다른 방면으로 연구 영역을 넓히고, 백제 및 신라의 국가제사도 검토해야 한다. 이는 추후의 과제로 삼겠다.

보론

『삼국사기』 제사지 고구려조의 전거자료와 기술 태도

머리말

『삼국사기』 잡지(雜志)는 한국 고대 삼국의 문물제도를 여러 항목으로 나누어 체계적으로 기술하였다. 그러므로 사료적 가치가 상당한데, 이는 제사지도 마찬가지다. 제사지 신라조에서는 신라본기에 기재되지 않은 다양한 제사가 언급되었으며, 주요 국가제사의 변천 과정도 나와 있다. 그 결과 해당 기록을 통하여 신라의 사전(祀典) 내지 국가제사 체계를 파악하려는 시도가 이어졌다.[1]

반면 제사지 고구려·백제조에 관한 성과는 드물다. 『삼국사기』 찬자가 밝

---

1 관련 연구 성과는 다음과 같다.
  나희라, 2003, 『신라의 국가제사』, 지식산업사, pp.13~68; 辛鍾遠, 1984, 「三國 史記 祭祀志 硏究 -新羅 祀典의 沿革·內容·意義를 중심으로-」 『史學硏究』 38; 徐永大, 1985, 「《三國史記》와 原始宗教」 『歷史學報』 105, pp.14~19; 蔡美夏, 1998, 「《三國史記》祭祀志 新羅條의 分析 -新羅 國家祭祀體系의 再檢討와 관련하여-」 『韓國古代史硏究』 13; 전덕재, 2019, 「『三國史記』 祭祀志의 原典과 編纂」 『韓國古代史硏究』 94, pp.237~253.

혔듯이 양국의 제사의례가 불명하여 중국 측 사서나 『고기』라고도 일컬어진 독자 전승 기사를 전하였을 따름인데,[2] 특히 후자는 본기 기록과 비슷하였기에 관심이 두어지는 데 한계가 있었다. 다만 새롭게 주목할 사실이 적다고 하여도, 관련 기록을 매개로 전거자료나 찬자의 기술 태도에 다가가는 것은 가능하다. 이는 한국 고대 국가제사 연구 및 『삼국사기』 찬술 기준의 이해에 일정하게 기여될 터이다. 따라서 연구 필요성이 제기된다.

이 글에서 다룰 제사지 고구려조의 경우, 성과가 아예 없지는 않다. 고구려조는 중국 측 사서와 『고기』 등의 독자 전승 기사를 옮겨 적은 부분으로 나뉘는데, 후자는 어느 정도 접근이 이루어졌다. 먼저 『고기』 등에서 인용된 기사가 고구려본기의 그것과 기본적으로 일치한다는 사실을 이유로 『고기』와 고구려본기의 전거자료가 동일 계통이라는 견해[3]가 제기되었다. 반면 양자 사이에 차이가 있으므로 전거자료가 고구려본기 자체는 아니었으리라고 보기도 한다.[4] 면밀한 논의가 이루어졌다고 하기는 힘든 상황이다. 따라서 조금 더 구체적으로 다룰 필요가 있는데, 『삼국사기』 제사지 고구려조의 전거자료 선정 기준을 검토한 뒤, 이를 통하여 찬자의 기술 태도를 살펴보겠다.[5]

---

2 서론 주11) 참조.

3 鄭求福, 1995, 「三國史記의 原典 資料」 『三國史記의 原典 檢討』, 韓國精神文化研究院, p.6; 蔡美夏, 1998, 앞의 논문, p.206.

4 임기환, 2006, 「고구려본기 전거 자료의 계통과 성격」 『韓國古代史研究』 42, p.67 주67); 전덕재, 2019, 앞의 논문, p.259.

5 『삼국사기』 잡지 찬자를 4개 그룹(田中俊明, 1982, 「『三國史記』中國史書引用記事의 再檢討 -特にその成立の研究の基礎作業として-」 『朝鮮學報』 104, p.47) 혹은 5개 그룹으로 나눌 수 있다고 이해하기도 한다(李文基, 2006, 「『三國史記』雜志의 構成과 典據資料의 性格」 『韓國古代史研究』 43, p.213). 어떻게 보든 제사지가 같은 찬자에 의해 작성되었다고 여기는 데 차이는 없다.

1. 중국 측 사서의 기술 방식

『삼국사기』 제사지 고구려조 전반부는 중국 측 사서인 『후한서』·『북사』·
『양서』·『신당서』를 옮겨 적은 것이다. 이에 제사지와 해당 사서의 기록을 비
교해 보면 다음과 같다.

〈표 8〉 제사지 고구려조의 중국 측 사서 전재 부분과 원 기록 비교

제사 유형	제사지 고구려조	원 기록
제천대회	『후한서』에 이른다. "고구려는 귀신·사직·영성에 제사하기를 좋아한다. 10월에 제천하며 크게 모이니 이름을 '동맹'이라 한다. 그 국도(國都) 동쪽에 큰 굴이 있어 이름을 '수신(襚神)'이라 하며, 또한 10월에 맞이하여 제사한다."6	귀신·사직·영성에 제사하기를 좋아한다. 10월에 제천하며 크게 모이니 이름을 '동맹'이라 한다. 그 국도 동쪽에 큰 굴이 있어 이름을 '수신'이라 하며, 또한 10월에 맞이하여 제사한다.7
신묘 제사	『북사』에 이른다. "고구려는 항상 10월에 제천한다. 음사가 많으며 신묘(神廟)가 두 곳에 있는데, 하나는 부여신(夫餘神)이라 하여 나무를 깎아 부인의 형상을 만든 것이다. 둘은 고등신(高登神)이라 하는데 그 시조로 부여신의 아들이라 한다. 아울러 관사를 두고 사람을 보내어 수호케 하니, 대체로 하백의 딸과 주몽이라 한다."8	항상 10월에 제천한다. (중략) 음사가 많으며 신묘가 두 곳에 있는데, 하나는 부여신이라 하여 나무를 깎아 부인의 형상을 만든 것이다. 하나는 고등신이라 하는데 그 시조로 부여신의 아들이라 한다. 아울러 관사를 두고 사람을 보내어 수호케 하니, 대체로 하백의 딸과 주몽이라 한다.9
종묘·영성·사직 제사	『양서』에 이른다. "고구려는 사는 곳 왼편에 대옥을 세워 귀신을 제사하며, 또 영성과 사직에 제사한다."10	사는 곳 좌측에 대옥을 세워 귀신을 제사하며, 또 영성과 사직에 제사한다.11
제천대회 시 합사	『(신)당서』에 이른다. "고구려는 풍속에 음사가 많고 영성 및 일·기자·가한 등의 신을 제사한다. 국도 왼편에 대혈(大穴)이 있어 '신수(神隧)'라 하는데, 10월마다 왕이 모두 스스로 제사한다."12	풍속에 음사가 많고 영성 및 일·기자·가한 등의 신을 제사한다. 국도 왼편에 대혈이 있어 '신수'라 하는데, 10월마다 왕이 모두 스스로 제사한다.13

---

6 『三國史記』 卷 第32, 雜志 第1, 祭祀, "後漢書云 高句麗好祠鬼神社稷零星 以十月
祭天大會 名曰東盟 其國東有大穴 號襚神 亦以十月迎而祭之"

〈표 8〉에서 드러나듯 제사지 고구려조의 기록과 원 사서의 그것 사이에는 약간의 차이가 있다. 제사지에서는 각 사서를 인용한다는 "○○에 이른다(○○云)"란 표현 뒤에 "고구려"를 덧붙였다. 이는 해당 기술이 고구려에 관한 사항임을 밝힘과 아울러, '고구려(高句驪)'나 고려'(高麗)' 등으로 달리 표기된 국호를 『삼국사기』의 기술 방침에 따라 고구려로 통일하려는 의도로 여겨진다. 또 제사지에서는 고등신을 언급함에 "둘은 ~이라 하는데(二曰)"라 하였으나, 본디 『북사』에서는 "하나는 ~이라 하는데(一曰)"이다. 이는 고등신이 부여신 뒤에 나오기 때문에, 원활한 이해를 돕기 위하여 순번을 부여한 결과가 아닐까 한다. 같은 사서, 즉 『북사』에서 10월에 제천하였다는 것과 음사(淫祠)가 많다는 것 사이에 다른 기사가 있으나, 제사지에서 그 부분을 생략한 이유 또한 마찬가지로 이해할 수 있다. 이를 보건대, 제사지 찬자는 전거자료로 활용한 중국 측 사서의 기술을 되도록 충실히 따랐다.

그런데 제사지 고구려조에서 인용한 중국 측 사서를 보면 몇 가지 주목할 점이 나타난다. 첫째, 제사의례를 언급함에 특정 사서가 활용되었다. 제사지에서 다룬 고구려의 제사는 제천대회 및 그때 이루어진 영성신·일신·기자

---

7 Ⅰ부 주5) 및 Ⅲ부 주83) 참조.

8 『三國史記』卷 第32, 雜志 第1, 祭祀, "北史云 高句麗常以十月祭天 多淫祠 有神廟二所 一曰夫餘神 刻木作婦人像 二曰高登神 云是始祖夫餘神之子 竝置官司 遣人守護 蓋河伯女朱蒙云"

9 Ⅰ부 주135) 및 Ⅱ부 주224) 참조.

10 『三國史記』卷 第32, 雜志 第1, 祭祀, "梁書云 高句麗於所居之左立大屋 祭鬼神又祠零星社稷"
   Ⅲ부에서 검토하였듯이, 이때의 귀신은 조상신이고 대옥은 종묘를 가리킨다.

11 Ⅲ부 주86) 참조.

12 『三國史記』卷 第32, 雜志 第1, 祭祀, "唐書云 高句麗俗多淫祠 祀靈星及日箕子可汗等神 國左有大穴 曰神隧 每十月王皆自祭"

13 Ⅰ부 주187) 참조.

신·가한신 합사, 부여신묘·등고신묘 제사, 그리고 종묘(귀신)·영성·사직 제사이다. 앞서 살펴본 것처럼 이들 제사를 거론한 사서는 여럿이다. 예컨대 제천대회나 종묘·영성·사직 제사의 경우 『위략』과 『삼국지』에도 기술되었다. 부여신묘·등고신묘 제사와 제천대회 시의 합사는 각기 『주서』와 『구당서』에서도 찾아볼 수 있다. 그러함에도 찬자는 이러한 사서를 전거로 삼지 않았다.

둘째, 중국 측 기록에 존재하는 사례임에도 다루지 않은 경우가 있다. 『삼국지』에서는 연노부, 즉 비류나부의 종묘·영성·사직 제사를 언급하였고(M-2), 『신당서』나 『책부원귀』에는 요동성을 비롯하여 지방의 대성(大城)에 주몽사 혹은 주몽묘가 두어졌다고 하였으나(O-1·2), 제사지에 실리지 않았다. 특히 『신당서』의 제천대회 시 합사 기록은 이미 고구려조에 기재되었고, 『책부원귀』의 경우 구태묘 제사 기록은 제사지 백제조에 인용되었으므로,[14] 이들 문헌의 주몽사(주몽묘) 기사를 고구려조에 채록하는 일이 불가능하지는 않았을 것이다. 그러함에도 외면한 셈이라 속사정이 있으리라 유추된다. 찬자가 고구려의 제사의례를 밝히기 힘들다고 하였던 터라 더욱 그러하다.

이상을 보건대, 찬자는 여러 사서 가운데 특정 문헌을 선택하여 제사지 고구려조에 옮겨 적었고, 중국 측 기록에 전하는 제사의례 중 일부는 수록하지도 않았다. 찬자가 중국 측 사서를 활용함에 어떠한 방침이 존재하였음을 짐작케 한다. 그 부분을 밝힐 필요가 있다.

먼저 특정 사서, 즉 『후한서』·『북사』·『양서』·『신당서』가 선택되기에 이른 배경이다. 『후한서』에는 제천대회와 종묘·영성·사직 제사를 전하는데, 이러한 양상은 『위략』 일문과 『삼국지』에도 나온다. 그런데 I부에서 언급한

---

14 『三國史記』卷 第32, 雜志 第1, 祭祀, "冊府元龜云 百濟每以四仲之月 王祭天及五帝之神 立其始祖仇台廟於國城 歲四祠之"

것처럼『후한서』기사는 전거로 삼기 부적절한 측면이 있다. 사료적 가치 면에서 보자면『삼국지』나『위략』이『후한서』보다 중히 다루어져야 한다. 그러함에도『후한서』가 활용된 것이다. 제천대회의 경우『후한서』의 기술은 후대까지 큰 영향을 주어 그보다 늦게 편찬된 사서들의 제천대회 기록은 기본적으로『후한서』를 저본으로 하였다.[15] 주목되는 점은『위략』과『삼국지』가 3세기 중·후반에 편찬된 데 반하여,『후한서』는 5세기 중엽에야 모습을 드러냈다는 사실이다. 세 사서 가운데 가장 늦게 만들어진 쪽의 기재가 중시된 셈이다. 종묘·영성·사직 제사의 경우도 마찬가지로,『위략』의 기록(M-1)은『후한서』와 유사함에도 선택되지 못하였다.

『북사』에 나오는 부여신묘·고등신묘 제사 기록은『주서』의 그것(J-1)과 거의 같다. 신묘의 이름을 전자는 "고등(高登)", 후자는 "등고(登高)"라 하였을 뿐, 내용상 차이는 없다.『주서』는 당 태종 정관(貞觀) 10년(635)에 편찬되었고,『북사』는 당 고종 현경(顯慶) 4년(659) 정식으로 유통되었다.

한편『양서』에서는 제사 건축의 위치를 전하는 부분이 실렸는데,『삼국지』의 기술(M-2)과 대동소이하다.『양서』는 정관 11년(636)에 만들어졌으니,『삼국지』보다 후대의 산물이다.『신당서』에 나오는 제천대회 시 합사 기록은『구당서』의 그것(C-1)과 다르지 않은 내용을 전한다.『구당서』는 후진(後晉) 출제 개운(開運) 2년(945),『신당서』는 북송 인종 가우(嘉祐) 5년(1060)에 편찬되었다.

---

15 徐永大, 2003,「高句麗의 國家祭祀 -東盟을 중심으로-」『韓國史研究』120, pp.7~8.
  제사지에서 제천대회 시의 복식 기사가 실리지 않은 것도『후한서』의 영향일 것이다.『위략』이나『삼국지』, 즉 A-1-②, A-2-③에서 나타나듯, 공회에 참여한 지배층의 차림새에 관한 기록은 제천대회를 서술하는 와중에 나온다. 그러나『후한서』에 이르러 제천대회의 대략적 양상을 전한 뒤 해당 기술이 이루어졌기 때문에, 찬자는 양자를 별개로 파악하여 제사지에 담지 않았다고 여겨진다.

그렇다면 제사지 찬자는 비슷한 내용을 전하는 문헌이 여럿인 경우, 대체적으로 찬술 시기가 늦은 쪽의 기록을 선택하여 전재하였음을 알 수 있다. 사실 늦게 편찬된 사서의 사료적 가치가 더욱 높은 것은 아니다. 대표적인 사례가 『후한서』나 『양서』의 관련 기술로, 이들이 『위략』이나 『삼국지』의 영향을 받았다고 보는 데 큰 이견은 없다. 그러나 역사학적 방법론이 다듬어지지 못했던 과거에는 늦게 성립된 문헌이 한 번 더 검토와 수정을 거친 내용을 담고 있다고 여겨 상대적으로 존중할 만하다고 판단하지 않았을까 한다. 『북사』의 신묘 기록이 『주서』와 같음에도 굳이 전자가 선택된 데는 그러한 이유가 있을 것이다.

더욱 확실한 사례는 『양서』이다. 해당 사서는 제사 건축의 위치까지 기술하였는데, 이는 『삼국지』와 크게 다르지 않다. 그나마 바뀐 부분은 『삼국지』에서 "좌우(左右)"라 하였음에 비해 『양서』에서는 "좌(左)"라 한 것이다. 이것이 『삼국지』를 잘못 베낀 결과라는 점은 III부에서 언급하였다. 그러나 제사지 찬자는 변경된 내용이 대옥, 즉 종묘를 왼편에 세운다는 기록이었던 까닭에, 이 무렵 고구려에 '좌묘우사(左廟右社)', 즉 종묘는 좌측에 두고 사직은 우측에 둔다는 유교적 원칙이 확립되었다고 보아 사료적 가치를 높게 평가하였던 것이 아닌가 한다. 요컨대 찬자는 큰 틀에서 같은 내용을 전하는 경우, 보다 후대에 만들어진 사서에 실린 바가 더욱 정확한 사실을 전한다고 여겨 그쪽을 채록하였다고 생각된다.

한편 제사지에서는 『후한서』를 인용하여 제천대회를 전함에도, 『북사』나 『신당서』에 실린 제천 사실을 언급하였다. 제천 기사가 중복된 셈이다. 그 이유는 무엇일까. 『북사』에서는 10월에 제천의례가 있었다는 것과 그때의 차림새에 대해 간단히 서술하였다. 물론 이는 기본적으로 『위략』이나 『삼국지』·『후한서』 등에 전하는 제천대회와 다른 의례에 관한 기술이 아니다. 그러나 제사지 찬자는 시조 탄생 제의나 국동대혈 등이 언급되지 않았기에 실체가 다른 제사라고 파악한 결과, 부여신묘·고등신묘를 기술하면서 『북사』의 제천 기사도 거론하였다고 헤아려진다.

그러한 점은 『신당서』도 마찬가지다. 신수라든가 도읍 동쪽(왼편)의 대혈에서 치러졌다는 것을 보면, 이 의례는 『위략』·『삼국지』·『후한서』에서 말한 제천대회이다. 그러나 『신당서』의 관련 제의는 영성신·일신·기자신·가한신 제사와 함께 언급되었기에, 찬자는 『후한서』의 제천대회 및 『주서』의 그것과는 또 다른 의례라 여겨 이를 채록하였다고 여겨진다.[16] 참고로 『북사』와 『신당서』의 제천 관련 기술과 같은 내용이 각각 『위서』(B-2)와 『구당서』(C-1)에 전하지만, 후자의 편찬 시기가 전자보다 이른 탓에 선택되지 않았을 것이다.

그러한 양상은 『위략』과 『후한서』 및 『삼국지』·『양서』의 종묘·영성·사직 기록에서도 엿볼 수 있다. 내용상 『위략』 일문(M-1)과 『후한서』의 기사(M-3)가 비슷하고, 『삼국지』(M-2-①)와 『양서』의 기사(M-6)도 같은 관계에 놓여 있다. 기본적으로 이들 사서는 서로 다른 바를 전하고 있지 않다. 그러나 제사지 찬자는 종묘·영성·사직 제사를 다룸에 『위략』과 『후한서』, 『삼국지』와 『양서』가 각기 다른 사실을 알려준다고 보아, 편찬 시기를 기준으로 전자에서는 『후한서』를, 후자에서는 『양서』의 기록을 채택하였다고 추정된다.

다음으로 비류나부의 제사 건축이나 주몽사 등에 관한 기록이 제사지 고구려조에 실리지 않게 된 이유이다. 그와 관련하여 주목되는 바는 제사지 찬자가 유교적 예제와의 부합 정도를 중시하였다는 사실이다. 찬자는 신라의 사전을 언급하면서 신라왕이 제후의 예를 따라 제천하지 않고 오묘제(五廟制)를 운영한 점을 강조하였다.[17] 천자에 대해 제후의 법도를 지킨 신라의 사례를

---

16 이러한 면에서 볼 때, 『양서』의 제천대회 기사(B-1-① · ②)는 그 전거가 되는 『후한서』의 관련 기술과 유사하여 제천대회와 같은 제사로 판단되었기 때문에 제사지에 실리지 않았다고 생각된다.

17 『三國史記』 卷 第32, 雜志 第1, 祭祀, "又見於祀典 皆境內山川 而不及天地者 蓋

호평한 것이다.[18]

그런데 실상은 달리 볼 여지가 있다. 찬자는 신라에 제천의례가 없었던 것처럼 보았으나, 시조묘나 신궁 제사는 제천의례의 성격을 지녔다.[19] 물론 관련 기록에서 제천이라 명기하지 않은 이상, 이를 후대의 식자(識者)가 파악하기는 쉽지 않았을지도 모르겠다. 다만 그 점을 차치하여도 마찬가지다. 묘제(廟制)의 경우, 찬자는 혜공왕 시기 오묘(五廟)가 시정(始定)되고 이것이 『예기』의 원칙에 부합된다고 특기하였지만, 오묘제를 시종일관 고수하였던 것은 아니다. 애장왕 2년(801) 이후로는 시조묘와 사친묘(四親廟) 외에 별묘(別廟)에 태종무열왕과 문무왕을 모셔,[20] 사실상 칠묘(七廟)를 갖추었다.[21] 그러나 제사지에서는 이처럼 종묘의 구성이 바뀐 큰 사건이 언급되지 않았다. 찬자가 관련 기록을 몰랐다고 보기는 힘들다. 비록 별묘 형태이기는 하지만 제후의 오묘제에 어긋난 모양새가 되었기에, 제사지 찬술 시 배제하였던 결과로 여기는 편이 자연스럽다.[22]

以王制曰 天子七廟 諸侯五廟 二昭二穆與太祖之廟而五 又曰 天子祭天地天下名山大川 諸侯祭社稷名山大川之在其地者 是故 不敢越禮而行之者歟"

18 나희라, 2003, 앞의 책, pp.36~38; 徐永大, 1985, 앞의 논문, pp.16~17; 蔡美夏, 1998, 앞의 논문, p.196.

19 나희라, 2003, 위의 책, pp.218~220, p.228.

20 『三國史記』卷 第10, 新羅本紀 第10, 哀莊王 2年 2月, "謁始祖廟 別立太宗大王文武大王二廟 以始祖大王及王高祖明德大王曾祖元聖大王皇祖惠忠大王皇考昭聖大王爲五廟"

21 나희라, 2003, 앞의 책, p.199; 金昌謙, 1999, 「新羅 元聖王系 王의 皇帝・皇族的地位와 骨品 超越化」 『白山學報』 52, p.857 참조.

22 강진원, 2017b, 「신라 하대 종묘와 烈祖 元聖王」 『歷史學報』 234, pp.24~25. 해당 기술이 애장왕 2년(801)의 조치 이전에 작성되었던 결과로 여기기도 한다 (전덕재, 2019, 앞의 논문, p.240).

비류나부의 종묘·사직 및 주몽사·주몽묘 관련 기록이 제사지에 실리지 않은 것 역시 같은 맥락에서 생각할 수 있다. 가묘(家廟)가 아닌 종묘와 사직은 한 국가의 상징으로 왕만이 주재 가능하다. 그런데 비류나부는 왕실이 아님에도 종묘와 사직을 두고 조상신과 토지신을 제사하였다. 이는 비례(非禮)라 하겠다. 주몽사나 주몽묘도 마찬가지다. 해당 건축물은 주몽과 연고가 없는 지역에 세워지기도 하였거니와, 제사 행위의 주체도 종자(宗子)인 군주가 아니다. 전한의 군국묘와 상통하는 바가 있는데, Ⅲ부에서 살펴본 것처럼 이는 유교적 예법에 어긋난다. 즉 비류나부의 제사 건축이나 주몽사 등은 유교적인 관점에서 받아들이기 쉽지 않은 구조물이다. 그러하였기에 찬자는 고구려 제사 기록의 부족함을 아쉬워하면서도, 해당 기술을 싣지 않았던 것이 아닐까 한다.

물론 부여신묘에 목제 신상을 안치해 둔 것이나 책봉을 받는 제후국 입장에서 제천의례를 행한 것 또한 예에 부합되는 사례는 아니다. 그러함에도 이는 제사지에 실렸다. 따라서 비류나부의 제사 건축이나 주몽사 혹은 주몽묘 관련 기록이 비례적 측면으로 인하여 배제된 데 의문을 제기할 수도 있다.

간과하면 안 될 점은 당시 고려에서 용납하기 어려운 비례로 여겨진 기준이 어느 정도인가 하는 것이다. 고려에서는 조소(彫塑) 형태의 신상이 존재하였고, 이는 국가적인 숭배 대상이었다. 구체적인 사례가 동신사의 신상과 동명성제사에서 모셔지던 동명신상, 그리고 봉은사 태조진전의 왕건 청동상이다.[23] 즉 고려에서 부여신묘의 신상은 허용 가능한 범위에 있었다.

제천의례도 다르지 않다. 널리 알려졌듯이, 고려는 천자국에 대해 제후국으로 위치하였지만 원구에서 제천이 행해졌다. 그렇기에 싣지 못할 정도의 비례는 아니었다. 따라서 찬자 입장에서 부여신묘 및 제천 관련 기사에 다소

---

23 Ⅲ부 주136) 참조.

불만스러운 요소가 있다 하여도, 옮겨 적을 만한 수준이었다고 파악된다. 다시 말해 제사 양상 면에서 당대, 즉 고려와 유사하다고 여겨지면 예제와 다소 어긋나더라도 제사지에 넣었을 것이다.

반면 비류나부의 제사 건축과 주몽사·주몽묘는 고려에서 비슷한 사례를 찾아보기 힘들었다. 유력 가문에서 따로 종묘와 사직을 두지 않았다. 아울러 서경의 예조묘(藝祖廟), 즉 성용전(聖容殿)과 같이 외곽에 태조를 모시는 사당(原廟)이 존재하기는 하였으나,[24] 이는 서경이 수도의 성격을 가졌기 때문으로 여겨지며, 그 또한 고구려처럼 지방 곳곳에 건립된 것은 아니었다. 따라서 찬자에게 적정선을 넘었다고 다가온 결과, 제사지에 함께하지 못하게 되었다고 생각된다.

2. 독자 전승 기사의 기술 방식

『삼국사기』 제사지 고구려조 후반부는 "『고기』에 이른다(古記云)" 혹은 "또 이른다(又云)"라고 한 뒤, 중국 측 기록에 존재하지 않는 독자 전승 기사를 실은 것이다. 그런데 이들 대개는 『삼국사기』 고구려본기 및 온달전과 같은 내용이다. 양자를 비교하면 다음과 같다.

---

24 金澈雄, 2005, 「고려시대 太廟와 原廟의 운영」 『國史館論叢』 106, pp.21~22; 한정수, 2012, 「고려시대 태조 追慕儀의 양상과 崇拜」 『사학연구』 107, pp.21~23 참조.

〈표 9〉 제사지 고구려조의 독자 전승 기사와 고구려본기·온달전의 관련 기록 비교

제사 유형	제사지 고구려조	고구려본기·온달전
유화신묘 건립	동명왕 14년 8월, 왕의 모친 유화가 동부여에서 사망하니, 그 왕 금와가 태후의 예(禮)로 장례를 치르고 마침내 신묘(神廟)를 세웠다.[25]	(동명성왕 14년 8월) 왕의 모친 유화가 동부여에서 사망하니, 그 왕 금와가 태후의 예로 장례를 치르고 마침내 신묘를 세웠다.[26]
동명왕묘 건립	·	(대무신왕 3년 3월) 동명왕묘(東明王廟)를 세웠다.[27]
태후묘 제사	태조왕 69년 10월, 부여에 행차하여 태후묘(太后廟)에 제사하였다.[28]	(태조대왕 69년 10월) 왕이 부여에 행차하여 태후묘에 제사하고, 백성 가운데 곤궁한 자를 찾아가 안부를 묻고 물품을 차등 있게 주었다.[29]
시조묘 제사	신대왕 4년 9월, 왕이 졸본에 가서 시조묘에 제사하였다. 고국천왕 원년 9월, 동천왕 2년 2월, 중천왕 13년 9월, 고국원왕 2년 2월, 안장왕 3년 4월, 평원왕 2년 2월, 건무왕(建武王) 2년 4월에 모두 위와 같이 제사하였다.[30]	(신대왕 3년 9월) 왕이 졸본에 가서 시조묘에 제사하였다. 10월에 왕이 졸본에서 돌아왔다.[31]
		(고국천왕 2년 9월) 왕이 졸본에 가서 시조묘에 제사하였다.[32]
		(동천왕 2년 2월) 왕이 졸본에 가서 시조묘에 제사하고 대사(大赦)하였다.[33]
		(중천왕 13년 9월) 왕이 졸본에 가서 시조묘에 제사하였다.[34]
		(고국원왕 2년 2월) 왕이 졸본에 가서 시조묘에 제사하고, 백성을 순문(巡問)하여 늙고 병든 자에게 물품을 내렸다(賑給). 3월에 왕이 졸본에서 돌아왔다.[35]

---

25 『三國史記』卷 第32, 雜志 第1, 祭祀, "東明王 十四年 秋八月 王母柳花薨於東扶餘 其王金蛙以太后禮 葬之 遂立神廟"

26 Ⅱ부 주23) 참조.

27 Ⅱ부 주66) 참조.

28 『三國史記』卷 第32, 雜志 第1, 祭祀, "太祖王 六十九年 冬十月 幸扶餘 祀太后廟"

29 Ⅱ부 주25) 참조.

30 Ⅱ부 주10) 참조.

31 Ⅱ부 주11) 참조.

32 Ⅱ부 주12) 참조.

제사 유형	제사지 고구려조	고구려본기 · 온달전
		(안장왕 3년 4월) 왕이 졸본에 행차하여 시조묘에 제사하였다. 5월에 왕이 졸본에서 돌아오면서 지나는 길에 있는 주읍(州邑)의 빈핍(貧乏)한 자에게 세 섬씩 곡식을 내렸다.[36]
		(명원왕 2년 2월) 왕이 졸본에 행차하여 시조묘에 제사하였다. 3월에 왕이 졸본에서 돌아오다가 지나는 길에 있는 주군(州郡)의 죄수 중 두 가지 사형죄(二死)를 제외하고는 모두 놓아주었다.[37]
		(영류왕 2년 4월) 왕이 졸본에 행차하여 시조묘에 제사하였다. 5월에 왕이 졸본에서 돌아왔다.[38]
국사 건립	고국양왕 9년 3월, 국사(國社)를 세웠다.[39]	(고국양왕 9년 3월) 불법(佛法)을 숭신(崇信)하여 복을 구할 것을 하교하였다. 유사(有司)에 명하여 국사를 세우고 종묘를 개편케 하였다.[40]
종묘 개편	·	
낙랑지구 제천	고구려에서는 항상 3월 3일에 낙랑 언덕에 모여 사냥하였는데, 돼지와 사슴을 잡아 하늘 및 산천에 제사하였다.[41]	고구려에서는 항상 3월 3일에 낙랑 언덕에 모여 사냥하였는데, 잡은 돼지와 사슴으로 하늘 및 산천의 신에게 제사하였다.[42]

---

33 Ⅱ부 주13) 참조.

34 Ⅱ부 주14) 참조.

35 Ⅱ부 주15) 참조.

36 Ⅱ부 주16) 참조.

37 Ⅱ부 주17) 참조.

38 Ⅱ부 주18) 참조.

39 『三國史記』卷 第32, 雜志 第1, 祭祀, "故國壤王 九年 春三月 立國社"

40 Ⅲ부 주85) 참조.

41 『三國史記』卷 第32, 雜志 第1, 祭祀, "高句麗 常以三月三日 會獵樂浪之丘 獲猪鹿 祭天及山川"

42 『三國史記』卷 第45, 列傳 第5, 溫達, "高句麗 常以春三月三日 會獵樂浪之丘 以所獲猪鹿 祭天及山川神"

이 가운데 "『고기』에 이른다"고 한 부분부터 살펴보면, 『삼국사기』에 여러 차례 언급된 『고기』가 고유의 서명(書名)인지,[43] 여러 종의 사서를 통칭하는 표현인지에[44] 대해서는 의견이 분분하다. 그러나 『고기』가 중국 측 문헌과 함께 『삼국사기』의 저본이 되었다는 데 큰 이견은 없다. 〈표 9〉에 따르면 제사지 고구려조의 『고기』 인용 기사는 기본적으로 고구려본기나 열전에서 전하는 바와 대동소이하다. 따라서 양자의 저본이 같다고 생각할 수 있다. 그러나 다소 차이가 나거나, 한쪽에만 존재하는 기술도 존재한다. 이는 고구려본기 찬술 시 활용한 전거자료와 제사지에서 인용한 그것이 다를 가능성을 보여주는 것인지도 모른다. 따라서 검토를 요한다.

먼저 제사지에서 유화신묘 건립과 태후묘 제사 및 시조묘 제사가 이루어진 시기의 왕호를 언급한 경우다. 그런데 이는 제사지와 고구려본기가 지닌 성격이 달랐던 결과이다. 제사지는 일련의 사실을 주제별로 모아서 서술하다 보니 혼란을 피하고자 행위 주체인 왕을 명기해야 하였고, 고구려본기의 그것은 편년체 기사이므로 굳이 어떤 왕의 치세에 그러한 일이 일어났는지를 서두에 밝힐 필요가 없었다.

물론 고구려본기의 영류왕에 대하여 제사지에서는 "건무왕(建武王)"이라 하였기에, 이를 전거자료의 차이에 따른 것으로로 상정할 수도 있다. 그러나 건무왕은 영류왕의 또 다른 왕호로 고구려본기 본문에 쓰일 뿐 아니라,[45] 당과 싸우던 중 생포된 항장(降將) 고을덕(高乙德)의 묘지명에도 나타나는 표현이

---

43 鄭求福, 1995, 앞의 논문, pp.16~17; 정구복, 2006, 「『삼국사기』의 원전 자료와 사료비판」 『韓國古代史研究』 42, pp.7~8.

44 李文基, 2006, 앞의 논문, pp.231~232.

45 『三國史記』卷 第21, 高句麗本紀 第9, 寶藏王上, 即位, "王諱臧[或云寶臧] 以失國 故無諡 建武王弟大陽王之子也 建武王在位第二十五年 蓋蘇文弑之 立臧継位"

다.[46] 따라서 그렇게 단정하기에는 무리가 따른다.

영류왕은 연개소문에 의해 처참하게 살해되었고,[47] 고구려가 멸망할 때까지 그의 신원이 회복되었다는 흔적은 없다. 고구려본기에서는 "호(號)", "호위(號爲)"나 "호왈(號曰)", 혹은 "칭위(稱爲)" 등의 표현을 사용하여 군주에게 왕호가 올려졌음을 언급하거나, 장지를 거론하여 왕호가 유래된 사정을 알 수 있게 하였다.[48] 망국의 군주 보장왕을 제외하면 그렇지 않은 사례는 영류왕이 유일하다. 따라서 이를 당대에 공인된 왕호로 여기기 어렵다. '영류(榮留)'가 '영화로움이 머문다'는 의미라는 점을 고려하면, 그를 지지하던 세력이 암암리에 썼거나, 혹은 고구려 멸망 이후 어느 시기에 추모 차원에서 붙여졌을지도 모르겠다.[49]

고구려본기 본문이나 「고을덕 묘지명」에서 영류왕을 건무왕이라 칭하였으므로, 그에게는 공식적인 차원에서 왕호가 올려지지 않고 휘(諱)에 기인한 표현이 통용되었던 모양이다. 다만 고구려본기 찬자는 표제에서까지 그러할 경우 다른 고구려 군주와 모양새가 달라지기에, 구체적인 유래는 알 수 없으나 일각에서 전해 오던 영류왕이란 왕호를 썼던 것이 아닐까 한다. 반면 제사지 찬자는 제왕의 기록인 본기도 아닌 이상, 그렇게까지 할 필요가 없다고 여겨 전거

---

46 「高乙德 墓誌銘」, "祖岑[東]阝受建武太王中裏小兄 執坷事 …… 父乎 受寶蔵王中裏小兄 任南蘇道史"

47 『資治通鑑』卷196, 唐紀12, 太宗文武大聖大廣孝皇帝 貞觀 16年 11月, "丁巳 營州都督張儉奏 高麗東部大人泉蓋蘇文弑其王武 …… 蓋蘇文凶暴多不法 其王及大臣議誅之 蓋蘇文密知之 悉集部兵若校閱者 幷盛陳酒饌於城南 召諸大臣共臨視 勒兵盡殺之 死者百餘人 因馳入宮 手弑其王 斷爲數段 棄溝中"

48 『三國史記』卷 第18, 高句麗本紀 第6, 故國原王 41年 10月, "是月二十三日 薨 葬于故國之原[百濟蓋鹵王表魏曰 梟斬釗首 過辭也]"

49 강진원, 2014, 「평양도읍기 고구려 왕릉의 선정과 묘주(墓主) 비정」『한국 고대사 연구의 자료와 해석』, 사계절, p.486 주5); 강진원, 2017e, 「고구려 평양도읍기 왕호의 변화와 배경」『高句麗渤海研究』59, pp.255~256.

자료에 실례가 있기도 한 건무왕으로 칭하였다고 생각된다. 즉 왕호에 차이가 있다 하여 제사지와 고구려본기의 전거자료가 달랐다고 보기는 어렵다.[50]

다음으로 제사지의 제사 시행 연차가 고구려본기와 다른 경우이다. 제사지에서는 신대왕과 고국천왕이 각기 4년, 원년에 시조묘에 친사한 것으로 나오지만, 고구려본기에서는 3년, 2년이다. 이러한 점을 눈여겨볼 수도 있겠다.[51] 그러나 1년씩 차이가 나는 것에 불과하여 고구려본기나 그 전거자료를 옮겨 적는 과정에서 실수가 발생하였을 가능성이 크지 않을까 한다. 고구려본기와 비교하여 신대왕은 1년 늦게, 고국천왕은 1년 빠르게 친사했다고 나오므로 더욱 그러하다.

고구려본기는 즉위년칭원법을 따르고 있다. 만일 제사지의 전거자료가 유년칭원법에 근거하였던 까닭에 그러한 차이가 생겼다고 본다면, 신대왕과 고국천왕의 시행 연차가 모두 1년씩 앞당겨져야 한다. 그런데 고국천왕만 그렇고, 신대왕은 오히려 1년 뒤로 나타난다. 제사지 백제조처럼 백제본기에 언급되지 않은 시기의 제사 시행 사례가 있다면, 달리 볼 여지도 없지 않다.[52] 그러

---

50 제사지에서는 왕호가 올려진 경위를 확인할 수 없을 때 '휘+왕'호를 쓰는 원칙이 있었을지도 모르겠다. 제사지 백제조에서 동성왕을 "모대왕(牟大王)"이라 한 것(『三國史記』卷 第32, 雜志 第1, 祭祀, "牟大王 十一年 冬十月 並如上行")도 그 예가 된다. '모대'는 동성왕의 휘이다(『三國史記』卷 第26, 百濟本紀 第4, 東城王 卽位, "東城王 諱牟大[或作摩牟] 文周王弟昆支之子"). 따라서 '휘+왕'으로 된 표현인데, 백제본기에서도 쓰인다(『三國史記』卷 第26, 百濟本紀 第4, 武寧王 卽位, "武寧王 諱斯摩或[云隆] 牟大王之第二子也"). 제사지 찬자는 '동성(東城)'이라는 왕호가 존재하나 유래를 알 수 없었기에, 독자 전승 기사에 용례도 있는 모대왕이라는 표현으로 해당 군주를 거론하였다고 여겨진다.

51 전덕재, 2019, 앞의 논문, p.259.

52 제사지 백제조에는 계왕 2년(345) 4월의 동명묘 제사를 전하고 있으나, 백제본기에는 해당 연차 자체가 없다. 또 백제본기에서 확인되는 온조왕 원년 5월의 동명왕묘 건립과 17년 4월의 국모묘 건립, 구수왕 14년 4월과 비류왕 9년(312) 4

나 고구려본기에 기재되지 않은 왕의 친사 기사도 전무하고, 친사 월차마저 일치하는 상황에서 단 두 차례의 연차 차이를 가지고 전거자료가 달랐다고 하기는 섣부른 감이 있다.

한편 고구려본기에는 기록되었으나 제사지에서 찾아볼 수 없는 사례도 존재한다. 동명왕묘 건립과 종묘 개편, 즉 수종묘(修宗廟) 조치가 그것이다. 어찌 보면 이 문제야말로 양자의 전거자료가 다를 가능성을 제기한다.

그런데 동명왕묘 건립 기사는 제사지 백제조에도 나타나지 않는다. 즉 백제본기에서는 온조왕 시기 동명왕묘가 건립되었다고 하지만,[53] 제사지에는 이 기록이 존재하지 않는다. 앞서 언급하였듯이 제사지 백제조의 『고기』 인용 기사는 백제본기와 다른 부분이 상당하다. 따라서 양자의 전거자료가 같다고 말하기 힘든 측면이 있다.[54] 단 중요한 점은 사료가 부족한 상황에서 결코 가벼이 넘길 수 없는 제사 구조물, 그것도 시조와 관련된 그것의 설립 기사가 고구려는 물론이요, 백제에서도 보이지 않는다는 사실이다. 그러므로 제사지 고구려조에서 활용한 『고기』에 해당 기록이 없었다기보다는, 어떠한 이유로 인하여 고구려와 백제의 동명왕묘 건립 기사가 배제되었다고 여기는 편이 합당하지 않을까 한다.

그 배경으로 동명왕묘의 주신에 관한 인식을 생각해 볼 수 있다. Ⅰ·Ⅱ부에서 살펴보았듯이 고구려 시조 주몽이 처음부터 동명(성)왕으로 칭해진 것은 아니고, 백제 시조 동명과 고구려 시조가 같은 존재라고 확신하기도 주저된다. 그러나 역사학적 방법론이 미비하였던 상황에서 찬자는 동명왕 주몽을 한 명으로 파악하였고, 고구려와 백제 양국의 왕가 모두 그 후손이라 보았다.

월의 동명묘 제사, 비류왕 10년(313) 정월의 천지합제 등은 제사지에 전하지 않는다.

53 『三國史記』卷 第23, 百濟本紀 第1 溫祚王 元年 5月, "立東明王廟"

54 전덕재, 2019, 앞의 논문, pp.259~260.

백제가 고유의 동명 신화를 가지고 있었으나 백제본기에 그것이 실리지 않은 이유 또한 동명을 고구려 시조로 인식하였기 때문이다.[55] 따라서 동명왕묘 건립 기사가 고구려와 백제 양국의 독자 전승 기사에 모두 존재하였다 한들 이를 빠뜨리지는 않았을 것이다. 찬자 입장에서 자손이 어버이의 사당을 세웠다는 기록을 굳이 마다할 이유는 없다.

주목할 점은 『삼국사기』에서 동명(주몽)은 고구려 시조이자 백제 온조왕의 부친이었으나, 중국 측 문헌에서는 부여 시조로 기술되었다는 사실이다. 『논형』이나 『위략』은 말할 것도 없고, 제사지 고구려조에 인용된 『양서』에서도 동명은 부여의 시조로 나온다.[56] 찬자가 고구려·백제 양국의 조상인 동명 외에 부여 시조 동명의 존재를 몰랐을 확률은 희박하다. 그런데 고구려본기와 백제본기의 동명왕묘 건립 기사는 그 주신이 동명왕인 것만 알 수 있을 뿐, 시조라는 확실한 언급이 이루어지지 않았다. 때문에 찬자는 동명왕묘의 주신을 동명왕 주몽으로 확정할 수 없다고, 다시 말해 부여 시조일 가능성도 있다고 여겨 제사지 고구려·백제조 찬술 시 일단 배제하였던 것이 아닐까 한다.

반대로 시조묘 친사 기사가 제사지에 실린 것은 그 제사 구조물이 '시조'묘인 이상 고구려 시조에 관한 것임이 명백하다고 판단하였기 때문이라 상정된다. 백제의 동명묘 제사 기사를 제사지에서 찾아볼 수 있는 이유 또한 마찬가지로 이해된다. 백제본기에서는 다루왕의 제사를 전함에 "시조 동명묘"라 하였다.[57] 이는 전거자료에서부터 전해져 온 표현일 텐데, 동명묘의 주신이 백제 시조임을 명확히 하였다. 동명왕묘와 동명묘는 다르지 않다. 그러나 찬자는

---

55 盧明鎬, 1981, 「百濟의 東明神話와 東明廟 -東明神話의 再生成 現象과 관련하여-」 『歷史學研究』 10, p.53.

56 『梁書』 卷54, 列傳 第48, 諸夷, 高句驪, "高句驪者 其先出自東明 東明本北夷櫜離王之子 …… 至夫餘而王焉 其後支別爲句驪種也"

57 『三國史記』 卷 第23, 百濟本紀 第1, 多婁王 2年 正月, "謁始祖東明廟"

양자를 달리 보아 동명왕묘와 달리 동명묘의 주신은 백제 시조가 확실하다고 여긴 결과, 그 제사 기사는 제사지 백제조에 실렸으리라 생각된다. 요컨대 제사지에 동명왕묘 건립 기사가 없는 것은 고구려본기와 전거자료에 차이가 있어서라기보다는, 동명왕묘의 주신을 고구려 시조로 확신할 수 없었던 데 기인한다.

종묘 개편 기사의 경우 고구려본기에서는 불법 숭신 및 국사 건립과 함께 나온다. 따라서 별개로 떼어놓고 이해하기 어렵다. 고구려본기의 전거자료 자체에 이들 조치가 고국양왕의 하교로 언급되었기에 고구려본기 찬자는 거의 그대로 옮겼던 반면, 제사지 찬자는 종묘 개편 기사를 제외하였다고 생각된다.[58] 고구려본기에서 종묘가 단독으로 비중 있게 나타난 사례는 종묘 개편 기사밖에 없다. 따라서 제사 관련 사료가 부족한 마당에 해당 기사를 빠뜨리기는 쉽지 않다.

그 면에서 주목되는 점은 제사지 찬자의 시조묘에 대한 이해이다. 죽은 이의 무덤과 연관된 시조묘는 종묘와 다른 구조물이다. 그러나 시대적 한계로 말미암아 찬자는 종묘의 다른 이름이 태묘 혹은 태조묘였다는 점에 착안하여, 시조묘를 종묘의 별칭 정도로 이해하였던 것이 아닌가 한다. 제사지 신라조에서 종묘와 거리감이 있는 시조묘나 신궁을 종묘의 하나로 파악한 사실[59]은 그 점을 잘 보여준다.

이처럼 시조묘를 종묘로 본다면, 고구려의 종묘에 관한 언급은 시행 사례까지 상세히 전해진 것이 된다. 그리고 종묘 개편, 즉 수종묘 기사는 외형의 수리와 같은 제사와 직결되지 않은 사항으로 여겨져, 동천왕 시기의 묘사 이전 기사(M-4)처럼 굳이 넣을 필요는 없다고 판단된 결과, 제사지에 실리지 못

---

58 불법 숭신 조치는 불교에 대한 것이기에, 제사지에 싣지 않아도 원칙적으로 문제는 없다.

59 II부 주91) 참조.

하게 되었으리라 추정된다.

이상과 같이 제사지 고구려조에서 "『고기』에 이른다"고 한 부분, 즉 유화신묘 · 태후묘 · 시조묘 · 국사 등에 관한 기사는 기본적으로 고구려본기와 다르지 않은 내용을 전한다. 따라서 제사지에서 고구려본기 찬술 때 인용하지 않았던 새로운 전거자료를 활용하였다고 보기보다는, 같은 기록에 기초하여 기술되었다고 이해하는 편이 타당하다.

그밖에 제사지에서는 "또 이른다"고 하며 낙랑 언덕에서의 제천 사실을 전한다. 이는 중국 측 문헌에서 찾아볼 수 없는 기록이다. 그러므로 국사 건립 기사에 이어 기술하여도 될 일이다. 그러나 굳이 "『고기』에 이른다"라고 한 부분과 구분한 데는 나름의 이유가 있을 것이다. 〈표 9〉에서도 나타나듯, 해당 기록은 포획물을 가리킨다거나 제사 대상인 산천을 말할 때의 표현 방식에 미세한 차이가 날 뿐, 기본적으로 온달전과 같은 내용이다.[60] 그러므로 전거자료가 온달전과 동일하다.

열전에 수록된 고구려인 가운데 중국 측 사서에 사적을 전하는 연개소문 일가나 을지문덕을 제외하면, 독자 전승 기사에 근거하여 기술된 인물은 명림답부 · 을파소 · 밀우 · 유유 · 창조리 · 온달이다. 그런데 온달을 제외한 이들의 열전 기사는 고구려본기에 전하는 바와 같기에,[61] 전거자료 또한 고구려본기 찬술 시 활용한 기록과 다르지 않을 것이다. 반면 온달의 일대기는 고구려본기에 전하지 않고 열전에만 나온다. 따라서 온달전의 전거자료가 고구려본기 찬술 때 쓰이지 않았음을 알 수 있다. "또 이른다"라고 하여 "『고기』에 이른다"고 한 부분과 구별한 이유는 그 때문이라 생각된다. 즉 전거자료의 차이에

---

60 온달전에 더 수식이 이루어진 것을 보면, 아마도 열전 찬자가 생동감 넘치는 서술을 목적으로 약간의 윤색을 가하지 않았을까 한다.

61 鄭求福, 1995, 앞의 논문, p.22.

기인한 바, 전자는 고구려본기와, 후자는 온달전과 관련될 것이다.[62]

눈여겨볼 점은 온달전의 전거자료를 정확히 알 수는 없으나, 전체적인 내용을 볼 때 제사에 관한 내용이 주를 이루지는 않았으리라는 사실이다.[63] 제사지 또한 사냥을 중심으로 한 부분을 싣고 있다. 사냥을 마친 뒤 그 포획물로 제사한다는 것으로, 넓은 의미에서 본다면 모르겠으나 제사를 위주로 이루어진 행사라 하기는 무리가 따른다. 찬자도 이를 알았을 터이다. 그러함에도 하늘과 산천에 대한 제사, 더욱이 중국 측 사서에 전하지 않는 또 다른 제천 사례였기에,[64] 관련 기록을 옮겨 적은 것이 아닐까 한다. 고구려의 제사의례를 조금이라도 밝히고자 노력한 결과라 하겠다.

---

62 『삼국사기』 고구려본기에서는 광개토왕 이후 독자 전승 기사가 감소한다(Ⅰ부 주141) 참조). 그러함에도 온달전의 내용이 고구려본기에 실리지 않았으므로, 고구려본기가 찬술된 이후 열전이 만들어지기 시작하였을 가능성이 제기된다. 실제 개소문전을 보면 고구려본기가 개소문전보다 먼저 기술되었음을 보여주는 기록이 존재한다(『三國史記』 卷 第49, 列傳 第9, 蓋蘇文, "於是太宗大擧兵親征之事具句麗本紀"). 창조리전과 개소문전을 새롭게 추가된 열전으로 보기도 하는데 (임기환, 2006, 앞의 논문, p.58 주51) 참조), 어찌 되었든 본기 찬술 당시 다루지 못한 내용이 열전에 존재한다는 점은 인정해도 좋을 것이다.

63 한산주 일대를 배경으로 한 개로왕의 패망 전승이나 도미 부부 설화의 전거자료가 김대문의 『한산기』라는 추정이 있다(李道學, 2007, 「『三國史記』 道琳 記事 檢討를 통해 본 百濟 蓋鹵王代 政治 狀況」 『先史와 古代』 27, pp.30~39). 온달이 한수 유역을 되찾기 위해 출정하였다는 점을 고려하면, 온달전의 전거자료 또한 『한산기』인지도 모르겠다.

64 고구려에서 왕이 친히 임하는 사냥 대회가 벌어졌음은 중국 측 사서에도 전한다 (『隋書』 卷81, 列傳 第46, 東夷, 高麗, "每春秋校獵 王親臨之"). 단 여기서는 교렵 시행만 나오기에, 찬자는 제사지에 넣지 않았던 것 같다. 같은 문헌의 석전(石戰) 의례 또한 마찬가지로, 제사의례라는 명확한 언급이 없었으므로 제사지에 실리지 않았다고 추정된다.

맺음말

　지금까지 논의한 바를 정리하면 다음과 같다.

　『삼국사기』 제사지 고구려조는 중국 측 사서를 인용한 전반부와 독자 전승 기사에 근거한 후반부로 나뉜다. 전반부의 경우 찬자는 같은 제사의례를 전하는 중국 측 사서들 가운데 상대적으로 편찬 시기가 늦은 쪽의 기록을 옮겨 적었고, 비류나부의 종묘·사직이나 주몽사·주몽묘처럼 유교적 예제에 벗어난다고 여겨지면 싣지 않았다. 후대의 사서나 기록이 더욱 정확하다는 전제 위에서 비례가 아니라고 판단한 사항을 선택적으로 기술한 것이다.

　후반부의 경우 다시 "『고기』에서 이른다"고 한 부분과 "또 이른다"고 한 부분으로 나뉘는데, 전자는 고구려본기의 전거자료와 다르지 않고, 후자는 온달전의 그것과 같다. 고구려본기나 열전을 기술할 때 인용하였던 기록 외에 제사지 찬술을 위해 새로운 전거자료를 참조하였을 확률은 낮다. 고구려본기에 언급된 동명왕묘 건립이나 종묘 개편 조치 등이 제사지에 실리지 않은 것은 찬자의 오인에 따른 결과이다.

　요컨대 제사지 고구려조 찬자는 비례적 측면이 강하지 않다면 국내외를 막론하고 제사의례를 망라하고자 노력하였다. 그러함에도 내용은 부실하였다. 다양한 사료를 구하기 쉽지 않았음을 보여주는데, 애초 잡지의 전거자료 자체가 제한적이었기에,[65] 그다지 이상한 일은 아니다. 본기든 잡지든 열전이든 고구려의 사적을 전하는 독자 전승 기사는 풍부하지 못하다. 중국 측 문헌을 제외하면 오늘날 고구려의 제사의례를 알 수 있는 사료가 고구려본기 정도밖에 없는 것도 그와 관련된다. 안타까운 현상이지만, 그러하기에 고구려본기의 독자 전승 기사가 가지는 의미는 더욱 크다. 고구려본기 기록을 더욱 면밀하게 검토해야 하는 이유가 여기에 있다.

---

65 李文基, 2006, 앞의 논문, p.208.

참고 문헌

1. 사료

1) 문헌

『三國史記』『東國李相國集』『三國遺事』『高麗史』『世宗實錄』
『禮記』『周禮』『春秋公羊傳』『史記』『漢書』『論衡』『三國志』『後漢書』『南齊書』『魏書』『梁書』『陳書』『北齊書』『周書』『隋書』『南史』『北史』『翰苑』『舊唐書』『舊五代史』『太平御覽』
『冊府元龜』『新唐書』『資治通鑑』『遼史』『金史』『元史』『明史』
『日本書紀』『續日本紀』

2) 금석문 · 묵서

「集安 高句麗碑文」「廣開土王碑文」「牟頭婁 墓誌」「磨雲嶺 眞興王 巡狩碑文」「黃草嶺 眞興王 巡狩碑文」「新浦市 절골터 金銅版 銘文」「崇福寺碑文」
「李他仁 墓誌銘」「高質 墓誌銘」「高乙德 墓誌銘」「高慈 墓誌銘」「泉男産 墓誌銘」

2. 저서 및 박사 학위 논문

1) 국문

강경구, 2001, 『고구려의 건국과 시조 숭배』, 학연문화사.

高柄翊, 1970, 『東亞交涉史의 硏究』, 서울大學校出版部.

溝口雄三·丸山松幸·池田知久 共編, 2001, 『中國思想文化事典』, 東京大學出版會; 김석근·김용천·박규태 옮김, 2011, 『중국 사상 문화 사전』, 책과함께.

권순홍, 2019, 「고구려 도성 연구」, 성균관대학교 박사학위논문.

琴章泰, 1982, 『韓國儒敎의 再照明』, 展望社.

奇庚良, 2017, 「高句麗 王都 硏究」, 서울대학교 박사학위논문.

吉田敦彦·古川のり子(양억관 옮김), 2005, 『일본의 신화』, 황금부엉이.

김기흥, 2002, 『고구려 건국사』, 창작과비평사.

金杜珍, 1999, 『韓國古代의 建國神話와 祭儀』, 一潮閣.

김미경, 2007, 「高句麗 前期의 對外關係 硏究」, 연세대학교 박사학위논문.

金烈圭, 1991, 『韓國神話와 巫俗硏究』, 一潮閣.

김열규, 2003, 『동북아시아 샤머니즘과 신화론』, 아카넷.

金容天, 2007, 『전한후기 예제담론』, 선인.

김재용·이종주, 2004, 『왜 우리 신화인가 -동북아 신화의 뿌리, 「천궁대전」과 우리 신화-』, 동아시아.

김현숙, 2005, 『고구려 영역지배방식 연구』, 모시는사람들.

김화경, 2002, 『일본의 신화』, 문학과지성사.

김화경, 2005, 『한국 신화의 원류』, 지식산업사.

나희라, 2003, 『신라의 국가제사』, 지식산업사.

나희라, 2008, 『고대 한국인의 생사관』, 지식산업사.

노중국, 2010, 『백제사회사상사』, 지식산업사.

노태돈, 1999, 『고구려사 연구』, 사계절.

大林太良(兒玉仁夫·權泰孝 옮김), 1996, 『신화학입문』, 새문社.

渡邊信一郎, 1996, 『天空의 玉座 -中國古代帝國의 朝政과 儀禮-』, 柏書房; 임대희·문정희 옮김, 2002, 『天空의 玉座 -중국 고대제국의 조정과 의례』, 신서원.

동북아역사재단 편, 2008~2011, 『중국 소재 고구려 유적·유물Ⅱ -集安 通溝盆地篇-』, 진인진.

Michael Loewe, 1982, *Chinese Idea of Life and Death; Faith, Myth and Reason in the Han Period(B.C.202~A.D.220)*, George Allen & Unwin Ltd.; 이성규 옮김, 1987, 『古代 中國人의 生死觀』, 지식산업사.

朴承範, 2002, 「三國의 國家祭儀 研究」, 단국대학교 박사학위논문

박원길, 2001, 『유라시아 초원제국의 샤마니즘』, 민속원.

朴昊遠, 1997, 「韓國 共同體 信仰의 歷史的 研究 -洞祭의 形成 및 傳承과 관련하여-」, 한국 정신문화연구원 박사학위논문.

徐大錫, 1988, 『韓國巫歌의 研究』, 文學思想.

서대석, 2002, 『한국신화의 연구』, 집문당.

徐永大, 1991, 「韓國古代 神觀念의 社會的 意味」, 서울대학교 박사학위논문.

송기호, 2005, 『한국 고대의 온돌 -북옥저, 고구려, 발해』, 서울대학교출판부.

Alfred Reginald Radcliffe-Brown, 1965, *Structure and Function in Primitive Society*, Cohen & West; 김용환 옮김, 1985, 『원시사회의 구조와 기능』, 종로 서적.

楊寬, 1985, 『中國古代陵寢制度研究』, 上海古籍出版社; 장인성·임대희 옮김, 2005, 『중국 역대 陵寢 제도』, 서경.

여호규, 2014, 『고구려 초기 정치사 연구』, 신서원.

Wu Hong(巫鴻), 1995, *Monumentality in Early Chinese Art and Architecture*, Standford University Press; 김병준 옮김, 2001, 『순간과 영원 -중국고대의 미 술과 건축-』, 아카넷.

W. Richard Comstock, 1971, *The Study of religion and primitive religions*, Harper & Row; 윤원철 옮김, 2007, 『종교의 탐구 -방법론의 문제와 원시종 교-』, 제이앤씨.

劉敦楨(鄭沃根·韓東洙·梁鎬永 옮김), 1995, 『中國古代建築史』, 世進社.

尹張燮, 1999, 『中國의 建築』, 서울大學校出版部.

이경재, 2002, 『신화해석학』, 다산글방.

李光奎, 1992, 『家族과 親族』, 一潮閣.

이병도 역주, 1996a, 『삼국사기(상)』, 을유문화사.

이병도 역주, 1996b, 『삼국사기(하)』, 을유문화사.

李鍾泰, 1996, 「三國時代의 「始祖」認識과 그 變遷」, 국민대학교 박사학위논문.

李志暎, 1995, 『韓國神話의 神格 由來에 관한 研究』, 太學社.

임기환, 2004, 『고구려 정치사 연구』, 한나래.

全德在, 1996, 『新羅六部體制研究』, 一潮閣.

全海宗, 1980, 『東夷傳의 文獻的 研究』, 一潮閣.

전호태, 2000, 『고구려 고분벽화 연구』, 사계절.

鄭求福·盧重國·申東河·金泰植·權悳永, 1997a, 『譯註 三國史記2 : 번역편』, 韓國學中央
　　　　研究院.

鄭求福·盧重國·申東河·金泰植·權悳永, 1997b, 『譯註 三國史記4 : 주석편(하)』, 韓國學
　　　　中央研究院.

정호섭, 2011, 『고구려 고분의 조영과 제의』, 서경문화사.

J. G. Frazer, 1957, *The Golden Bough* 2 vols. Abridged Edition, The Macmillan
　　　　Company; 張秉吉 옮김, 1990, 『황금 가지 II』, 三省出版社.

趙宇然, 2010, 「4~5世紀 高句麗 國家祭祀와 佛教信仰 研究」, 인하대학교 박사학위논문.

조우연, 2019, 『天帝之子 : 고구려의 왕권전승과 국가제사』, 민속원.

John Beattie, 1968, *Other Culture : Aims Methods and Achievements in Social
　　　　Anthropology*, The Free Press; 崔在錫 옮김, 1978, 『社會人類學』, 一志社.

K. C. Chang(張光直), 1983, *Art, Myth, and Ritual : The Path to Political Authority
　　　　in Ancient China*, Harvard University Press; 李徹 옮김, 1990, 『신화·미
　　　　술·제사』, 東文選.

채미하, 2008, 『신라 국가제사와 왕권』, 혜안.

최광식, 1994, 『고대한국의 국가와 제사』, 한길사.

최일례, 2015, 「고구려 시조묘 제사의 정치성 연구」, 전남대학교 박사학위논문.

Ted C. Lewellen, 1992, *Political Anthropology : An Introduction(Second
　　　　Edition)*, Bergin & Garvey Publishers, Inc.; 한경구·임봉길 옮김, 1998, 『정
　　　　치인류학』, 一潮閣.

Howard J. Wechsler, 1985, *Offerings of Jade and Silk : Ritual and Symbol in the
　　　　Legitimation of the T'ang Dynasty*, Yale University Press; 임대희 옮김,
　　　　2005, 『비단같고 주옥같은 정치 -의례와 상징으로 본 唐代 정치사-』, 고즈윈.

韓相福·李文雄·金光億, 1994, 『文化人類學概論』, 서울대학교출판부.

洪承佑, 2011, 「韓國 古代 律令의 性格」, 서울대학교 박사학위논문.

黃善明, 1982, 『宗教學概論』, 종로서적.

黃曉芬, 2003, 『漢墓的考古學研究』, 岳麓書社; 김용성 옮김, 2006, 『한대의 무덤과 그 제
　　　　사의 기원』, 학연문화사.

2) 중문

耿鐵華, 2004, 『高句麗考古研究』, 吉林文史出版社.

郭善兵, 2007, 『中國古代帝王宗廟禮制研究』, 人民出版社.

吉林省文物考古研究所·集安市博物館 編, 2004, 『集安高句麗王陵 -1990~2003年集安高
　　　句麗王陵調査報告-』, 文物出版社.

羅宗眞, 2001, 『魏晉南北朝考古』, 文物出版社.

羅竹風 主編, 1989, 『漢語大辭典』 1, 漢語大辭典出版社.

羅竹風 主編, 1989, 『漢語大辭典』 2, 漢語大辭典出版社.

羅竹風 主編, 1989, 『漢語大辭典』 3, 漢語大辭典出版社.

羅竹風 主編, 1989, 『漢語大辭典』 5, 漢語大辭典出版社.

世界書局編輯部, 1984, 『二十五史述要』, 世界書局.

林至德·耿鐵華·傅佳欣·張雪巖·孫仁杰, 1984, 『集安縣文物志』, 吉林省文物志編委會.

集安市博物館 編, 2013, 『集安高句麗碑』, 吉林大學出版社.

3) 일문

岡田精司, 1993, 『古代王權の祭祀と神話』, 塙書房.

岡村秀典, 2005, 『中國古代王權と祭祀』, 學生社.

高寛敏, 1996, 『三國史記原典的研究』, 雄山閣.

金子修一, 2001, 『古代中國と皇帝祭祀』, 汲古書院.

來村多加史, 2001, 『唐代皇帝陵の研究』, 學生社.

大林太良, 1984, 『東アジアの王權神話 -日本·朝鮮·琉球-』, 弘文堂.

渡邊信一郎, 2003, 『中國古代の王權と天下秩序 -日中比較史の視點から-』, 校倉書房.

Meyer Fortes, 1959, *The Oedipus and Job in West African Religion*, Cambridge
　　　University Press; 田中眞砂子 編譯, 1980, 『祖先崇拜の論理』, ぺりかん社.

武田幸男, 1989, 『高句麗史と東アジア -「広開土王碑」孚究序說-』, 岩波書店.

三品彰英, 1973, 『古代祭政と穀靈信仰』, 平凡社.

上田正昭, 1991, 『古代傳承史の研究』, 塙書房.

上田正昭 編, 2006, 『日本古代史大辭典』, 大和書房.

小島毅, 2004, 『東アヅアの儒敎と禮』, 山川出版社.

松前健, 1998a, 『王權祭式論』, あうふう.

松前健, 1998b, 『日本神話と海外』, おうふう.

劉慶柱・李毓芳, 1987, 『西漢十一陵』, 陝西人民出版社; 來村多加史 옮김, 1991, 『前漢皇帝陵の研究』, 學生社.

依田千百子, 1991, 『朝鮮神話傳承の研究』, 琉璃書房.

井上光貞, 1984, 『日本古代の王權と祭祀』, 東京大學出版會.

井上秀雄, 1978, 『古代朝鮮史序說 -王者と宗敎-』, 寧樂社.

井上秀雄, 1993, 『古代東アジアの文化交流』, 溪水社.

諸橋轍次, 1984, 『修訂版 大漢和辭典』 1, 大修館書店.

諸橋轍次, 1984, 『修訂版 大漢和辭典』 2, 大修館書店.

諸橋轍次, 1989, 『修訂版 大漢和辭典』 4, 大修館書店.

諸橋轍次, 1989, 『修訂版 大漢和辭典』 5, 大修館書店.

諸戶素純, 1972, 『祖先崇拜の宗敎學的研究』, 山喜房佛書林.

中村英重, 1999, 『古代祭祀論』, 吉川弘文館.

池內宏, 1951, 『滿鮮史硏究 -上世篇-』, 吉川弘文館.

池田末利, 『中國古代宗敎史硏究 -制度と思想-』, 東海大學出版會.

板野長八, 1972, 『中國古代における人間觀の展開』, 岩波書店.

4) 영문

Anthony F. C. Wallace, 1966, *Religion : an anthropological view*, Random House.

Meyer Fortes, 1949, *The web of kinship among the Tallensi : the second part of an analysis of the social structure of a Trans-Volta tribe*, Published for the International African Institute by the Oxford University Press.

Meyer Fortes and E. E. Evans-Pritchard eds., 1940, *African political systems*, Published for the International African Institute by the Oxford University Press.

3. 논문

1) 국문

강경구, 2004, 「高句麗 東盟祭 序說」 『白山學報』 68.

姜鍾薰, 2002, 「新羅時代의 史書 편찬 -진흥왕대의 「國史」 편찬을 중심으로-」 『강좌 한국 고대사5 : 문자생활과 역사서의 편찬』, 가락국사적개발연구원.

姜辰垣, 2007, 「高句麗 始祖廟 祭祀 硏究 -親祀制의 成立과 變遷을 중심으로-」, 서울대학 교 석사학위논문.

강진원, 2013a, 「고구려 陵園制의 정비와 그 배경」 『東北亞歷史論叢』 39.

강진원, 2013b, 「고구려 陵園制의 쇠퇴와 그 배경」 『한국문화』 63.

강진원, 2014, 「평양도읍기 고구려 왕릉의 선정과 묘주 비정」 『한국 고대사 연구의 자료 와 해석』, 사계절.

강진원, 2015, 「백제 한성도읍기 동명묘(東明廟)의 실체와 제사」 『서울학연구』 61.

강진원, 2016a, 「백제 天地合祭의 추이와 특징」 『서울과 역사』 92.

姜辰垣, 2016b, 「고구려 安臧王의 대외정책과 남진」 『大東文化硏究』 94.

강진원, 2016c, 「고구려 守墓碑 건립의 연혁과 배경」 『韓國古代史硏究』 83.

강진원, 2017a, 「고구려 석비문화의 전개와 변천 -비형(碑形)을 중심으로-」 『역사와 현 실』 103.

강진원, 2017b, 「신라 하대 종묘와 烈祖 元聖王」 『歷史學報』 234.

강진원, 2017c, 「「集安高句麗碑文」 건국신화의 성립과 변천」 『史林』 61.

강진원, 2017d, 「백제 웅진·사비도읍기 天地祭祀의 전개와 특징」 『사학연구』 127.

강진원, 2017e, 「고구려 평양도읍기 왕호의 변화와 배경」 『高句麗渤海硏究』 59.

강진원, 2018, 「고구려 국내도읍기 王城의 추이와 집권력 강화 -내적 변화의 외적 동기 와 관련하여-」 『한국문화』 82.

강진원, 2019, 「백제 仇台廟의 성격과 부상 배경」 『동서인문학』 56.

강진원, 2020a, 「신라 중대 宗廟制 운영과 五廟 始定」 『歷史學報』 245.

강진원, 2020b, 「고구려 졸본도읍기 王城의 추이와 전승의 정비」 『史林』 73.

강진원, 2021, 「고구려 평양도읍기 王城의 추이와 왕권」 『韓國古代史硏究』 101.

강현숙, 2004, 「高句麗 古墳의 構造的 特徵」 『고구려의 역사와 문화유산』, 서경문화사.

강현숙, 2006, 「중국 길림성 집안 지역 고구려 왕릉의 구조에 대하여」 『韓國古代史硏究』 41.

강현숙, 2009, 「고구려 왕릉 복원 시고 -천추총, 태왕릉, 장군총을 중심으로-」『고구려 왕릉 연구』, 동북아역사재단.

강현숙, 2010, 「中國 吉林省 集安 東台子遺蹟 再考」『韓國考古學報』 75.

강현숙, 2011, 「3~4세기 고구려 횡혈식 무덤의 등장과 확산」『역사문화연구』 40.

강현숙, 2012, 「고구려 적석총의 입지와 존재 양태의 의미」『韓國古代史研究』 66.

孔錫龜, 2003, 「4~5세기 고구려에 유입된 중국계 인물의 동향 -문헌자료를 중심으로-」『韓國古代史研究』 32.

孔錫龜, 2008, 「集安지역 高句麗 王陵의 造營」『高句麗渤海研究』 31.

孔錫龜, 2013, 「『集安高句麗碑』의 발견과 내용에 대한 考察」『高句麗渤海研究』 45.

郭信煥, 1991, 「儒教思想의 展開樣相과 生活世界」『韓國思想史大系』 2, 韓國精神文化研究院.

丘凡眞, 1998, 「北魏 拓拔族의 祭天儀式에 대한 一考察 -西郊祭天과 即位告天의 分析을 중심으로-」『서울大東洋史學科論集』 22.

具聖姬, 2001, 「漢代 喪葬禮俗에 표현된 靈魂觀과 鬼神觀」『東國史學』 35·36.

具聖姬, 2004, 「漢代의 靈魂不滅觀」『中國史研究』 28.

권순홍, 2015, 「고구려 초기의 都城과 改都 -태조왕대의 왕실교체를 중심으로-」『韓國古代史研究』 78.

권오영, 1999, 「한국 고대의 새(鳥) 관념과 제의」『역사와 현실』 32.

권오영, 2003, 「物資·技術·思想의 흐름을 통해 본 百濟와 樂浪의 교섭」『漢城期 百濟의 物資 시스템과 對外交涉 -한신대학교 학술원 제1회 국제 학술대회-』.

권오영, 2011, 「喪葬制와 墓制」『동아시아의 고분문화』, 서경문화사.

琴章泰, 1972, 「古代中國의 信仰과 祭祀 -그 構造의 宗教史學의 考察-」『宗教研究』 1.

琴章泰, 1992, 「祭天儀禮의 歷史的 考察」『大東文化研究』 25.

금장태·이용주, 2000, 「고대 유교의 예론과 국가 제사」『東亞文化』 38.

奇庚良, 2010, 「高句麗 國內城 시기의 왕릉과 守墓制」, 서울대학교 석사학위논문.

기경량, 2014, 「집안고구려비의 성격과 고구려의 수묘제 개편」『韓國古代史研究』 76.

기경량, 2017a, 「한국 고대사에서 왕도(王都)와 도성(都城)의 개념 -고구려의 용례를 중심으로-」『역사와 현실』 104.

기경량, 2017b, 「고구려 초기 왕도 졸본의 위치와 성격」『인문학연구』 34.

기경량, 2018, 「환도성·국내성의 성격과 집안 지역 왕도 공간의 구성」『사학연구』 129.

기경량, 2020, 「고국원왕대 '平壤東黃城'의 위치와 移居 기록의 성격」 『韓國學研究』 57.

길기태, 2009, 「百濟 威德王의 陵山里寺院 創建과 祭儀」 『百濟文化』 41.

金基雄, 1991, 「古墳에서 엿볼 수 있는 新羅의 葬送儀禮」 『新羅文化祭學術發表論文集』 5.

金基興, 2001, 「高句麗 建國神話의 검토」 『韓國史研究』 113.

김기흥, 2005, 「고구려 국가형성기의 왕계」 『고구려의 국가형성』, 고구려연구재단.

김석근, 2005, 「고대 국가의 제천의식과 민회 -한국정치사상사의 '古層'과 '執拗低音'을 찾아서-」 『韓國政治研究』 14-1.

김선민, 2006, 「高句麗建國神話에 대한 廣開土王陵碑와 中國正史의 비교 연구」 『東方學志』 134.

김선민, 2012, 「兩晉의 종묘제도와 '太祖虛位'」 『東方學志』 160.

김선민, 2015, 「董仲舒의 寢殿·郡國廟 비판론과 그 의도」 『中國古中世史研究』 36.

金成煥, 1998, 「高麗時代 平壤의 檀君傳承」 『文化史學』 10.

김수태, 2010, 「한국 고대의 축제와 사면」 『韓國古代史研究』 59.

김영미, 2000, 「불교의 수용과 신라인의 죽음관의 변화」 『韓國古代史研究』 20.

김영준, 2006, 「평양천도 이후 고구려의 정기적 국가의례」, 인하대학교 석사학위논문.

김용성, 2005, 「고구려 적석총의 분제와 묘제에 대한 새로운 인식」 『北方史論叢』 3.

김용성, 2013, 「신라 능원의 의의」 『民族文化論叢』 53.

김용성·강재현, 2012, 「신라 왕릉의 새로운 비정」 『야외고고학』 15.

金裕鳳, 2010, 「춘추시기 회맹의 역사적인 역할」 『中國學論叢』 31.

金一權, 1999, 「漢唐代 郊祀制度에서의 日月儀禮 研究」 『大東文化研究』 35.

金一權, 2002, 「한국 고대인의 천문우주관」 『강좌 한국고대사8 : 고대인의 정신세계』, 가락국사적개발연구원.

김종은, 2003, 「고구려 초기 천도기사로 살펴본 왕실교체」 『淑明韓國史論』 3.

金智淑, 2004, 「唐代 南郊祀의 皇帝 親祀와 그 정치적 효과」 『中國古代史研究』 12.

金鎭漢, 2007a, 「6世紀 前半 高句麗의 政局動向과 對外關係」 『軍史』 64.

김진한, 2007b, 「평원왕대 고구려의 대외관계 -요해지역의 동향을 중심으로-」 『국학연구』 11.

김진한, 2009, 「榮留王代 高句麗의 對唐關係와 西北方情勢」 『정신문화연구』 32-4.

金昌謙, 1999, 「新羅 元聖王系 王의 皇帝·皇族的 地位와 骨品 超越化」 『白山學報』 52.

金昌錫, 2003, 「石戰의 起源과 그 性格 變化」 『國史館論叢』 101.

金昌錫, 2004, 「한성기 백제의 국가제사 체계와 변화 양상 -풍납토성 경당지구 44호, 9호 유구의 성격 검토를 중심으로-」『서울학연구』 22.

金昌錫, 2005, 「한성기 백제의 유교문화와 그 성립 과정」『향토서울』 65.

金昌錫, 2007, 「신라 始祖廟의 성립과 그 祭祀의 성격」『역사문화연구』 26.

김창석, 2015, 「고구려 守墓法의 제정 경위와 布告 방식 -신발견 集安高句麗碑의 분석-」『東方學志』 169.

金昌賢, 2005, 「고려시대 평양의 동명 숭배와 민간신앙」『歷史學報』 188.

金澈雄, 2005, 「고려시대 太廟와 原廟의 운영」『國史館論叢』 106.

金哲埈, 1971, 「東明王篇에 보이는 神母의 성격에 대하여」『惠庵柳洪烈博士 華甲紀念論叢』, 探究堂.

金宅圭, 1981, 「新羅上代의 王位繼承儀式과 嘗祭에 對한 管見」『韓國古代文化와 隣接文化와의 關係』, 韓國精神文化研究院.

김택민, 2013, 「중국 고대 守陵 제도와 율령 -고구려 守墓人 제도의 이해를 위한 참고자료-」『史叢』 78.

김필래, 1998, 「東明王의 農業神的 性格에 대한 試論」『한국민속학보』 9.

金漢信, 2004, 「唐代의 郊祀制度 -제도의 확립과 쇠퇴를 중심으로-」『中國古代史研究』 11.

金賢淑, 1994, 「高句麗의 解氏王과 高氏王」『大丘史學』 47.

김현숙, 2017, 「고구려 초기 王城의 위치와 國內 遷都」『先史와 古代』 54.

金和經, 1998, 「高句麗 建國神話의 研究」『震檀學報』 86.

김효진, 2017, 「高句麗 王號 '太祖王'의 정립 과정과 의미」『韓國史研究』 178.

김희선, 1999, 「高句麗 方位部의 成立과 機能」『典農史論』 5.

김희선, 2010, 「高句麗 國內城 研究」『白山學報』 87.

나희라, 2002, 「新羅의 卽位儀禮」『韓國史研究』 116.

나희라, 2004a, 「7~8세기 唐, 新羅, 日本의 國家祭祀體系 비교」『韓國古代史研究』 33.

나희라, 2004b, 「고대 한국의 이데올로기와 그 변화」『韓國思想史學』 23.

나희라, 2005, 「신라의 건국신화의 의례」『韓國古代史研究』 39.

나희라, 2015, 「고구려 패수에서의 의례와 신화」『사학연구』 118.

南根祐, 1989, 「穀靈의 祭場과 「씨」의 繼承儀禮」『韓國民俗學』 22.

盧明鎬, 1981, 「百濟의 東明神話와 東明廟 -東明神話의 再生成 現象과 관련하여-」『歷史學研究』 10.

盧明鎬, 1989, 「百濟 建國神話의 原形과 成立背景」『百濟研究』 20.

盧明鎬, 2004, 「高麗太祖 王建 銅像의 流轉과 문화적 배경」『韓國史論』 50.

盧仁淑, 2001, 「中國에서의 喪禮文化의 展開」『儒教思想研究』 15.

盧重國, 1979, 「高句麗律令에 관한 一試論」『東方學志』 21; 延世大學校 國學研究院 編, 1987, 『高句麗史研究』 1, 延世大學校出版部.

盧泰敦, 1991, 「高句麗의 歷史와 思想」『韓國思想史大系』 2, 韓國精神文化研究院.

盧泰敦, 1992a, 「廣開土王陵碑」『譯註 韓國古代金石文Ⅰ -고구려·백제·낙랑 편-』, 駕洛國史蹟開發研究院.

盧泰敦, 1992b, 「牟頭婁墓誌」『譯註 韓國古代金石文Ⅰ -고구려·백제·낙랑 편-』, 駕洛國史蹟開發研究院.

노태돈, 2000, 「고조선 중심지의 변천에 대한 연구」『단군과 고조선사』, 사계절.

노태돈, 2012, 「고구려 초기의 천도에 관한 약간의 논의」『韓國古代史研究』 68.

류현희, 2000, 「高句麗 '國中大會'의 구조와 기능」『白山學報』 55.

리정남, 1990, 「운평리 고구려무덤떼 제4지구 돌각담무덤발굴보고」『조선고고연구』 1990-1; 1995, 『민족문화학술총서 30 : 조선고고연구Ⅲ(1990~1991)』, 민족문화.

文昌魯, 2003, 「夫餘의 王과 祭天儀禮」『北岳史論』 10.

閔德植, 2003, 「高句麗 平壤城의 都市形態와 設計」『高句麗研究』 15.

閔喆熙, 2002, 「高句麗 陽原王·平原王代의 政局變化」『史學志』 35.

朴光用, 1980, 「箕子朝鮮에 대한 認識의 變遷」『韓國史論』 6.

박남수, 2006, 「高句麗 租稅制와 民戶編制」『東北亞歷史論叢』 14.

박남수, 2016, 「신라 문무대왕의 삼국통일과 宗廟制 정비」『新羅史學報』 38.

박미라, 1997, 「中國 郊祀儀禮에나타난 天神의 性格과 構造 研究」『宗教學研究』 16.

박미라, 2000, 「중국 祭天儀禮에있어서 時間 -空間의 象徵的 構造 연구」『道教文化研究』 14.

박미라, 2009, 「한국 地神제사의 역사와 구조 -중국에 가려진 地神의 정체성-」『溫知論叢』 23.

박미라, 2010, 「삼국·고려시대의 제천의례와 문제」『仙道文化』 8.

朴淳發, 2012, 「高句麗의 都城과 墓域」『韓國古代史探究』 12.

朴淳發, 2013, 「중국 고대 도성 廟壇의 기원과 전개」『韓國古代史研究』 71.

朴承範, 2001, 「고구려의 국가제사」『史學志』 34.

朴承範, 2002, 「高句麗의 始祖廟儀禮」『東洋古典研究』15.

朴承範, 2004, 「祭儀를 通해서 본 高句麗의 正體性」『高句麗研究』18.

박초롱, 2017, 「문무왕대 고구려·가야의 조상제사 재개 조치와 그 의미 -중국 二王後 제도와의 비교를 중심으로-」『韓國古代史研究』86.

朴漢濟, 2008, 「魏晉南北朝時代 墓葬習俗의 變化와 墓誌銘의 流行」『東洋史學研究』104.

朴賢淑, 1999, 「三國時代 祖上神 觀念의 形成과 그 特徵」『史學研究』58·59.

朴賢淑, 2005, 「백제 建國神話의 형성과정과 그 의미」『韓國古代史研究』39.

方起東, 1982, 「集安東臺子高句麗建築遺址的性質和年代」『東北考古與歷史』1982-1; 嚴長 錄 옮김, 1994, 「集安 東臺子 고구려 건축유지의 성격과 연대」『中國境內 高句麗 遺蹟 研究』, 예하.

방용철, 2013, 「7세기 고구려 불교정책의 한계와 國祖神」『韓國古代史研究』72.

邊太燮, 1958, 「韓國古代의 繼世思想과 祖上崇拜信仰(上)」『歷史教育』3.

徐永大, 1985, 「《三國史記》와 原始宗教」『歷史學報』105.

徐永大, 1995, 「高句麗 貴族家門의 族祖傳承」『韓國古代史研究』8.

徐永大, 1997, 「韓國古代의 宗教職能者」『韓國古代史研究』12.

徐永大, 2000, 「百濟의 五帝信仰과 그 意味」『韓國古代史研究』20.

徐永大, 2002, 「한국 고대의 샤머니즘적 세계관」『강좌 한국고대사8 : 고대인의 정신세 계』, 가락국사적개발연구원.

徐永大, 2003, 「高句麗의 國家祭祀 -東盟을 중심으로-」『韓國史研究』120.

서영대, 2005, 「고구려의 社稷과 靈星에 대하여」『고구려의 사상과 문화』, 고구려연구재단.

서영대, 2007, 「토착 신앙과 풍속 문화」『고구려의 문화와 사상』, 동북아역사재단.

宣釘奎, 2006, 「中國人의 靈魂觀」『中國學論叢』20.

소재윤, 2010, 「백제 도로를 통해 본 풍납토성의 도성구조 이해」『韓國의 都城 -국립경 주·부여·가야문화재연구소 개소 20주년 기념 국제학술심포지엄-』.

신성곤, 2014, 「宗廟 制度의 탄생 -宗廟의 공간과 배치를 중심으로-」『동아시아문화연 구』57.

신용민, 2008, 「中國 古代 帝陵과 三國時代 大形古墳 비교 검토」『石堂論叢』40.

辛鍾遠, 1984, 「三國史記 祭祀志 研究 -新羅 祀典의 沿革·內容·意義를 중심으로-」『史學 研究』38.

심광주, 2005, 「高句麗 國家 形成期의 城郭研究」『고구려의 국가 형성』, 고구려연구재단.

梁起錫, 1990,「百濟 聖王代의 政治改革과 그 性格 -專制王權의 成立問題와 관련하여-」 『韓國古代史硏究』4.

양시은, 2013,「桓仁 및 集安 都邑期 高句麗 城과 防禦體系 硏究」『嶺南學』24.

양시은, 2014,「고구려 도성 연구의 현황과 과제」『高句麗渤海硏究』50.

梁銀景, 2013,「陵寢制度를 통해 본 高句麗, 百濟 陵寺의 性格과 特徵」『高句麗渤海硏究』 47.

梁志龍, 2008,「고구려 건국 초기 왕도에 대한 연구 -졸본과 흘승골성을 중심으로-」 『2008 한·중 고구려역사 연구 학술회의 -졸본시기 고구려역사 연구-』.

Eric J. Sharpe(尹元徹 옮김), 1984,「종교학 용어 해설」『宗教學-方法論의 諸問題와 原始宗教-』, 展望社.

여호규, 1995,「3세기 고구려의 사회변동과 통치체제의 변화」『역사와 현실』15.

여호규, 2000,「고구려 초기 정치체제의 성격과 성립기반」『韓國古代史硏究』17.

余昊奎, 2005,「高句麗 國內 遷都의 시기와 배경」『韓國古代史硏究』38.

余昊奎, 2006,「集安地域 高句麗 超大型積石墓의 전개과정과 被葬者 문제」『韓國古代史硏究』41.

余昊奎, 2009,「4세기 高句麗의 樂浪·帶方 경영과 中國系 亡命人의 정체성 인식」『韓國古代史硏究』53.

여호규, 2011,「고구려 적석묘의 내·외부 구조와 형식분류」『동아시아의 고분문화』, 서경문화사.

여호규, 2012,「고구려 國內城 지역의 건물유적과 都城의 공간구조」『韓國古代史硏究』 66.

여호규, 2013a,「신발견〈集安高句麗碑〉의 구성과 내용 고찰」『韓國古代史硏究』70.

여호규, 2013b,「고구려 도성의 의례공간과 왕권의 위상」『韓國古代史硏究』71.

오세정, 2004a,「상징과 신화 -신화 형성화와 의미화의 상징적 논리-」『시학과 언어학』7.

오세정, 2004b,「신화 소통에 관한 제의적 기호작용 연구」『기호학연구』16.

兪元載, 1990,「中國正史〈百濟傳〉研究」『韓國上古史學報』4.

윤상열, 2011,「5세기 고구려의 신성관념(神聖觀念) 고찰 -능비와 모두루묘지에 나타난 표현을 중심으로-」『역사와 현실』82.

윤성용, 2005,「고구려 建國神話와 祭儀」『韓國古代史硏究』39.

尹龍九, 1998,「3세기 이전 中國史書에 나타난 韓國古代史像」『韓國古代史硏究』14.

尹在碩, 2013, 「中國古代의 守墓制度」 『東洋史學研究』 124.

李啓煌, 2004, 「일본 고대 국가의례 연구서설 -즉위의례와 다이죠오사이(大嘗祭)를 중심으로-」 『日本歷史研究』 19.

이귀숙, 2007, 「高句麗 初期의 王統變化와 朱蒙 始祖認識의 成立」 『歷史教育論集』 39.

李基白, 1959, 「高句麗王妃族考」 『震檀學報』 20.

李基白, 1997, 「韓國 古代의 祝祭와 裁判」 『歷史學報』 154.

李道學, 1992, 「高句麗 初期 王系의 復元을 위한 檢討」 『韓國學論集』 20.

李道學, 2005, 「高句麗와 百濟의 出系 認識 檢討」 『高句麗研究』 20.

李道學, 2007, 「『三國史記』 道琳 記事 檢討를 통해 본 百濟 蓋鹵王代 政治 狀況」 『先史와 古代』 27.

李道學, 2011, 「高句麗 王號와 葬地에 관한 檢證」 『慶州史學』 34.

李道學, 2013, 「高句麗 守墓發令碑에 대한 接近」 『韓國思想史學』 43.

李道學, 2015, 「『三國史記』의 高句麗 王城 記事 檢證」 『韓國古代史研究』 79.

李梅田(金柚姃 옮김), 2010, 「厚葬에서 薄葬까지 : 漢~唐시대 喪葬유형의 전환」 『동아문화』 8.

李文基, 1999, 「高句麗 德興里古墳壁畵의 '七寶行事圖'와 墨書銘」 『歷史教育論集』 25.

李文基, 2006, 「『三國史記』 雜志의 構成과 典據資料의 性格」 『韓國古代史研究』 43.

李成九, 2012, 「中國의 聖所와 女性原理」 『東洋史學研究』 119.

李成制, 2016, 「高句麗와 北朝의 경계 -고구려의 遼西 동부지역 확보와 그 시기」 『高句麗渤海研究』 54.

이승호, 2016, 「高句麗 王室의 世系 인식 추이와 宗廟의 변천」 『인문과학연구』 22.

이승호, 2017, 「2007년 이후 중국의 고구려 종교 · 사상사 연구 동향」 『高句麗渤海研究』 57.

이장웅, 2010, 「百濟 泗沘期 五帝 祭祀와 陵山里寺址」 『百濟文化』 42.

이장웅, 2017, 「백제 웅진기 '建邦之神' 제사와 聖王代 유교식 天 관념」 『韓國古代史探究』 74.

李在成, 2008, 「고구려 초기 桂婁部의 神堂과 宗廟」 『전통문화논총』 6.

李在成, 2011, 「麗唐戰爭과 契丹 · 奚」 『中國古中世史研究』 26.

이정빈, 2006a, 「고구려 東盟의 정치의례적 성격과 기능」 『韓國古代史研究』 41.

李廷斌, 2006b, 「3세기 高句麗 諸加會義와 國政運營」 『震檀學報』 102.

李鍾泰, 1990, 「高句麗 太祖王系의 등장과 朱蒙國祖意識의 成立」 『北岳史論』 2.

이준성, 2013, 「고구려 국중대회(國中大會) 동맹(東盟)의 구성과 축제성」『역사와 현실』 87.

이창익, 2003, 「신화와 의례의 해석학적 차이에 대한 물음」『신화와 역사』, 서울대학교 출판부.

이춘우, 2015, 「고구려 東盟祭·隧神祭와 神廟」『韓國古代史研究』79.

李亨求, 1982, 「高句麗의 享堂制度研究」『東方學志』32.

林起煥, 1998, 「4~6세기 中國史書에 나타난 韓國古代史像」『韓國古代史研究』14.

임기환, 2002, 「고구려 王號의 변천과 성격」『韓國古代史研究』28.

임기환, 2006, 「고구려본기 전거 자료의 계통과 성격」『韓國古代史研究』42.

임기환, 2014, 「집안고구려비와 광개토왕비를 통해 본 고구려 守墓制의 변천」『韓國史學報』54.

임기환, 2015, 「고구려 국내 도성의 형성과 공간구성 -문헌 검토를 중심으로-」『韓國史學報』59.

임기환, 2018, 「고구려 國內 천도 시기 再論」『사학연구』132.

장병진, 2016, 「고구려 출자 의식의 변화와 「集安高句麗碑」의 건국설화」『人文科學』106.

장재웅, 2006, 「중국어 역사음운론을 통한 고구려신화에 반영된 언어자료 분석 -東明·朱蒙 동음설 및 東盟·東明 동음설을 중심으로-」『中國言語研究』23.

張籌根, 1983, 「韓國 民間信仰의 祖上崇拜 -儒敎 祭禮 以外의 傳承 資料에 對하여-」『韓國文化人類學』15.

張志勳, 1999, 「韓國 古代의 地母神 信仰」『史學研究』58·59.

전덕재, 2003, 「신라초기 농경의례와 공납의 수취」『강좌 한국고대사2 : 고대국가의 구조와 사회(1)』, 가락국사적개발연구원.

전덕재, 2005, 「신라 왕경의 공간구성과 그 변천에 관한 연구」『역사와 현실』57.

전덕재, 2010, 「新羅 上代 王宮의 變化와 宗廟」『新羅文化』36.

전덕재, 2019, 「『三國史記』 祭祀志의 原典과 編纂」『韓國古代史研究』94.

田中通彦, 1982, 「高句麗의 信仰과 祭祀 -특히 東北아시아의 豚聖獸視를 중심으로-」『亞細亞學報』16.

鄭璟喜, 1983, 「東明型說話와 古代社會 -宗敎·社會史的觀點으로부터의 接近-」『歷史學報』98.

鄭求福, 1995, 「三國史記의 原典 資料」『三國史記의 原典 檢討』, 韓國精神文化研究院.

정구복, 2006, 「『삼국사기』의 원전 자료와 사료비판」『韓國古代史硏究』 42.

정동민, 2013, 「韓國古代史學會〈集安高句麗碑〉判讀會 結果」『韓國古代史硏究』 70.

정원주, 2009, 「高句麗 건국신화의 전개와 변용」『高句麗渤海硏究』 33.

정원주, 2011, 「榮留王의 對外政策과 政局運營」『高句麗渤海硏究』 40.

鄭媛朱, 2013, 「安藏王의 始祖廟 親祀와 政局運營」『白山學報』 96.

정원주, 2018, 「安原王代의 政局 運營과 大對盧 爭鬪」『高句麗渤海硏究』 60.

조경철, 2006, 「동아시아 불교식 왕호 비교 -4~8세기를 중심으로-」『韓國古代史硏究』 43.

趙法鍾, 1995, 「廣開土王陵碑文에 나타난 守墓制硏究 -守墓人의 編制와 性格을 중심으로-」『韓國古代史硏究』 8.

조법종, 2005, 「廣開土王陵 守墓人 構成과 陵園體系」『고구려의 사상과 문화』, 고구려연구재단.

조법종, 2007, 「고구려 초기도읍과 비류국성 연구」『白山學報』 77.

조영광, 2006, 「河伯女신화를 통해서 본 고구려 국가형성기의 상황」『北方史論叢』 12.

曹泳光, 2008, 「長壽王代를 전후한 시기 고구려의 政局과 體制 변화 -장수왕의 集權策과 그 영향 분석을 중심으로-」『軍史』 69.

조영광, 2016, 「고구려 王都, 王畿의 형성 과정과 성격」『韓國古代史硏究』 81.

曹永鉉, 2004, 「傳東明王陵의 築造時期에 대하여」『啓明史學』 15.

조우연, 2013a, 「集安 高句麗碑에 나타난 왕릉제사와 조상인식」『신발견〈集安 高句麗碑〉 종합 검토 -한국고대사학회 제131회 정기발표회-』.

趙宇然, 2013b, 「集安 高句麗碑에 나타난 왕릉제사와 조상인식」『韓國古代史硏究』 70.

조윤재, 2011, 「中國 魏晉南北朝의 墓葬과 喪葬儀禮」『동아시아의 고분문화』, 서경문화사.

趙仁成, 1991, 「4, 5세기 高句麗 王室의 世系認識 변화」『韓國古代史硏究』 4.

朱甫暾, 2012, 「삼국기 신라의 (陵)墓碑에 대한 약간의 논의」『복현사림』 30.

朱昇澤, 1993, 「北方系 建國神話의 文獻的 再考察 -解夫婁神話의 구조를 중심으로-」『韓國學報』 70.

池谷誠之輔, 2003, 「『駕洛國記』를 通해 본 文武王代 宗廟祭祀의 一側面」, 연세대학교 석사학위논문.

지병목, 2008, 「考古資料를 통해 본 卒本時期 高句麗 文化의 性格」『졸본시기 고구려역사 연구 -2008년 한·중 고구려역사 연구 학술회의-』.

蔡美夏, 1998, 「《三國史記》祭祀志 新羅條의 分析 -新羅 國家祭祀體系의 再檢討와 관련하여-」『韓國古代史硏究』 13.

蔡美夏, 2002, 「新羅 宗廟制의 受容의 그 意味」『歷史學報』176.

채미하, 2006, 「高句麗의 國母信仰」『北方史論叢』12.

채미하, 2008, 「웅진시기 백제의 국가제사 -'祭天地'를 중심으로-」『百濟文化』38.

채미하, 2013, 「한국 고대의 宮中儀禮 -卽位禮와 朝賀禮를 중심으로-」『사학연구』112.

채미하, 2016, 「한국 고대 신모(神母)와 국가제의(國家祭儀) -유화와 선도산 성모를 중심으로-」『東北亞歷史論叢』52, 동북아역사재단.

최광식, 2003, 「고대국가의 왕권과 제의」『강좌 한국고대사3 : 고대국가의 구조와 사회(2)』, 가락국사적개발연구원.

최광식, 2007a, 「고구려의 신화와 국가 제사」『고구려의 문화와 사상』, 동북아역사재단.

최광식, 2007b, 「한·중·일 고대의 제사제도 비교연구 -팔각건물지를 중심으로-」『先史와 古代』27.

최범호, 1997, 「백제 건국문제의 재검토 -건국시조와 건국지를 중심으로-」『全北史學』19·20.

崔順權, 1998, 「高麗前期 五廟制의 運營」『歷史敎育』66.

최원오, 2003, 「한국 신화에 나타난 여신의 위계 轉換과 윤리의 문제」『比較民俗學』24.

최일례, 2010, 「고구려인의 관념에 보이는 단군신화의 투영 맥락 -비류부의 정치적 위상을 중심으로」『韓國思想과 文化』55.

최일례, 2015, 「평원왕대 정국운영의 특징과 그 함의」『高句麗渤海研究』53.

최일례, 2016, 「고구려 안장왕대 정국 변화와 그 動因」『韓國古代史研究』82.

최일례, 2019, 「고구려 新大王의 즉위와 시조묘 제사 親行」『한국학연구』70.

崔在錫, 1986, 「新羅의 始祖廟와 神宮의 祭祀 -그 政治的·宗敎的 意義와 變化를 중심으로-」『東方學志』50.

한정수, 2012, 「고려시대 태조 追慕儀의 양상과 崇拜」『사학연구』107.

허명화, 2007, 「漢代의 祖先祭祀」『CHINA연구』2.

洪承基, 1974, 「1~3世紀의 「民」의 存在形態에 대한 一考察 -所謂 「下戶」의 實體와 관련하여-」『歷史學報』63.

洪承賢, 2008, 「晉代 喪服書의 편찬과 성격 -喪服禮의 확정 과정을 중심으로-」『東洋史學研究』102.

洪廷妸, 2003, 「魏晉南北朝時代 '凶門柏歷'에 대하여」『魏晉隋唐史研究』10.

2) 중문

耿鐵華, 2013a, 「集安高句麗碑考釋」 『通化師範學院學報』 2013-3.

耿鐵華, 2013b, 「중국 지안에서 출토된 고구려비의 진위(眞僞) 문제」 『韓國古代史研究』 70.

耿鐵華·董峰, 2013, 「新發現的集安高句麗碑初步研究」 『社會科學戰線』 2013-5.

杜金鵬, 2005, 「偃師二里頭遺址4號宮殿基址研究」 『文物』 2005-6.

徐建新, 2013, 「中國出土"集安高句麗碑"試析」 『東北史地』 2013-3.

蘇長淸, 1985, 「高句麗早期平原城 -下古城子」 『遼寧丹東、本溪地區考古學術討論文集』.

孫仁杰, 2013a, 「集安高句麗碑文識讀」 『東北史地』 2013-3.

孫仁杰, 2013b, 「집안 고구려비의 판독과 문자 비교」 『韓國古代史研究』 70.

孫顥, 2007, 「高句麗的祭祀」 『東北史地』 2007-4.

梁志龍, 1992, 「桓仁地區高句麗遺趾槪述」 『博物館研究』 1992-1.

梁志龍, 2001, 「高句麗隧神考」 『北方文物』 2001-4.

王從安·紀飛, 2004, 「卒本城何在」 『東北史地』 2004-2.

魏存成, 1985, 「高句麗初、中期的都城」 『北方文物』 1985-2.

魏存成, 2013, 「關于新出集安高句麗碑的幾點思考」 『東北史地』 2013-3.

張福有, 2013a, 「集安麻線高句麗碑探綜」 『社會科學戰線』 2013-5.

張福有, 2013b, 「集安麻線高句麗碑文補釋與識讀解析」 『東北史地』 2013-3.

張福有·孫仁杰·遲勇, 2006, 「朱蒙所葬之"龍山"及太王陵銅鈴"峻"字考」 『東北史地』 2006-1.

朱子方·孫國平, 1986, 「隋《韓暨墓誌》跋」 『北方文物』 1986-1.

陳智勇, 1999, 「試析商代的宗廟制度及其政治功用」 『殷都學刊』 1999-1.

3) 일문

岡田精司, 1980, 「宮庭祭祀の再檢討」 『歷史評論』 366.

金子修一, 1978, 「中國古代における皇帝祭祀の一考察」 『史學雜誌』 87-2.

金子修一, 1982, 「中國-郊祀と宗廟と明堂及び封禪」 『東アジアにおける日本古代史講座 9 : 東アジアにおける儀禮と國家』, 學生社.

吉岡完祐, 1983, 「中國郊祀の周邊諸國への傳播 -郊祀の發生から香春新羅神の渡來まで-」 『朝鮮學報』 108.

東潮, 2006,「高句麗王陵と巨大積石塚 -國內城時代の陵園制-」『朝鮮學報』119・200.

Meyer Fortes, 1965, "Some reflections on ancestor worship in Africa" in Fortes, M. and G. Dieterlen eds., *African Systems of Thought : Studies presented and discussed at the Third International African Seminar in Salisbury, December 1960*, Oxford University Press; 田中眞砂子 編譯, 1980,『祖先崇拜の論理』, ぺりかん社.

門田誠一, 2012,「高句麗王陵の築造思想にみる儒教と佛教 -追孝から追福へ-」『佛教大學歷史學部論集』2.

尾形勇, 1982,「中國の卽位儀禮」『東アジアにおける日本古代史講座9：東アジアにおける儀禮と國家』, 學生社.

白鳥庫吉, 1914,「丸都城及國內城考」『史學雜誌』25-4・5.

浜田耕策, 1982,「新羅の神宮と百座講會と宗廟」『東アジアにおける日本古代史講座9：東アジアにおける儀禮と國家』, 學生社.

寺澤薫, 2003,「首長靈觀念の創出と前方後圓墳祭祀の本質 -日本的王權の原像-」『古代王權の誕生Ⅰ-東アジア編-』, 角川書店.

三品彰英, 1951,「高句麗王都考 -三國史記高句麗本紀の批判をもとめて-」『朝鮮学報』1.

三品彰英, 1953,「三國史記高句麗本紀の原典批判」『大谷大學研究年報』6.

上田正昭, 1975,「古代の祭祀と儀禮」『岩波講座 日本歷史』1, 岩波書店.

西嶋定生, 1975,「漢代における卽位儀禮 -とくに帝位繼承のばあいについて-」『榎博士還曆記念東洋史論集』, 山川出版社; 2002,『東アジア史論集』, 岩波書店

神崎勝, 1995,「夫餘・高句麗の建國傳承と百濟王家の始祖傳承」『日本古代の傳承と東アジア』, 吉川弘文館.

林陸朗, 1974,「朝鮮の郊祀圓丘」『古代文化』26-1.

田中俊明, 1982,「『三國史記』中國史書引用記事の再檢討 -特にその成立の研究の基礎作業として-」『朝鮮學報』104.

田中俊明, 1998,「高句麗の前期王都卒本の構造」『高麗美術館研究紀要』2, 高麗美術館研究所.

前川明久, 1980,「古代天皇の祭祀 -大嘗祭の成立と神話-」『歷史評論』366.

田村專之助, 1944,「魏志東夷傳にみえたる宗廟・社稷・靈星について」『東洋社會紀要』4.

井上秀雄, 1976,「神話に現われた高句麗王の性格」『朝鮮學報』81.

井上直樹, 2001, 「『韓暨墓誌』を通してみた高句麗の對北魏外交の一側面 -6世紀前半を中心に」『朝鮮學報』178.

鳥居龍藏, 1914, 「丸都城及び國內城の位置に就きて」『史學雜誌』25-7.

佐川英治, 2012, 「漢代の郊祀と都城の空間」『アヅア遊學 151 : 東アヅアの王權と宗教』, 勉誠出版.

八木充, 1982, 「日本の卽位儀禮」『東アジアにおける日本古代史講座9 : 東アジアにおける儀禮と國家』, 學生社.

4) 영문

Audrey I. Richards, 1940, "The Political System of the Bemba tribe : North-Eastern Rhodesia", *African political systems*, Published for the International African Institute by the Oxford University Press.

I. Schapera, 1940, "The Political Organization of the Ngwato of Bechuanaland Protectorate", *African political systems*, Published for the International African Institute by the Oxford University Press.

KANG Jin Won, "The Impact of the King's Lifespan on the Political Situation in Ancient Korea: Focusing on the Case of Goguryeo Dynasty", *The Review of Korean Studies* Vol.23. No.1.

K. Oberg, 1940, "The Kingdom of Ankole in Uganda", *African political systems*, Published for the International African Institute by the Oxford University Press.

Mark E. Byington, 2004, 「Problems Concerning the First Relocation of the Koguryô Capital」『고구려의 역사와 문화유산』, 한국고대사학회 · 한국시정개발연구원.

Max Gluckman, 1940, "The Kingdom of the Zulu of South Africa", *African political systems*, Published for the International African Institute by the Oxford University Press.

W. Fairman, 1958, "The Kingship Rituals of Egypt", *Myth, Ritual and Kingship*, Oxford University Press.

찾아보기

부기(附記)

이 책에 실린 각 장의 글은 기존에 학술지에 실렸던 연구 성과를 수정·보완하여 재정리한 것이다. 바뀐 부분을 일일이 언급하지 못하였다. 그간에 나온 논문과 이 책의 내용 사이에 차이가 있는 경우, 현재 글쓴이의 견해는 후자임을 밝힌다. 아울러 각 장을 구성하는 글이 처음 논문으로 나왔을 때의 서지 사항을 아래에 적어 둔다.

서론 : 2016, 「고구려 國家祭祀 연구의 경향 및 쟁점 -한국학계의 동향을 중심으로-」 『인문학연구』 34.
Ⅰ부 : 2014, 「고구려 祭天大會의 성립 시기와 그 추이」 『東方學志』 165.
Ⅱ부 : 2008, 「高句麗 始祖廟 祭祀 研究 -親祀의 성립과 변천을 중심으로-」 『韓國史論』 54.
Ⅲ부 : 2014, 「고구려 墓祭의 전통과 그 배경 -「집안고구려비문」의 이해를 덧붙여-」 『震檀學報』 122.
        2015, 「고구려 墓祭의 변화와 그 배경 -무덤 중시 풍조의 약화와 관련하여-」 『사학연구』 117.
        2015, 「고구려 宗廟制의 전개와 변천」 『高句麗渤海研究』 53.
보론 : 2015, 「『삼국사기』 제사지 고구려조의 전거자료와 기술 태도」 『역사와 현실』 98.

• 강진원 •

서울에서 나고 자랐으며, 낡아가고 있다.

성균관대학교 사학과에서 학사 학위를, 서울대학교 국사학과에서 석 · 박사 학위를 받았다.

서울대학교 · 충남대학교 · 한밭대학교 · 명지전문대에서 강의하였고, 경기대학교 교양학부를 거쳐 현재 서원대학교 역사교육과 교수로 재직 중이다.

'젊은역사학자모임'과 '만인만색 연구자 네트워크'의 일원으로 활동하며 학계와 시민 사이의 거리를 좁히고자 하였으며, 중등 역사 교과서를 집필하였다.

사회 현상과 문화 및 의례를 통하여 나타나는 당시의 실상에 관심이 많고, 한국고대사 전공자로서뿐 아니라 인간에 대한 시선을 넓혀 가는 온전한 사람으로 거듭나고 싶다.

고구려 국가제사 연구

초 판 발 행 일   2021년 11월 08일
초판2쇄발행일   2022년 10월 10일
지 은 이   강진원
발 행 인   김선경
책 임 편 집   김소라
발 행 처   서경문화사
주   소   서울시 종로구 이화장길 70-14(204호)
전   화   743-8203, 8205 / 팩스 : 743-8210
메   일   sk8203@chol.com
신 고 번 호   제1994-000041호
ISBN   978-89-6062-237-1   93910

 정가 26,000